IMAGINAR LA NACIÓN

Viajes en busca del «verdadero Perú» (1881-1932)

José Luis Rénique

Imaginar la nación

Viajes en busca del «verdadero Perú» (1881-1932)

Segunda edición corregida

IEP
INSTITUTO DE
ESTUDIOS
PERUANOS

Serie: Perú Problema, 42

© IEP Instituto de Estudios Peruanos
Horacio Urteaga 694, Lima 11
Telf.: (51-1) 332-6194/Fax: (51-1) 332-6173
www.iep.org.pe

ISBN: 978-9972-51-605-4
ISSN: 0079-1075

Impreso en Perú

Primera edición: Julio de 2015 (coed. con el Congreso de la República y el Ministerio de Cultura)

Segunda edición: octubre de 2016

1000 ejemplares

Hecho el depósito legal en la Biblioteca Nacional del Perú: 2016-13582

Registro del proyecto editorial en la Biblioteca Nacional: 31501131601106

Diagramación:	Carolina Carrillo
Diseño de portada:	Gino Becerra
Cuidado de edición y revisión de texto:	Odín del Pozo

Rénique, José Luis
Imaginar la nación. Viajes en busca del «verdadero Perú» (1881-1932). 2.ª ed. Lima, IEP, 2016 (Perú Problema, 42)

1. HISTORIA; 2. REPÚBLICA; 3. SOCIEDAD ANDINA; 4. LITERATURA; 5. INTELECTUALES; 6. SIGLO XIX; 7. SIGLO XX; 8. PERÚ

W/02.04.01/P/42/2016

Índice

A Peri Paredes Cruzatt,
amigo inolvidable

Una nación es un alma, un principio espiritual.

Ernest Renan, 1882

No forman el verdadero Perú las agrupaciones de criollos y extranjeros que habitan la faja de tierra situada entre el Pacífico y los Andes; la nación está formada por las muchedumbres de indios diseminadas en la banda oriental de la cordillera.

Manuel González Prada, 1888

Un año de recorrido por la sierra me ha vuelto un poco indio, cumbre, quena.

Jorge Dulanto Pinillos, 1939

El Perú es un camino; ninguna otra calificación geográfica lo expresa tan exactamente.

Antonello Gerbi, 1944

Para quien ya no tiene patria, el escribir se transforma en un lugar donde vivir.

Theodor W. Adorno, 1949

Prólogo

José Alberto Portugal

Imaginar la nación. Viajes en busca del «verdadero Perú» (1881-1932) es el libro de un historiador. Es, en cierto sentido, un momento de reflexión sobre las particularidades de un periodo, de un proceso; sobre su relación con el nuestro; sobre cómo escribir su historia; una reflexión sobre nuestra preocupación por las narrativas: cómo las producimos, cómo las leemos. Pero *Imaginar la nación* no teoriza. Se adentra en una interrogación, en una detallada descripción de la trayectoria de ciertos sujetos, de la fibra de un lenguaje, de la naturaleza de actos y gestos que le van dando forma a la dinámica de una época. La literatura (en un sentido extenso: escritores, escritura) es vista aquí como parte del material histórico. Pero esto último suena casi a reproche. No es el caso. Voy a reformular: este es el libro de un historiador. La literatura ocupa en él un lugar particular en la medida en que permite visualizar, palpar casi, la rica, densa estructura causal que le da forma a la experiencia histórica de una época.

Este texto tiene su historia. En su origen fue una ponencia para una sesión especial sobre escritura e imagen de la nación en el Perú republicano, organizada para un congreso de la Asociación de Estudios Latinoamericanos (LASA). «Escribiendo al indio: Novela e historia en el Perú (1888-1948)», el título de entonces, era un texto generoso, denso, que ofrecía una relectura apasionada de obras y autores «canónicos» que han sido leídos bajo la rúbrica del indigenismo peruano y la problemática asociada a él: de González Prada y Matto de Turner a López Albújar, García Calderón y Valcárcel, cerrando con la emergencia de Ciro Alegría y un «epílogo provisional» que se proyectaba, a partir de allí, de Arguedas a Scorza.

En «Escribiendo al indio» se desarrollaba una aproximación contextual a la trayectoria de estos autores y a la naturaleza de los trabajos que les daban forma a las primeras incursiones en el mundo andino en el periodo posbélico. Se trataba de leer, en contacto con la problemática de su tiempo, la configuración de esas «voluntades creativas» y esos «viajes al verdadero Perú», voluntades, viajes que habían sido impulsados por el desastre de una guerra que había revelado la estructura de la sociedad peruana y la falla central en la que se había fundado la república criolla. Era un proyecto ambicioso, no solo extenso sino también intenso.

Pero José Luis Rénique lo dejó de lado. Se volvió entonces parte de nuestra conversación, como si se tratara de un amigo común, algo lejano, por cuyo bienestar nos preocupamos: ¿qué fue de ese manuscrito tuyo?, ¿no piensas hacer nada con todo ese trabajo? Pienso ahora que el texto de «Escribiendo al indio» quedó relegado, tal vez, porque se vio opacado (quizá dislocado o incluso intimidado) por la reciente aparición de *La voluntad encarcelada* y *La batalla por Puno*, dos libros de José Luis, de distinta factura, pero sin lugar a dudas los trabajos de un historiador. ¿Qué hacer, entonces, con esta incursión en el ámbito de la literatura?

Sin embargo, ya los capítulos iniciales de esos dos libros (como el curso central de todo su trabajo anterior, agregaría yo) daban señas del esfuerzo por rastrear los orígenes y la formación de un proceso secular: la configuración, desde fines del XIX, de una «tradición radical», organizada en torno a la idea-fuerza de que la construcción de una verdadera nación peruana pasaba por una ruptura con el pasado —ruptura cuya hondura y violencia solo la movilización indígena podría ser capaz de lograr—. Nos referimos a una tradición que se va construyendo a partir de la palabra escrita y de lo que el historiador del comunismo chino, Arif Dirlik, ha denominado «encuentros radicales con la sociedad», aquellas fugaces oportunidades en las que el mundo de la intelectualidad urbana entra en contacto con el indígena, con la sociedad campesina. Podemos fijar su nacimiento en la derrota en la Guerra del Pacífico y en el discurso impugnador de Manuel González Prada, a quien figuramos como su fundador. A partir de allí podemos rastrear su desarrollo (su destino y vicisitudes): de los orígenes literarios a la propuesta política. «Escribiendo al indio» era, sin lugar a dudas, un desprendimiento de ese proyecto.

Tiempo más tarde se presentó la oportunidad para darle curso al texto, literalmente, a través de una invitación, para ofrecer un cursillo interdisciplinario, que nos hizo Susana Reisz, decana de la Facultad de Letras y Ciencias Humanas de la Pontificia Universidad Católica del Perú. El resultado fue «Enfoques históricos y literarios sobre la cuestión de la reconstrucción nacional (1885-1930)». «Escribiendo al indio» fue el texto fundamental que ofreció el esquema para el curso.

El interés entonces era concentrarnos en un número reducido de autores y de obras en los que se cifraba el esfuerzo por restablecer la posibilidad de una narrativa sobre la sociedad peruana tras la devastación material, social y simbólica causada por la Guerra del Pacífico (1879-1883) —devastación que resonaba en la violencia social (provincias cautivas, guerra civil entre las élites, levantamientos campesinos) que caracterizó al proceso de «reconstrucción nacional»—. Buscábamos escrutar la narrativa en los orígenes del Perú moderno como respuesta a la crisis de la historia inscrita, como respuesta también a la irrupción de otras historias que se abrían a la significación.

Queríamos describir, de un lado, un aspecto dominante en este esfuerzo de reconstrucción narrativa: la tendencia a mirar hacia adentro (la región, el interior, el mundo de los Andes) e ir fijando la atención en el «otro» (marginal, telúrico, indio) como emergencia de una obsesión (de un temor raigal, de un sentido de amenaza, de una esperanza) en la mente «criolla». Pretendíamos indagar el origen del Perú moderno como un periodo marcado por un nuevo encuentro entre «occidente» y el «mundo andino», reencuentro real y simbólico que se inscribe violentamente. Queríamos pensar las formas en que se materializaba ese esfuerzo.

De otro lado, queríamos describir las respuestas a una serie de apremiantes preguntas sobre la nación, sobre su naturaleza y su destino, en las que cristalizaba el impacto intelectual, espiritual, moral, de la derrota. El interés de José Luis se concentraba allí, en esas preguntas que llevarían, en las décadas venideras, a configurar visiones del rumbo nacional distintas a las formuladas por los intelectuales del *establishment* oligárquico liberal. Había que seguirlas del horizonte discursivo en el que se originan y determinar la manera en que gradualmente, a lo largo de las dos primeras décadas del siglo XX, estas visiones intentarían convertirse en praxis, entretejiendo así esa tradición radical de crucial influencia a lo largo de la centuria por venir.

En este encuentro se fue definiendo el lugar (si no de manera completamente clara, mejor delimitada) de este ensayo para José Luis. A partir de esta experiencia se produce la transición de «Escribiendo al indio» a *Imaginar la nación*. Las huellas que ha dejado en el texto ese diálogo amplio y animado sostenido en la Universidad Católica son fuertes. Para comenzar, quien haya escuchado hablar a José Luis sentirá en *Imaginar la nación* el peso de la inflexión oral, la voz de quien intensa y apasionadamente está tratando de formular una explicación capaz de captar la compleja red causal que da forma a las ideas, a las palabras, a las acciones. ¿Cómo presentar los distintos tempos y los distintos pisos ideológicos que se articulan en esas trayectorias, en esas obras, en ese momento? La expresión se hace demandante, la sintaxis cargada al suspenso, al énfasis, a la concatenación.

Además, la discusión en ese encuentro afianzó, me parece, la necesidad del estudio de voluntades creativas como espacio crítico productivo, la necesidad de esa entrada en la fantasía (el acceso al imaginario), en la biografía (historiar la configuración de subjetividades) y en el fenómeno de articulación (dar cuenta del peso de la relación de autores y textos con el discurso de su tiempo). Con eso, se afirmó la necesidad de representar la confluencia de una serie de factores, internos y externos, de larga data o inmediatos: la cuestión republicana, el impacto de la modernidad, el fracaso del liberalismo, el sentido de decadencia, la tensión ética, la entrada de nuevas ideologías, la recomposición de clases sociales, la reemergencia en la escena de la población indígena, el desarrollo del Estado; las definiciones profesionales y las políticas; el curso de los afectos y las relaciones interpersonales, etc. Debíamos escudriñar, en otras palabras, todo lo que permite dar cuenta de las esferas en las que existen estos sujetos; todo lo que va formando un sentido de cambio de época.

Esta ampliación del registro fue también la ampliación de los casos de estudio: cómo no Riva-Agüero, cómo no Haya, Valdelomar, etc. Pero estas ampliaciones no modificaron, sino más bien intensificaron, las estrategias fundamentales del tratamiento. El texto ha seguido siendo una relectura honda y radical: generosa en la cobertura de textos primarios y secundarios, rescatando del olvido, reasimilando a la significación un número considerable de ellos; densa en la articulación narrativa del material, por la naturaleza del diálogo de la fuentes y con las fuentes que esta crea, y los posibles marcos de interpretación que ofrece y sugiere. Y ha seguido siendo un texto apasionado por la intensidad con que se encuentran el aquí-ahora del autor con el de sus sujetos.

Para mí, además, este tránsito revela una tensión básica que se expresa en el contraste entre el título del texto original («Escribiendo al indio») y el del trabajo presente (*Imaginar la nación*). Se trata de la tensión entre el interés puesto sobre el establecimiento de una práctica literaria, de escritura, de un lado; y del otro, el interés puesto sobre el sentido de pensar (imaginar) como un imperativo, y como una posibilidad, como algo abierto. Esta tensión describe, de un lado, el camino (el viaje) de averiguación, las coordenadas del investigador; del otro, ofrece una interpretación de lo que constituye la imaginación moral de una época y de un lugar. Y es que en ambos títulos se apunta a una problemática fundamental que podría ser expresada de la siguiente manera: el discurso del que se trata no tiene ya/aún anclaje temporal (imaginar, escribiendo; el infinitivo, el gerundio), ni sujeto («indio» o «nación») como objeto del discurso de voluntades creativas que expresan la condición de un sujeto aún no constituido.

He aquí una manera de ver, de pensar, el nacimiento del discurso intelectual moderno en el Perú, y sobre el Perú: una acción (su posibilidad, su imperativa necesidad) que se va constituyendo como práctica en la escritura desde la imaginación. Resulta de ello un objeto que se le impone a un discurso en cuyo proceso de definición se va vislumbrando, configurando un sujeto.

Estas son, claro, las especulaciones de un profesor de gramática, las especulaciones de un literato sobre el nacimiento *en* el Perú moderno *de* un discurso sobre el «otro», o sobre el nacimiento *del* Perú moderno *en* un discurso sobre el «otro»; especulaciones sobre el proceso de construcción (o reconstrucción) de la posibilidad de una narrativa sobre ese país —pero son especulaciones que el ensayo de este historiador suscita—.

En su origen este fue un ensayo sobre un discurso abismado, que oscilaba entre la simpatía y el miedo hacia su objeto: el otro indígena. Simpatía o desprecio hacia el oprimido (la falla al centro de la república criolla) y entusiasmo o miedo, esperanza u horror frente a la posibilidad o la realidad de su violencia. La noción del «verdadero Perú» y la necesidad del «viaje», la búsqueda de la nación, emergen de esa experiencia y son a la vez su encarnación, el mito revelado: el Perú, el país, como un «mito interrumpido», una comunidad disfuncional, una comunidad des-definida o negada. ¿Se hace necesaria una refundación, un nuevo orden?, ¿es la literatura ya una (nueva) mitología?, ¿el espacio necesario para una nueva fundación, una nueva ficción? Se trata tal vez de estudiar la manera en que el mito va dando forma al pensamiento político: imaginar la nación como el proceso de construcción de lo político en el discurso peruano moderno.

¿Cómo narra *Imaginar la nación* la historia de este nacimiento? La trama, lo que le da forma al material, se funda en el reconocimiento de una crisis de paradigmas, de esquemas mentales: la destrucción no solo material, sino también de redes simbólicas como consecuencia de la derrota en la guerra, y con ello, como aspecto de la reconstrucción práctica y moral del país, la emergencia de la necesidad, del imperativo de articular una respuesta, que es el impulso hacia la acción letrada y la acción política que configuran a (y son configuradas por) estas «voluntades creativas».

Este es el arco narrativo: de la imaginación literaria a la voluntad de acción. Se abre el relato con la imagen de una sociedad que pugna por salir de entre los escombros del desastre bélico; se cierra con la imagen de una sociedad que se precipita en la violencia que generan la realización de una gran insurrección política y su brutal represión: una sociedad que se «holocausta», diría Vallejo. Del abismo encarado por Prada (esa escena primaria, la visión desde el cerro El Pino, que prefigura un destino tras la derrota en la guerra) surgen los proyectos de «reconstrucción» política, pero también el fracaso en la creación de proyectos y organizaciones alternativos, y el predominio de la acción letrada. Con la fundación del Partido Socialista y el APRA, entran en escena las organizaciones alternativas comprometidas con el proyecto de un cambio radical en la sociedad peruana, en cuyas bases se concentra la gran intensidad intelectual y política creada por la acción letrada. Es la ironía de una historia que aún nos acosa.

De este modo, *Imaginar la nación* propone una narrativa, esto es, una forma que interpreta y asigna sentido; una forma de poner orden, de establecer control, de centrar nuestra narrativa. Pero al mismo tiempo propone una lectura intensa de lo particular, de las historias de esas voluntades creativas: descripciones detalladas de las experiencias, los procesos intelectuales y la formación del lenguaje de estos sujetos, como casos de estudio. Es así un esfuerzo por articular las motivaciones «locales»: ¿quiénes son?, ¿en qué medida su paso en ese mundo y la acción de su clase social en los eventos (guerra, reconstrucción, encuentros con el «otro»), de sucesión de crisis que caracteriza al periodo, determinan la necesidad y la cualidad de su actuar?

Las sensibilidades individuales representadas sugieren la posibilidad de múltiples diálogos, diversas narrativas y permiten ver continuidades en las diferencias. Pero al hacerlo plantean una tensión (como fuerzas centrífugas) con los esfuerzos de encuadre que intentan darle forma y sentido al proceso. La historia (el caso) de cada sujeto rearticula y reta los temas y motivos fundamentales. Esta tensión entre el diseño narrativo del conjunto y la intensa concentración en los casos de estudio nos propone (en realidad, demanda) un tipo de atención distinto, más libre, más flotante, sobre un material ya múltiples veces representado; nos sugiere verlo como parte de un proceso de gestación ideológica, pensarlo fuera de los marcos que hemos aceptado. Esta narrativa continuamente des-centrada (o re-centrada) permite apreciar la rica textura causal de la experiencia histórica y nos da la oportunidad de calibrar el peso que tienen las catástrofes colectivas y las individuales en su expresión.

Es claro, pues, que yo he sido parcial con este texto desde sus orígenes. Y esto ha sido así porque, más acá del encuentro interdisciplinario entre el literato y el historiador, «Escribiendo al indio»/*Imaginar la nación* alimentó nuestra amistad; porque se hizo tema de largas caminatas en una ciudad u otra, en las que uno se desata de toda preocupación intelectual y se franquea y hace personal todo lo que de otra manera quedaría atrapado en el tráfago académico. Entonces se comparan notas, se toma cuenta de las respectivas obsesiones, se hace gala de perspicacia, se asombra uno de los puntos ciegos del otro. En particular, a mi parecer, la inexplicable desatención de José Luis a la cuestión de las formas, de los géneros de discurso, de la cosa artística. De todo aquello, en fin, que ante mis ojos caía por su propio peso de las calas hondas en su trabajo de articular la imaginación y la voluntad de esos sujetos con la dinámica de su tiempo.

Y es así que en ese flujo la puya del literato al historiador sobre esa suerte de indiferencia estética se vuelve contra mí: se hace reto, como una especie de «leo y obligo» que, una vez aceptado, cristaliza en descubrimientos. Algunos de ellos son de carácter conceptual —de aquello que no, por obvio, es necesariamente claro—: como el énfasis melodramático del López Albújar «retaguardista»; como la visualización del proceso de experimentación textual que conduce a la necesidad de la novela en Clorinda Matto; como la reconfiguración de la imagen de Riva-Agüero (entiendo ahora mejor a Loayza), quien con más angustia que nadie siente la hondura del significante hecho (valgan todos los sentidos) de la ruptura del curso de la narrativa oficial, en el urgente llamado a restituir la «santa cadena de la tradición». Otros descubrimientos son más concretos, como joyas, entre ellos, la lectura de *1911. Novela peruana* de García Calderón, texto hasta entonces (debo confesar) para mí inexistente y ahora fundamental como una «educación sentimental» peruana.

Hay mucho de cierto en la manida sentencia de que el mejor aporte que se puede hacer desde el discurso crítico es estimular la lectura de los textos ¿básicos?, ¿clásicos?, ¿cualesquiera?, ¿olvidados? Hay mucho de esto en esta lectura generosa que, sin teorizar, realiza de manera concreta el llamado a revisar nuestros presupuestos, a descentrar (o re-centrar) nuestra lectura; que nos ofrece una exploración que conforme se hace invita a otras.

Imaginar la nación es, a fin de cuentas, un ensayo que apunta a potenciar la legibilidad de ciertos «autores» y ciertos «textos». Para ello se introduce en el lenguaje de una sociedad —más bien, en su «habla», en el discurso como actividad social, como hecho idiosincrásico, como evento, como contingencia— y explora la forma en que se establece un cierto proceso de significación, para la oreja y reconstruye (reconfigura, imagina) un diálogo o una serie de diálogos; es decir, intenta soltarle la lengua a la experiencia del sujeto, a una obra, a una época: escuchar en ellos aquello que aún pueden decir o aquello que aún no han dicho —el registro de una «estructura de sentimiento»—. En esto, el ensayo de José Luis es, cabalmente, una «auscultación» (para usar un término caro a Valcárcel), una incursión honda en un periodo de nuestra historia, «nuestra» historia, sí, la que aún nos acosa, la que aún nos interroga.

Agradecimientos

No es un una mera frase decir que este trabajo es el producto de una amistad. Lo ha sugerido José Alberto Portugal y lo reitero con orgullo y gratitud. De seguro, no habría libro sin su generoso apoyo; constancia de lo cual es el notable prólogo que ha tenido la gentileza de escribir para esta publicación.

A mi hermano Arnaldo Rénique —fuente inagotable de entusiasmo e inspiración— y a José Gonzales Manrique —lector agudo y estimulante de varios capítulos de este libro— igualmente, gracias de todo corazón. Sin lo aprendido en los últimos años de Julio Cotler, Nelson Manrique y Carmen McEvoy, este ejercicio hubiese sido más arduo aún. No menos puedo decir de mi querido amigo Carlos Indacochea —mi interlocutor de siempre— como del apoyo brindado por mi colega Marie Marianetti, chair del Departamento de Historia del Lehman College, Universidad de la Ciudad de Nueva York, mi centro de trabajo por más de dos décadas. Igualmente imprescindible ha sido la colaboración de Eugene Laper, encargado del Interlibrary Loan System de la Biblioteca Leonard Lief de mi universidad. Gracias, asimismo, a Peter Elmore, Susana Reisz y Pablo Sandoval, de quienes este proyecto recibió aliento en momentos claves de su larga trayectoria.

A Ludwig Huber y Odín del Pozo del Instituto de Estudios Peruanos debo un agradecimiento muy especial por su profesionalismo —y por su paciencia—para hacer posible esta segunda edición corregida de *Imaginar la nación*.

Last but not least, los imprescindibles agradecimientos del corazón: para mi familia —Blanca Rosa, Inés y "nuestra" Nelly—, por supuesto, que bien sabe de su invalorable aporte a la realización de este trabajo. Para mi madre, doña Juana Caycho de Rénique, igualmente, cuya hospitalidad en Lima hizo mucho más llevaderas las ausencias de casa que esta investigación en diversas oportunidades demandara.

Y tampoco es una mera frase decir que este libro es parte de un viejo diálogo con Peri Paredes Cruzatt, cuyas reflexiones sobre la nación, al pie del río Drina, en Bosnia-Herzegovina —al calor del espeluznante drama balkánico—, siguen vivas en mi recuerdo a pesar del tiempo transcurrido. Gracias amigo.

Agasajo al poeta Eduardo Marquina. De izquierda a derecha se reconoce, entre otros, a Walter Stubbs, Jorge Falcón, José Carlos Mariátegui, Alberto Hidalgo, Eduardo Marquina y Abraham Valdelomar. En *Variedades*, diciembre 1916.

Introducción

Patria, nación, alma nacional, como quiera que se escoja llamarla, ese era el gran objetivo de su exploración. Variaban los puntos de partida, las hojas de ruta y los vehículos también: lomo de bestia, ferrocarril o, simplemente, la imaginación. Periplos diversos en pos de un objetivo común; resueltos, todos ellos, vía la palabra escrita en sendos actos de comunicación.

A seguir esos desplazamientos en un tiempo y en un espacio específico está dedicado este libro; a rastrear las recónditas interacciones que suponen —entre ancestros y contemporáneos, entre paisajes y viajeros, entre pasado y presente— en tanto vibrante dimensión subjetiva de la construcción nacional. Con ello, nos referimos a un proceso de insondable origen que solo a través de «los ojos de la mente» define un horizonte preciso.[1] En ese ámbito óptico, precisamente, se enfoca nuestra indagación: en el ejercicio de articulación, vale decir, de un denso material vivencial, por un autor determinado, en un contexto específico por desentrañar. En ese ejercicio, parafraseando a Renan, «el olvido» y aun el «error histórico» constituyen factores tan imprescindibles como sus opuestos, la memoria y la certeza factual.[2] Aludimos al viaje letrado, en suma, como suministrador de contenido significante para ese conjunto a medio llenar que seguía siendo, en las postrimerías del XIX e inicios del XX, el término nación en el caso del Perú.

Fecha de inicio podría asignársele, en todo caso, al periodo de nuestro interés: 15 de enero de 1881. La derrota militar ante las fuerzas chilenas sellaba aquel día el destino de la capital peruana. Quedando instaurada a partir de entonces aquella bruma espiritual, ese «polvo de la muerte» según un testigo presencial, que nuestros viajeros virtuales debían surcar para avistar un espacio de redención.

No por casualidad de un veterano de aquella jornada —Manuel González Prada— debía venir la palabra inicial. Como pararrayos humano de la

1. Bhabha 1990.

2. Renan 1990.

turbulencia mental suscitada por la ocupación emerge de los escombros. La imagen-objetivo del «cruce del desierto» por emprender le corresponde delinear: identifica a la «banda oriental» de los Andes —con sus «muchedumbres de indios» excluidas del país oficial— como el espacio idóneo, en su condición de «verdadero Perú», de una urgente refundación nacional. Apóstol le dirán por la fe que suscita, por el despertar de conciencia que infunde.

28 de julio de 1888, el «Discurso del Politeama», fecha crucial en el periodo cubierto por este libro. Bajo su influjo, desde el Cusco y desde Piura, Clorinda Matto de Turner y Enrique López Albújar emprenden sus propias excursiones redentoristas. En el desciframiento del «alma indígena» encuentran su tema medular. Registro vivo de la aún abierta herida bélica, las amargas preguntas que sobre la naturaleza de la sociedad peruana aquella hora dramática planteaba, quedan impresas en sus escritos.

En el exilio parisino, en una señorial casona de la limeña calle Lártiga y en el histórico puerto de Pisco encontraría sus puntos de partida una nueva ronda de elaboración letrada. Sin llegar a suturar el desgarro avanza a inicios del XX la reconstrucción nacional. La memoria de no haber sido —en palabras de González Prada— «coloso de bonce» sino «limaduras de plomo» ante el enemigo hiere todavía las mentes. Con sus propias interrogantes y con no menos pasión que sus antecesores incursionan en el traspatio andino Ventura García Calderón, José de la Riva-Agüero y Abraham Valdelomar. Una supuesta «alma nacional» aspiran a definir. En contrapuestas metáforas zoológicas —«cóndores vengativos» versus un enhiesto gallo de pueblerino origen y nobiliarias aspiraciones como el «caballero Carmelo»— graficaron, el primero y el último, su pasmo y sus expectativas ante el reto nacional. En retomar la «santa cadena de la tradición» insistiría el historiador en respuesta a la convocatoria gonzalezpradista a hacer tábula rasa del pasado virreinal. ¿Adónde remontarse para aprehender la supuesta «alma nacional»? ¿Al XVI con Garcilaso, a la promesa arielista de la mano de Rodó o a un virgiliano crepúsculo iqueño? Erudición o exploración literaria, ¿cuál era el método más propicio para captar la supuesta esencia espiritual del Perú?

Nuevos y más complejos significados había adquirido el reto de «lo nacional» cuando José Carlos Mariátegui o Víctor Raúl Haya de la Torre tomaron, en 1919 y 1923, el camino del exilio. A la distancia, en el «indigenismo» de autores como Luis E. Valcárcel verían el puente con el «verdadero Perú», el mirador para atisbar el ámbito de donde, a su juicio, provendrían las energías sociales para una «gran transformación». Sugestionados por una era revolucionaria imaginan como célula socialista a la comunidad y se figuran muchedumbres indígenas abrogando latifundios y sembrando justicia. ¿Exabrupto lírico u oportunidad refundacional era el «resurgimiento» indígena que Valcárcel anunciaba? A la par con los desplazamientos de sus propios autores, viajaba la palabra de lo declarativo a lo doctrinario. Si a González Prada le había correspondido realizar, como observaría Mirko Lauer, la «operación quirúrgica de intentar separar el lenguaje político del lenguaje literario»,[3] convertir en organización, en vehículo de la praxis, a la palabra escrita era, crecientemente, la prioridad. El fin del Oncenio marcaría la hora de la acción.

Tres momentos, en suma, de un mismo gran ciclo de la imaginación letrada en el Perú. Son, asimismo, las tres partes de que se compone este trabajo: (i) Entre la bruma de la guerra; (ii) En pos del alma nacional y (iii) La larga marcha. Entre los afrancesados románticos de la república temprana y los «diagnósticos» tecnocráticos o las rígidas «caracterizaciones» marxistas de la segunda mitad del XX, aparece dicho ciclo con caracteres propios. Es el tiempo de la vuelta al origen y de la urgencia ideológica, del ardor nativista y la aspiración universalista, de la búsqueda, a fin de cuentas, de un camino para la *salvación nacional.* ¿A qué sino a una salvación podían aspirar quienes habían visto con sus propios ojos disolverse a la nación? De la imaginación literaria a la voluntad de acción transcurre la historia que aquí se relata: del cerro El Pino en los días de la defensa de Lima al puente de Malpaso o las trincheras de Chan Chan a inicios de los años 30. Como un rosario de viajes aparecen, en perspectiva, los derroteros biográficos que componen este volumen.

Permite la noción de viaje recuperar este proceso con todo su sentido de urgencia, con toda su heterogeneidad y sus entrecruzamientos. Perspectiva esencial, a mi juicio, para restituirle historicidad y sentido vital a trayectorias una y otra vez aprisionadas en los marcos abstractos del análisis estructural; para eludir, asimismo, las miradas polarizadas que comenzaron a acumularse desde el momento mismo de la verificación de los hechos. Perspectiva, igualmente, que favorece una más fluida exploración de ese peculiar ensamblaje de imaginación e ideología, de ficción y comprobación empírica que subyace a la expresión escrita. De ahí que, de los protagonistas, no solo *leer* sus textos sino *oír* sus conversaciones sea el propósito aquí. Se elige efectuar, en otras palabras, una suerte de *eavesdropping* o «chuponeo» historiográfico que permita acceder a la relación del autor con su época tanto con sus redes personales. Un ejercicio que se inscribe en la corriente constructivista que —con Eric Hobsbawm («la invención de la tradición») y Benedict Anderson («comunidades imaginarias») como sus fundadores— renovaría significativamente, de los 80 en adelante, el análisis del fenómeno nacional. Un ejercicio que, en ocasiones se desliza hasta el nivel de esa «superestructura de sentimientos» a que aludía Marx en *El 18 Brumario de Luis Bonaparte*: ese conjunto de ilusiones, modos

---

3. Lauer 1992.

de pensar, concepciones de vida, artículos de fe y principios diversos que el «individuo aislado» recibe por «tradición y educación» y que en la cotidianidad actúan como «punto de partida» y «motivos determinantes» de su conducta personal.[4] No mucho más es necesario decir de la aproximación adoptada aquí, salvo retrotraer de mis clases con el maestro Franklin Pease la memoria del célebre Marc Bloch, quien con una expresión contundente —«el historiador es un caníbal»— recordaba el compromiso último del estudioso del pasado: la búsqueda de lo humano.

Adquisición académica que tras salir de las aulas sometería a prueba en los Andes peruanos, en Centroamérica o en los Balcanes aprendiendo, vivencialmente, que así como se construyen pueden las naciones desbaratarse también. Y que si un sismo, una invasión o una bala fratricida corroe la coexistencia y la sociabilidad, es el terreno de las ideas, de la cultura o de la imaginación una dimensión fundamental del proceso de reconstrucción de lo nacional.

Una nota personal para terminar. Acaso del hecho mismo de haber sido testigo de un estallido de «lo nacional» comparable, en alguna medida, con el vivido por González Prada y su generación, provenga mi interés —y mis propios sesgos— por el tema de que se trata aquí. Es imposible olvidar cómo entre los años 80 y 90, con las personas y las cosas, se llevaba el río de la violencia el sentido de las palabras; cómo se moría y se mataba en nombre de dudosas imágenes del pasado «nacional». Lo mismo vale para los esfuerzos posteriores por reconectar las palabras y las cosas, la complicadas búsqueda de «verdad» y «reconciliación». Como investigador y como ciudadano con alguna cercanía viví el drama de aquellos años. De ahí, me imagino, mi afán por alumbrar la dimensión subjetiva de aquella azarosa reconstrucción nacional y releer en *clave histórica* textos reiteradamente leídos, con el empobrecimiento subsiguiente, en *clave ideológica*. Por ello, he querido hurgar el contenido vital, los jirones de historia, subyacente en sus entrelíneas.

A juicio del lector queda, por supuesto, determinar si hay de aquellas experiencias alguna lección que aprender, para vivir acaso de manera más lúcida este tiempo de vértigo en que «la nación» es un dato que se da por sentado a la par que la desdibujan portentosas fuerzas globalizantes. ¿Ha perdido sentido en 2016 la pregunta sobre la nación? ¿Tiene sentido «imaginarla» si se le puede «ver» y «escuchar» en tiempo real? ¿Tiene sentido, más aun, reflexionar sobre el «alma nacional» o basta con las «soluciones técnicas» para asegurar su armonía y felicidad?

---

4. Marx 1972: 51.

PRIMERA PARTE

Entre la bruma de la guerra

Del Archivo del Instituto Riva-Agüero (también en el Repositorio Institucional PUCP): Retrato de Francisco García Calderón (padre) y Ventura García Calderón.

Capítulo I

Hacia el «verdadero Perú»: un camino literario de salvación nacional

> Sobre la carnicería se desplegaba la serenidad imperturbable del firmamento. En medio de un silencio trágico, observaba yo con mi anteojo el lejano incendio de Chorrillos.
>
> *Manuel González Prada*[1]

> No forman el verdadero Perú las agrupaciones de criollos y extranjeros que habitan la faja de tierra situada entre el Pacífico y los Andes; la nación está formada por las muchedumbres de indios diseminadas en la banda oriental de la cordillera.
>
> *Manuel González Prada*[2]

Mediados de enero de 1881. En las pampas de San Juan y Miraflores se juega el destino de la capital y con ello el desenlace de la contienda iniciada veintiún meses atrás. Al margen de la confrontación, en un pequeño cerro situado en el flanco izquierdo de la defensa peruana, Manuel González Prada vivirá la experiencia que marcaría su vida. Y que —en la medida que lo transformó en «voz de la conciencia nacional»— profunda huella dejaría en la historia política e intelectual de su país. La singular convergencia de varios elementos acaso explique la inusitada relevancia que, en perspectiva, habría de adquirir aquella viñeta perdida: a) la insólita situación de un antiguo centro colonial como Lima cayendo en manos de un ejército proveniente de una de sus viejas dependencias coloniales; b) la presencia de miles de indígenas apresuradamente reclutados para defender una capital que les era ajena e inhóspita; c) la presencia en las trincheras de distinguidos miembros de la «ciudad letrada» capitalina —como el propio González Prada—, imbuidos del sentimiento de que acaso el Perú se jugaba su existencia misma como nación; y

1. González Prada 1915.
2. González Prada 1888a.

d) el hecho casual de que portara González Prada un «lente de guerra» o catalejo que le permitiría vivir la batalla de una manera singular: como fallido protagonista y a la vez como testigo. Grandes preguntas suscitaría aquella experiencia sin parangón. ¿Qué tan sólida era la nación peruana a seis décadas de su nacimiento?, ¿cuán cohesionada podía serlo sin haber logrado integrar a su seno a la mayoría indígena? ¿Adónde buscar, de qué manera forjar, el vínculo espiritual que diera unidad y sentido de propósito a la aún incipiente nacionalidad peruana?

—I—

Más de tres décadas después, las imágenes de aquel día seguirían incólumes en su memoria. Veo —rememoraría González Prada en 1915— a las masas de tropas chilenas embistiendo al amanecer, retrocediendo y volviendo a embestir; diviso aún «los reflejos de espadas blandidas por oficiales para detener y empujar a los soldados peruanos».[3] Desde su puesto en el cerro El Pino seguiría Manuel el desenlace del combate: el quiebre de la segunda línea defensiva dispuesta por el comando peruano entre el litoral y los contrafuertes andinos —unos 8 mil voluntarios en una delgada franja de 16 kilómetros—, rota por el enemigo en un punto cercano al mar. La primera, de longitud similar, había caído dos días antes, en la denominada batalla de San Juan. No había sido suficiente la entrega y la bravura de las tropas peruanas, el concepto mismo del dispositivo defensivo tenía errores insalvables. Convencidas de su superioridad, las fuerzas del general Manuel Baquedano habían avasallado los llamados «reductos» ideados por el presidente Nicolás de Piérola: una hilera de parapetos y trincheras, improvisados y primitivos que, como recordaría un testigo, «se desmoronaban al fuego del cañón».[4]

¿Por qué aceptaron los jefes militares la infortunada propuesta del dictador? ¿Simple reflejo de una incapacidad ya exhibida en la campaña del sur o subrepticio afán de sabotearlo? Estas y otras preguntas pasarían de una generación a otra contribuyendo a mantener como una herida abierta aquella memoria oprobiosa. Al haberse desbandado las fuerzas del ejército regular, los reservistas quedaron como último recurso. González Prada era uno de ellos. Más que combatiente, sin embargo, terminaría siendo un mero testigo de aquella jornada: a varios kilómetros del epicentro bélico, observándolo todo y sin poder actuar.

---

3. González Prada 1915: 39.
4. Baquedano 1881 y Wu Brading 1986.

Marcado en su memoria quedaría el recuerdo de la improvisación. Una sola vez habían hecho los reservistas —recordaría— «ejercicio de fuego», en una jornada «más de francachela que de preparación militar». Entusiasmo patriótico en un inicio, amilanamiento después. En vísperas de la batalla, los oficiales de su división quedarían «reducidos a uno». Así las cosas, de la noche a la mañana había pasado de capitán a teniente coronel. Si la batalla por Lima hubiese ocurrido en junio en lugar de enero —comentaría irónicamente Manuel—, «como jefe de estado mayor hubiese terminado yo». Y qué decir del personal de tropa: «pobres indios de la sierra» convertidos en soldados por la fuerza. Obligados a seguir órdenes impartidas en un idioma extraño; pretendiendo, en su ignorancia, cargar los rifles «por la boca del arma»; tratados de «imbéciles y cobardes» por oficiales tan rudos para mandar como prestos para huir, con «agilidad de galgo», a la hora de la verdad. Hacia las nueve o diez de la mañana, recordaría el vate limeño, me había convencido de «nuestra derrota». En fútil acción ordena el jefe de su unidad detener a los soldados que huían en dirección a Lima. Desisten, sin embargo, cuando optan estos por abrirse paso a tiros. Que ante su cobardía —recordaría Prada— hubiese querido «ametrallarles desde los fuertes». Los pocos que logran retener tenían «un aspecto lamentable».[5]

Tras destruir las baterías a su cargo emprende González Prada el retorno a la ciudad. Comparte la ruta con una masa de soldados dispersos, «unos heridos arrastrándose, otros pidiendo auxilio; unos con armas, otros sin ellas, llenos de sangre y la ropa hecha pedazos, presentando el espectáculo más desgarrador». Peor aun resulta ver las banderas extranjeras izadas en decenas de hogares y negocios como manto protector. Verá en ellas el reservista la imagen misma de la disolución nacional.

Entretanto, a la sombra del crepúsculo, bordeando la capital, emprendía el dictador Piérola el camino hacia el interior. Dejaba atrás un cuadro caótico. Con los establecimientos de chinos comienzan los saqueos, pues se decía que los «culíes» habían colaborado con el invasor en su avance hacia la capital. De ahí pretendería la turba «pasar a los lujosos almacenes del centro». A duras penas, una «guardia urbana» de residentes extranjeros lograría interponerse. La noche del 15 al 16 —continúa el testimonio— «pasó para Lima como una de esas horribles pesadillas de persecución y de muerte que forja la locura». Para prevenir mayores desmanes, el jefe chileno solicita al burgomaestre local que adelantara su ingreso a la urbe. Así, al mediodía del 17 de enero, la banda del batallón Atacama «rompía con su Canción Nacional al poner el pie en la gran Plaza de la Exposición, umbral de la capital peruana».[6]

---

5. González Prada 1915: 41-42.

6. De los siguientes textos provienen las referencias a la caída de Lima: Ulloa 1981 y dos textos de Riquelme 1981.

Insondable la dimensión de la humillación. Al caer la noche de aquel día nefasto, rememoraría González Prada más de tres décadas después, «las cosas me ofrecían un aspecto raro; los amigos me eran indiferentes. Era yo otro hombre. Todo mi pasado había muerto».[7] Su rechazo al militarismo, su odio a Piérola, su antichilenismo pertinaz, su desprecio por esa ficción nacional que había colapsado ante el enemigo, todo aquello que en suma definiría posteriormente su personalidad de impugnador y propagandista radical creció allí, según Luis Alberto Sánchez, en ese recorrido, en olor de derrota, entre el cerro El Pino y su residencia familiar de la calle de La Merced, de donde juró no volver a salir hasta que el invasor abandonara Lima.[8]

Para este hombre de pasiones extremas no era la voluntad de exilio una novedad. Veintisiete años tenía cuando, hacia 1870, había optado por establecerse en la hacienda Tútume, propiedad familiar situada a un centenar de kilómetros al sur de la capital. Ocho años pasaría ahí, en poético diálogo con las grandes fuerzas de la existencia: la naturaleza, el amor, la vida, la muerte, la soledad misma. Su «apartamiento del mundo», según Karen Sanders, expresaba, asimismo, su rechazo hacia la canibalística política local con la que había tenido un roce temprano a raíz del destierro de su padre a Chile por orden de Ramón Castilla.[9] Su infancia en Valparaíso —un puerto modernizado en contraste con el «tranquilo ambiente de casona de Lima» donde creció— le habría infundido una «tendencia innata» contra el espíritu de casta y contra el fanatismo religioso tan arraigado en su medio familiar. Hubiese querido ser ingeniero pero fue forzado a terminar Derecho en el Seminario de San Carlos. En su pasión literaria, no obstante, encontraría un camino propio. Y la huida de Lima sería la oportunidad idónea para abrazar sin trabas su vocación más íntima. «Manuel G. Prada» firmaría sus obras. Así quiso el hijo de Don Francisco González de Prada Marrón y Lombera y de doña Josefa Álvarez de Ulloa y Rodríguez que lo conociera el mundo. Prada, a secas, una especie de nombre de batalla desvestido de connotaciones aristocráticas.

Como un *literati* puro aparece el Prada de aquellos años. Aparte de su propia obra, traduce a autores como Goethe, Schiller, Heine y Körner. Maneja idiomas desde muy joven y su vasta erudición le permitiría introducir una larga lista de novedades métricas al limitado medio literario local: rondeles, *triolets*, *pántum*, *rispettos*, espenserinas, estornelos, etc.[10] Parecía tener en la mente una «biblioteca de poetas» comentaría su amigo Luis Ulloa. No sería total, sin

7. González Prada 1915: 43.
8. Sánchez 1977: 73.
9. Sanders 1997: 198.
10. Sánchez 1953.

embargo, su aislamiento. Ve la luz su obra poética de 1867. Y como fundador del Club Literario de Lima aparece en 1873. Emprende, asimismo, algunos viajes por el país: a Arequipa por motivos familiares y a la sierra central —hasta Cerro de Pasco— en busca de minas de plata.[11] Acaso de ese encuentro con el interior andino haya provenido la motivación de sus *Baladas peruanas* que revelan su interés por el pasado incaico y la tradición indígena. Desde una suerte de «visión de los vencidos» explora ahí el drama de 1532. Se conduele, románticamente, del sufrimiento inferido al indio por el conquistador hispano:

> Es la noche pavorosa
> Que ve al imperio de Manco
> Desplomarse en la celada
> Del astuto Castellano
>
> [...]
>
> No hay compasión en las almas,
> En el herir no hay descanso;
> Es el eco un ay de muerte,
> Cajamarca un rojo lago.[12]

«*Baladas quechuas* las llamaría yo», afirmaría el cusqueño Luis Velazco Aragón, resaltando su parentesco con los yaravíes de Mariano Melgar.[13] Los fragmentos de una fallida «épica nacional» desde una perspectiva andina ve en ellas Gonzalo Portocarrero. ¿Visión alternativa al proyecto criollo representado por las *Tradiciones peruanas* de Ricardo Palma? ¿Antecedente directo de la visión del Perú como nación por construir expuesta en el «Discurso del Politeama» de 1888? Testimonio, en todo caso, de una «toma de conciencia de la humanidad del indio» que antes del desastre bélico define la índole crítica del pensamiento pradiano.[14] Y su toma de distancia podría ser vista como una expresión de rechazo hacia un medio intelectual que percibía como demasiado superficial: esa «bohemia literaria» de «presupuestívoros renuentes y felices» que Palma describiría; exaltadamente romántica y patriótica, de «liberalismo epidérmico» y ambiguo anticlericalismo, muchos de cuyos miembros derivarían en el primer civilismo.[15]

---

11. Sánchez 1964: 70.
12. González Prada 1935.
13. Velazco Aragón y otros 1924.
14. Portocarrero 2010.
15. Palma 1948: 18; Zevallos 1957.

Su vocación empresarial distingue su perfil singular. Además de fino poeta, un químico autodidacta —que realiza experimentos con plantas indígenas, la crianza de gusanos de seda o la manufactura de almidón a partir de la yuca y que investiga temas como el limitado potencial de la agricultura de exportación o el futuro de la industrialización nacional— era el futuro profeta radical. Un empresario que venía logrando «halagadores resultados financieros» en la producción almidonera gracias a la introducción de maquinaria de origen belga.[16] Un personaje, en suma, que bordeando los 35 años aparecía como alguien realizado; a quien —como observaría Jorge Basadre— una evolución «burguesa normal» hubiese convertido en «un hombre práctico, acaso un hombre de negocios o un politicastro liberaloide».[17] Un rumbo distinto le depararía la guerra: descarrila sus planes industriales obligándolo a retornar a la capital.

La ciudad toda, por ese entonces —recordaría Adriana de Verneuil, su joven esposa francesa desde 1887— se había convertido en un campamento de reclutas indígenas. «Daba lástima verlos pasar, seguidos de sus rabonas tan inconscientes como ellos, que fielmente los seguían al matadero». La mitad de los aproximadamente 19.000 defensores de Lima, según una estimación, eran «indios del interior».[18] Los capitalinos, rememoraría Adriana, los veían pasar con un sentimiento de conmiseración. ¿A qué has venido? les preguntaban; «a matar chileno, animal grandazo con sus botas», contestaban.[19]

No solo como combatiente sino como poeta viviría Prada aquella jornada. Y como tal, lo visto desde el cerro El Pino terminaría siendo una amarga comprobación del apabullante desfase existente entre su «aventura del pensamiento» y la dramática situación por la que atravesaba el país.[20]

A procesar las reverberaciones del golpe sufrido dedicaría, a partir de entonces, sus mejores energías. Asumiendo la tarea, como todo «verdadero artista», con el afán indeclinable por «expresar siempre la relación pasajera y momentánea» entre «el mundo interior del individuo y el mundo exterior del Universo»; como el ininterrumpido diálogo entre su subjetividad y la realidad lacerante que había alcanzado a atisbar desde su desdichada atalaya bélica. Por esa vía, el bardo solitario de Tútume habría de convertirse en la renuente «voz de la conciencia nacional».[21]

---

16. Álfredo González Prada 1986a y 1986b.
17. Basadre 1994: 161.
18. Manrique 1995: 164.
19. González Prada 1947: 83.
20. Sánchez 1986b.
21. Sánchez 1986a: IX.

—II—

Desde su encierro limeño, rumiando su amargura, sigue Prada el desarrollo de la resistencia a través de los contados allegados con que mantiene contacto. Dos núcleos militares mantienen aún posibilidades de actuar: Andrés A. Cáceres en la sierra central y Lizardo Montero en Arequipa. Librado a sus propios medios, se apoya el primero en las comunidades indígenas de la región para formar un contingente que logra batir, inicialmente, al invasor.[22] Mantiene el segundo sus fuerzas intactas sin llegar a determinar, en realidad, qué hacer con ellas. La guerra, prácticamente, lo ha saltado a la garrocha: de Arica a Lima, directamente. No muestra, de otro lado, la voluntad de lucha que le sobra a su colega Cáceres. En la capital, mientras tanto, encabezado por Francisco García Calderón, se forma el llamado «gobierno de la Magdalena», que apostaría por una paz sin cesión territorial apoyándose en el respaldo norteamericano. En Ayacucho, Piérola ejercía poco más que una presidencia nominal que Cáceres y Montero eventualmente desconocerán. En tanto, García Calderón termina recluido en Santiago tras mostrar su poca inclinación a cohonestar los planes chilenos de despojo territorial. En noviembre de 1881, ambos seudogobiernos no existen ya. Y Piérola, una vez más, se ha dirigido al exterior.

Entre 1882 y 1884, el gran problema para Chile se llama Cáceres: el general ayacuchano que con su ejército de guerrilleros indios, expertos en un tipo de lucha rudimentaria pero altamente efectiva, sigue desafiando al ocupante desde la sierra central. Su condición de quechuahablante y su familiaridad con la cultura andina serían fundamentales para que se convirtiera en el «Brujo de los Andes». Como emblema de coraje y creatividad en medio del desastre nacional, quedaría la llamada Campaña de la Breña. Sin el apoyo de Montero, no obstante, tenía sus días contados. Para mayor complicación, como abanderado de una paz inmediata, emerge a mediados de 1883 el general Miguel Iglesias. Derrotado Cáceres en Huamachuco, queda el «colaboracionista» Iglesias en el poder. Tras la firma del Tratado de Ancón (octubre 20, 1883) —que significa la pérdida de Tarapacá, Arica y Tacna— termina la ocupación y se inicia la guerra civil: Cáceres versus Iglesias.

«Guerra sin arte ni plan / atizaron tus señores, / para acabar, cual traidores», escribe Prada, testigo, desde el balcón de su casa, del frustrado intento cacerista por tomar la capital a fines de agosto de 1884. Dieciséis meses más proseguiría la confrontación civil. Tocaba el país un nuevo y exasperante fondo. En un año, afirmaba *El Comercio* de Lima, en febrero de 1885, «el plomo fratricida ha destrozado millares de corazones peruanos» dejando un

---

22. Manrique 1981, Yabar 2009.

inmanejable lastre de «huérfanos y desheredados». El país, concluía, «necesita reposo» urgente.

Con textos dedicados a Víctor Hugo y a Miguel Grau, revive el exreservista del cerro El Pino que su «pasado había muerto» en aquel sombrío recorrido de la trinchera a la capital.[23] No era más el erudito prologuista del poemario de Aureliano Villarán *Cuartos de hora*, escrito en los meses previos a la guerra. Texto en que se mostraba renuente a «arrogarse el derecho de fallar en nombre de la crítica» o a presentarse «con humos de pitonisa [...] exigiendo a los demás que me crean bajo la fe de mi palabra»; exhibiendo todo aquello que repudiaría poco después: metáforas alambicadas, referencias recurrentes a los clásicos. No era el material poético que prologaba como una «matrona romana» que frunce el entrecejo al oír una chanza equívoca y ligera», sino como

> [...] un buen muchacho de 20 a 25 años, vestido de limpio (pero no con ropa dominguera y chillona), que se cala el sombrero, sale de su casa y se va por esos trigos, tarareando un aria de ópera bufa, guiñando el ojo a la vecina de buenas barbas, sea o no mujer del prójimo, lanzando un epigrama a los tontos o sabios de paga que encuentre en su camino, cogiendo una flor de los jardines públicos, y quedándose a ratos lelo y embobado ante una casa en que resuenan las armonías de un piano, ante una Ofelia de ojos azules y pelo rubio que pasa rozándole con la falda del vestido, o ante una nube de oro y nieve que se desliza por el azul del cielo.[24]

Ávido de romper los marcos de una literatura convencional se muestra, por el contrario, el Prada de «Víctor Hugo». En el autor de *Los miserables* ha encontrado, más aun, un paradigma de acción. Así, en contundentes frases anuncia, desde un inicio, el sentido de su valoración: «destruyó para construir, sublevó el espíritu nuevo contra el espíritu viejo y convirtió en campo de batalla la república literaria del siglo XIX». Ícono, por lo tanto, de una «emancipación del pensamiento» que significaba «libertad en la Ciencia, en el Arte y en la Literatura». Drástico el contraste con la trayectoria de un liberal romántico como Palma que, tras servir como representante por un departamento que no conocía (Loreto), buscaba «refugio y solaz en la Historia y la Literatura».[25]

Justificaba, de otro lado, la evolución de Hugo —de monárquico a republicano, de creyente a librepensador— por su sentido «eminentemente progresivo». ¿Dónde se hallaban las bases de la «gloria política» de este «Homero con gorro frigio y blusa democrática»?: en haberle quitado «a la Poesía» las

---

23. González Prada 1885a y 1885b.

24. Villarán 1979: I-II.

25. Palma 1949: 66.

«inmaculadas alas de serafín» que le había colocado Lamartine, rescatándola así de los medios palaciegos —donde «gozaba en murmurar monótonos cantos de servidumbre»— para lanzarla a la «tribuna parlamentaria, al club jacobino y a la plaza pública». Allí, la haría «relampaguear como Mirabeau, tronar como Danton y herir como las encolerizadas y justicieras muchedumbres del [17]93». Nos confía, asimismo, el efecto intoxicante que en sí mismo ha tenido la lectura del francés: «poderoso estimulante», dice, cuyas palabras «actúan en el cerebro, como abono en la tierra». Componiendo así una escena acaso reveladora de su vida en el encierro: «cuando concluimos de leer algunos de sus poemas y cerramos los ojos, parece que las más recónditas células de nuestro cerebro se iluminaran con repentina luz sideral». De la mano del célebre francés pareciera encontrar Prada un puente hacia la humanidad y la libertad, una posible salida del túnel al que había ingresado cuatro años atrás.

Cómo recobrar la fe en una nación que con sus propios ojos había visto sucumbir era su más íntima duda por aquel entonces. Recurre para ello a la figura de Grau. «Épocas hay —sostiene— en que todo un pueblo se personifica en un solo individuo». Si en determinado momento, de tal suerte, Roma había sido César o Francia Napoleón, en 1879 el Perú había sido Grau. Se describe a sí mismo como uno más de esa colectividad que seguía las peripecias del *Huáscar* «con las alas del corazón». Un acto romántico, a fin de cuentas, pues nadie ignoraba que, dada la superioridad de la escuadra chilena, «el triunfo rayaba en lo imposible». Nos embriagábamos, continúa, «con el perfume de acciones heroicas», mientras otros «se engolosinaban con el manjar de victorias fáciles y baratas». Y resultaba innecesario aportar a su «leyenda» cuando lo sustancial era comprobar que se trataba de una vida ordinaria que recién con el inicio de la guerra daría un giro hacia lo excepcional.

Humano «hasta el exceso», practicaba Grau generosidades que, en el fragor del combate, «sublevaban nuestra cólera». Su conducta en Iquique, por ejemplo (el socorro de los náufragos chilenos de la *Esmeralda*), que podía aparecer frente a la «saña implacable» del vencedor como una «clemencia exagerada». Para «comprenderle y disculparle» —puntualiza— se requiere «acallar las punzadas de la herida entreabierta, ver los acontecimientos desde mayor altura». Tan excepcional era su desempeño que parecía Grau «hijo de otros climas», pues jamás exhibía indicios del «bullicioso atolondramiento que distingue a los pueblos meridionales». Tan honrado «en el salón de la casa como en el camarote del buque», su figura contrastaba con la de «nuestros políticos y nuestros guerreros».

Como la imagen de todo aquello que, perentoriamente, requería el Perú aparece el Grau de González Prada: un personaje que «trascendía la resignación», que marchaba al peligro de frente y con los ojos abiertos. Nada en él había de «cómico ni estudiado: personificaba la naturalidad». Poseía el perfil de un héroe imposible en una sociedad y una cultura erróneas en lo medular. Tal era el hombre que «en un buque mal artillado, con marinería inexperta» se había visto «rodeado y acometido por toda la escuadra chilena el 8 de octubre de 1879». Circunstancia en que, pudiendo haberse rendido, había comprendido que, «por voluntad nacional», estaba condenado a morir, que no le habrían perdonado sus compatriotas «mendigar la vida en la escala de los buques vencedores». Para «borrar el oprobio de malos y soberbios» necesitaba el país del «sacrificio de los buenos y de los humildes». Sin Grau en la Punta de Angamos, sin Bolognesi en el Morro de Arica, ¿tendríamos derecho de llamarnos nación? Terrible pregunta que anunciaba el curso de la crítica pradiana: en la guerra con Chile no solo habíamos derramado sangre, habíamos exhibido «la lepra».

Hacia 1885 quedaban planteados los puntos básicos de aquella cruzada emergida de su gólgota personal del cerro El Pino: la mirada a Europa en busca de una inspiración reactivadora, en pos de un nuevo lenguaje, capaz de revelar, más allá de los cañonazos destructores del vencedor, la gravedad del hundimiento nacional. La búsqueda en la conducta individual, en la voluntad humana en última instancia, de un punto de apoyo providencial para reconstruir la nación disuelta aquel 15 de enero de 1881. La búsqueda, en suma, de una «palabra» cuya misión fuese «despertar a todos, poner de pie a todos, agitar a todos, como campana de incendios» en medio de la oscura noche.

—III—

Diciembre de 1885. Con la toma de Lima por las fuerzas caceristas terminaba la guerra civil y el país iniciaba su marcha hacia la reconstrucción. Con apoyo civilista, el «Brujo de los Andes» se convertía tres meses después en presidente constitucional. Los demócratas de Piérola tomaron su lugar en la oposición. Entonces, tras «cinco años de silencio e inacción, impuestos por la guerra y sus terribles consecuencias» reaparecía el viejo Club Literario, dispuesto a poner «la pluma y la palabra» al servicio de la reconstrucción nacional. Asumían, para comenzar, la «trascendental misión» de explicar por qué se había perdido la guerra y cuáles eran las reformas que era preciso implantar para que no se repitiese desgracia tal.[26] Acaso buscando reflejar la gravedad de sus objetivos, se rebautiza como Ateneo de Lima el Club Literario a poco de su reaparición. Ricardo Palma, «príncipe de las letras peruanas», es la gran figura de esa entidad.

Lejos estaba el tradicionismo palmista de sintonizar con el ánimo de Prada y otros que veían en la flamante «*pax* cacerista» la posibilidad de una

---

26. Eugenio Larrabure y Unanue, «Discurso de inauguración», Lima, 1 de agosto de 1885. Citado en Moreano 2006.

refundación del país. Que un Garcilaso, un Calancha o un Palentino «mezclaran lo real con lo fantástico», escribiría González Prada en 1886, era perdonable dada la época en que habían escrito, no así en los umbrales del siglo XX.[27] ¿Pensaba en Palma al escribir esta crítica? ¿Y en su «Discurso en el Teatro Olimpo», asimismo, cuando incidiera en la ausencia en el medio local de «un literato que por su caudal y atrevimiento de sus ideas, se levante a la altura de los escritores europeos»? De la controversia literaria al terreno político iría desplazándose esta pugna a lo largo del año siguiente. De un lado se ubicaban quienes pensaban que una mera reinstauración del vago liberalismo de preguerra era la vía más segura hacia la reconstrucción y, del otro, aquellos que no la veían factible sin una clara ruptura con el pasado. Por reunirse en una entidad separada —el Círculo Literario—optarían estos últimos en octubre de 1886. Que buscaba ser «una verdadera escuela de literatura nacional» —frente a «nuestros grandes literatos» que simplemente aspiraban al «reposo de sus sillones académicos» como «mejor precio de sus fatigas y sus triunfos»— diría su primer presidente.

Entre su «Conferencia en el Ateneo de Lima» (su primera presentación pública tras poner fin a su voluntario encierro) y su «Discurso en el Teatro Olimpo» (primera actuación bajo los auspicios del Círculo Literario, de septiembre de 1887), González Prada —que ya para ese entonces había sustituido al desaparecido Luis E. Márquez como su presidente— buscaría trasladar al medio limeño el esquema de la «rebelión literaria» de Víctor Hugo.

Rompe los fuegos retando a sus colegas a explorar tradiciones literarias, como la alemana o la francesa, más representativas que la hispana del «espíritu democrático del siglo». Instándolos a reconocer nuestras propias formas de expresión, acudiendo a la rejuvenecedora fuente popular donde también la poesía solía vivir. Porque era del habla del vulgo de donde brotaban las «palabras originales» y «las construcciones atrevidas». Porque las multitudes, y no «las reglas muertas de los gramáticos» o «las exhumaciones prehistóricas de los eruditos», eran quienes «vigorizaban» y «retemplaban» los idiomas del mundo.[28]

Así equipado, había que forjar un nuevo tipo de creador literario para responder al reto contemporáneo. Un creador capaz de interrumpir su «viaje milenario por regiones de idealismo sin consistencia» para volver, con la mayor pasión, «al seno de la realidad»; de las «encrucijadas de un sistema exclusivista» al «arte libre»; de esa «interminable procesión de resucitadas plañideras» a una suerte de alianza con la ciencia capaz de elevar nuestro lenguaje poético a nuevas alturas comunicativas. El poeta, en suma, debía aparecer como

27. Véase González Prada 1945b.

28. González Prada 1886.

sintetizador de las «ideas analísticas [sic] de su época», convertido en el idóneo «intermediario» entre el «abstruso y las multitudes incipientes». La ciencia, por lo tanto —con su «maravilloso lógico, diametralmente opuesto al maravilloso absurdo de las religiones»—, se presentaría como socio imprescindible para hacer un arma de la palabra poética. El arma adecuada para cumplir una tarea fundamental: romper aquel tácito «pacto infame» de «hablar a media voz», abriendo paso a la forja de palabras capaces de sacudirnos del «cobarde abatimiento» que, desde de San Juan y Miraflores», «nos envilece y nos abruma».[29] Fundamental recordar al respecto que no era por su «estilo», sino «por la cantidad de verdades que atesoran», que las «producciones maestras» eran reconocidas como tales.[30] Muere la mentira con las «lucubraciones metafísicas y teológicas», nace la verdad «con la verdad de la Ciencia positiva».[31]

¿Para qué, entonces, perder el tiempo en discusiones de estilo si el gran tema era como infundirle lógica, exactitud y verdad a nuestra obra para convertirla en la gran arma de la reforma social? Nada como la palabra se había prostituido más en el Perú, proclamaría Prada en su «Discurso en el Teatro Olimpo»: debía «unir y dividió, debía civilizar y embruteció, debía censurar y aduló».[32] De ahí que tan grande como la de la espada fuera la responsabilidad de la pluma en nuestra debacle nacional.

El libro, y no el diario, aparecía como el vehículo idóneo de esta revolución de la palabra. Pues desde la guerra con Chile, explicaría Prada, nadie más que el periodista había contribuido —con «su improbidad y mala fe»— «al descenso del nivel moral del país». Casi tanto como el literato «con sus mentiras y adulaciones». El diario, con su inevitable improvisación, no podía reemplazar el impacto del libro en tanto obra destinada a perdurar. No era esta, de otro lado, tarea de viejos. Perentorio era contar con el vigor y la lucidez de los jóvenes. O no era cierto, acaso, que agotada la juventud, «las transacciones con el error» y «hasta los pueriles miedos de ultratumba» invadían el alma del escritor. De ahí que, como diría en su famosa frase del «Discurso del Politeama», no solo era necesario convocar «a los jóvenes a la obra» sino enviar a los «viejos a la tumba».[33]

Un cierto contexto alentaba sus expectativas de que, eventualmente, su rebelión literaria deviniese acción radical: a) la propia crisis, para comenzar, que debilitaba la «desproporcionada protección oficial al libro fósil y hueco» así

29. González Prada 1888b.

30. González Prada 1886: 25.

31. González Prada 1888b: 46.

32. Ibíd.

33. González Prada 1888c.

como el «acaparamiento de los cargos públicos por las medianías literarias»; b) la instauración, con la libertad de imprenta, de un «camino llano para todos», en que «todos pueden hablar y mostrarse como son»; c) la inexistencia en el Perú de una nobleza rica, influyente y de tradiciones arraigadas tanto como de un clero respetable o una burguesía mercantil que opusieran resistencia al espíritu democrático y racionalista que los nuevos literatos propiciarían; d) finalmente, los campesinos siendo promonárquicos por costumbre, de ninguna manera serían un escollo. Todas estas condiciones hacían poco posible el surgimiento en el Perú de un «partido reaccionario capaz de oponer resistencias insuperables» o de «hombres públicos» con la «actitud vertical que se necesita para seducir y mandar». Ajenos eran a la experiencia peruana, con la excepción de la Independencia y el combate del 2 de Mayo, movimientos en que se hubiese vertido «una sola gota de sangre por una idea» o se hubiese hecho una «revolución alguna por un principio».

Lo que *sí* existía en el Perú era una juventud decidida a «destrozar los vínculos que nos unen a lo pasado»; que deseaba «matar con muerte violenta» lo que parecía destinado a «sucumbir con agonía importunamente larga». Una juventud, en fin, que se impacientaba «por suprimir obstáculos y abrirse camino para enarbolar la bandera roja en los desmantelados torreones de la literatura nacional».[34]

En estas condiciones, a dos años de la fundación del Círculo Literario podía proclamar su líder una saludable expansión: «ayer fuimos un grupo, hoy somos una legión, mañana seremos muchas falanges». La «juventud ilustrada del Perú» estaba «contagiándose» con «la voz de aliento» lanzada por una organización que se preparaba para la acción, para movilizarse a la «hora oportuna», cuando «resuene el clarín y nuestras guerrillas se desplieguen por las más humildes provincias de la república». El Perú contemplaría, entonces, la culminación de su lucha contra todo aquello «que implique retroceso en la Ciencia, en el Arte y en la Literatura».[35] Frente a los políticos que nos habían cubierto de «vergüenza y oprobio», y los «bárbaros» de «la espada», insurgían «los hombres cultos» dispuestos a «civilizar con la pluma».[36]

¿Tenía el solitario bardo de Tútume la voluntad suficiente para conducir hacia el terreno de la política la rebelión literaria de la que había sido gran impulsor? De sus cavilaciones al respecto dejaría indicios en su discurso de aceptación de la presidencia del Círculo Literario en reemplazo del desaparecido Luis E. Márquez: «carezco de iniciativa, y me veo desde hoy a la cabeza de una

34. González Prada 1888b: 38.

35. Ibíd., p. 39.

36. González Prada 1887.

agrupación destinada a convertirse en el partido radical de nuestra literatura. Más una consideración me alienta: yo no vengo a guiar, sino a ser arrastrado por el buen camino».[37]

Dubitaciones al margen, el poeta solitario había cruzado el Rubicón. Como articulador de diversas vertientes —un nacionalismo radical nutrido de positivismo y fe liberal, de modernismo y fuerza romántica— emergería. Representaba, de hecho, más que un desarrollo local. En Latinoamérica, entre la penumbra caudillista y la ignorancia de las masas, surgía el intelectual como guía de la construcción nacional; diseñador de las «ficciones orientadoras» que conducirían a sus endebles patrias hacia su ansiado destino final: la nación moderna, integrada y soberana.[38] Guiar el viaje hacia el reino de la razón. Tal era la promesa de esas voces emergentes que, desde la «república de las letras», se empeñaban en visualizar la realidad circundante. Esta misión, fundamentalmente progresista o acumulativa en otros puntos de la región, se remitía en el caso peruano a una experiencia trágica: el cerro El Pino, por supuesto, adonde pareciera querer retornar Prada llevando de la mano a la nueva generación, la «más triste y probada» de todas las nacidas en el país. Ella debía mirar también, para jamás olvidar, lo que él había entrevisto aquel 15 de enero de 1881: aquel «abismo» que se había abierto «a nuestros pies», el inicio de aquella «invasión extranjera» que «tala, incendia y mata»; y después, por si fuera poco, la guerra civil que «termina lo que la invasión empieza».[39]

A la última trinchera en defensa de la patria había llevado a la *intelligentsia* el devenir de la guerra. Y de dicha experiencia había salido revestida de un fuerte sentimiento de superioridad moral. De ahí que, si el «político de profesión» se equiparaba a un «soldado que en la humareda del combate no ve más allá del estrecho círculo que le rodea», el escritor era el «vigía que desde una eminencia sigue las evoluciones de los ejércitos y prevé mejor el resultado final de la batalla». ¡No desmayemos!, era el mensaje que alcanzaba a sus acompañantes en el nuevo ascenso virtual al cerro El Pino, al mismo tiempo que les advertía de la naturaleza agónica de la larga marcha que invitaba a emprender. «No aguardemos la paz octaviana [...] esperar un siglo de oro contará por muchos años como utopía en América y señaladamente en el Perú». Acaso «muramos en el desierto», más aun, sin llegar a divisar «tierra prometida» alguna.[40]

A siete años de Miraflores, y poco más de tres del fin de su encierro, se le había despertado al poeta la voluntad de comunicación. Tras su relativo

37. Ibíd., p. 36.

38. Shumway 1991.

39. González Prada 1886: 30.

40. Ibíd.

entusiasmo, no obstante, los sentimientos de duelo y desgarro seguían hiriendo su ser. Como lo insinuaría en la oración fúnebre dedicada a Luis E. Márquez a inicios de 1888: «al acompañar hasta la última morada los restos de un hombre idolatrado, pensamos enterrar a otro, y nos enterramos a nosotros mismos».[41] Y, sin embargo, elegir la vida antes que la muerte —diría en otra oportunidad— comportaría «la acción y la lucha». Pues «la acción aturde, embriaga y cura el mal de vivir».[42]

Así, arrastrando sus penas, haciendo de la indignación combustible impugnador, el solitario bardo de Tútume iría convirtiéndose en la inesperada voz de aquel anhelo todavía difícil de articular a plenitud: descubrir tras la bruma de la guerra el perfil de una nación con un mínimo de viabilidad.

—IV—

Consolidado ya en el seno de la ciudad letrada, hablarle al país era el nuevo reto. ¿Cómo remover a una sociedad adormecida? ¿Cómo transformar en verdadero «pueblo» a esas masas indígenas, mayormente analfabetas, que poblaban sus vastos confines? ¿Cómo integrar en un haz común las voces cultas de la ciudad con la queja gemebunda de la serranía? Por la reforma del propio lenguaje comenzaba todo. Por desembarazarse de los contenidos «mórbidos» y «narcotizantes» de las «compensaciones celestes» y las «esperanzas ilusorias» del reaccionario «verbo nacional». Para forjar a partir de ahí, una lengua «condensada, jugosa y alimenticia, como extracto de carne»; una lengua «fecunda como riego en tierra de labor» que transmita «el golpe del martillo en el yunque, el estridor de la locomotora en el riel y la fulguración de la luz en el foco eléctrico» y que no se arredre jamás frente a «nombres propios» o «frases crudas», apta para cumplir su mandato democratizador.[43] A la cabeza de los insumisos y los indisciplinados, abriendo los ojos de las muchedumbres, aleccionándolas —para que «no las coja desprevenidas el gran movimiento de liquidación social» que desplegaban por ese entonces «las naciones más civilizadas»—, debía marchar el escritor, movido por su voluntad de «demandar justicia». En las antípodas, por cierto, del político profesional con sus «circunloquios y estratagemas». Proyectando su pensamiento «en su más cruda integridad», sin que le importe, para nada, «herir los intereses de clases acomodadas ni sublevar la cólera de agrupaciones ignorantes o fanáticas».[44]

---

41. González Prada 1888d.
42. González Prada 1890a.
43. González Prada 1889.
44. González Prada 1888e.

«Propaganda y ataque», denomina González Prada a su estrategia de comunicación: su fórmula para poner en la picota aquel «envilecimiento general» del cual la derrota frente a Chile había sido catalizador. El Perú —sostendrá en el clímax de su furor verbal— «es un organismo enfermo: donde se aplica el dedo brota la pus». Y qué mejor que la vida política, ese «charco cenagoso y pútrido» en el cual se desperdiciaban «las más preciosas fuerzas de la Nación» para ilustrar esa condición. Por lo cual debía ser blanco de toda «obra de regeneración social». «Desacreditarla, disolverla, destruirla» debía ser el fin principal. «Punzar a las multitudes», aplicar «continuas descargas eléctricas» al conjunto del organismo social, sin temer que «muy pocos oigan y entiendan» pues cuando «vibra una voz sincera y franca» hasta los más ignorantes paran el oído y escuchan. ¿Acaso habían sido grandes sociólogos los voluntarios de la Revolución francesa o teólogos eruditos quienes siguieron la prédica de Martín Lutero?[45]

Encuentra en el ensayo el formato idóneo para su cometido. Si no hay tiempo para el libro, dice en 1889, quedan el folleto o «la hoja suelta». Crea incluso una ortografía propia para hacer más transgresora su escritura. Su «poderosa voluntad de estilo» —observa Eugenio Chang-Rodríguez— lo llevan a «inventar, adaptar, transformar, adoptar y recrear un lenguaje literario» que sirva «de vehículo cómodo, veloz y eficiente a sus ideas». Su lenguaje, en este sentido, «es una prolongación de su pensar y sentir». Emplea frases breves, cargadas de vigor y de significado, apelando tanto a la conciencia como al subconsciente del lector. Escribe discursos para ser leídos en actuaciones cívicas, ensayos aptos para la circulación en hojas volantes, donde las oraciones están concebidas para ser citadas con facilidad.[46] Como Víctor Hugo o Lutero, aspira, más que nada, a remover. Quiere confrontar a sus compatriotas con lo que la guerra del 79 había revelado de sí mismos y de su nación.

Con ocasión de las Fiestas Patrias de 1888 alcanzaría sus cotas más altas su experimento comunicativo. Organiza el Círculo Literario una velada patriótica en el Teatro Politeama. Recaudar contribuciones para colaborar con el rescate de las provincias cautivas era el objetivo central. Un par de piezas líricas y la entonación de tres himnos compuestos por Luis Ulloa y Abelardo Gamarra especialmente para la ocasión abren el programa. El «Himno de las Naciones» de Giuseppe Verdi viene a continuación. Y el discurso de Prada, leído por el joven Gabriel Urbina, alumno del Convictorio Peruano, vendría a ser el número central. Se llena el local a tope. Nada menos que el jefe de Estado y «muchas personas notables» —según la nota de *El Comercio*— ocupaban su lugar en plateas

---

45. Ibíd., pp. 140-141.
46. Chang-Rodríguez 1976.

y palcos. Prada prefiere escuchar entre bastidores. A aquel discurso quedaría vinculada para siempre su fama como propagandista. Generación tras generación repetirían sus compatriotas algunas de las frases que resonaron aquella noche, convirtiéndolas, en la práctica, en tradición oral.

A la juventud se dirige en primer lugar. Para conminarla, en enérgicos términos a enterrar el pasado de una vez por todas: «¡Viejos a la tumba, jóvenes a la obra!» es la consigna de lucha. Con otra poderosa imagen transmite la razón última de la derrota: si «el más oscuro soldado del ejército invasor no tenía en sus labios más nombre que Chile», «desde el primer general hasta el último recluta» repetíamos en nuestro caso «el nombre de un caudillo». En tres palabras, subraya, cabe la historia de muchos gobiernos del Perú: «imbecilidad en acción». Y con otras tres propone resumir la naturaleza de todo su pueblo: «versatilidad en movimiento». La fragilidad de la república encuentra en su discurso una explicación tan esquemática como plausible: más allá de las «agrupaciones de criollos y extranjeros que habitan la faja de tierra situada entre el Pacífico y los Andes», integrado por «las muchedumbres de indios diseminadas en la banda oriental de la cordillera», existía un «verdadero Perú» La República, en ese sentido, formaba con la Colonia una continuidad de «trescientos años», unificadas por el propósito de mantener al indio «en las capas inferiores de la civilización».

Llegaba a su clímax con esta observación preñada de sintética exageración la impugnación pradiana. Una invitación, en todo caso, a leer al revés la historia del país, proponiendo que su refundación en torno a su eje andino era, para ella, el único destino posible. Se atemperaba la radicalidad del planteamiento con el esbozo de solución que ofrecía a continuación: «enseñadle [al indio] siquiera a leer y escribir, y veréis si en un cuarto de siglo se levanta o no a la dignidad de hombre».[47]

¿Qué alternativas tenía la postrada nación de 1888? Estaba intacto su potencial material. «En toda la tierra», apuntaría Prada, «no hay oro para adquirir las riquezas que debe producir una sola primavera en el Perú». Y, con respecto al factor humano, si bien «nuestros pueblos de la sierra son hombres amodorrados», no eran en absoluto «estatuas petrificadas». El problema estaba en las actitudes, en una cultura política que nos hacía blandos y obsecuentes frente al caudillo y al dictador. De ahí que fuera el nuestro un pueblo en cuya memoria «el recuerdo de la injuria» había comenzado a borrarse «antes que de nuestras espaldas desapareciera la roncha levantada por el látigo chileno». Debilidad tal exigía seguir atizando el rencor, para mantener vivos de tal suerte «los mal

47. González Prada 1888c: 63.

apagados rugidos de nuestra cólera viril». Porque, si el «odio justo» salvaba naciones, el odio a Chile en nuestro caso sería capaz de «regenerarnos».[48]

Se necesitaba convertir las palabras «en trueno» para «engendrar» a los «futuros vengadores». Si alguna vez habríamos de tender la mano al vencedor del 79 sería solo después de que «una generación más varonil y más aguerrida» que la presente hubiese desencadenado sobre aquella una «tempestad» similar a la que «sobre nosotros» habían desatado ellos. Solo «después de que la sangre de sus habitantes haya corrido como nuestra sangre, después que sus campos hayan sido talados como nuestros campos y que sus poblaciones hayan ardido como nuestras poblaciones» podía comenzar —sostendría Prada— a imaginarse una coexistencia armoniosa. Pueblo pacífico y «anticonquistador» de «hombres amodorrados» y sin previsión, el Perú podía encontrar en la reivindicación y en la venganza un motivo de transformación. Lenta y ocultamente, en la escuela, el taller, en el hogar, el deseo de revancha se acumularía gota a gota hasta tener la fuerza necesaria para cumplir «con nuestro deber».[49]

Fortalecerse como nación era condición ineludible para sobrevivir dentro de un sistema mundial «gobernado por el hierro». En el cual, en situaciones críticas, por más diplomática que pareciera su conducta internacional las «naciones más cultas» terminaban quitándose «la epidermis civilizada» para proceder «como salvajes en la selva». A diferencia del Perú, Chile se había adaptado plenamente a ese requerimiento: remedando «el espíritu guerrero» del imperio alemán, permitiendo que «extranjeros reformaran sus universidades, redactaran sus códigos, arreglaran su hacienda pública y les adiestraran en dirigir contra nosotros la puntería de sus cañones Krupp». Existía, en suma, una brecha entre el espíritu práctico chileno y el «empirismo semiteológico y semiescolástico» peruano.[50] ¿Cómo suprimirla?, ¿con qué programa y con qué líderes? Ni con noblezas ni linajes de arraigada tradición podía contar el Perú. Tampoco con una burguesía de corte europeo. Ni de la costa —«cuerpo flotante que cede a todos los vientos y a todas las olas»— ni del «inerte» pueblo serrano podía esperarse tipo alguno de vigorosa iniciativa. No había verdaderos partidos ni hombres públicos respetables y aptos para mandar, en tanto el clero carecía de «inteligencia o virtud»[51].

En el mundo de la palabra, en tales circunstancias, la humillación del 79 encontraba una salida virtual. No eran virtuales, sin embargo, los cientos de jóvenes que salían conmovidos de aquella patriótica jornada en el Politeama.

48. Ibíd., p. 66.

49. González Prada 1890c.

50. Ibíd., pp. 70-72.

51. González Prada 1888b: 42.

No lo era tampoco la prohibición a la prensa de reproducir el discurso de Prada, desobedecida por *La Luz Eléctrica, El Porvenir* y *La Voce d'Italia*, diarios que circulaban entre los letrados inconformes, estudiantes idealistas, artesanos politizados y librepensadores de procedencia diversa, de Lima como de provincias. Sectores que comenzaban a ver a su autor como jefe y maestro, como posible candidato presidencial para las elecciones de 1890.

No era descabellado, en esas circunstancias, pensar que la pradiana «revolución de la palabra» pudiese convertirse en opción política real. En el desconcierto posbélico su visión de «poeta civilizador» había adquirido las proporciones de una corriente cívica interpeladora del orden republicano. ¿Tendría fuerza suficiente para convertirse en programa político? En un país de siervos y gamonales, con una raquítica mesocracia, con una muy pobre tradición liberal, ¿quiénes, en todo caso, podrían ser sus operadores?

—V—

La dinámica misma del cacerismo alentaba la radicalización de los literatos. Como Ramón Castilla, cuatro décadas antes, había emergido Cáceres del caos de la posguerra como una suerte de «soldado de la ley», llamado a culminar, como lo manifestó el civilista Manuel Candamo, con aquel «largo periodo de grandes infortunios y torrentes de sangre» iniciado con la muerte de Manuel Pardo en 1878. Era el inicio de la «*pax* cacerista». Cáceres, para ese entonces, había fundado con sus camaradas de la Campaña de la Breña el Partido Constitucional.[52] Con el objetivo de la gobernabilidad había puesto en marcha —en palabras de Carmen McEvoy— un proceso de «masiva militarización». Muchos veteranos de La Breña, en ese marco, se convirtieron en prefectos y subprefectos a lo largo del país.[53] En alianza con los hacendados serranos, se encargarían estos —como ha explicado Nelson Manrique— de «descargar en el campesinado los costos de la reconstrucción del interior serrano».[54] No fue un proceso pacífico. *El Comercio* informó repetidamente sobre los abusos de las autoridades políticas. Sin reglas claras ni control alguno —se decía a mediados de 1885— ejercían una «tiranía odiosa», una situación que en Rusia, Turquía o China «sería insoportable, a pesar de que allí no hay Constitución liberal que proteja la vida, el honor y la propiedad». Así, en noviembre de 1889, la noticia se refería a los «graves y serios disturbios» que el cobro de la «contribución personal» provocaba en Ayacucho y, particularmente en Áncash, donde cuatro años antes la «sublevación

52. Millones 2004.

53. McEvoy 1997: 259 y ss.

54. Manrique 1988: 57 y ss.

de Atusparia» había causado conmoción. Como un «régimen de procónsules romanos» describiría Prada a ese sistema, «donde no existe más ley que la obtusa voluntad de un prefecto, de un subprefecto, de un gobernador o de un comandante de partido».[55]

Si la alianza breñeros/hacendados proveía el primer pilar de la «*pax* cacerista», los viejos civilistas aportaban el segundo. Desaparecido su líder y fundador (Manuel Pardo y Lavalle), incapaces de recomponerse como partido, por agruparse con el «cacerismo» optan sus grandes figuras buscando convertirse en una suerte de «estado mayor político» del gran sobreviviente del liderazgo militar del 79.[56] Bajo su égida en tales circunstancias, magnates costeños y señores serranos sumarían fuerzas en favor de la reconstrucción. Y a esa pragmática división del trabajo se sumaría el capital extranjero. La firma, en 1889, del contrato Grace, que recuperaba para el Perú el crédito internacional a cambio de sus ferrocarriles y su guano, allanaría los obstáculos financieros que bloqueaban la reactivación de la economía nacional.[57]

En 1876 había dejado el Perú de pagar su deuda externa. Con el agotamiento del guano, el ambicioso proyecto ferrocarrilero diseñado por Henry Meiggs —a cuyo financiamiento había sido destinado el grueso de los empréstitos británicos— había quedado trunco, frustrando el conjunto del proyecto modernizador. La guerra, naturalmente, agravaría la situación. A la pérdida del guano y del salitre sureño se sumaría la debacle de la agricultura de exportación, propiciada entre otros factores por la punitiva expedición Lynch lanzada por el invasor contra la costa norte del país. El Perú, en esas condiciones, quedaba excluido de la revolución mercantil que, impulsada por el capital foráneo, vivía el conjunto de la región. En el caso argentino, por ejemplo, según *El Comercio* las exportaciones a Gran Bretaña habían pasado de 1 a 4 millones de libras esterlinas entre 1880 y 1890, mientras las importaciones británicas pasaban de 2,5 a 8,5. Era, para ese diario, el ejemplo a seguir. Cinco periodos presidenciales sin revoluciones armadas habían creado ahí el marco necesario para la creación de «hábitos de obediencia» en la población. A la par que una apropiada legislación alentaba la movilización de la propiedad y del capital tanto como la construcción ferrocarrilera. En el Perú, por el contrario, seguíamos «dominados por un espíritu estrecho» que impedía «grandes concesiones y grandes ideas». ¿No era acaso «una locura» retener bajo control de un Estado en bancarrota una precaria red ferrocarrilera cuya construcción no era este capaz de completar? Recuperar el crédito era la prioridad. Y para avalarlo

55. González Prada 1898.

56. Miró Quesada 1961: 251.

57. Klaren 2004: 248-250; Miller 1976.

teníamos «grandes yacimientos, minas de plata, bórax, selvas vírgenes»;» un país donde «la madre naturaleza» había «derramado una serie de dones».

Acción urgente para impulsar la reconstrucción, para algunos; entreguismo puro para otros, era el contrato Grace. Tres años le tomaría al Congreso de la República tomar una decisión. Se generó entretanto un debate que no solo reabrió viejas heridas sino que reveló los profundos desacuerdos subyacentes bajo la pátina nacionalista de la «*pax* cacerista».

Basta revisar *La Revista Social. Semanario de Historia, Crítica y Literatura* —José Antonio Felices era su director y Prada encabezaba su comité de redacción— entre 1885 y 1889 para apreciar cómo fue cambiando la percepción del gobierno de Cáceres entre un influyente sector de la opinión pública. En un inicio, se ve su encumbramiento como punto de partida de la reconstrucción y una oportunidad política de aplacamiento del faccionalismo, acaso de formación de «partidos de principios». Un general patriota capaz de salvar la casa de un *establishment* avasallado.

Cambia el tono un año después. Sin plan, con un «país arruinado» —afirma *La Revista Social*— se ofrece al Perú «el milagro de Lázaro resucitado» —el contrato Grace— pidiendo como compensación «la posesión o usufructo de todos los elementos de vida, estabilidad y porvenir con que hoy se cuenta para reparar los descalabros sufridos por la guerra». Los documentos —se señala en un editorial— «dan clara percepción a todas las inteligencias de que el proyecto Grace no solo dañará al Perú sino que beneficiará a Chile» y «será amenaza constante para nuestra autonomía». De ahí en adelante, promediando 1887, la inicial esperanza en Cáceres cede su lugar a una retórica de indudable sabor pradiano: el periodismo como «catecismo de luz para los pueblos» frente a la «dominación clerical» que coadyuva a ocultar la realidad; el escritor como «el sacerdote que ofrece el pan de la verdad y el cáliz de la sabiduría»; el Ateneo de Lima y el Círculo Literario como las entidades indicadas para «guiar a nuestra generación a través de esos campos sembrados de cadáveres y ruinas calcinadas» dejados por la ocupación. En abril de 1888, Prada asume la dirección de *La Revista Social.*

Liderada por Mariano Torres, *La Luz Eléctrica* asumiría una similar postura. ¿Dónde se encontraban el 15 de enero de 1881 los que ahora aparecían como propugnadores del «malhadado» contrato Grace? ¿No era esto una repetición del caso Dreyfus de 1870? ¡Si aquel se había llevado el guano, los nuevos contratistas estaban dispuestos a recoger las últimas migajas! Esa era la realidad. De Dreyfus a Grace, una misma y repudiable lógica de saqueo nacional, «la absorción lenta e inevitable de todos los elementos vitales de la nación en manos de una sola persona o compañía». En verso, rubricaba *La Luz Eléctrica* su alegato contra los vendepatria de turno:

Dolores hay que el tiempo va atenuando
y que del pecho al fin desaparecen;
y dolores que crecen
y tanto más terribles nos parecen
cuanto más van durando.
Ofensas hay que llegan a olvidarse
y que sin gran esfuerzo se perdonan;
y ofensas que lesionan el alma;
que sin tregua nos enconan.
Que tienen que vengarse.

Ah Patria! Madre querida!
Solo hay a tu alrededor
viles especuladores,
y aun te asedian los traidores
que menoscaban tu honor.
El oro deslumbrador
ansían con avidez.
por eso quieren ¡pardiez!
vender tu suelo sagrado,
al grupo representado
por el famoso irlandés.

En enero de 1889, poco más de dos meses después de que el contrato Grace entrara en vigencia, la crítica deviene indignación:

> A los defensores del Contrato —sostiene *La Luz Eléctrica*— no hay términos con qué calificarlos. Sordos de la peor especie, no escuchan razones; desmemoriados, olvidan a cada paso las pruebas, los argumentos, las verdades incontrovertibles que echan por tierra sus sofismas y artimañas; incansables, no cesan en su labor nefanda, recurren a todas las armas, se sirven de todos los medios; ciegos por interés, no quieren ver el abismo adonde impelen a esta patria desgraciada; la ambición y la codicia son sus consejeros; la traición y la venta de beneficios que quieren hacer al país.

Bajo la dirección de González Prada, una nueva tribuna se sumaría al coro de los indignados: *El Radical*. Como la «solemne ratificación» del Tratado de Ancón caracterizaría esa publicación al contrato Grace. La obra, dice, de todos aquellos que, tras saquear el ingreso guanero en la hora de «las supremas angustias del Perú», no contribuyeron con un «solo centavo» «a las erogaciones para proveernos de rifles y buques». Y que se unían ahora para dar «la última y desesperada embestida» al «último resto de nuestra honra y los últimos restos de nuestra riqueza». Visto así, ¿qué necesidad podía haber en discutir dicho documento «cláusula por cláusula»? «Desecharlo en globo» era la única opción. Con su aprobación perdía el poco prestigio que le quedaba quien, de haber «sucumbido en Huamachuco», hubiese integrado con Grau y Bolognesi aquella «trinidad gloriosa» que nos había dejado la guerra. De tal suerte, si en 1883 «cualquier ciudadano peruano se habría cambiado por el Coronel Cáceres de la Campaña de la Breña, ni el más humilde hijo del Perú se cambiaría, en 1889, por el General Cáceres, firmante del Contrato Grace».

¿Era Cáceres «cómplice inconsciente» de lo que se tramaba?, se interrogaba Prada desde las páginas de *El Radical*. Lo instaba por tanto a «enmudecer por un solo instante a la orquesta y cuerpo de coros que en pleno Palacio de Gobierno trabajan día y noche a beneficio del Contrato» con el fin de escuchar las voces de afuera. Podría enterarse así que donde el oro no sobornaba periódicos ni compraba «firmadores de actas populares», el contrato era «abiertamente combatido y rechazado». Pero Cáceres se había dejado rodear por aquellos que, en su momento, habían celebrado su derrota en Huamachuco y festejado su descalabro en su primer intento de tomar Lima en agosto de 1884: los civilistas, por supuesto, cuyas «manos sanguinolentas y crispadas» surgían prestas ahora, desde las sombras, buscando «atrapar el oro del cohecho».

La dimensión moral de la reconstrucción levanta la prédica radical. «Hombres austeros, disciplinados, valerosos antes que mercaderes», demanda *El Radical* para la patria, y propone una «militarización» del país para producir ese tipo de elemento humano. Qué mejor ejemplo que el de la Francia revolucionaria y empobrecida que había controlado Europa entera con sus «legiones desnudas y sus generales improvisados, cuando el mundo creíala precisamente muerta, porque era como el Perú de nuestros tiempos pasto de los chacales y los buitres».

¿Qué nos falta para ser libres y felices?, se preguntaba un colaborador de la publicación dirigida por Prada. «Ley Moral» y no «economía política», se respondía. Porque podía darse el caso de una nación que, como el Perú del guano, ofreciendo «el espectáculo de un gigantesco progreso material» se encontrara «minada por algún insecto moral que destroza[se] sus virtudes y prepara[se] su ruina en medio de los esplendores del sensualismo, que animaliza el espíritu». En «asqueroso mendigo» había devenido así el Perú «rico y floreciente» de ayer. Como «una paca de cáñamo o de algodón» la patria vendida al mejor postor. Y su «augusto recinto de las leyes» dominado por «los corredores de bolsa» mientras «grandes temas sociales y políticos quedan para la casa o los hoteles»; «mercaderes» que «para satisfacer sus intereses, ocultan el peligro que nos amenaza» cuando «ya estaba sentimos rechinar los dientes del enemigo a nuestras espaldas». La patria estaba nuevamente en peligro.

Ante ello, añoran los radicales el entusiasmo de vísperas de la batalla: aquella marcha hacia las trincheras de Miraflores de milicianos agradecidos de poder vengar con sangre la muerte de Bolognesi y del almirante Grau. «¿Por qué en vez de ir al parque de la Exposición o al Circo de Toros, no desfilan los domingos, al ejercicio [militar], 14 mil hermanos de los que sucumbieron en Miraflores?», reclama un redactor. Unámonos a la Guardia Nacional que es el Ejército, demanda otro, que «haya contacto de codos en el peligro que nos circunda, vivamos la vida del ciudadano, pero con el rifle al hombro». «¡Por Dios! —remataba— seamos hermanos alguna vez. Tengamos siquiera la fraternidad del odio».

No menos conmoción suscitaba el retorno de Nicolás de Piérola. De hecho, una de las principales causas para repudiar a Cáceres era haber hecho posible lo que hasta entonces parecía imposible: exculpar al gran responsable del desastre de 1881. «Chile mismo —diría Prada— no habría elegido mejor aliado».[58] Desde su primer encuentro en tiempos estudiantiles, recordaría Alberto Ulloa, una «cierta repulsión física» había prevalecido entre el radical y el expresidente.[59] Quien a ojos del primero personificaba todos los males del caudillismo retrógrado aparecía ahora como adalid de la democracia. ¿Se requerían más pruebas para comprobar la vena patológica de la política peruana?

Tras su dimisión en 1881, Piérola —el eterno conspirador, enemigo jurado del civilismo— había iniciado un proceso de reinvención personal. Aspiraba a crear la entidad política con que las élites peruanas habían soñado por largo tiempo: un «partido nacional» a la chilena, que trascendiera a los caudillos para enfocarse en la consolidación republicana sobre la base del sufragio directo. En 1884 aparece el primer manifiesto de su Partido Demócrata. Habla de igualdad ante la ley, acceso universal a la educación, formación de una clase dirigente basada en las cualidades personales y el merecimiento individual, ya no de nacimiento o fortuna.[60] Frente al elitismo civilista enfatizaba el «pierolismo» su cercanía al pueblo; protector de los indios se declara Piérola. Fundamental, al respecto, su aura de perseguido eterno, su fama de conspirador; ese «enlace raro y místico con las masas»[61] que sobrevive las peores pruebas.

Miles lo reciben en Lima a cada retorno de sus sucesivos exilios. A inicios de 1890, exhibe su fuerza el pierolismo desfilando desde la Alameda de los Descalzos hasta la Plaza de la Exposición. Van a la cabeza, según un reporte, los comités de las parroquias de Lima; sigue el líder en olor de multitud y cierran «las agrupaciones rurales». Se abstiene, sin embargo, de candidatear porque sabe que será imposible, por ahora, desalojar del poder al régimen militar. Al imponer al coronel Morales Bermúdez como su sucesor, sin embargo, firmaba

58. González Prada 1899.

59. Ulloa 1949: 35.

60. Dulanto 1947: 359.

61. Basadre 1940.

el régimen cacerista su sentencia de muerte. Comenzaba ahí el proceso que culminaría cinco años después con su cruenta deposición. En vísperas de las elecciones, Piérola es nuevamente detenido. Alborota la noticia los barrios de la capital:

> Cada calle improvisa una manifestación. Hombres y mujeres desfilan cantando y vivando. En los ministerios se suspende la actividad de las oficinas. Las placeras en los mercados se marchan con bonitos y repollos. Los cocheros retiran el servicio. Estrofas «pierolistas» se oyen por doquier, y el retrato de «Don Nicolás» luce en casas y tiendas. Mil ciudadanos dan mueras a Cáceres en la Plaza de Armas. Doscientos gendarmes los disuelven «por arrojar piedras contra el Palacio». Las ambulancias recojen 30 heridos, un negro retinto entre ellos: «Yo soy Córdova —grita alguien—, yo soy pierolista. Vengan todos a tomar Palacio y matar blancos. ¡Viva Piérola!». Y rompiendo su camisa señala su herida: «¿Dónde están esos cachacos? ¡Viva Piérola carajo!».[62]

«Desafía al sentido común», aseveraría, por su parte, *La Luz Eléctrica* en el octavo aniversario de las batallas de San Juan y Miraflores, la «desvergonzada pretensión» del «necio ex-dictador» de retornar exhibiendo pretensiones políticas. «¿Qué país es este? ¿De qué masa fueron hechos nuestros conciudadanos? ¿Dónde se ha ido el pudor nacional? ¿Qué se ha hecho de la justicia? ¡Piérola todavía titulándose jefe de partido!». Y, lo que era peor, encontraba «¡cucufatos que le besen los pies!».

Firmando como JVM, un veterano del «18 de la Reserva» recordaría, en las páginas de la revista *Germinal*, su experiencia en la defensa de Lima. «Éramos», recuerda, una «colectividad modelo»: carolinos, guadalupanos, estudiantes de los colegios de Lima, profesores y artistas, oficiales del Palacio de Justicia: un «batalloncito de intelectuales». Recorre el relato los mismos temas que la memoria de Prada: el entusiasmo por la llegada de la «hora de la venganza», la «defección de los pobres indígenas», la indignación por la «débil y abierta línea de batalla», el precipitado derrumbe de «nuestra fe», el deplorable espectáculo de las banderas extranjeras izadas en las calles de Lima como cobarde imploración a la piedad del vencedor. Pero por sobre todo, el «desengaño cruel» experimentado cuando, «no habiéndose aún extinguido el triquitraque de los fusiles ni el estampido de los cañones», arriba al campamento la «comitiva del Dictador» anunciando que venía de Miraflores y que iba, nada menos, camino a la sierra. En «marcha fúnebre» se convertiría «la marcha vengadora». Se disgregan los batallones, decenas de «indígenas dispersos» deambulaban por los campos. Íntegro y compacto, sin embargo, retorna «el 18» a la capital. «Todo

62. Dulanto 1947: 365.

terminó desgraciadamente... retírense a sus casas», les dice el Dr. Ricardo Ortiz de Zevallos. Los sentimientos de aquella hora reaparecen a partir de ahí en el entrecortado relato del autor:

> Nosotros, los hombres del porvenir habremos de esconder el rifle sin dispararle sobre el pecho al invasor. ¿Conque el Jefe Supremo, el que arrebatara el poder para salvar al país, ensangrentando las calles de la ciudad, va en vergonzosa y miserable fuga? ¿Conque la gran masa ciudadana que organizó la reserva no ha hecho sino jugar a los soldados? Un mundo de emociones diversas acometiéronme: tristeza, despecho, iracundia, odios profundos, surgieron los deseos más extraños e irrealizables. Calígula mismo no llegó a ellos jamás. Tuve entre otros, la sed ardiente del asesino. Pero ¡qué hacer! si era apenas un muchacho infeliz; lloré las lágrimas más amargas que he derramado en toda mi vida. El Dictador siniestro ni negoció antes de Miraflores ni combatió después de Miraflores; no tuvo el valor de la paz ni el heroísmo de la guerra. ¡Y estaba obligado a morir!

Convertida en trauma generacional, la memoria de aquel 15 de enero de 1881 actuaba como combustible de la impugnación presente. El hecho llano y simple de su asociación con la «página más bochornosa» en «la historia de nuestros infortunios» conspiraba contra el mandatario del 79:

> En el Portete de Tarqui, en Socabaya, y en Ingavi caímos sin perder la honra, en San Juan y Miraflores se nos arrebató todo: desde la fortuna hasta la vergüenza. En vano se hace mérito del sacrificio de algunos hombres para no considerar oprobiosa la pérdida de esas batallas: el valor con que murieron unos cuantos, lejos de enaltacernos nos humilla; el mismo deber abrazaba a todos, y todos por lo tanto debieron cumplirlo de idéntica manera. ¿No es cierto que en San Juan y Miraflores hemos podido vencer? La superioridad de los chilenos no era abrumadora materialmente; soldado más, soldado menos; rifle más, rifle menos, tanto valían ellos como nosotros desde el punto de vista de la fuerza bruta. En lo que si nos excedían era en la dirección; ellos estaban mandados por un General, nosotros obedecíamos las órdenes de un seminarista con hipo de notoriedad y pujos de locura. En San Juan y Miraflores, el plan de batalla del Ejército Peruano fue la *reservada* del Dictador, el escondimiento en Vásquez y la huida a la Sierra. En Miraflores sobre todo, llegó al límite la ineptitud del Supremo Defensor de la Raza Indígena, Hubo momentos en que pudimos arrollar a los chilenos; pero el Dictador y sus parientes, que no tenían interés en vencer, dejaron sin movilizar el ala izquierda y vieron con impasibilidad musulmana la destrucción de los reductos 1, 2, 3, 4 [...].

Quizá pensando en este espectáculo —para él deplorable— de un pierolismo de masas redivivo, habría de escribir Prada: «De las turbas populares / Nada esperes ni te fíes: / Tienen sueños de marmota / Y despertares de tigre».[63]

---

63. González Prada 1937: 64.

Quizá en tales circunstancias quedó reafirmado su sentir de que, en el Perú, no había llegado el momento de intentar «la acción colectiva»; al «esfuerzo individual y solitario» había que apostar más bien. Y que de nada serviría la más fogosa propaganda patriótica, asimismo, si no viniese acompañada de un decidido ataque a la política y los políticos.

¿Qué modelo seguir para emprender una lucha principista, de movilización colectiva y antipolítica a la misma vez? Como solitaria inspiración aparecía Francisco de Paula González Vigil en el desolado panorama liberal. Frente a la jerarquía eclesiástica había defendido la libertad de conciencia, la tolerancia de cultos, el divorcio y el matrimonio civil; leal a sus ideas mientras desertaban sus antiguos correligionarios. Mil lo aplaudían pero nadie lo seguía. Quedando, en última instancia, como el «jefe honorario de un partido liberal sin liberales. Pero había tenido una «vejez honrosa», confinado a su biblioteca, acaso sabiendo que sus «atrevidas novedades» eran modestas «trochas en el corazón de una selva primitiva» que eventualmente fructificarían. Pocas vidas tan dignas de ser imitadas. La «energía moral de su voluntad» era su legado mayor.

Parecía proyectar su futuro en esas líneas González Prada; presintiendo acaso en ese punto que, en una nación desarticulada, sin clases ni intereses firmes, el hombre y su voluntad eran la única base sólida para iniciar una verdadera transformación.[64]

—VI—

Surge la opción radical en el pensamiento pradiano en confrontación directa con las falacias y limitaciones del liberalismo local. De la imposibilidad histórica del liberalismo en el Perú está convencido Prada: por su incapacidad para constituirse en una opción consecuentemente secular. Ahí «la piedra de toque» del «espíritu conservador» de muchos liberales de las naciones católicas: la pretensión de «segregar» las cuestiones sociales o religiosas de lo político, «imaginándose que los pueblos se regeneran con solo mudar de presidentes» o renovando periódicamente Cámaras Legislativas. Este querer alcanzar una «libertad rociada con agua bendita» o «ganar la Tierra sin renunciar a la esperanza de adquirir el cielo» no comprende que no cabe «separar lo social de lo religioso ni lo político de lo moral» en tanto que «toda cuestión política se resuelve en una cuestión moral, y toda cuestión moral entraña una cuestión religiosa». De ahí que «el verdadero liberal» entendiera con mayor claridad que su «acción emancipadora» debía golpear —«doble y simultáneamente»— a «los muros de la Iglesia tanto como a los cimientos del Estado».[65]

---

64. González Prada 1890b.
65. González Prada 1902.

A la naturaleza misma de la organización republicana imputaba Prada, de otro lado, ser fuente de la duplicidad y el oportunismo del liberalismo peruano. Tan inverosímil como «el nacimiento de una ballena en un charco de ranas» sería encontrar en el Perú «liberales de convicción o de una sola pieza», sostiene en una columna publicada en el periódico obrero *Los Parias*, en 1906. Explicando, con ejemplos sencillos, los factores estructurales que imposibilitaban dicho desarrollo político en el caso peruano. Recordando, por ejemplo, el caso de aquel «elector de no recordamos dónde» que, aunque no niega que el diputado de su provincia «explote a los indios hasta el punto que, para cosechar una onza más de coca, le arrebata a cada peón una libra de carne», no deja de reconocerle su filiación liberal. O aquel otro de un «jefe» de una «bandería con humos de partido» que, aunque oye misa, protege a las congregaciones docentes, edifica iglesias, funda conventos y subvenciona diarios clericales se da maña para ser «volteriano y muy liberal». Una simple y llana «bellaquería» era el «liberalismo peruano» en suma.

Como una especie de vacuna contra pasadismos e inconsecuencias aparecía, pues, en el repertorio pradiano la noción de *radical*. Signo de su concepción de la política como acción «regeneradora», tajantemente diferenciada de aquel reformismo supuestamente liberal que delimitaba su acción a «la órbita parlamentaria» y los asuntos de Estado. De profundas convicciones morales emergía su *élan* voluntarista. ¿Cuán factible era fundar un «partido político» sobre la base de estas concepciones? ¿Había antecedentes sólidos para su pretensión?

Nunca, como en el decenio de 1880, la frustración del «sueño liberal» de la primera generación republicana sería más evidente. Era más que la crisis de posguerra. En comparación con México o Argentina quedan claras las insuficiencias del proceso peruano. Ausente ahí la fusión liberalismo-tradición popular que en México había producido la gesta de Juárez. Ni tampoco se había verificado el dinamismo que en el caso argentino había producido a un Sarmiento o un Alberdi. Dada la escasa cohesión de los propietarios agrarios, de las clases medias y del pueblo en general, en el Perú —como apuntara Jorge Basadre—, el «sueño liberal» primigenio derivaría en un proceso «intermitente, heterogéneo, disperso, incoherente».[66] Si de un lado José María de Pando o Bartolomé Herrera se habían encargado de reformular el sueño republicano como «república de notables», autoritaria y excluyente, otros como Francisco Javier de Luna Pizarro, Mariano Amézaga, pero sobre todo, Francisco de Paula González Vigil mantendrían vivo el ideal liberal.[67]

66. Basadre 1929.

67. Ferrero 1958.

Allende los debates letrados, en el tiempo colonial parecía sumido aún el vasto país rural. A una danza inmóvil asemejaba, en todo caso, su dinámica socioeconómica: decaen los linajes curacales, surgen poderes locales mestizos en su reemplazo y a la par con el auge de la economía lanera se enseñorea el gamonalismo. Un paisaje, en suma, indemne al impulso legislativo del liberalismo inicial: sobreviven las comunidades de indígenas a la par con el latifundismo y se perpetúan los lazos de servidumbre que, de antaño, oprimían al poblador indígena. En los límites urbanos terminaba, en rigor, la República de ciudadanos. Apareciendo el Parlamento, la prensa, el sistema prefectural como las arenas intermedias en que los «señorones» de la costa y los terratenientes del interior negocian esferas de poder y armonizan, relativamente, la marcha de este sistema dual.

Derrotada la primera generación republicana por el caudillismo patrimonial, recién a mediados de siglo encontraría el «sueño liberal» condiciones para reverdecer. Bajo la inspiración del exilado chileno Francisco Bilbao, la generación de los hermanos José y Pedro Gálvez se suma al general Ramón Castilla en la revolución de 1851 y propicia medidas como la abolición de la esclavitud y de la contribución indígena. Queda en el papel su máxima obra, sin embargo, la Constitución de 1860, frustrada por la indecisión de Castilla y una efectiva reacción conservadora. Breve y parcialmente resurgiría el impulso liberal con la «república práctica» de Manuel Pardo, para sucumbir prontamente con la liquidación del líder civilista en vísperas de la guerra del 79.[68] Los Piérola y los Cáceres vendrían después.

Con la impugnación pradiana y el activismo literario de mediados del decenio de 1880 surgía la posibilidad de retomar aquella «continuidad oculta» del ideal liberal señalada por Basadre. Al calor, por cierto, del impacto mental del desastre bélico, ¿cuánto se diferenciaba un González Prada de un liberal de preguerra como el célebre Ricardo Palma? Su correspondencia con Piérola durante los días de la ocupación de Lima revelan los límites de su filiación liberal. Las propias deficiencias nacionales como factores de la derrota son un punto de coincidencia con Prada. En Palma, no obstante, la abyección del indio aparece como la «causa principal». 172 aventureros habían bastado para derrotarlos —dice— en 1532. ¿Había mejor ejemplo de la naturaleza orgánica de su cobardía? ¿Podía tenerse esperanza en aquellos a quienes les daba lo mismo ser turcos o peruanos? «Educar al indio, inspirarle patriotismo —concluía Palma— será obra no de las instituciones sino de los tiempos».[69] A Prada, por el contrario, la historia tawantinsuyana le inspira reverencia y fascinación. De sus mitos y leyendas y de las crónicas de la Conquista, extraería un material

68. McEvoy 2007.

69. Palma 1979.

poético análogo al que obtiene del acervo mitológico de la antigua Europa, como había quedado patentizado en sus *Baladas peruanas*.

No menos distante podía sentirse Prada del positivismo del maestro sanmarquino Javier Prado, quien si bien deploraba el coloniaje y aspiraba a una república democrática lamentaba asimismo la «influencia perniciosa que las razas inferiores» habían ejercido en la historia del Perú.[70] Dentro de una concepción evolucionista del progreso social Prada se distinguía por sus simpatías revolucionarias. Ve en la Revolución francesa el nacimiento de «un nuevo mundo moral». «¡Ojalá hubiéramos pasado por algunas de aquellas revoluciones radicales que remueven de alto abajo la sociedad y la dividen en dos bandos sin consentir indiferentes y egoístas!». Un conflicto benefactor, a fin de cuentas, frente a «nuestras sediciones de cuartel» que, como las tempestades del océano, «se deslizaron por la superficie sin alcanzar a sacudir el fondo». Porque si las «sediciones de pretorianos denuncian decadencia», los levantamientos populares manifestaban superabundancia de vida y servían a las naciones como aprendizaje para sus «guerras exteriores». Un solo «acto de rebeldía», sentenciaría, «suele producir más bienes a la especie humana que todas las resignaciones y todos los respetos».[71]

En el ambiente de crisis general producido por la derrota había tomado forma, entre 1885 y 1890, el radicalismo de Prada. Elegir el nombre *El Radical* para el órgano del Círculo Literario aparecido en 1889 enunciaba lo esencial de su posición. Al momento de las definiciones, sin embargo, su propuesta de fundar un Partido Radical no encontraría suficiente eco entre sus compañeros. «Pretendiendo que solo ese nombre asustaría a las gentes timoratas que tanto abundan en el Perú» recordaría Adriana de Vernuil, proponían «un nombre anodino que disimularía los propósitos radicales» del movimiento. Aceptó Prada, finalmente, el nombre Unión Nacional «propuesto por otros».[72] Hasta ahí llegaban sus correligionarios: al llamado a sobreponerse a la fragmentación que estaba en la base de la debacle nacional. Más complicado era declararse dispuestos a impulsar una transformación raigal del *establishment* neocolonial.

Quedarían evidenciadas, eventualmente, las contradicciones con que nacía la Unión Nacional. Era, por su programa, una entidad destinada a intervenir en el juego político oficial. Prada figuraba como presidente del Comité Directivo a la par con José Gálvez y Eduardo Lavergne, veterano asimismo de la guarnición del cerro El Pino. Entre sus miembros fundadores aparecían Abelardo Gamarra, Germán Leguía y Martínez, Carlos Rey de Castro y Alberto Secada; Víctor

70. Prado 1983.

71. González Prada 1888e: 141.

72. Adriana de González Prada 1947: 159.

Maúrtua destacaba entre los abogados. El odontólogo Christian Dam, líder de la masonería y de la Liga de Librepensadores y el farmacéutico Adolfo Vienrich, conocido por sus estudios del quechua, eran también parte de la nómina directriz. Tres pequeños periódicos daban su apoyo al naciente proyecto partidario: *La Luz Eléctrica*, *El Radical* y *La Integridad*, fundado por Abelardo Gamarra. La figura de Prada aparecía como el factor aglutinante de la organización. Y era evidente también, como aseveraría Adriana, que este había moderado sus planteamientos para hacer posible el nacimiento de la organización. Bastaba contrastar el documento fundacional de la Unión Nacional con los textos pradianos de 1887-1888 para comprobar tal disparidad. Años después revelaría Prada que había elaborado «un programa a base del radicalismo» pero que nunca lo había hecho público. Las siguientes eran, en todo caso, según Bruno Podestá, las características principales del programa de la UN fundada en 1891:

- Rechazo a proponer una «doctrina intransigente»: más que a las teorías ir a los hechos.
- Educación y ciudadanía: para tener ciudadanos libres y naciones independientes, se necesita primero formar hombres con inteligencia cultivada y organismo robusto.
- Garantías a la propiedad.
- Formación de un «espíritu nacional» a partir de fomentar una verdadera solidaridad de intereses entre la costa y la sierra.
- Ir paulatinamente hacia la República federal.
- Constituir el Poder Legislativo de modo que se evite el despotismo parlamentario y la entronización de camarillas.
- Representación de minorías.
- Favorecer la inmigración europea y oponerse al fomento de la asiática.
- Elevar la condición del obrero.
- Recuperar por iniciativa oficial las propiedades usurpadas a las comunidades indígenas.
- Hacer legal y prácticamente inviolables la libertad de conciencia, de imprenta, de sufragio, de reunión y de asociación.
- Ennoblecer la carrera militar, combatir el divorcio entre el ejército y la nación, y mantener en armas a todos los ciudadanos con el servicio de la Guardia Nacional.[73]

73. Podestá 1975.

Era un programa burgués típico interesado en avanzar hacia la integración nacional, preservando el orden y la propiedad, que a Prada, en ningún caso, podría haberlo dejado conforme. Recordaría Adriana su escepticismo de aquel momento: «conociendo el carácter versátil de los de su raza dudaba mucho de su constancia; al primer cambio de gobierno me decía, ya verás como se largan todos».[74] Entre la proyección radical de su pensamiento y las expectativas políticas de los adherentes había, efectivamente, un serio desfase. Su súbita partida a Europa —a menos de un mes de la fundación de la agrupación— no lo haría evidente hasta agosto de 1898. En un partido de principios, explicó a quienes objetaron su decisión, nadie debía ser irreemplazable. En 1890, muy probablemente contra su voluntad, Prada había sido lanzado como candidato al Congreso. ¿Influyó esto —dado su explícito desprecio por la «política» — en su decisión de partir?

El viaje de Prada, de otro lado, tenía motivaciones de orden personal. Entre 1886 y 1890 había sufrido varias pérdidas familiares: su madre, su hermana y, más aun, sus dos primeros hijos con Adriana, habían muerto prácticamente al nacer. Al casarse, habían hecho planes para residir en una hacienda en el norte del país. Ella, finalmente, lo había convencido de permanecer en Lima. Ante la desaparición del segundo niño le había hecho Manuel una propuesta dramática: «matarnos juntos». Pacientemente, le había ayudado ella a recuperar el sentido. «Quien dijo existencia dijo dolor», escribía Prada en 1890; sujetos como estamos a las leyes implacables de la naturaleza un «martirologio infinito» terminaba siendo la vida.

Entre la depresión y la súbita popularidad el viaje aparecía como una atractiva posibilidad para la compleja personalidad pradiana. En el Viejo Mundo, pensaba Adriana, de nuevo encinta, cumpliría su esposo su ilusión de «codearse con los grandes escritores contemporáneos» y de respirar «ese ambiente de civilización al que pertenecía espiritualmente».[75] Ella, por su parte —que nunca había vuelto a su terruño desde su llegada al Perú en 1878— sentía que su criatura tendría en Francia mayores posibilidades de sobrevivir. «Salvar algo muy íntimo» debió haber sido, según Luis Alberto Sánchez, un motivo fundamental en la decisión de partir. La trayectoria de Prada, de la literatura hacia la política, terminaba pues en un enigmático *impasse*; en una «huida evidente y hasta humillante», aun en opinión de Sánchez que tanta simpatía le profesaba. Imaginarlo presidente del Perú era, a fin de cuentas, poco menos que imposible. A quienes le habían expresado sus intenciones de lanzarlo como candidato presidencial, según Alberto Hidalgo, Prada les había respondido

---

74. Adriana de González Prada 1947: 159.

75. Ibíd., p. 177.

desafiante: «acepto la designación, pero quiero que en este momento se levanten seis ministros y veinte prefectos dispuestos a degollar a todo el civilismo». No hubo respuesta alguna. «El ambiente olía a cobardía, hizo bien en marcharse el maestro», concluiría el poeta mistiano.

—VII—

La economía peruana había entrado a un nuevo curso durante los años en que Prada vive su exilio. Fluye la inversión extranjera una vez restablecido, con el contrato Grace, el crédito internacional. Surgen con ello las condiciones para la insólita alianza civilista-pierolista, los archienemigos de la preguerra, coaligados contra el general Cáceres, quien en 1894 volvía a la presidencia una vez más.

La alianza civilista-constitucionalista había terminado su ciclo en 1890. Tras un periodo en Europa, Cáceres había retornado en 1892 con el fin de preparar su reelección. Su candidatura carecía esta vez de calor popular. Intentó remediarlo proponiéndole a Piérola un pacto que este declinaría. Muere, en esas circunstancias, el presidente Morales Bermúdez. Debía sucederlo el primer vicepresidente, Pedro Alejandrino del Solar. Desconfiaban de él, no obstante, los «breñeros» caceristas; primero porque era civil y, segundo, por su cercanía al civilismo. Optan entonces por el segundo vicepresidente, el coronel Justiniano Borgoño, un «breñero» de verdad. Con él en el poder estaba asegurada la reelección del general Cáceres. El régimen, por si fuera poco, procedió a perseguir a los líderes civilistas. Lo que contribuyó a cohesionarlos y, sobre todo, los empujó a hacer lo impensable: buscar una alianza con su vieja némesis desde los tiempos del contrato Dreyfus: Nicolás de Piérola. Eventualmente, fuga a Chile el jefe civilista —Manuel Candamo— donde se encuentra con el Califa Piérola, refugiado ahí tras huir de prisión en octubre de 1890. Sellan entonces su pacto de unidad en la lucha contra Cáceres. En octubre de 1894, se embarca Piérola hacia el Perú con el fin de encabezar el movimiento revolucionario que, en marzo siguiente, culminaría su obra.

Resuelve la Unión Nacional, de otro lado, que «no sería racional ni patriótico» sostener una «oposición intransigente y sistemática al nuevo orden de cosas». De hecho, no era fácil resistirse al embrujo del pierolismo. Como una lucha antimilitarista había sido vivida la revolución del 95 en muchas provincias. Congregando, además del «bajo pueblo», a sectores medios hartos de la tiranía local de los prefectos-hacendados caceristas. Pero ya en noviembre de 1895, *La Integridad*, el vocero oficioso de la UN dirigido por Abelardo Gamarra, observaba que en su «desenvolvimiento» el pierolismo no daba señales de ser diferente de lo que muchos peruanos habían visto en «lo menos once revoluciones» en años recientes. Tras la retórica revolucionaria, peor aun, eran los civilistas quienes iban «primando en el poder». Varios de sus antiguos copartidarios se habían sumado al pierolismo cuando Prada retorne al Perú, mientras que una nueva directiva de la UN favorecía un acercamiento al nuevo Partido Liberal, nacido de un fraccionamiento del Partido Demócrata, encabezado por el terrateniente huanuqueño Augusto Durand.

A un país inhóspito retorna Prada a inicios de mayo de 1898. No solo se ha empequeñecido su partido sino que el hombre que encarna a sus ojos los peores vicios de la política peruana es el mandamás. Poco queda, asimismo, del entusiasmo radical de los tiempos de su partida. Por acuerdo de la UN, solicita Gamarra una conferencia al recién llegado. Se disculpa este aduciendo problemas de salud. Un breve comentario escrito años después sugiere cuál era su estado de ánimo en aquel retorno del único viaje que haría a lo largo de su vida afuera del país:

> Cuando se vuelve a Lima, después de residir algún tiempo en una ciudad moderna, se sufre tal depresión y tal desaliento que vienen ganas de encaminarse al cementerio, introducirse en un nicho y hacerse colocar una lápida. Vivo, muerto ¿no da lo mismo aquí? Los vivos de nuestras calles y plazas ¿encierran más vida que los muertos del panteón?

Su distancia de la política reafirmaría en la esperada conferencia que tres meses después de su arribo accedería a ofrecer a la organización que ocho años atrás había contribuido a fundar. Comienza por despejar cualquier posible esperanza en la revolución del 95. ¿Qué podía tener de regeneradora una movilización donde «los infelices indios que derramaron su sangre en las calles de Lima» no habían sido «ciudadanos movidos por una idea de justicia sino seres medio inconscientes, cogidos a lazo en las punas, y lanzados los unos contra los otros, como se lanza una fiera contra otra fiera»? Con nuevas comparsas y los mismos actores principales, se imponía la misma tragicomedia de siempre. Y, sin embargo, en ninguna parte «una revolución profunda y radical» era tan necesaria.[76]

El reto no era otro que llegar a aquella multitud «sana y vigorosa» que «dormita» más allá de la «costra corrompida» de «políticos y logreros». Un ámbito que Prada concibe como «una especie de campo virgen» a la espera de la «buena labor y la buena semilla». A ella debía llegar la UN si un «partido de combate» quería llegar a ser. ¿Había la voluntad colectiva de emprender la larga marcha hacia ese «verdadero Perú» o quedaba cada uno por su cuenta y riesgo a cargo de lo que su propia conciencia le dictara? Una lucha intransigente,

76. González Prada 1898. De esta publicación proceden las citas que vienen a continuación.

debía quedar claro, suponía la primera opción, pues ni alianzas ni transacciones podían caber entre la UN y las dominantes «agrupaciones mercantiles o personalistas». Ni elecciones ni acciones conspirativas. Como una «acción eficaz, enérgica y purificadora» quedaba definida la «nueva revolución» de la UN. Un rumbo definido por un contundente lema: ¡Fuera política, vengan reformas sociales! ¿El método de trabajo? No bastaban la pluma y la palabra, ni el folleto y la conferencia; enseñar con el ejemplo era lo principal. «La vida —recordó Prada— ejerce una propaganda lenta y muda, pero irresistible».

La fuerza de su voluntad personal era el límite de su discurso. Una perfecta nebulosa venía después. Una amorfa acción colectiva en la que hasta «el más oscuro y el más humilde» de sus participantes pudiese desempeñarse como «vocero de las ideas» y «propulsor de la masa». Admite ahora, para tal fin, la necesidad de un líder: no un caudillo sino un apóstol consecuente. Se requería también un partido político aunque animado, contradictoriamente, por el afán de «alejar a los hombres» de esa «enfermedad endémica de las sociedades modernas» que era «la mera política». Porque política, en su ideario, quería decir «traición, hipocresía, mala fe, podre con guante blanco». Dicho esto, no descartaba del todo la participación electoral. «Tal vez en el terreno de las diputaciones y senadurías podríamos combatir con probabilidades de éxito en algunas localidades de la República —observaría Prada— pero en cuanto a la presidencia y vicepresidencias, nada conviene intentar».

La experiencia europea, evidentemente, había acentuado su convicción antipolítica, que lo alejaba ahora irremediablemente del moderado programa fundacional de la UN. A su radicalismo preeuropeo añadía ahora un combativo tono clasista que revelaba su flamante simpatía anarquista. Dentro de un mundo que no se dividía ya ni entre republicanos o monárquicos, ni entre liberales o conservadores, sino «en dos grandes fracciones: los poseedores y los desposeídos, los explotadores y los explotados» transcurría ahora su lucha. Resuelto así, con siete años de retraso, el *impasse* de 1891, la UN dejaba en la práctica de existir.

Con un océano de por medio, Prada se había saltado un hecho fundamental del proceso político nacional: la multitudinaria aceptación de Piérola, en parte consecuencia del cansancio de las confrontaciones. Como diría Clorinda Matto de Turner en 1904, aunque había conciencia de la mediocridad del nuevo mandatario, esta resultaba un hecho menor a causa de la paz que su victoria representaba. Una paz a la que se sacrificaban «conveniencias» y «simpatías personales», independientemente de su origen.[77]

---

77. Matto de Turner 1902: 12.

Los avances en la reconstrucción alentaban el optimismo. Abre las puertas a los «grandes capitales» el contrato Grace: triplica la minería su producción y repunta la producción petrolera en la costa norte del país; crece en la capital la actividad textil mientras se esboza, para la Amazonía, una serie de planes de colonización. «No permanecen en ocio», entretanto, los capitales nacionales pues comenzaba a registrarse una expansión de la actividad bancaria. La paz del 95 debía contribuir a consolidar el proceso.

Aguda desconfianza suscitaba en muchos sectores un posible retorno de Piérola. Su «desequilibrio moral e intelectual encontraría probablemente un campo de acción más vasto y seguro para consumar su maléfica obra que apenas tuvo tiempo de iniciar diez años atrás» había observado *El Comercio* en enero de 1890. En plena guerra civil se encontraba el país cuatro años después. El «alejamiento de capitales» —lamentaba el decano de la prensa nacional— sería la peor consecuencia si «los atentados del caudillaje» siguen «notificando al mundo que el Perú retrograda hacia la barbarie». Al corazón de la capital llega la contienda a inicios del 95. «Espanto y desesperación» suscitaba la fetidez que se desprendía de las pilas de cadáveres acumuladas en las calles de la ciudad. El espectáculo de muerte y destrucción impone, eventualmente, el hartazgo de la guerra. Que sería una «injusticia clamorosa» pedir cuentas de los «delitos políticos que se han cometido en el Perú durante los últimos tiempos» sostiene *El Comercio*. Mejor —concluye— «echar un velo sobre ese pasado, para evitar las recriminaciones que pudiera producir el imprudente deseo de escudriñarlo». Piérola había sido perdonado y, por fin, el Perú podía dejar atrás un siglo XIX de derrota y entrar al promisorio siglo XX de crecimiento y estabilidad.

Para Prada, sin embargo, la posibilidad de una reconciliación sustentada en un supuesto afán patriótico era poco menos que una fantasía. A denunciar a Piérola —y al conjunto del *establishment* por extensión— dedicaría con todas sus fuerzas los años siguientes de su vida. Al costo, inclusive, de volver a ser un pensador solitario. Desde 1899 había dejado de participar en la UN. En 1902, su fiel lugarteniente Abelardo Gamarra propone unirse con el Partido Liberal de Augusto Durand. Prada, a esas alturas, se limita a formalizar su retiro de la organización que había coadyuvado a fundar en aquellos aciagos días de la posguerra. Ninguna diferencia había para él entre pierolismo y liberalismo, en tanto el civilismo aparecía como sinónimo inequívoco de oligarquía. «Cuando en un país se diseña la división de los hombres por las ideas —señala en su carta de renuncia a la UN—, se emprende un movimiento de retroceso al pretender borrar las líneas de separación. Su atento servidor. Manuel G. Prada».

—VIII—

La elección en 1899 del demócrata Eduardo López de Romaña como candidato oficial de la coalición gobernante confirmaba el diagnóstico de Prada: la gradual imposición de una hegemonía oligárquica. Las credenciales conservadoras y pro civilistas del designado y la consiguiente marginación de Guillermo Billinghurst —largamente considerado el sucesor «natural»— permitían suponerlo así. Reacciona este uniéndose a la revuelta dirigida por Augusto Durand en 1908. Era un gesto meramente simbólico. Se apagaba el XIX levantisco y comenzaba el XX de las «agrupaciones mercenarias» y las «coaliciones híbridas» que Prada despreciaría tanto como antes había despreciado las expresiones caudillescas.

«Tenemos suspendida sobre la cabeza —sostenía *Germinal*— la espada de una oligarquía retrógrada y cruel». Un poder que se usaría «para constreñir totalmente a la Nación» y asegurarse de que «la República es de ellos y para ellos, única y exclusivamente»: «una centena» de individuos dispuestos a «disponer a su antojo de la suerte del país», tomando para ello el control completo del gobierno, Congreso, beneficencia, municipalidad.

Pronto, los efectos de esta hegemonía se traducen en represión: *Germinal* y *La Idea Libre* de Lima, *El Ciudadano* de Puno, *La Razón* de Trujillo, *La Palanca* de Cajamarca, *El Ariete* de Arequipa —representantes todos de esa pequeña prensa que había servido de conducto al mensaje radical— son acallados de una u otra manera. Al mismo Prada se le restringe el derecho a ofrecer conferencias públicas. No existen ya, de otro lado, ni el Círculo Literario ni el Ateneo. Tan solo la Liga de Librepensadores y la logia masónica, «que después de semidespertar en la *Stella d'Italia*, han vuelto a sumergirse en su modorra secular», ofrecían un cierto espacio crítico.

De este cambio en el ánimo político es testimonio un informe de *Germinal* sobre el estudiantado. En dos grandes grupos divide el anónimo autor a los 400 universitarios de la capital. Como «indiferentes» califica a la gran mayoría. Tan solo cincuenta son los «batalladores» que participan en política, en «agrupaciones personalistas» la mayor parte. De la minoría radical, entretanto, son aquellos que combaten el protocolo de Arica y Tacna firmado por el vicepresidente Billinghurst y el canciller chileno La Torre en 1898, celebran el aniversario de la batalla de Miraflores colectando dinero para la Junta Patriótica, aplauden el matrimonio civil, silban a Piérola y se oponen a las «miras absolutistas» del catolicismo; que, «en una palabra, aman y defienden la libertad y odian y escarnecen a los tiranos».

Lejos de batallar «por que las ideas penetren en el cerebro de las multitudes», la mayor parte de la juventud universitaria, en cambio, se limita a aspirar a que ascienda a la presidencia «un caudillo que remunere los servicios prestados repartiendo legaciones, secretarías, diputaciones y consulados». ¿Por qué nos abandonan? ¿Por qué no vienen hacia nosotros?, se pregunta Prada. Por el «ansia de arribar, por el interés»,» se responde. «De necios pecaríamos —añade— si con un par de conferencias o media docena de artículos nos figuráramos catequizar a los hijos o nietos de los consignatarios salitreros». De ese desánimo da testimonio también el editor de *El Libre Pensamiento*, órgano de la Gran Logia del Perú, quien en diciembre de 1904 lamenta las «amargas y dolorosas decepciones» que ha tenido en los últimos tiempos su «apostolado de libertad y justicia». Como resultado de la «tacañería» y la «indiferencia» de sus «pudientes correligionarios», la publicación deberá cerrar sus puertas después de ocho años de combativa trayectoria.

En ese marco ingresa Prada el tramo final de su trayectoria. Tenía 56 años al cambio de siglo. No hay fuga esta vez: ni Tútume ni Europa. Acentúa su ruptura más bien con la «*pax* civilista-demócrata» nacida de la revolución del 95. Un texto escrito hacia fines del siglo ilustra su giro a la diatriba pura que, combinado con sus simpatías ácratas y libertarias, caracteriza su obra final. Piérola, por cierto, es el objeto de su ira en esa ocasión. Tras examinar su actuación pública dirige su pluma sobre el recuerdo de la más maléfica noche de su vida y acaso de la república decimonónica: la víspera de la batalla de Miraflores. Con el ejército enemigo a la vista «huyen furtivamente» los generales del campamento «para venir a refocilarse con las prostitutas de Lima». El cuadro es desolador: «ministros bailan desnudos en las saturnales de los barrios bajos o repletos de alcohol se desploman en las plazas y calles de la ciudad». Coroneles, mayores, ayudantes, todos ellos entregados al desenfreno. Ocurre que el dictador, «desdeñando la ciencia y la espada de los hombres encanecidos en la guerra, concede grados militares a los leguleyos, a los mercaderes, a los pilluelos y a los sinvergüenzas». Con una acre apreciación de la foja de servicios de Piérola como conspirador y un detallado recuento de su récord de componendas y actos corruptos prosigue el escritor. Para culminar con una filípica que recuerda al «Yo acuso» de Émile Zola:

> Tú eres la causa principal de nuestra desgracia y de nuestra deshonra, tú vendiste a vil precio la riqueza nacional, tú allanaste el camino a la planta conquistadora de Chile, tú inoculaste en las venas del pueblo el virus de todas las malas pasiones, tú hiciste de la ambición una Divinidad y de la mentira un culto, tú prostituiste la verdad y la justicia, tú manchaste o violaste cuanto se podía manchar o violar, y como única y suficiente prueba de las acusaciones, recogemos del suelo y te arrojamos a la cara una mínima parte de la sangre y del lodo que has desparramado en treinta años de conspiraciones y pronunciamientos, de iniquidades y miserias, de ruinas y devastaciones.[78]

78. González Prada 1899.

El itinerario del texto refleja las tensiones del momento: en dos ocasiones las autoridades previenen su publicación, ingresan al taller en que se imprime y destrozan la maquinaria. Un «cajista leal», relataría Alfredo González Prada, salva el manuscrito que solo vería la luz en 1938.

De la descalificación personal se desplaza el escalpelo pradiano a la descalificación de las élites. Y de ahí a una impugnación mucho más amplia destinada a demostrar la condición parasitaria del Perú en un mundo que marcha hacia la consolidación de las naciones libres y progresistas: «una tienda plantada en el desierto de una segunda Arabia» que sus «beduinos» no abandonan porque quedan aún «algunos restos de grandeza por explotar y no vislumbran tienda que embestir y robar». Los magistrados, los periodistas, los aristócratas, los curas, por supuesto, van pasando por el polígono de tiro del poeta, dedicado a recordar una historia de «revoluciones y latrocinios» que si pudiera encerrarse en una sola palabra, sería «mentira».

Una visión futurista del proceso peruano sugiere Prada en otro texto singular. Imagina a un «historiador imparcial» que escribe sobre el XIX en el año 2000. El inglés ha reemplazado al quechua y «el antiguo Imperio de Manco» forma parte de los Estados Unidos. Que el guano y el salitre pudieron haber convertido al Perú «en una de las naciones más prósperas y felices» observará el hipotético historiador. Guerras exteriores y contiendas civiles —además del hábito de «improvisar fortunas colosales, menospreciar el trabajo honesto y vivir en el ocio de los cargos públicos»— le habían acarreado, en cambio. Así, siendo ricos, poseyendo una población de tres o cuatro millones, habían sido «ignominiosamente» vencidos por una «nación pobre» y menos poblada. Sin embargo, «ni la derrota, ni la mutilación, ni el ultraje, ni el azote» les habían servido «ni de escarmiento ni de lección». Los Dreyfus y los Grace eran los que de verdad gobernaban en esa «Cartago sin Aníbal», con «ínfulas de República», en que todo político se vendía y toda pluma se alquilaba. En el Perú, más aun, no se consideraba indigno «asaltar la riqueza pública, traicionar a sus convicciones ni traficar con la honra de sus propias familias». Allí, el Poder Judicial era «almoneda pública» y el Congreso «una agrupación de mala ley, formada por los familiares, los amigos, los paniaguados y los domésticos de los Presidentes»; las autoridades políticas eran «torsionarios que encarcelaban, flagelaban, violaban y fusilaban», y el pueblo «una especie de animal doméstico y castrado que tanto sufría el azote del soldado chileno como el palo de la autoridad peruana».[79] ¿Dónde se hallaba la raíz de esta incesante cadena de desdichas? ¿Cuál era el factor que hacía de la sociedad peruana un ente en

79. González Prada 1945a

estado coloidal crónico? Se imponía un nuevo ascenso a la cumbre de la colina, a aquel cerro El Pino personal del poeta. ¿Qué se veía en esta oportunidad?

Un pasado colonial que emergía como el gran responsable se veía desde la altura. Hurga Prada en ese dudoso legado en un texto de nombre peculiar: «El Lima Antiguo».[80] Crecen los limeños del tiempo virreinal en un mundo poblado de supersticiones. La religión, columna vertebral de su formación, «no consistía en el perfeccionamiento moral, sino en la fe del carbonero, exteriorizada por una serie de actos maquinales, pueriles, ridículos y hasta irreverentes» supervigilados por una todopoderosa casta sacerdotal. Y a la par con el fanatismo, la concupiscencia. Lima, sostendría Prada, «presentaba el caso de una sociedad enferma de «erotismo crónico». Diversos factores agravan el mal: «los olores cálidos y violentos y las comidas excitantes; en la calle, con el meneo tentador de las caderas femeninas; en el templo, con el afrodisíaco perfume del incienso». Todos, de tal suerte —casados y solteros, sacerdotes y laicos, virreyes y cargadores—, «giraban alrededor del falo». ¿La mujer? Un mero «instrumento de placer», recluida en el hogar, «ocupando un sitio entre la servidumbre y el mobiliario», una vez pasada su hora de «enardecer al macho». ¿Los padres? Viviendo en «inconcebible depravación moral», manteniendo en ocasiones a esposa y mancebas de color (generalmente las esclavas) bajo el mismo techo. «Bastardos y legítimos» crecían en incestuosa promiscuidad y los niños eran atendidos por «amas de leche casi siempre negras», provenientes de «alguna hacienda o de la casa marital donde habían sido fecundadas por un amigo íntimo, un pariente o el mismo páter familias». Dicha intimidad propiciaba «el contubernio de la blanca con el negro», acaso contra «el instinto de mejorar la especie». A este ambiente se sumaba el capellán, entre cuyos roles estaba ser «iniciador de doncellas, consolador de viudas y coadjutor de casadas».

Al fanatismo y la concupiscencia se sumaba la crueldad para formar «una trinidad indisoluble». En las haciendas los propietarios se portaban como «sultanes sin muchos miramientos», «aumentando la cría, viendo de esclavos a sus propios hijos». No dejaba de funcionar el azote en Lima, aunque los esclavos pasaban ahí una existencia menos dura. «Más reductible y asimilable que el indio», el negro criado en hogares bondadosos «perdía el odio al blanco y se esforzaba por imitar a sus señores», en tanto que entre «las negras de *casa grande*» y las «señoras de la casa» se producía una curiosa fusión cultural.

Imposible que viviendo en este «aislamiento cerebral» llegase a tener el limeño «la frescura juvenil de una raza nueva». Poco factible que «en semejante aglutinación de híbridos y degenerados germinara el espíritu de rebeldía». Éramos un pueblo, en suma, de jóvenes sin juventud, resignados a la servidumbre,

80. González Prada 1945c.

que «sin los venidos de fuera para darnos libertad —Bolívar, Sucre, San Martín, Arenales— quién sabe si hoy mismo vegetaríamos bajo la dominación española». Así, constituidos su ser y su identidad, Lima no podía ser menos que un «núcleo purulento», el «gran foco de las prostituciones políticas y las mojigangas religiosas», donde «nacen para cundir en toda la República» los «gérmenes patógenos» que inficionaban el cuerpo y el alma de la sociedad.

Distante —como el «historiador imparcial» de su ensayo futurista «En el año 2000»— de la política realmente existente, el Prada de 1900 estaba preparado para ser «la voz que clama en el desierto» y convertir en orgullosa divisa su planteamiento de caminar «siempre solos, libres de alianzas depresivas y contactos morbosos, resueltos a morir de anemia o consunción mas no de contagio sifilítico ni de gangrena hospitalaria». A la ruptura, para completar el ciclo pradiano, debía seguir la huida hacia adelante, representada, en este caso, por el anarquismo.

El anarquismo no es una idea solamente en el discurso de Prada; es un destino específico, un lugar para cobijarse ante el desbande de la UN y la consecuente soledad político-ideológica. Nacen cada día nacen nuevos periódicos —escribe el poeta en 1905— «donde con más o menos lógica se siguen las huellas de los Kropotkin y los Reclus». Ahí estaban *Simiente Roja, Redención, El Hambriento* y *Los Parias* en la capital; *La Antorcha, El Zapatero* y *El Rebelde* en Trujillo; *Justicia* en Chiclayo, *El Ariete* de Arequipa y otros más.[81] Por su intermedio llega a los medios obreros el mensaje del «profeta radical». El tono es pedagógico y esperanzado. Aspira el autor en 1901 a que lleguen a comprender los trabajadores que «si practicaran la solidaridad de clase» les bastaría «unos cuantos golpes con la piqueta y el hacha» para traerse abajo «el edificio de todos los abusos y de todas las iniquidades». Atreverse es la cuestión. Su obra impugnadora, en ese sentido, apunta a demostrar «que no debe temerse a lo que no merece respetarse». Más que un rebaño, dice, «las muchedumbres son gigantes encadenados con telarañas».[82]

El entusiasmo se acentúa en los años siguientes. Las semillas arrojadas por los grandes libertarios de Rusia y Francia van germinando en América del Sur, escribe Prada en 1904. Tres factores abonan el optimismo: primero, que no existen aquí «las arraigadas tradiciones que en las viejas sociedades oponen tanta resistencia a la germinación de todo lo nuevo»; que «habiéndose perdido la fe en los hombres públicos y en las instituciones políticas», en segundo lugar, no queda ya «el freno de la religión», porque «todas las creencias van desapareciendo con asombrosa rapidez» y, finalmente, que «la manía de

81. González Prada 1905c.

82. González Prada 1901.

pronunciamientos que agitó a nuestros padres y abuelos, se ha trocado en espíritu de rebeldía contra todo poder y toda autoridad».[83] Se atisban en el atraso pozos ocultos de sedicioso potencial que los futuros revolucionarios sabrán aprovechar.

En su cruzada obrerista, 1905 aparece como un año especial. Se celebra por primera vez el Primero de Mayo. El Perú queda inscrito en el mapa universal de la revolución obrera. Tiene esta en Prada un sentido particular. Aspira a que sus protagonistas procedan a «sanearse y educarse a sí mismos» para liberarse de «dos plagas igualmente abominables»: la costumbre de obedecer y el deseo de mandar. Sin esa reforma moral —dice—, en posesión de los medios opresores, la triunfante clase obrera «se convertiría en un mandarinato de burgueses tan opresores y egoístas como los señores feudales y los patrones modernos»; se produciría «una regresión al régimen de castas, con una sola diferencia: la inversión en el orden de los oprimidos».[84] Fuego y explosivos, afirma, bastarían para destruir «en algunas horas» el trabajo de siglos realizado por la humanidad. Una «labor suprema y larguísima» tomaría, en cambio, «fundar sociedades anárquicas». Puesto que la anarquía tiende a «la concordia universal», no era su objetivo «la lucha de clases para conseguir el predominio de una sola». Sería como mantener «el mismo orden social con el mero cambio de personas: un nuevo rebaño con nuevos pastores». No es «una acción campal decisiva» lo que propugna. Un largo asedio más bien; «una serie de revoluciones parciales» en otras palabras.[85] La razón es que para «el verdadero anarquista» no había «una simple cuestión obrera, sino un vastísimo problema social» imposible de ser acometido a través de «una guerra de antropófagos entre clases», en cuyo lugar debía desplegarse «un generoso trabajo de emancipación humana».[86]

De tal suerte, frente al socialismo, opresor y reglamentario, subraya Prada el rechazo anárquico a «toda reglamentación o sometimiento del individuo a las leyes del mayor número». Por esa razón, si bien entre socialistas y libertarios podían suceder «acciones en común para un objeto inmediato» —como la lucha por la jornada de ocho horas por ejemplo—jamás podría haber ni «alianza perdurable» ni «fusión de principios». La revolución obrera aparece fundamentalmente como una revolución moral. Esa es la opción anarquista de Prada. La anarquía emerge como un «punto luminoso y lejano», «hacia donde

83. González Prada 1905c
84. González Prada 1905b.
85. González Prada 1904.
86. González Prada 1906b.

nos dirigimos por una intrincada serie de curvas descendentes y ascendentes». Nada hay de semejanza con la envilecedora política burguesa.[87]

Invitado por la Federación de Obreros Panaderos a la celebración del Primero de Mayo de 1905, aprovecha Prada para puntualizar el carácter central de la colaboración entre obreros e intelectuales en la revolución por venir. De «pensadores o solitarios» provenía —explica— «el soplo de rebeldía que remueve hoy a las multitudes». Así era necesario pues «la justicia nace de la sabiduría». Adecuadamente iluminados «los oprimidos del fondo ven la justicia y se lanzan a conquistarla, sin detenerse en los medios ni arredrarse con los resultados».[88]

La proliferación de gremios y de diarios obreros incide en el entusiasmo de Prada. Toda huelga, sostiene en 1906, «debe ser general y armada».[89] La luz va penetrando en el cerebro de los proletarios, afirma tres años después. Comienzan a comprender que para no ser una fiesta ridícula o pueril, el Primero de Mayo debía servir para «recordar a los buenos luchadores que señalaron el camino y para reconocerse, estrechar las filas, cambiar ideas y acelerar el advenimiento del gran día rojo». Rojo, insiste, «pues no incurriremos en la ingenuidad o simpleza de imaginarnos que la Humanidad ha de redimirse por un acuerdo amigable entre los ricos y los pobres, entre el patrón y el obrero, entre la soga del verdugo y el cuello del ahorcado». Por el contrario, en la medida en que «toda iniquidad se funda en la fuerza», todo derecho debía ser reivindicado «con el palo, el hierro o el plomo». Lo demás no era sino «simple teoría».[90]

—IX—

Como intelectual obrerista se había reinventado Prada en el lustro que había seguido al desbande de la UN. La revolución pierolista de 1895 ponía al Perú en el rumbo de una «profesionalización» de la política que desdibujaba el perfil del «pensador» decimonónico en tanto reformador y guía moral. Como sucedáneo del *pensador* surgía ahora el *intelectual*, para erigirse como competidor, desinteresado e ilustrado, del *político*, interesado y vulgar, en su vínculo con la masa popular. Prada había sido testigo en Francia del «caso Dreyfus», suscitado por el injusto encarcelamiento de un joven oficial francés a causa de su origen judío. El asunto había dado lugar al célebre «Yo acuso» de Émile Zola de enero de 1898, símbolo del nacimiento del intelectual moderno, documento

87. Ibíd.

88. González Prada 1905a.

89. González Prada 1906c.

90. González Prada 1906a.

que tendría en el peruano impacto singular. Portador de ideas y a la vez agente activista, reclamaba el intelectual su lugar al lado del «pueblo»; como orientador de la lucha por una regeneración que los políticos profesionales, enfeudados con los mercaderes capitalistas, eran incapaces de impulsar. El obrerismo de Prada, quien había seguido con particular interés los detalles de aquella polémica europea, era parte de una búsqueda similar. También lo era su preocupación por el indio.

No es ya el Perú el país devastado que Prada había visto desde el cerro El Pino. La reconstrucción va dando sus frutos. Sin embargo, emerge una aguda cuestión social: la nueva frontera de su lucha por la justicia. Hacinados en los tugurios del barrio de Malambo o padeciendo diversas exacciones feudales en alguna comunidad andina, los trabajadores peruanos soportan sobre sus hombros los efectos de una nueva «prosperidad falaz» (Basadre). Pregunta el observador indignado al pensador ilustrado:

> Oh sociólogo profundo,
> Admiración del burgués,
> Tú que sabes lo inasible,
> Tú me vas a responder:
> ¿Por qué los unos ayunan
> Y los otros comen bien?
> ¿Por qué a los unos el bodrio
> Y a los otros el pastel?[91]

Ubicado en los extramuros de una «sociedad enferma», rotos sus vínculos con el «núcleo purulento» capitalino, Prada veía perfilarse en el emergente proletariado y en la población indígena andina las fuerzas capaces de traerse abajo el tinglado de esa ficción republicana instaurada en 1895. Hacia aquella vasta población rural tendería Prada el otro puente de su búsqueda de un «verdadero Perú», delineado en su célebre «Discurso del Politeama». Vuelve al tema quince años después en «Nuestros indios», su más extenso ensayo sobre la cuestión indígena, que permanecerá inédito hasta los años 20.[92]

Existe, para ese entonces, una cierta corriente indigenista romántica y denunciatoria que tiene en *El Padre Horán* (1848) y *Aves sin nido* (1889), las novelas de Narciso Arréstegui y Clorinda Matto de Turner, sus exponentes más conocidos. Las propias *Baladas peruanas* de Prada, con su acendrado incaísmo, podrían encajar en ese espíritu. Es distinta la visión en «Nuestros indios». Cuestionar la invención de la barbarie y la inferioridad racial del *otro*, como

---

91. González Prada 1937.

92. González Prada 1908. Las citas que siguen provienen de esta publicación.

contraparte de la glorificación del anglosajonismo es el objetivo esta vez. Prada somete a juicio, para comenzar, a aquella visión positivista sobre el problema indígena a que él mismo se había adherido década y media atrás. «¡Cómoda invención la Etnología en manos de algunos hombres!», dice tras examinar a Novicow, Durkheim, Le Bon, Gumplowicz y otros exponentes de la teoría de las razas. La maniobra era clara para él: se intentaba revestir de científica la pretensión europea de arrogarse el derecho a determinar qué pueblos estaban destinados a «engrandecerse y vivir» y cuáles estaban condenados a «degenerar y desaparecer». Si Comte había pensado hacer de la sociología una ciencia eminentemente positiva, algunos de sus herederos la estaban convirtiendo «en un cúmulo de divagaciones sin fundamento científico».

¿Cómo sostener, en el caso del Perú, la tesis de la inferioridad indígena cuando «el mandatario con mayor amplitud de miras» —el general Andrés de Santa Cruz— había provenido de «la raza indígena»? ¿Podía hablarse de lucha de razas cuando eran los mestizos —el «cholo de la sierra o mestizo» y el «mulato y el zambo de la costa»— los más crueles explotadores del indio? La persistencia de una estructura de tipo «feudal» era, más bien, el problema de fondo. Tal estructura se componía de leyes, decretos y multitud de «hipócritas jeremiadas» proteccionistas, cuando todos sabían «que no serían obedecidas» ya que la existencia misma del sistema de hacienda dependía de mantener a dos o tres millones de individuos al margen de las leyes.

Para justificar dicha situación, los expoliadores del indio lo caracterizaban como «refractario a la civilización». Si por civilización se entendía haber alcanzado aquel grado de moralidad en el cual «la lucha de hombre contra hombre» se transformaba en «acuerdo mutuo para la vida», ¿tenían acaso «los dominadores del Perú» el derecho de considerar al indio «como a un ser incapaz de civilizarse»? ¿No habían sido acaso los súbditos de Carlos V, los enviados a sembrar «civilización» entre los incas, «moralmente inferiores» a los descendientes de Manco Cápac? Y, de la misma manera, ¿no eran acaso más salvajes que los guarayos y los campas de la Amazonía los empresarios y colonos caucheros o los empleados de la Inca Rubber que cometían contra aquellos «abominaciones»? ¿Quiénes, en verdad, merecían el título de salvajes: los indios bravos que habitaban el bosque o los blancos y mestizos encargados de civilizarlos?[93]

La realidad mostraba, según Prada, que cuando el indio era instruido «adquiría el mismo grado de moral y cultura que el descendiente español». No era pues un problema de ignorancia: si todos los analfabetos nacionales «amanecieran mañana con diplomas universitarios» nada cambiaría en su situación. El problema era estructural. Ahí «donde las haciendas de la costa sumaban cuatro

93. González Prada 1905d.

o cinco mil fanegadas, donde las estancias de la sierra miden treinta y hasta cincuenta leguas, la nación tenía que dividirse en señores y siervos». Más que «pedagógica», concluía Prada revisando su posición de quince años atrás, la cuestión del indio era económica y social. Nada en ese sentido podría cambiar «más pronto ni más radicalmente la psicología del hombre que la propiedad». Y para hacer realidad esa transformación quedaban solamente dos posibilidades: «o el corazón de los opresores se conduele al extremo de reconocer el derecho de los oprimidos, o el ánimo de los oprimidos adquiere la virilidad suficiente para escarmentar a los opresores». Entre imágenes contradictorias, Prada dedicaría los párrafos finales de su ensayo a delinear el perfil de un revolucionario rural: el indio que en lugar de dilapidar su dinero en fiestas y alcohol adquiere fusiles y municiones que usará para enfrentar al patrón que le arrebata las lanas o al soldado que lo recluta en nombre del gobierno. La redención surgiría «merced a su esfuerzo propio» y no «por la humanización de sus opresores». Nada había ganado el indio con tres o cuatro siglos de «conformidad y paciencia». «Orgullo y rebeldía», en vez de «humildad y resignación», era lo que debía predicársele. Todo blanco, a fin de cuentas, no era sino un «Pizarro, un Valverde o un Areche».[94]

Hasta ahí llegaba, bordeando los sesenta años, la mirada larga del «apóstol radical» desde la cumbre de la colina. Sus palabras dejaban ya de pertenecerle y el «gonzalezpradismo» comenzaba a rodar por el mundo desasido de la voluntad de su autor. Segmentadas, sus palabras de inconformidad, depresión, apostasía o nihilismo se incorporarían, andando en el tiempo, a esa «concepción trágica de la cultura peruana»[95] que muchos verían como obstáculo mayor al progreso nacional.

En 1908, más de un millar de personas se reuniría en el local de la logia masónica Stella d'Italia para homenajearlo por la publicación de *Horas de lucha*.[96] Flanqueado por Christian Dam, líder histórico de los librepensadores limeños, y el puneño Santiago Giraldo, parlamentario y pionero del indigenismo militante del siglo XX, un tímido Prada escuchará pacientemente en la mesa principal el torneo oratorio desplegado por sus amigos y admiradores. En perspectiva, proporcionan dichos discursos una fotografía de la gestación del «gonzalezpradismo».

Al dirigente obrero Carlos del Barzo le correspondió abrir la jornada. En medio del «triste doblegamiento de espinazos, en la incensación lacayesca de hechizos y nauseabundos diosecillos, de esos minúsculos y ridículos

---

94. González Prada 1908.

95. Baptista 2006.

96. Velazco Aragón y otros 1924. Las citas que siguen provienen de esta publicación.

ocasionales de nuestro mundo político» —aseveró— aparecía *Horas de lucha* con su «verbo apocalíptico», para vibrar, cual «himno de victoria» por sobre la «humillación y la bajeza» circundantes. A continuación, el abogado indigenista Santiago Giraldo describió como un «aerolito de las esferas celestes [llegado] a la superficie del planeta» el impacto de las «imprecaciones» del maestro. Arribaba el aerolito en un momento de «crisis universal» en que «el edificio de la ciencia, de las luces del siglo XIX, tan sólido en apariencia, crujía y se cuarteaba, al compás de los dolores del alumbramiento de una nueva idea». ¿Qué significaba *Horas de lucha* en esas circunstancias: ¿filosofía?, ¿literatura?, ¿acaso un programa político? Venía a ser nada menos que «la espada destructora», la «voz que clama en el desierto para preparar los caminos de la verdad y la vida que vienen». Un apóstol, en suma, como manifestó a su turno el periodista Gliserio Tassara, había nacido por "equivocación inexplicable" en ese "país de cretinos y abúlicos" que era el Perú. Juan de Dios Bedoya consideraría, por su parte, un singular "fenómeno psíquico" encontrar a hombres que, como Prada, no hubiesen "desertado de las filas liberales, humillados, cuando no vencidos por la vorágine clerical a la que se habían sometido las más risueñas ilusiones de los que, en tiempo no lejano, habían integrado la vanguardia de la juventud intelectual de Lima". No cejaría el torrente hiperbólico: «guerrero invencible», «mesías incomprendido», «tu lanza es la palabra y la verdad la espada».

Por un tono más analítico optaría el anarquista italiano Ángel Origgi. Se vivía, manifestó, el preludio de una era revolucionaria. Como los enciclopedistas del siglo XVIII, sabios y filósofos como Pi y Margall, Herbert Spencer, Eliseo Reclus, Anatole France preparaban el camino de la gran transformación. Era la hora de los profetas. En el Perú, entretanto, tan solo existía «la voz de ese ilustre solitario» que «ayer nomás veía bullir en torno suyo una pléyade de ardientes cruzados del ideal, dispersados por los vientos del perjurio del arribismo».

Con su habitual modestia y su lógica fría de europeo perdido en una feria tropical, don Manuel se aprestó a responder al caer la tarde: «Soy la simple ocasión —dice— de exteriorizar algo que se anhela, que no se dice en alta voz, que se guarda en lo más recóndito del cerebro». Ese «algo» no era otra cosa que el desengaño con el sistema nacido con la revolución del 95 que, de hecho, muchos de los ahí presentes habían elegido apoyar. Consciente de ello, seguramente, Prada añadió: «escuchan mis palabras muchos de los que hace veinte años respondieron a mi llamado». Poco importaría, sin embargo, si «todos se hallaran ausentes y enrolados en las legiones enemigas» porque las ideas seguirían su curso, renaciendo cuantas veces se hiciese necesario hasta que «una fuerza honrada, una personalidad que sin miras estrechas ni bastardas» fuese capaz de reunir a «las voluntades dispersas» con el fin de encaminarlas a la acción. En el Perú, acotó Prada acaso incluyéndose a sí mismo, «los hombres libres son débiles porque son tímidos». De la «perpetuidad de su reinado» no debían confiarse los retrógrados, pues el mañana podía traerles «sorpresas muy amargas y dolorosas».

La tarde culminaba con ese tono de nostalgia y sobria esperanza. Para quienes habían estado en el Politeama en 1888, acaso marcaba aquella jornada el fin de su ciclo vital, la melancólica corroboración de los sueños incumplidos. Silenciados los discursos, no quedaba sino volver a la desangelada estabilidad de la república oligárquica.

Capítulo 2

La nación como nido y el indio como ave desamparada

> Las que hemos llorado sobre las ruinas del Perú, después de la tala chilena, hemos llorado lágrimas de fuego y hemos mirado como a semidioses a los mortales que supieron pelear sin huirse como mercenarios.
>
> *Clorinda Matto de Turner*[1]

> A semejanza de los *Sannyasis-Nirwanys* de los Vedas, que enseñaban en voz baja, en las criptas de los templos, plegarias y evocaciones que jamás se escribieron, la mujer, silenciosa y resignada, cruzó barreras de siglos repitiendo apenas, con miedoso sigilo, las mágicas palabras: libertad, derecho.
>
> *Clorinda Matto de Turner*[2]

¿Asistió Clorinda Mato de Turner a la lectura del célebre «Discurso del Politeama» en las Fiestas Patrias de 1888? Como connotada integrante del Círculo Literario de Lima —patrocinadora del evento— es muy probable que sí lo hiciera. Más allá de la anécdota, ¿cómo percibió ella, en su condición de *serrana*, el planteamiento del *costeño* González Prada acerca de ese «verdadero Perú» andino en que ella había crecido y que el «apóstol radical» prácticamente desconocía? ¿Sería su *Aves sin nido*, aparecida unos meses después de aquel célebre discurso, una suerte de eco literario de la arenga radical pradiana? De hecho, otro cusqueño —Alfredo Yépez Miranda— consideraría aquella novela como expresión del impacto de la «prédica antigamonal e indigenista» del autor de *Horas de lucha* —a quien sus coterráneos le habían reconocido «la calidad de jefe»— en «los corazones de los escritores provincianos». Así, siguiendo ese razonamiento, a partir de haber «comprendido», gracias a la prédica genial

1. Matto de Turner 1902b.
2. Matto de Turner 1902c.

de Prada «que el verdadero Perú estaba formado por los indios de la banda oriental de la cordillera», Matto de Turner había decidido situarlos, «con sus costumbres, sus dolores y su tragedia», como protagonistas de su célebre libro.[3] ¿Estaba Clorinda entre quiénes habían aceptado la «jefatura» del «apóstol radical»? ¿Cabría ver su obra como mero reflejo "literario" de la prédica gonzalespradista?¿Por qué escribir, en todo caso, una novela sobre el tema, en lugar de un ensayo, un manifiesto o un testimonio?

—I—

Treintaisiete años tiene Clorinda Matto de Turner cuando publica la novela por la que sería reconocida como pionera del indigenismo moderno. Tenía para entonces una larga trayectoria literaria. Solo en ese momento, como lo expresó en el «proemio» a su *Aves sin nido*, se había animado a denunciar los abusos inferidos por esos «tiranos de villorrio» —«curas, gobernadores, caciques y alcaldes»—, de los que había sido testigo «durante quince años» de su vida. «Multitud de episodios», que de haberse producido en alguna parte de Europa ya hubiesen encontrado «su cantor, su novelista o su historiador», pero que «en lo apartado de mi patria» apenas obtenía «el descolorido lápiz de una hermana».[4]

A sus experiencias en el poblado de Tinta se refería Matto de Turner. Diecinueve años tenía al llegar a esa localidad de la provincia de Canchis, desde su natal ciudad del Cusco. Su matrimonio con el inglés Joseph Turner, médico a la vez que hombre de negocios, fue el motivo de la mudanza. El *boom* lanero que la región vivía desde mediados de siglo explica la decisión de establecerse en ese remoto pago, memorable sin embargo por haber sido centro de la «gran rebelión» tupacamarista de 1780.

De lo poco que se conoce de aquel capítulo de su vida quedan un par de líneas incluidas en alguna de las «tradiciones» que eventualmente publicaría. En la provincia de Canchis, «donde he pasado la mayor parte de mi vida —escribiría— he sufrido los más grandes pesares de una existencia desventurada».[5] Imposible saber, sin una investigación detallada, a qué se refería exactamente. Al menos no hay evidencias de que algún impedimento a su vocación literaria haya sido la causa de su desventura. De hecho, contaba al respecto con el apoyo de su esposo, De ahí que, cuando en 1877, seis años después de su arribo a Tinta, recibe Clorinda —en su primer viaje a la capital— el homenaje de

3. Yépez Miranda 1948.
4. Matto de Turner [1889] 1994: 4.
5. Matto de Turner 1893b.

los escritores limeños, Turner estaba, cumplidamente, al lado de su consorte. Prevalecía por ese entonces el sentimiento de que en materia literaria, como anotaría un contemporáneo, el Perú se encontraba «a la vanguardia entre las repúblicas españolas». En ese medio, las veladas literarias organizadas por la escritora argentina Juana Manuela Gorriti aparecen como una viñeta representativa: un grupo de distinguidos letrados, incluyendo exmandatarios y altas autoridades gubernamentales convertían periódicamente su casa limeña en «el hogar de la amistad, de las letras y de la música». Eventos en que «daba el tono» la afamada anfitriona «a la manera de astro rey».[6]

A ese escenario llegaría un 28 de febrero de 1877, desde «la capital de los Incas», una bella joven «cuya frente estaba coronada por los rayos del talento». Medio centenar de almas copaban el salón en que, a las 9 de la noche, ingresó la invitada de honor «vestida de riguroso luto, acompañada de un caballero inglés que tenía toda la distinción del *gentleman* de la antigua Albión». Calurosos aplausos y muestras de rendida admiración siguieron a la lectura de una de sus «tradiciones». Y luego, su entronización como soberana del «imperio de las letras» vía la imposición de una «magnífica guirnalda de laureles de filigrana», mil veces más grande que las «regias coronaciones» por tratarse el suyo de un dominio espiritual. Ese recargado homenaje reconocía una labor literaria conducida desde tan apartado lugar del Perú. Era la obra, diría Joaquín de Lemoine, de una «reina desterrada», situación que, a su parecer, la convertía en «la más peruana de las escritoras peruanas».[7] Mantener un activo círculo literario y animar una revista denominada *El Recreo* eran parte de los méritos que justificaban su fama. ¿Había encontrado en la literatura la válvula de escape para aquellos «grandes pesares» que al parecer confrontaba?

Acaso de su forzado silencio ante los abusos inferidos a los indígenas de Canchis provenía ese sentimiento de «existencia desventurada» al que aludiría años después. Callar era acaso ineludible en la medida en que ella y su esposo, en tanto comerciantes laneros, formaban parte de esa cadena de explotación gamonal que describiría en *Aves sin nido*. Regía en Canchis un mecanismo usurero de «adelantos forzosos» a los «indios propietarios de alpacas» contra su producción anual y que tendría en el acto del «cobro» su más dramático eslabón: la llegada a la estancia indígena del «cobrador con su séquito de diez o doce mestizos, a veces disfrazados de soldados» para proceder a la tramposa apropiación de la producción familiar con una balanza adulterada que pesaba «cincuenta libras de lana por veinticinco». Quien se atreviese a protestar corría

---

6. Lemoine 1887.

7. Ibíd., p. 32.

entonces el riesgo de castigos tan brutales que «la pluma se resiste a narrar».[8] Tal vez en esa apremiante tensión moral se encontraba la raíz profunda de ese «rasgo sombrío», de esa tristeza que —como «la ola turbia de una desgracia íntima que se ha levantado en el lago azul de su alma»— alcanzaría a percibir Joaquín de Lemoine desde su primer encuentro con ella.[9]

Quedaba el pasado como ámbito propicio para airear la angustia. Hacia la historia desplazaría Clorinda las presiones de su vida tinteña, volcándose en dos distinguidos antepasados, Garcilaso de la Vega y Juan de Espinosa Medrano, bilingües como ella; almas afines que la guían en la búsqueda de un horizonte histórico afincado en una mesticidad prioritariamente anclada en la vertiente andina.[10] En la exaltación del pasado cusqueño buscará durante ese tiempo de «silencio y desventura» redimir sus culpas frente a esa «raza indígena» que, como manifestaría en su célebre «proemio» de 1889, amaba «con amor de ternura». En las *Tradiciones* de Ricardo Palma encontrará el modelo para traducir en narrativa su vocación historicista. La tradición a fin de cuentas, según el mismo Palma, era una forma de explorar el pasado eludiendo los «estrechos y peligrosos» límites de la investigación histórica formal, puesto que «sobre una pequeña base de verdad» se podía «edificar un castillo» hecho de poesía y ensoñación.[11] Reconociéndolo como guía y maestro le dedicará Matto a Ricardo Palma un volumen de sus propias «tradiciones cuzqueñas» en 1884. Con un generoso prólogo le corresponde el escritor limeño.

Con los lentes del célebre tradicionista emprende la autora cusqueña su búsqueda de temas propios. Hurga fuentes documentales y orales en procura de anécdotas de las que se valdrá para rememorar la histórica preeminencia de su ciudad natal. ¿Dónde, se pregunta Clorinda, es posible «fijar la vista sin descubrir una leyenda melancólica, una narración encantada» en los «contornos» de este «ruinoso departamento»? Por todas partes «todos guardan algún misterio, todos repiten algún nombre que inspira con la inspiración del dolor, avivando la imaginación del escritor peruano».[12] Por tal razón, «siempre que la casualidad nos pone en posesión de datos para una de estas leyendas indias, se interesa la voluntad por iluminar esos dolores ocultos en el pecho de los indios oprimidos bajo el yugo de conquista y dominio». En marzo de 1876, a su paso por Puno, llega a la isla Esteves «ávida de recoger tradiciones», allí donde «cada oleaje» del «poético lago Titicaca» encierra múltiples «recuerdos del pasado».

8. Matto de Turner [1889] 1994: 9; Manrique 1988: 125 y ss; y Manrique 1999b.

9. Lemoine 1887: 20.

10. Ward 2002.

11. Citado en Tauzin 1999: 74.

12. Matto de Turner 1884a: 159.

Se dirige a unos vecinos pidiéndoles «en idioma quechua, que me refiriesen algo de aquella isla, con cuyos misterios los creía familiarizados». «Entusiastas los indios al oír la dulce lengua de Huáscar, me rodearon, ofreciéndome, con encantadora sencillez, un saquito con bagres, recientemente cogidos». «Contada por los pescadores en el inimitable quechua, cuya dulzura de expresión aumenta el interés de cualquier relato», escucharía la historia del romance de Cchaska y Oswaldo que, «desfigurada por la traducción», incluye en una de sus «tradiciones cuzqueñas».[13]

Al paisaje mismo interroga Clorinda en otra ocasión. En su recorrido por la provincia de Calca, como relata en «La peña del castigo», distingue entre los rápidos del río Vilcanota una prominencia pétrea que con «exactitud litográfica» representa a una llama atascada en el medio del río. «Esa peña debe tener su historia, nos dijimos, y no anduvimos descaminadas pues en la pascana de Huichu encontramos a un anciano que respondió con voluntad al interrogatorio a que lo sometió nuestra avidez por saber la historia de aquella llama petrificada»[14]. En esa habilidad para captar el «criterio literario del vulgo», nacida del conocimiento «a fondo» del «primitivo idioma de los Incas», residía, según Lemoine, la «incontrastable originalidad» de sus «tradiciones cuzqueñas». A diferencia del limeño Palma y del caraqueño Juan Vicente Camacho, que habían dado en América «carta de ciudadanía a la tradición histórica», Matto había sido capaz, empleando el quechua, de manifestar la «idea índica» cuando no acudía la «palabra española».[15]

Entre los documentos y la historia oral iría componiendo Matto su versión propia de la «historia del coloniaje», recopilando todos esos cuadros «esparcidos en todos los pueblos que sojuzgó el león ibero», que revelan la altivez y la pasión de los indios, los dilemas insondables de los mestizos y la codicia insaciable de los europeos. La anécdota, eventualmente, deja paso al examen de las estructuras que sustentan la explotación. «¡Vaya un Decreto!» —texto basado en una disposición impartida a inicios del siglo XVIII por el corregidor Gabriel Paniagua de Loaiza— es un ejemplo de ello. Que «todos los indios allende las cordilleras» asistiesen a una misa especial por la salud de la Reina de España ¡usando gafas!, ordena la autoridad. Oportunamente, para ello, un gran cargamento de aquella exótica mercancía había arribado a la región. Imponer a la masa la obligación de comprar «cosas de desecho como si fueran de primera necesidad» era una demostración palmaria, concluiría Matto, de que los indios eran la otra gran «mina» hallada por los conquistadores en el Perú, aparte de

13. Ibíd., p. 177 y ss.
14. Ibíd., p. 165.
15. Lemoine 1887: 27.

aquellas que vomitaban metales preciosos. No Paniagua sino Panioro debería llamarse a partir de entonces el susodicho corregidor, apunta en conclusión rememorando el estilo palmista. ¿No sería lindo contar con un don Gabriel «que rubrique la orden para que todos los indios compren un ejemplar de nuestras tradiciones» reforzándonos así nuestra «bolsa»?[16] ¿No era esta —preguntamos nosotros— una crítica oblicua de los adelantos forzosos impuestos en su propio tiempo a través de las provincias laneras cusqueñas?

Como verdaderos protagonistas aparecen los indios en la tradición titulada «Ccata-Hueqque (origen tradicional del nombre de la cueva)». Matto cita a tres historiadores para validar la veracidad del incidente en que se sustenta. La desesperada recopilación del rescate de Atahualpa en 1532 configura el marco del relato: cruzan los caminos del país «las caravanas de indios» conduciendo su valiosa carga. «Jadeantes y resueltos» marchan los emisarios por el camino que, atravesando Tinta, conduce al Cusco, cuando reciben la noticia de la «traición de Pizarro y el asesinato del Monarca». En la expresión ¡*ccata-hueqque*!, sintetizan los indios su desolación. «Lágrima amargada por la desgracia sin remedio», y a la vez «juramento de guerra sin cuartel», dicha expresión significaba. Palabra de orden para comenzar a «esconder las riquezas del Imperio» en lugares inaccesibles para el conquistador. A media milla de Tinta, concluye la tradicionista, existe aún la cueva de Ccata-Hueqque; gotas de agua —dice— semejan las piedras que la conforman, como si siguieran «llorando el duelo de Atahuallpa» y se hubiese vertido en roca «la lágrima turbia de una raza desheredada». La íntima conexión del texto con la vida de la autora queda revelada en el colofón. Rememora allí aquellas ocasiones en que sentada «a la sombra de aquella cueva misteriosa», hojeando «las páginas de Garcilaso y de Prescott» y reflexionando sobre «la pasada opulencia del Perú», sus propias lágrimas parecían juntarse con las «lágrimas petrificadas» de tiempos pretéritos ante «las ruinas de la patria» contemporánea. Y se sentía, por supuesto, tentada de exclamar como «nuestros compatriotas» de antaño: ¡*ccata-hueqque*![17] ¿Quiénes eran los nuevos saqueadores del Perú? ¿Qué, además de las lágrimas y las penas, era posible oponerles?

Entre las «sombras negras como la tumba» de la «historia del coloniaje», encuentra Clorinda, «usando el prisma de la poesía», «episodios de ternura sin límites». Los testimonios, por ejemplo, del «amor enardecido» que «en el corazón de las americanas» suscitaba «la gallarda postura, por la arrogancia y la superioridad de los conquistadores». En tradiciones como «La flor de las taras» o «De hombre a hombre» explora Matto dicha contradicción. Una «codiciable

---

16. Matto de Turner 1884a: 25-26.
17. Ibíd., p. 183.

joven peruana de pura raza incaica» llamada Phallchamascachittica es la protagonista en el primer caso. En la pampa de la Quinua, tras su derrota en Ayacucho, se encarga de servir nada menos que al virrey La Serna. Bajo el influjo de la «nobleza de la raza y la hidalguía castellana» cumple esta con singular esmero su misión servil. Con leche pura de cabra «para alentar el cuerpo» y «perfume de las taras» para el «olvido de las penas» trata la manceba al oficial en desgracia. De retorno a España y con particular cariño recordaría La Serna a la «linda peruana de la Flor de las Taras»; así la bautizaría incapaz de pronunciar su complicado nombre con exactitud.[18] De manera similar, marcada con el estigma de haberse rendido a un español, quedaría la protagonista de la narración siguiente. Del brutal caudillo reaccionario caraqueño José Tomás Boves —al que Bolívar solía llamar «el azote de Dios»— ha venido a enamorarse la desdichada india llamada Tahuana, quien termina quitándose la vida agobiada por las barbaridades que contra sus hermanos de raza comete su fatídico amado.[19]

En sus propias memorias quedaría impresa la huella de esa ambigua postura nativa ante la imagen del conquistador que tanto atrae su atención. De regreso a la vieja casona familiar cusqueña, donde se sienten aún «los suspiros de las ñustas y la maldición de los caciques», rememora Clorinda los rumores de las pláticas de sus mayores «encomiando el valor de La Serna y la apostura de Canterac».[20] En su esbozo biográfico del monseñor Antonio de la Raya deja constancia, de otro lado, de su afán conciliador, de su deseo ferviente de integrar en un solo haz las raíces culturales hispanas y nativas. Exaltaría por ello su empeño por liberar a la «desventurada raza indígena, no solo del despotismo de sus opresores, sino también de todas aquellas imposiciones de los virreyes y señores que nos recuerdan los célebres derechos del feudalismo». Esfuerzo que cristalizaría en la creación de los colegios para niños indígenas del Cusco y de Huamanga, de los cuales egresarían «hombres de ciencia» como Juan de Espinosa Medrano, «El Lunarejo». Una sombra, sin embargo, dañaba el legado del monseñor De la Raya: «aunque después digamos que él protestó contra algunas de sus tendencias no hubiéramos querido encontrar su nombre en la lista de los inquisidores». No era óbice, sin embargo, para que —quienes «carecemos del egoísmo de partido y que acatamos el mérito donde quiera que lo vislumbremos»—, reiterásemos nuestra admiración por ese personaje clerical.[21]

---

18. Matto de Turner 1893a: 3-9.
19. Ibíd., pp. 21-30.
20. Ibíd., p. 239.
21. Matto de Turner 1902e.

¿Cómo encontrar en tan conflictiva herencia un camino certero? ¿Qué valores podrían garantizar su viabilidad en momentos en que nuevos peligros se cernían sobre el alma peruana? ¿Cómo restablecerse de una crisis profunda y a la vez prevenir los disgregadores efectos de la modernidad? La familia, el hogar —ese recinto que reúne en su seno «lo más querido, lo más tierno»—, aparecen en la visión de Matto como el espacio central de ese cometido. Y dado que estaba dotada de «más sensibilidad, más perspicacia y mayor belleza moral que el varón», la mujer resultaba su protagonista. Proveerla de los valores y la educación que la hiciesen virtuosa y competente a la vez era el gran reto. Reclama, por ello, una «educación completa y sólida», dentro de la cual la literatura representa una crucial fuente de modelos morales, y la religión, por supuesto, un ancla fundamental: ¿qué sería de ella, «débil, desgraciada, tímida, indecisa, sin ese faro, sin ese sostén y refugio que se llama religión»?[22]

Aportar a la «educación del bello sexo» será, precisamente será el propósito de un texto pedagógico que Clorinda publicaría en 1884. Transmitir modelos inspiradores, «en su mayor parte tomados de escritoras notables», es su objetivo. Insinúa ahí el espíritu de *Aves sin nido*. Se advierte, por ejemplo, la importancia concedida a la retórica («el arte de expresar con perfección, hermosura y elegancia lo que se piensa y se siente») en la formación de la mujer. Como la expresión práctica de una «educación esmerada» ve Clorinda su aprendizaje. Esencial para quien, «en el seno del hogar doméstico, a la vez que en la sociedad en general», como maestra o como amiga, «está llamada a instruir, aconsejar, y derramar los consuelos entre los que sufren y lloran». Exhortar, mandar, disuadir, suplicar, persuadir, compartir, todo ese amplio y crucial repertorio de acciones que como madre o esposa debía la mujer cumplir requería del manejo de una disciplina cuyo fin no era otro que «convencer el entendimiento cautivando la voluntad». Herramienta clave para construir «un discurso» en que «a la pureza, facilidad y elegancia» se sume «viveza, animación, vehemencia y energía» en pos de conseguir «interesar el ánimo, herirle, arrebatar, elevar y encantarle persuadiéndole».[23]

De hecho, los desbordes pasionales de la mujer indígena aparecen, desde un inicio, como uno de los grandes temas de Clorinda Matto. Lo evidencia su tradición titulada «Cchaska», en que los apetitos de un oficial español truncan el romance de la bella joven, del mismo nombre, con el mestizo Osvaldo, en cuyas «negras pupilas ardía ese fuego que da tanta altivez a la mirada de los hijos de Manco». Del romántico tratamiento del tema da cuenta el operático final de aquel texto de 1876: un disparo del español trunca la vida de Osvaldo;

22. Ibíd., p. 241.

23. Matto de Turner 1884b: 1, 7 y 8.

lo despide Cchaska con un «casto beso» antes de que sus cuerpos desaparezcan de la superficie «yendo al fondo del lago a morir eternamente abrazados», mientras que de las «falúas» que los rodean se alza la «voz dolorida» de los tripulantes que exclaman «¡espléndido lecho nupcial!». No menos melodramática es la moraleja que extrae Matto:

> Los indios que en amargo mutísmo soportan las calamidades que la mano del blanco les brinda, lloraron en silencio, con lágrimas de amarga resignación, el siniestro que puso fin a la existencia de la *warmi* del amor, como ellos llamaban a Cchaska. Y semejantes a los romanos que en otro tiempo contemplaron el alma de César en una brillante estrella, ellos señalaban la constelación de Géminis como el punto donde habían subido los espíritus de Cchaska y Osvaldo; asegurando en medio de sus naturales preocupaciones, que desde esa noche fatal había aumentado el resplandor de las dos principales estrellas.[24]

Como contraparte de estos arrebatos nativos aparece la mujer «*misti*»: expresión de la contención y la virtud imprescindibles para canalizar hacia el orden las grandes energías —no solo sociales sino también eróticas— que bullen en el mundo indígena. La distinguida matrona cusqueña María Ana Centeno de Romainville aparecía, en ese sentido, como tipo ejemplar.[25]

Exalta Clorinda su conducta como hija de un padre acosado por la persecución política, al que apoya a costa de grandes sacrificios, como su audacia para desposar a un extranjero —el comerciante francés Pedro Romainville— en tiempos en que los forasteros, «seres distintos y desnudos de religión», eran vistos no sin sospecha. La unión será vista como el descenso de estatus de quien había sido cortejada por «hijos del Perú de distinguida posición y que más tarde han ocupado elevados puestos en la política del país». Sobreponiéndose a una temprana viudez (tiene solo 31 años en ese momento), María Ana Centeno ve su vida plenamente realizada como madre de dos jóvenes que «honran la sociedad en que viven, ligados en matrimonio con dos preciosas señoritas de la flor del Cuzco». Alaba Clorinda su manejo de la «pequeña fortuna» legada por su esposo. Resalta, en particular, la adquisición de Púcuto, que sabría «embellecer con todos los encantos deseables en una finca de recreo, convirtiéndola en un pequeño palacio semejante a la morada de los antiguos feudales». Púcuto, por si fuera poco, es escenario de su labor en «favor de la humanidad, muy particularmente de la raza indígena, esa raza desgraciada que parece proscrita por sus hermanos y arrojada al seno del olvido».[26]

---

24. Matto de Turner 1884a: 184.
25. Ibíd., pp. 201-205.
26. Ibíd., p. 202.

De ahí el impacto que le causaría el relato de un «respetable sacerdote» que había apoyado Centeno en su «cruzada humanitaria» a raíz de la peste que castigaría al Cusco en 1855: «iba de rancho en rancho medicinando a los enfermos, consolando a los moribundos y recogiendo a los pobres huérfanos que quedaban sin más providencia que la señora de Púcuto». Teniendo en cuenta «que el indio es un ser indiferente por lo general para todo lo que acontece con los blancos», resulta sorprendente «la suscripción que levantaron estos para mandar hacer exequias en la provincia de Quispicanchis» al conocer la noticia de su fallecimiento. A la caridad sumaría Centeno su ilustración, patentizada, particularmente, en su colección de antigüedades peruanas que viajeros científicos como el Conde de Castelnau y Paul Marcoy calificarían como la más selecta del país. ¿Era este el modelo de vida que para sí misma se planteaba Clorinda Matto de Turner, promediando los 25 años? Dos tragedias, una nacional y otra personal, propulsarían a la «señora de Tinta» hacia su propio modelo de virtud.

—II—

En 1895, cuando navega a lo largo del litoral sureño, camino de un exilio sin retorno, reviviría Clorinda el recuerdo lacerante del 79. Con Bolognesi en mente, guarda «silencioso recogimiento» ante el infausto morro ariqueño. Y cuando el puerto de Pisagua aparece en el horizonte, lo ve avasallado con «la mirada triste» de la memoria por «10.000 soldados, 32 piezas de artillería de largo alcance, 4 buques de guerra y 15 transportes». Ahí —anota la viajera— «se levantó el telón del escenario en que iba a desarrollarse tan sangrienta tragedia; mejor dicho, la puerta por donde se entra a ese panteón edificado por la guerra llamada del Pacífico». Sin embargo, la más «dolorosa impresión» vendría al encontrar en un paseo santiaguino «los dos leones de piedra» que en 1873 había visto por primera vez resguardando la entrada del Palacio de la Exposición de la capital peruana. Brota entonces de sus labios, «casi involuntariamente», «el pensamiento que oculto bullía en mi cerebro: devuelvan todo eso dijimos a nuestro cicerone dándole a la expresión tono de dulzura para atenuar el reproche».[27]

Con un impulso activista había respondido Matto a la contienda con Chile. Alejado de los campos de batalla, Tinta vive las consecuencias como zona de tránsito para las tropas que marchan a la «campaña del sur». A la causa nacional aportaría Clorinda convirtiendo su hogar en «hospital de sangre» y equipando, con recursos propios, un sistema de ambulancias. Colecta fondos para avituallar al batallón «Libres del Cuzco» que participa en la campaña del sur.

---

27. Matto de Turner 1902d.

La pérdida de su esposo semanas después de la caída de Lima divide su vida en dos. No había cumplido los treinta años. Con un giro que definiría el curso de su contribución a la cultura peruana respondería a su pérdida personal.

Muchas deudas y una «fortuna quebrantada» constituían su legado marital. Poco más de dos años le tomará poner en orden sus asuntos. La merodeaban los socios del finado que buscarían aprovecharse de su soledad, y como primogénita debía enfrentar la obligación de hacerse cargo de sus dos hermanos menores. Entregada a sus labores con la «constancia, fe y talento de una verdadera norteamericana» la encuentra, en abril de 1883, Abelardo Gamarra, «el Tunante», a su paso por Tinta. Resultaría sorprendente —recordaría el escritor liberteño— encontrar a la misma persona que «habíamos visto coronada en los salones de la señora Gorriti» instalada en su escritorio «haciendo el balance de partidas numéricas, como pudiera haber estado registrando antiguallas para encantarnos con una tradición». Acababa de establecer un molino y sus dependientes partían en ese momento a Bolivia llevando un considerable cargamento de harina. ¿Qué hubieran dicho, se preguntaría Gamarra, Madame de Staël, George Sand, Carolina Coronado, María del Pilar Sinués de Marco y «todas aquellas sobresalientes escritoras al ver a la tradicionista americana, hermosa y joven, desempeñándose, ni más ni menos que un banquero, un tenedor de libros o un jefe de casa mercantil; dirigiendo, ordenando, hablando de negocios al mismo nivel como si estuviera en un salón hablando de literatura»? Un «símbolo del porvenir» ve el visitante en aquella imagen: el estudio y la producción dándose la mano; un hogar santificado por el trabajo y embellecido por el arte. En fin, una mujer que «consagra su talento a su patria y que con el sudor de su frente sostiene no solo la decencia de su casa y su buen nombre sino también la educación de sus hermanos».[28]

No sería el único impresionado con su valiente respuesta a la adversidad. De su primer encuentro con ella, ocurrido pocos meses después del fallecimiento de su esposo, conservaría Manuel Rafael Valdivia la imagen de una «mujer llena de talento» en quien, tras una «modestia encantadora», se distinguía «un alma fortalecida por el infortunio». A Joaquín de Lemoine le impresionaba su «modestia rayana en la humildad». Hasta su vestimenta, diría, parecía «corresponder a su carácter»: «ni un encaje, ni una flor, ni una cinta que revele a la mujer pueril», nada que altere la imagen sencilla de una verdadera «mujer inglesa».[29] En suma, componía ella el perfil de la mujer del futuro.

No había comenzado con Clorinda Matto el proceso de reconocimiento y afirmación de la escritora como miembro pleno de la microscópica *ciudad*

28. Lemoine 1887: 19.

29. Valdivia 1884.

letrada nacional. Un importante espacio para el desarrollo intelectual de la mujer se había venido gestando como parte de la modernización guanera. Una apertura en la que palpitaba la relativa politización de la mujer en las primeras décadas republicanas, cuyo símbolo por excelencia había sido «La Mariscala» Francisca Zubiaga y Bernales, consorte del Mariscal del Perú Agustín Gamarra. Contradictoriamente, sin embargo, se imponía a la par un «nuevo ideal femenino» que reafirmaba su papel fundamentalmente doméstico. De la década de 1870 en adelante, un puñado de escritoras plantearían las interrogantes que derivaban de esa ambigua situación: ¿belleza o inteligencia?, ¿hogar o vida pública?, ¿recato o visibilidad?, ¿mujer virtuosa o mujer de talento? Destacaban entre ellas Teresa González de Fanning, Juana Rosa Amézaga, Juana M. Laso de Eléspuru, Carolina Freyre de Jaimes, Mercedes Cabello de Carbonera y, por supuesto, la argentina Juana Manuela Gorriti, a quien Clorinda vería como su «segunda madre». Al compás de sus debates, con el trasfondo de una creciente participación femenina en la prensa y en la esfera pública, aquel «ideal femenino» habría de ser gradualmente subvertido. En ese sustrato encontraría respaldo Clorinda para su propio proceso de autonomización y empoderamiento propulsado por su repentina viudez.[30]

En su escritura, eventualmente, habría de reflejarse este trasfondo vital. El hecho se expresa claramente en tradiciones tardías como «Costumbres peruanas», que pertenece ya a su etapa costeña. Allí, al calor de la nostalgia, cuando el cielo de Lima «se cubre de estas nubes plomizas de invierno» y el pasar de los días se torna «triste y lluvioso», dirigiría su mente y su pluma hacia lo distintivo de la vida rural. Si bien «el hombre y la mujer» se encuentran y se comprometen tanto en la ciudad —«alumbrada por el foco eléctrico»— como en la choza —«cuya oscuridad muere a la luz del relámpago»— es en el campo que el amor se despliega «sin el intermedio del positivismo», sostiene Clorinda. Lo hace, además, sujeto a «misteriosas manifestaciones» que, con lujo de detalles, la tradicionista intenta describir. No es esta la realidad que «la civilización ha encerrado en el consabido arito de oro, con el nombre o las iniciales de los dos que se prometen», sino una variedad de rituales y ceremonias regida por las más tiernas y exóticas creencias. Cede, entonces, el tono operático y entran las descripciones de carácter etnográfico para componer, más que melodramas de tono hispánico, detallados recuentos de sabor quechua.[31]

Liberada de romanticismos, con su obsesivo enfoque en la tragedia personal, revela Clorinda en su narrativa a una colectividad movida por el halo mágico de tradiciones antiguas. Así, el *ccashuay* que suele bailarse en el carnaval

30. Denegri 1996: 41 y ss.

31. Matto de Turner 1893b.

de Canchis no es otra cosa que una versión contemporánea de una famosa danza inventada para celebrar el nacimiento de Huáscar. En ella «las mujeres forman una rueda, donde lucen la linda *lliclla* con tramas de colores, el jubón festoneado de cintas y la monterilla adornada con ricas franjas de oro y plata». En la banda opuesta «forman los varones que —«con el fino poncho de mil puntos blancos, rojos, verdes, azules y vicuña, la monterilla lujosa, las ojotas con tientos corredizos y el chaleco vistoso con hileras de botonadura de metal»— hacen el segundo coro a los yaravis del pucllay». Es la fiesta de las solteras. A ellas sus pretendientes les arrebatan la *lliclla* en un momento dado, a manera de petición matrimonial. No ser reclamada hasta el tercer día simboliza la aceptación de la propuesta. Luego, los detalles del pacto nupcial son tratados «de padres a padres». Desde la gris Lima evocará la escritora variaciones igualmente lúdicas y gráciles de Calca como de Canas. Revelará así una realidad social con vida propia en la que, «sucede con frecuencia que, después de las diferentes promesas de que nos hemos ocupado, los amantes no se casan en sacramento por no poder pagar los derechos al cura. Pero respetan su contrato y viven felices y contentos».[32]

Acechada por la rapacidad de sus socios comerciales, acicateada por el efecto combinado de la guerra y su drama personal, y movilizada por una dinámica intelectual que la impulsaba a buscar más horizontes, se plantea Clorinda voltear la página de su etapa canchina. Liberada del vínculo que la ataba a Tinta, queda en condiciones de romper el pacto de silencio que su inserción en dicha localidad conllevaba. Su empoderada voz requería nuevos referentes, un nuevo medio, una nueva plataforma comunicativa.

No sería, a pesar de todo, una decisión sencilla. Era una partida marcada por el despojo y la incertidumbre. Había perdido parte significativa de su patrimonio sin que, en sus propias palabras, «el látigo de la justicia» pudiese ir en su ayuda. Porque «mi país se devastaba con la guerra y el suelo peruano ofrecía a sus hijos, solo gloriosa sepultura».[33] Una «pobre mujer solitaria, huérfana y errante» se lanzaba, a final de cuentas, a «un mundo semejante al océano embravecido». Ni a Tinta ni al Cusco volvería más. Tenía exactamente 30 años.

—III—

Como el viaje de Lucía —la protagonista de *Aves sin nido*— de Killac —una versión ficticia de la Tinta— a Arequipa, el de Clorinda sería un desplazamiento en busca de la «luz del progreso», cuyo gran símbolo era, por ese entonces, el

32. Ibíd., p. 71.
33. Citado en Ferreira 2011.

ferrocarril. El viaje de cinco días hasta la estación más cercana era una travesía compleja. Suponía trasladarse del reino de la arbitrariedad feudal al ámbito de la razón. «De súbito —ante el pasmo de los viajeros— se oye el resoplido de la locomotora que con su silbato anuncia el arribo de la civilización», llevada por los rieles hasta «los umbrales donde se detuvo Manco Cápac». ¡El ferrocarril!, «gritaron las voces» celebrando su arribo «a la última estación del sur, situada en un pueblecito compuesto en su mayor parte de caseríos con techumbre de paja y paredes de adobe que ofrecen un aspecto tétrico al caminante». Un rápido cambio de trajes tiene lugar entonces: fuera los pantalones y las botas de montar, bienvenidos los elegantes trajes de estar. Y no hay que olvidar los libros, por cierto. «El tren sin lectura es un tormento» observa Fernando, el esposo de Lucía. Acomodados en sus lugares, acompañados de sus hijas adoptivas Margarita y Rosalía, se sumergen en la lectura de sus libros: las *Poesías* de Salaverry ella y *Tradiciones peruanas* de Palma, él. «¿Qué prodigio de viaje, no? [...]. Y sin penurias ni molestias, pronto estaremos en la ciudad», comenta Fernando. Se interpone, no obstante, la irracionalidad rural momentáneamente. De pronto, al cruzar un puente «a la velocidad del rayo», se encuentra la máquina de hierro con un rebaño vacuno que por un pelo no arroja al río al conjunto del convoy. El coche de primera termina encallando en las arenas mojadas de la ribera izquierda de un río sin nombre.[34] La *civilización*, a pesar de todo —sarmientianamente hablando— es acechada por la *barbarie*.

Si salvar del oprobio pueblerino a su naciente proyecto familiar es el objetivo de la ficticia Lucía, Clorinda, viuda y sin hijos, viaja en pos de un espacio para hacer sentir su voz. Había venido flirteando con el formato novelístico. De hecho, tras leer su tradición titulada «Cchaska», a mediados de 1882, su amigo Manuel Rafael Valdivia le recomendaría desarrollar sus «aptitudes especiales» para ese género.[35] Joaquín de Lemoine también manifestaría su extrañeza de que quien había «desenterrado del polvo de los archivos tantos personajes, episodios, caracteres, intrigas» no se hubiese propuesto aún «tejer la trama de una novela vaciada en el molde carísimo de sus investigaciones históricas».[36] Otras vías requería el momento. Si el ficticio viaje de Lucía tenía lugar en tiempos de optimismo e ilusión (Manuel Pardo llegaba al poder a la cabeza de la «república práctica»[37] tras aplacar el alzamiento de los coroneles Gutiérrez), Matto de Turner llegaba a Arequipa en un momento singularmente sombrío. La misma

34. Matto de Turner [1889] 1994: 141 y ss.

35. Valdivia 1884: 147-150.

36. Lemoine 1887: 39.

37. McEvoy 2007.

disolución de la patria que había visto González Prada en la ruta del cerro El Pino sería la que experimentaría su colega cusqueña dos años y medio después.

Con la derrota de Cáceres en Huamachuco (10 de julio, 1883) había quedado prácticamente liquidada la causa de la resistencia. Arañando recursos, apoyándose en los guerrilleros de Huanta, soportando el acoso del enemigo, se había replegado el «Brujo de los Andes» hasta Andahuaylas, desde donde, en tiempo récord, conseguiría armar una fuerza para neutralizar la persecución comandada por el coronel chileno Martiniano Urriola. En Arequipa estaba su esperanza. Allí, el llamado Ejército del Sur, comandado por el vicepresidente de la República, contralmirante Lizardo Montero, debía entrar en acción tan pronto como fuese posible. Nada de esto habría de ocurrir. En una vergonzosa fuga a Buenos Aires terminaría el absurdo plan de Montero que buscaba replegarse a Puno con el fin de contraatacar, desde ese lugar, a las fuerzas chilenas. Nada impediría ya el encumbramiento de Miguel Iglesias y la subsiguiente firma del Tratado de Ancón el 20 de octubre de 1883.

Ocho semanas antes había iniciado Clorinda sus actividades como jefa de redacción del diario *La Bolsa* en Arequipa. El 3 de septiembre había debutado con una columna titulada «El Lunes». Ahí, además de comentar sucesos locales, nacionales y extranjeros, se ocupaba de temas femeninos, educacionales tanto como de moda; también tocaría temas comerciales, agrícolas y de inmigración.[38] La gravedad de la situación, sin embargo, la obligaría a un cambio de orientación. La columna se dedicaría mayormente a exhortar a los vecinos de no abandonar la ciudad. «Pediríamos que nadie huya de Arequipa en estos momentos», escribiría Matto en aquellos días. «El peligro es igual en cualquier parte, y aquí tenemos un deber que llenar. Para los hombres la pelea, para las mujeres la ambulancia y la oración».[39] Para la cusqueña, la hora del periodismo. En ese oficio veía ella un medio fundamental de instrucción cívica y moral, dada su capacidad de penetrar a la «modesta buhardilla» como al «regio salón». Así lo había expresado en un texto juvenil en que diferenciaba a quienes asumían al periodismo como «el sacerdocio de la enseñanza» de aquellos «mercachifles tipográficos» dedicados a «prostituir» su «sagrada misión».[40]

No podía ser ajena a esta cargada atmósfera patriótica la única obra teatral que Clorinda se animó a publicar: el drama en tres actos *Hima Sumac*.[41] El estreno fue el 16 de octubre de 1884, casi un año después de la firma del humillante Tratado de Ancón. Como en otros de sus textos, la rendida pasión de una

38. Berg 1997.

39. Arce 2010.

40. Matto de Turner 1902f.

41. Matto de Turner 1892.

indígena por un pérfido y ambicioso español —Gonzalo de Espinar— es el hilo central. Sin embargo, su compromiso con el apuesto Túpac Amaru complica la situación. Todo indica que estamos en 1780. Un híbrido histórico es el Túpac Amaru de Matto. Con el fin de dramatizar el sentido libertario y nacionalista de la obra, fusiona al líder cusqueño, ejecutado por orden del virrey Toledo en 1572, y a José Gabriel Condorcanqui de Tinta, que tras ajusticiar al corregidor Arriaga inicia su gran rebelión. Heredera última de la «familia real», Hima Sumac recibe de su padre, el viejo Yana, la llave que da acceso a la ciudad subterránea en que se preserva el tesoro de los incas. «Tú, mi única hija, eres la llamada a conservarla hasta que llegue el libertador de nuestra raza». Por Pachacámac jura esta callar o morir. El ambicioso Espinar desplegará todas sus malas artes para acceder a esa riqueza. Las tribulaciones de la princesa constituyen el meollo de la obra: ¿Gonzalo o Túpac Amaru? «Mi patria, mi sangre, el mandato de mis padres, dice la agobiada princesa, me ordenan odiar a los blancos» y, sin embargo, Gonzalo es «el alma de mi alma». Implora a Pachacámac que le proporcione una salida. En un teatro abarrotado, el llamado del viejo Yana de no claudicar en la lucha contra los «opresores de nuestra patria» adquiere una singular connotación en el contexto de 1884:

> ¡Ellos han talado nuestros campos; han mutilado los miembros de los cadáveres sacrificados en aras de su codicia; ríos de lágrimas han inundado nuestras campiñas [...] han profanado nuestros templos; han insultado a nuestras vírgenes; y ante la sed de oro no han reparado en el crimen buscando el tesoro de los incas. Jurad! Ni uno solo quede, ni uno solo de los enemigos de la patria libre.[42]

Entona el coro una marcha dedicada al Sol, cuyos últimos versos delinean el telúrico final del histórico *impasse* del pueblo andino: «Tu primer rayo dorará mi tumba. Y sobre ella el cóndor que en las cumbres vive, armará su nido y albergará sus pollos». El nido se erige como la promesa de una nación capaz de acoger a todos los marginados, en cuyo origen vibra el corajudo despliegue de la lucha indígena en la defensa del terruño.

Avasallada, finalmente, por su vil pretendiente hispano, Hima Sumac revela la ruta al secreto tesoro incaico. Esto no ocurre sin que el siempre alerta general Quisquis se interponga en el camino del codicioso gachupín. La rebelión tupacamarista para ese entonces ha sido aplacada, mientras los mutilados restos de su infortunado líder se exhiben en la plaza de Sicuani. Sometido a tormentos por los españoles, el venerable Yana pareciera incitar su ambición:

42. Ibíd., p. 41.

> Me preguntas por la ciudad subterránea, donde todo, desde el cóndor que hiende las alturas, al cernícalo que persigue la paloma, la llama, compañera del viajero, el solio del Inca y el trono de las pallas y ñustas hasta la arena que cubre los suelos y las paredes que reflejan la luz del padre Sol. Todo es oro, oro macizo, oro en polvo, oro sagrado.[43]

Convencidos de que se irá a la tumba con su secreto, los interrogadores concentran en Hima Sumac todos sus esfuerzos. Como si hablara para la posteridad les responde ella: «Pachacámac me recibirá en sus brazos perdonando mi debilidad a trueque de mi martirio, y a fructificar el árbol de la libertad irá mi sangre al lado de la de Túpac Amaru». Y los que vienen sabrán como nosotros «que no es el oro la felicidad de este mundo sino un corazón puro que respira satisfecho del amor de sus amores en las risueñas playas de un Perú libre».

Clorinda había tomado *El tesoro de los Incas*, una novela corta de Juana Manuela Gorriti, como referente para montar su obra, pero la indianiza poniendo en juego su propia experiencia en la sierra. Introduce, de este modo, «elegantes metáforas naturalistas» sin perjuicio de la «riqueza expresiva» del idioma nativo. Deja, además, en su «forma original» las palabras «intraducibles» al idioma hispano. Se añaden a esto «los sonidos y los sentimientos de la lengua andina, con acotaciones de escena que indican la presencia de melodías de quena y de yaravíes». La intención es producir, como en efecto ocurrió, un espectáculo destinado a la movilización.[44] De la satisfacción con que había sido recibida la obra informaría la prensa de la ciudad: «reclamada por el público, Clorinda Matto apareció en escena recibiendo grandes ovaciones y muchas flores de sus admiradores». Su paisano Manuel T. del Pino le entregaría esa noche, en nombre de los cusqueños residentes en Arequipa, «una hermosa corona de oro y de plata que representaba un laurel adornado con mirtos y que llevaba la siguiente inscripción: honor al talento y al trabajo».[45]

Otros combatientes indios, liderados por un general que daba órdenes en quechua, combatían por ese entonces en la guerra civil Iglesias-Cáceres que siguió a la desocupación. De insoslayable color andino estaban revestidas las heroicas historias de este último en defensa de la patria. Y en su discurso, los indios y lo andino tenían un lugar privilegiado. Una verdadera leyenda era por ese entonces el «taita» Cáceres, a quien, según un testimonio, los guerrilleros indígenas veían como la «reencarnación del Inca».[46] Tres semanas antes del estreno de *Hima Sumac* había realizado Cáceres su primer intento de toma de la

43. Ibíd., p. 72.
44. Berg s/f.
45. Ugarte Chamorro 1956.
46. Moreno de Cáceres 1974: 223.

capital. Se repliega a Arequipa tras ser rechazado. Era su segunda gran derrota después de Huamachuco. «La desgracia —recordaría Matto— parecía obstinarse en opacar sus glorias y el olvido en envolverlo entre sus brumas». Una verdadera «sucesión de sacrificios y de actos heroicos» había sido su campaña del Centro, diría Clorinda.[47] En síntesis, representaba Cáceres la única esperanza de paz y estabilidad. Esto significaba, para comenzar, derrotar al régimen de Iglesias, visto como un mero títere del recientemente evacuado invasor. No dudaría por ello la cusqueña en darle su apoyo e identificarse, más aun, con el Partido Constitucional. Lo haría a pesar de su convicción de que «ni el púlpito, ni la turbulencia de la tribuna sino la enseñanza de la familia, la paz del hogar y el embellecimiento de la sociedad» eran la gran fuente de virtud.[48] La hora lo demandaba. «Lo hicimos —escribiría años después— por patriotismo sincero, con desinterés manifiesto».[49]

A fines del año siguiente, Cáceres haría gala de su célebre estratagema de la «huaripampeada» (atraer hacia la sierra al enemigo mientras, dando un rodeo, el grueso de sus fuerzas marchaba a la capital) y obtendría una victoria completa. En junio de 1886, tras un periodo de transición, asumía el «Brujo de los Andes» la conducción de la nación. «Tocábale —escribiría Matto— reunir las osamentas esparcidas por doquiera, darles sepultura, igualar el terreno y comenzar la siembra de los pocos elementos de vida salvados en la vorágine de la guerra».[50]

—IV—

A mediados de 1886, navegando la ola de la victoria cacerista, Clorinda Matto arribaba a Lima. Imaginaba que una vez «derrocado el gobierno impuesto por el enemigo», vendría la hora del «poeta soldado» (Cáceres), cuya mística infundiría el ánimo necesario para levantar «la enseña del trabajo fecundo». A partir de ahí, el propio dinamismo de una nación echada a andar se encargaría de ir «menguando el veneno de las ambiciones personales». Quedarían en el recuerdo aquellos tiempos en que las «contiendas interiores» aniquilaban las propias fuerzas «para rechazar al salteador foráneo».[51] Acalladas las armas, en tanto iba despejándose la bruma de la guerra, comenzaba el debate sobre lo ocurrido.

---

47. Matto de Turner 1890: 188.
48. Matto de Turner 1884b: 1.
49. Matto de Turner 1902a: 23.
50. Matto de Turner 1890: 190.
51. Matto de Turner 1902a: 11.

¿Cómo explicar la derrota? ¿Cuáles serían las vías de la redención nacional?, ¿qué ideas y qué lenguaje eran los más idóneos para emprender esa mayúscula tarea? Se reagrupan los escritores en torno a estas cuestiones: Ateneo de Lima versus Círculo Literario. Palma versus Prada. Al calor del debate sobre el contrato Grace se pronunciaba una tendencia hacia la radicalización. Acentuándose, a la par con ello, el odio ventral hacia el civilismo. Refrendando su filiación patriótica, buscando mantenerse al margen de politiquerías y partidarismos, Clorinda busca enfocarse en las posibilidades que la propia crisis ofrece para pensar en un nuevo curso. Desafía a sus colegas, en ese sentido, a considerar la tradición andina como una fuente fundamental de construcción de identidad. Su presentación en el Círculo Literario, algunos meses después de su llegada a la capital, es un ejemplo. Recordaría allí cómo la «lengua general» de los incas había hecho posible que, «identificados por el idioma», comenzaran a considerarse los habitantes andinos como miembros de «una sola familia», más allá de odios locales, promoviendo la cohesión entre gobernantes y súbditos. La riqueza de dicha *lingua franca* permitía, por ejemplo, «hacer ver las gotas de las lágrimas, cuando expresa la pena» o «nos muestra la risa, al pintar la alegría». Pero no era solamente una cuestión de expresividad. El quechua era nada menos que historia viva. ¿Era acaso posible escribir «historia peruana que merezca el nombre de tal» sin conocerlo? Y para la «literatura peruana», de otro lado, qué enorme pérdida significaba que no pudieran sus escritores «cantar en la lengua de su madre patria».

En septiembre de 1888, semanas después del célebre «Discurso del Politeama», *El Perú Ilustrado* reproduciría aquella conferencia sobre el quechua. Resulta interesante contrastar el énfasis pradiano en un «verdadero Perú» prácticamente congelado en una suerte de limbo feudal con la fuerza testimonial que Matto imprimía a su visión andina de la peruanidad por construir. Subrayaba por ello, cómo, quienes habían crecido contemplando en las «fortalezas graníticas» de Sacsayhuamán un símbolo del «poder de nuestros mayores», sentían «atrofiarse el corazón» al considerar que «nuestra lengua madre» pudiera perderse. Mencionaba, asimismo, «la poca estima» que se le concedía a un idioma «que debiera ser el vínculo imperecedero de unión para la raza peruana». Blasfemia, «aberración sin nombre», era demandar su extinción. Clamoroso es el contraste, sin duda, con la posición de Prada, quien ante el tema del idioma asumía una postura netamente darwiniana. Desde esa perspectiva ¿podía considerarse la muerte de una «lengua regional» una «pérdida irreparable» para la humanidad? ¿No podía decirse acaso que «los provenzales en Francia, los flamencos en Bélgica, los catalanes en España, en fin, todos los preconizadores de lenguas regionales en detrimento de las nacionales» promovían «una obra retrógrada»? Sin mencionarlo explícitamente, era obvio que no había espacio para el quechua en la búsqueda pradiana de una lengua universal. En tal proceso, por el contrario, el inglés y el alemán se perfilaban como los idiomas del mañana, aunque Prada destacara el castellano por su «energía, como idioma de un pueblo guerrero y varonil». Así, frente al viaje interior de rescate y revaloración cultural que Matto de Turner proponía, favorecía Prada «salir de la patria, hablar otro idioma» como la más eficaz manera de liberarse de las «concepciones mórbidas acumuladas en el cerebro de nuestros antepasados durante siglos y siglos de ignorancia y barbarie». Había que «dejar el ambiente de un subterráneo para ir a respirar el aire de una montaña», sostenía el poeta Prada desde su hábitat urbano.[52]

Un gran diálogo en torno a la identidad, sustentado por el impulso cívico-patriótico de la «*pax* cacerista», había imaginado Clorinda. Era el sentido último de su traslado de Arequipa a Lima. La polarización en curso, no obstante, comprometía esa posibilidad. Era crecientemente difícil, en tales circunstancias, mantenerse al margen de la política. Lo agravaba la denuncia de Prada del «autoritarismo» de Cáceres expuesto en la clausura de *El Radical*. Matto de Turner asumiría la dirección de *El Perú Ilustrado*. Éramos «los del orden», comentaría ella en 1902. Aquello suponía defender el contrato Grace tanto como apostar por el fortalecimiento de la alianza civilista-constitucionalista que había llevado al poder a su admirado Cáceres. La administración de Manuel Pardo (1872-1878) seguía siendo, a juicio de Clorinda, el modelo a seguir. En cuanto a Piérola, lo consideraba poco menos que «un pigmeo revestido de dictador».[53] Si el desprecio a este último la aproximaba a Prada, sus encontradas posiciones sobre el «Brujo de los Andes» los colocaban en extremos opuestos.

Del mismo modo, Cáceres, asimismo, complicaba su relación, en este caso particularmente cálida, con Palma: no le perdonaba que le negara apoyo a su amigo Piérola tras la caída de Lima. El anticacerismo de Palma se reflejaba en su alarmada visión sobre la situación nacional hacia febrero de 1887. Se vivía «en pleno desgobierno» —observaba— y, dado que «los partidos eran una verdadera calamidad», el país se encontraba en «vísperas de una terrible anarquía», lo que hacía «inminente» el estallido de una «revolución».[54]

Una invitación al Ateneo de Lima daría a Matto, en ese contexto, la oportunidad de presentar su propia visión de la reconstrucción. «Luz entre las sombras» titula su conferencia, un «estudio filosófico-moral para las madres de

---

52. González Prada 1889.
53. Matto de Turner 1902a: 116-117.
54. Palma 1884: 134-137.

familia».[55] Que se queden los varones, dice, con el «bullicio de la política», donde «todos se engañan unos a otros, en medio de las genuflexiones de la diplomacia». Para la mujer, en cambio, había que guardar el altar de la familia, en concordancia con los atributos de la naturaleza y con «la misión que Dios le ha señalado». El tono es apocalíptico, casi reaccionario. Rechaza las «teorías roedoras», ese «cataclismo destructor» capaz de demoler los «mejores edificios sociales» para fomentar la «desorganización moral del hogar». Se propone, por ende, confrontar al «terrible veneno» del escepticismo; ese «liberalismo mal entendido» que aboga por el «libre pensamiento, la libertad de acción, la abolición de sistemas religiosos»; esas «teorías de la nada» que dejan tras de sí «escándalo y desolación». De dónde, sino de la crisis de la familia, podía venir la falta de fe que afectaba a la nación. ¿Y a quién sino a «nosotras mismas» podría achacársele la culpa? La «desorganización total de la familia» y la consiguiente «decadencia de la patria» se presentaban como consecuencia «inmediata y palpable» de la ausencia de principios. De ahí que en manos de la mujer estuviera la posibilidad de alterar el rumbo. Ni en pretender actuar como varones —«despojándose de los encantos propios de su sexo»— ni en recurrir a la beatería o a la incredulidad estaba la salida; esta tampoco se hallaba en la mera crítica a la manera de aquellos «nihilistas que destruyen por destruir».

Del «cristianismo» —y no de «teorías disidentes»— como de su condición de mujer provenían los recursos espirituales y el juicio sereno para vencer en la lucha contra «la decadencia actual de la patria». Ambos serían fuentes fundamentales de la «salud social» y del «espíritu de perfeccionamiento» que animarían a crear colegios gratuitos y establecimientos industriales como parte de la reconstrucción. A los «pasatiempos de la elocuencia» —que «cruzan como el relámpago» nuestra retina, iluminándola momentáneamente para terminar ofuscándola— opondría Clorinda la constancia del que burila la piedra dura, representada por la «madre peruana» en la desafiante tarea de forjar una «juventud seria y reflexiva». De ella dependía que la «blanca paloma de la libertad» »volviera a levantar el vuelo «con las alas teñidas en la sangre» de los caídos en San Juan, Miraflores y Huamachuco, y que «ondeara galano» nuestro pabellón sobre la «grande y fuerte» nación que levantar.[56] Los seguidores de Prada, evidentemente, eran el blanco de su ardiente crítica. ¿Es correcto, a la luz de las evidencias, hablar de algún tipo de subordinación intelectual al «apóstol radical»? ¿Sería acertado sostener luego que la novela que publicaría poco después era el mero «eco literario» de sus planteamientos?

---

55. Matto de Turner 1893c. Las citas subsiguientes provienen de esta publicación.
56. Citado en Ferreira 2005.

La coyuntura electoral de 1890 aparecía como un factor estimulante para dar el salto hacia el nuevo género. El pierolismo repuntaba y el civilismo afirmaba su independencia. La circunstancia obligaba a los caceristas a emplearse a fondo para demostrar que «defender la continuidad del régimen no constituía un militarismo». Como directora de la revista principal del *establishment*, Clorinda se encontraba en el meollo de un tráfago que asfixiaba sus anhelos de «independencia». Pesaba sobre ella la presión de enfrentar la combinación de objetivos inmediatos (responder al radicalismo y al pierolismo, mantener la alianza con los civilistas, depurar el cacerismo) y programáticos (la propaganda moral y religiosa, el empoderamiento de la mujer y la defensa de la familia como pilar de la reconstrucción nacional).

Su vocación novelística, en todo caso, no era un asunto coyuntural. Como periodista y como empresaria, Matto tenía una clara apreciación del mercado literario. Advertía, en particular, la existencia —en palabras de Marcel Velázquez— de un «nuevo público lector compuesto por mujeres, jóvenes, artesanos y comerciantes» sensibles al «exceso pasional» y a esa combinación de «truculencia» y «crítica social» que ofrecía la «novela de folletín».[57] No era ajena a la discusión sobre el nexo entre la representación novelística y la reconstrucción nacional; ni al aporte del escritor a erigir el «gran edificio nacional» en tanto constructor de persuasivas imágenes de familia y nación.[58] Sin ellas estaban «condenados» los peruanos «a representar el tristísimo papel de pobres tísicos, contemplando seres raquíticos, incapaces de producir hijos con dotes inmortales».[59]

Entre varias otras influencias, la de su «hermana literaria», Mercedes Cabello de Carbonera, sería particularmente relevante para reforzar su convicción acerca del potencial formativo, moralizador y pedagógico de la «novela social». Ciencia, realismo, investigación, espíritu reformista, todos estos elementos entraban en la fórmula novelística de Cabello. El novelista moderno, según ella, no solo estudiaba «al hombre tal cual es» sino que lo presentaba «tal cual debe ser». Planteaba que «ocultar lo imaginario bajo las apariencias de la vida real» constituía una esencial condición de éxito. «A todas las ciencias» —aseveraba Mercedes— podían servir los textos literarios que profundizaban en la investigación del «ser moral», revelando «el caprichoso curso de los sentimientos», materia prima para «crear situaciones que respondan a todos los movimientos del ánimo».[60] Escrita en esa vena, su novela *Blanca Sol* (1888)

57. Velázquez 2010.

58. Saona 2004: 16 y ss.

59. Matto de Turner 1893a: 165.

60. Cabello de Carbonera [1888] 2003: 3.

habría de convertirse en un verdadero *best seller*. Era la alternativa, práctica y eficaz, que Clorinda buscaba con el fin de articular los múltiples mensajes que requería transmitir aquellos días en que, como escribiría años después, empujada por su «patriotismo sincero» y su «lealtad al General Cáceres» incurriría en el «pecado» de «mezclarnos en política».[61]

—V—

De su propia historia extraería Clorinda Matto —parafraseando a Mercedes Cabello— «las apariencias de la vida real» con que revestir su discurso «imaginario». El fin último de este recurso no era otro que estereotipar «los vicios y virtudes de un pueblo», con la mente puesta en plantear la «moraleja correctiva para aquellos y el homenaje de admiración para estas». En síntesis, se trataba de una mera fotografía que aspiraba tras su trama «amorosa o recreativa» captar el «secreto de la reforma de algunos tipos cuando no de su extinción». Aquellos «tipos» que se deberían extinguir eran los «mandones de villorrio»: los malos de la película, de una obra cuyo modesto tono de «novela de costumbres» era inevitable —como explicaría la autora— en un país en que la literatura se hallaba «en su cuna» pero que tenía «tendencias levantadas a regiones superiores». Se proponía, en buena cuenta, un trabajo mayor. Buscaría delinear una visión que trascienda a las anécdotas que la constituían: la nación como nido y la mujer como su constructora fundamental. Esta última sería la destinataria preferencial de un libro que, de mediar la buena voluntad de sus lectores, cuya colaboración «implora» la autora en su «proemio», podía llegar a manos del pueblo.

Matto esperaba que su ejercicio literario pudiera traducirse en, al menos, un par de medidas prácticas: a) demostrar «la importancia de observar atentamente el personal de las autoridades, así eclesiásticas como civiles, que vayan a regir los destinos de los que viven en las apartadas poblaciones del interior del Perú» y b) reconocer «la necesidad del matrimonio de los curas como una exigencia social». De ello, a su juicio, dependía la sobrevivencia de la «*pax* cacerista». Había que deshacerse, en primer lugar, de quienes no solo complicaban su estabilidad en las provincias del país sino que bloqueaban la incorporación de las promisorias regiones del interior al cuerpo de la nación. En segundo lugar, era necesario neutralizar la proliferación del pierolismo golpeando a quienes percibía Matto como sus socios estratégicos a nivel provincial: los curas de pueblo, cuya lasitud moral contribuía a legitimar la barbarie de los susodichos «mandones de villorrio».

61. Matto de Turner 1902a: 23.

A la capacidad de *conmover* —una estrategia de «lirismo lacrimógeno»—, frente a la estrategia pradiana de *remover* a través de «propaganda y ataque»,[62] apostaba Clorinda Matto para transmitir sus múltiples mensajes condensados en una «fotografía» de fácil acceso. Por ello, por encima de todo, *Aves sin nido* debía ser un persuasivo melodrama. El material principal provendría de la exploración de ese «silencio de quince años» vivido por la autora. El choque de la educada sensibilidad urbana de Lucía Marín con esa «corriente de depravación opresiva» propiciada por la borrachosa élite local provee el argumento central. El despliegue de sus prístinos valores y de su incomparable bondad, como de sus sucesivos «espantos» ante la inhumanidad de ese mundo desconocido, dominan la acción. En su curso, la mera victimización se convierte en acción constructiva a partir del encuentro de Lucía con Marcela Yupanqui, la mujer indígena que recurre a ella pidiendo defensa de los abusos del cura, el gobernador y los despiadados rescatistas laneros.

Se separan en ese punto las historias de la Clorinda real y la de su álter ego Lucía. Esta, a diferencia de la anterior, renuncia a quedarse en silencio. Concibe en la soledad de su hogar un plan salvador y medita —revelando su educación retórica— «la manera persuasiva como hablaría a aquellas notabilidades de provincia», aquellas «combinaciones de discurso» más efectivas para convencer a sus interlocutores.[63] Su decisión no está libre de dramáticos devaneos: «plegue a Dios que algún día, ejercitando su bondad, decrete la extinción de la raza indígena», que después de «haber ostentado la grandeza imperial» bebe «el lodo del oprobio», impedida de «recuperar su dignidad ni ejercitar sus derechos». Imposible no simpatizar con la dulce y solidaria Lucía frente al tipo lombrosiano que encarna el padre Pascual.[64]

Eventualmente deberá admitir Lucía que, en esas alejadas comarcas, donde creía que iba a hallar «familias patriarcales con clamor de hermano a hermano», el «vil interés» había desecado a «las más hermosas flores del sentimiento de humanidad».

Dos dinámicas emergen de este contraste inicial: a) la de los «mandones del villorrio» encaminada a suprimir la voz de los «foráneos» que como Lucía pretenden desconocer sus costumbres y soliviantan al indio a nombre de la justicia, y b) el bando de los buenos que van articulándose en torno al vínculo Lucía-Marcela, impulsado por la resistencia a las arbitrariedades del poder local. Escena tras escena se confrontan lascivia versus virtud, vulgaridad versus ilustración, impunidad versus justicia, irracionalidad versus racionalidad.

---

62. Peluffo 2005b: 54.

63. Matto de Turner [1889] 1994: 11.

64. Ibíd., p. 10. Las citas que siguen proceden de esta publicación.

Se gesta un río incontenible de pasiones y perversidad que solamente una férrea voluntad femenina será capaz de contener. «La mujer peruana es dócil y virtuosa por regla general» nos recuerda la narradora mientras va delineando los contornos de un velado poder hecho de disimulo y virtud.

Mientras Lucía incorpora a su esposo Fernando en su «plan salvador», Marcela alinea a su Juan en apoyo de la *señoracha* en cuyo rostro ha visto a la Virgen María. Personajes como Petronila Hinojosa y la joven Teodora se sumarán a esta virtuosa coalición. La primera, esposa del temible gobernador Sebastián Pancorbo, aparece como una «joya perdida» en ese «infierno grande» que es Killac. Nacida en un «centro mejor», con una «educación esmerada» hubiese podido ser Petronila nada menos que una «notabilidad». Su personaje, de hecho, representa un tipo de buena «serrana de la provincia», desconocido en las costas peruanas —subraya Matto—, donde el frívolo énfasis en «la elegancia en el vestir y el refinamiento de costumbres» no permitía visualizar a «esta clase de mujeres, que poseen corazón de oro y alma de ángel». Teodora, por otro lado, hija de un notable del pueblo, es una veinteañera impetuosa y de «pasiones ardientes», quien fiel a su novio ausente se resiste tenazmente al acoso de un subprefecto.

Una fallida asonada para deshacerse de los Marín se constituye en el meollo de la narración. Mueren en ella los esposos Yupanqui al ir en defensa de sus protectores. Estas muertes marcan el punto de inicio de un singular proyecto familiar: las chicas Yupanqui —Rosalía y Margarita— serán asumidas por una Lucía convertida, en este punto, en verdadero «ángel de bondad». Como una suerte de «modelo de transculturación»[65] aparece este flamante núcleo que tiene en Margarita, la hija mayor de Marcela, un personaje central. Como «ahijada» la ofrece su madre a los Marín. Además de reparar en su estilo y en su belleza, estos advierten desde un inicio su potencial como esposa y madre. Gran ilusión despertaría en sus padres todo lo que la bondadosa *señoracha* Lucía podría hacer por su preciada hija. «La vestirá con las ropas que usa», observa un ilusionado Juan, que luego se lamentará de que «cuando sea una niña», ya «no nos mirará como ahora». Tal temor es un absurdo, según Marcela, quien insiste —«¡bendígala Pachacámac!»— en que su madrina «le enseñara a respetarnos» como se debe.[66]

¿Quiénes eran, a fin de cuentas, estos personajes indios? En labios de sus personajes, airea Clorinda Matto dudas y prejuicios sobre su carácter. Se dice que son ingratos, observa Fernando por ejemplo, pero Juan ha muerto por gratitud. Es la prueba, dice, de que «no se ha extinguido en el Perú esa raza

65. Denegri 1996: 178.

66. Matto de Turner [1889] 1994: 43. Las citas que siguen proceden de esta publicación.

con principios de rectitud y de nobleza que caracterizó a los fundadores del imperio». Otra cosa era que «todos los de la calaña de los notables de aquí» los hubiesen puesto «en la misma esfera que las bestias productoras». ¿Era Juan, entonces, un caso raro dentro de una masa que se comportaba con absoluta docilidad frente a la palabra de los curas? «Raro no», responde Lucía, quien piensa que de llegar el día en que «rayase la aurora de la verdadera autonomía del indio» sería inevitable la «evolución regeneradora de la hoy oprimida y humillada raza». Por ello, desdeñaba la pedantesca explicación biológica del atraso indígena (¡determinada por una dieta fundamentalmente vegetal que no fortalecía su desarrollo psíquico!) ofrecida por su consorte. «Si la pones en inglés —le dice mofándose—, ¡te darían un doctorado en cualquier universidad del mundo!». Invitándole a continuación a dejar de teorizar y pensar, más bien, en lo que podía hacer por los indios de carne y hueso.

De hecho, los indios en tanto objetos de «conmiseración», son parte fundamental del «lirismo lacrimógeno». Sentidas palabras les dedica Matto «por lo mismo que he observado de cerca sus costumbres, encantadoras por su sencillez». Mas el formato novelístico que utiliza parece obligarla a ignorar todo aquello que prueba su potencial como actor colectivo. En su fotografía del indio no tienen cabida ni las comunidades ni las familias extensas, tampoco rasgo alguno de solidaridad étnica. Los Yupanqui, de tal suerte, aparecen como una familia trabajadora urbana común y corriente. A aquellas aves desamparadas, de condición «oprimida y humillada», quisiera liberarlas Clorinda por la vía de una efectiva «evolución regeneradora».

Personifica Margarita este proceso regenerador. Entre el «magisterio de la maternidad» ejercido por Lucía y la pasión mestiza que enciende en Manuel Pancorbo, hijo del gobernador Sebastián Pancorbo y Petronila Hinojosa, va madurando el personaje. Manuel ha retornado a Killac tras una ausencia de ocho años y comparte con los Marín su ilustrado repudio por la rudimentaria élite pueblerina. En su madre encontrará este el respaldo para cuestionar al padre y en Margarita, «el sol que me da calor y vida bajo la sombra de árbol extraño». Juntos se estrenan en los menesteres de la pasión, trama central de la segunda parte de la narración. Frente a las vacilaciones del hombre, cuyo corazón es «como el cielo cargado de nubes, infinito en sus fenómenos e igual en el curso de sus sacudimientos tempestuosos», son las mujeres quienes definen el curso de la acción, enfocadas en sus restringidos, aunque trascendentales, objetivos domésticos.

Maestras del disimulo, reinas de la bondad y del sentido práctico, sostén y motivación de sus blandengues parejas, frente a los desbordados ríos de pasión política, crematística o sexual, las mujeres se presentan como las grandes constructoras de la nación. Frente a los viriles émulos de Víctor Hugo o del mismo

Robespierre actúan tras bambalinas ejerciendo el «magisterio de la maternidad», orientadas en el decisivo aunque menospreciado ámbito de la «transmisión de las virtudes domésticas». Su papel aparece sintetizado en aquella «gran sentencia» de una «escritora española» que leyera Lucía sentada en las faldas de su madre por primera vez: «olvidad, pobres mujeres, vuestros sueños de emancipación y de libertad. Esas son teorías de cabezas enfermas, que jamás se podrán practicar, porque la mujer ha nacido para poetizar la casa».

Triunfa eventualmente la coalición del bien contra los oscuros designios de sus adversarios locales. Sebastián accede a los ruegos de Petronila y Manuel y renuncia al cargo de gobernador mientras el cura Pascual termina medio loco en un convento de Lima, perseguido por el repudio de sus vecinos y sus propios remordimientos. Un maretazo de la política nacional, sin embargo, revitaliza a los sempiternos «mandones». La incursión del patético Coronel Paredes como subprefecto provincial coincide con el alzamiento de los coroneles Gutiérrez. Bajo su sombra se pierde todo lo ganado por el bando de la virtud. Ciertamente, se recupera la ilusión con el ascenso de Pardo, pero ya no es posible aniquilar la duda. Todo parece indicar que triunfará la impunidad y que, en esas circunstancias, podría intentarse un nuevo intento de agredirlos. Había llegado el momento de partir. El embarazo de Lucía refuerza la decisión. La distante Lima es el objetivo.

Mucho más que un destino geográfico representa la Ciudad de los Reyes. Como el lugar en que se «educa el corazón y se instruye la inteligencia» la describe Fernando. A llegar a la «antesala del cielo, y ver desde ahí el trono de la Gloria y de la Fortuna, que dicen es la ciudad de las Hadas» la equipara Manuel. Lima, en resumen, es el polo civilizador hacia el que gravitan todos aquellos que en esos pueblos chicos merodeados por el salvajismo aspiran a embarcarse en su propia «evolución creadora». Hacia Lima acude la expandida familia Marín. Llevan consigo la promesa de un amor en ciernes —Manuel y Margarita— que simboliza, en tanto confluencia de lo indígena (Yupanqui) y lo *misti* (Pancorbo), la promesa de una efectiva transculturación.

No obstante, en el umbral de la felicidad habría de truncarse dicho proyecto. La razón es nada menos la súbita revelación del secreto origen de los jóvenes enamorados: son hijos ambos del obispo Pedro Miranda y Claro, antiguo cura de Killac. Larga era la sombra de ese oprobioso pasado que Matto aspiraba a enterrar y que reaparecía ahora para estragar el nacimiento de lo nuevo, encarnado en los planes de Lucía Marín: el incesto, representación máxima de ese «carcoma» que según Matto horadaba por dentro a la sociedad en el marco de la reconstrucción nacional. A este se le debía oponer el ámbito doméstico, el espacio del hogar, como un frente fundamental. Cada hogar sería un verdadero nido. Y la nación por construir sería la sumatoria de todos ellos.

—VI—

Clorinda Matto había puesto en juego toda su experiencia periodística y empresarial para convertir a *Aves sin nido* en «uno de los primeros fenómenos culturales de consumo masivo en la literatura latinoamericana».[67] Contaba para ello con *El Perú Ilustrado* para publicar «cualquier noticia, por nimia que pareciera, que sirviera para promocionar su obra».[68] Con el éxito llegaría la controversia. Y esta aumentó el interés. La reacción de la jerarquía eclesiástica fue particularmente áspera y llegaría al extremo de la excomunión. En su descargo alegaría ella que su defensa de la raza indígena oprimida no hacía sino seguir la línea de Bartolomé de las Casas.

No era la primera vez que se recurría a la pluma para denunciar la corrupción o la venalidad clerical. Ahí estaban las sátiras de Palma o *El Padre Horán* de Narciso Aréstegui. En el caso de Matto, el éxito de su novela, las broncas políticas del momento —su firme posición frente al pierolismo— y, por supuesto, su condición de mujer confluirían para convertir la intolerancia en escándalo, con quema de libros e incluso efigies suyas. El alboroto resonaría en otras latitudes, al punto que en un hecho sin precedentes editores londinenses se interesarían por publicar *Aves sin nido* traducida al inglés (1904). En lo inmediato, sin embargo, perder su puesto como directora de *El Perú Ilustrado* sería el costo mayor de la controversia. La publicación en sus páginas de un artículo que sugería una relación romántica entre Jesucristo y María Magdalena —que Clorinda alegaría no había contado con su autorización— proveería la justificación.

Iniciaba así la periodista cusqueña lo que vendría a ser el lustro final de su vida en el Perú. Un periodo marcado por su renuente incursión en las pugnas políticas del momento y la reafirmación de la novela como el vehículo de diseminación idóneo de su visión reformista.

En el contexto de la campaña electoral de 1890, como ya se ha visto, el pierolismo había arremetido contra la «*pax* cacerista» incentivando la división entre constitucionalistas y civilistas, mientras promovía violentas algaradas por las cuales el propio Piérola llegaría a ser detenido. La idea del Partido Constitucionalista, definido por Clorinda como una conjunción de «hombres de todas las creencias políticas en pro de la reconstrucción», yacía para ese entonces en escombros. Y la elección del coronel Remigio Morales Bermúdez como sucesor sustentaba la acusación de militarismo. Percepción que se reforzaría

---

67. Peluffo 2005a: 37.

68. Peluffo 2005b.

cuando, en 1892, Cáceres retorna al Perú, tras un periplo por el Viejo Mundo, con obvias intenciones de volver al poder.

Reafirmaría Clorinda, en tales circunstancias, su lealtad al héroe de la campaña de la Breña. Lo hizo de manera práctica, fundando el semanario *Los Andes*, de explícita identificación con su causa. Como le manifestó a su «compadre» Ricardo Palma, «muy consciente» era ella del lío en que se metía». Aunque le dijeran «zamba canuta», ella seguiría adelante «sin levantar el moño», apostando para vencer a sus adversarios «con la constancia, con la verdad y con el patriotismo».[69] No era casual el nombre de su semanario. Levantar la «serranidad» de Cáceres, su condición de verdadero «protector» de la raza indígena frente a la demagogia pierolista, era uno de los objetivos.[70] Eso aclara las constantes referencias, desde las páginas de *Los Andes*, a «nuestros hermanos de allende las murallas que rodean la ciudad de Pizarro, quienes en la llanura y en la cima apartada de los Andes, conservan en su corazón el fuego sacro del amor a la patria». Y, sobre todo, explica que llamara a quienes «tenemos en nuestras venas esa rica sangre andina», y «hemos observado de cerca templos e ídolos», a no olvidar a sus «hermanos» desde esta «alta y dignísima tribuna del pensamiento honrado» a la que habían sido capaces de acceder.[71]

A la novela apostaba Matto como el gran vehículo para su visión reformista. La vería como el medio para transmitir las conclusiones de sus «observaciones sociológicas» que penetraban «en los misterios de la vida», descorriendo así ese «denso velo» que cubría los ojos de «los moradores ciegos y fanatizados». En el Perú, no obstante, no había espacio aún para la «novela trascendental».[72] De ahí que, para alcanzar el éxito, fuese menester adaptarse a lectores que «en su mayoría, no nos leen ya, si les damos el romance hecho con dulces suspiros de brisa y blancos rayos de luna». Ante un relato «condimentado con morfina, con ajenjo y con todos aquellos amargos repugnantes para las naturalezas perfectas», esos mismos «no solo nos leen: nos devoran».[73]

Índole (1891) y *Herencia* (1895), novelas que escribió durante ese complicado periodo de su vida, son expresiones de esa estrategia comunicativa. Reiteran, asimismo, su preocupación central: construir, como una cadena de

---

69. De Ricardo Palma citado en Ferreira 2011.
70. En mayo de 1880, Nicolás de Piérola había añadido a su título de «Jefe Supremo de la República» el de «Protector de la raza indígena», en virtud del cual «los individuos y corporaciones pertenecientes a esta raza tienen el derecho de apelar directamente a mí, de palabra o escrito, contra todo atropello, injusticia o denegación de esta que sufriesen por parte de toda autoridad cualquiera que sea su denominación y jerarquía, quedando exceptuados de las leyes comunes a este respecto».
71. *Los Andes*, 10 de diciembre de 1892. Citado en Ferreira 2011: 11.
72. Matto de Turner [1891] 1974: 251.
73. Matto de Turner 1895.

nidos seguros y acogedores, una nación capaz de acoger a todos sus hijos, incluidos esos «infelices a quienes llevamos como carneros a los campos de batalla para defender a una patria que no es la suya», y mueren «sin el bautismo de la civilización».[74] No aparece el llamado «problema del indio» en ninguno de estos textos. En *Índole*, el gran fresco sobre el poder local que se presenta en *Aves sin nido* es sustituido por el tema de los curas. Al «infierno grande» del villorrio nos lleva nuevamente su pluma en esta narración.

La bancarrota de un notable local, Antonio López, es el hilo conductor de la historia. Esta nos lleva, a su vez, a otras dimensiones de su propia crisis personal y familiar. Valentín Cienfuegos las aprovechará para comprometer a Antonio a una operación mercantil que, al parecer, ponía en riesgo su reputación y hasta su honor. Se impone un insoslayable tono de desolación: «Nací por mi desdicha en este villorrio —exclama Antonio—; pero harto hago por sacudirme del capullo y volar, cual pintada mariposa, a regiones de vida y salud».[75]

Las esposas de estos hombres —Eulalia y Asunta— son los pilares de la historia. A ellas les hubiese correspondido armar los hogares en que el vapuleado Antonio y el desbocado Valentín debían haber encontrado reposo y orientación. El «confesionario», no obstante, les ha robado el amor, instaurando entre ellos la más acerba desconfianza. Valiéndose del sacramento el cura Isidoro Peñas ha tomado control de las mentes y las acciones de sus «hijas de confesión» y ha impuesto sobre ellas la «venda del fanatismo». Ha transformado así a cada una de ellas en «mujer-cosa» suprimiendo su desarrollo como «mujer-persona». La influencia de la educación, el dominio del «malicioso clérigo», nos dice la narradora, pudieron más que la «pasión santificada por el matrimonio». De hecho, son prominentes en el texto las escenas de seducción nada menos que en el confesionario de la iglesia local.

Si en *Aves sin nido*, el trasfondo histórico —la derrota de los Gutiérrez, la elección de Manuel Pardo— alentaba la esperanza de una reforma social, en *Índole* prevalece un clima más bien adverso. Se registra un ambiente de guerra crónica —la confrontación Ramón Castilla-Manuel Ignacio de Vivanco entre 1856 y 1857— en que «los pueblos echan a la hornilla de las ambiciones personales» y la inestabilidad que sacude a hogares como los de los López y Cienfuegos resulta exacerbada. En ese contexto prosperan seres nefastos como el cura Peñas quien, al ser desenmascarado por Antonio, busca refugio como capellán de una fuerza castillista que pasa por el pueblo camino a Arequipa. La victoria le asegurará incluso una respetable canonjía. ¿Y los indios? Como pongos y sirvientes aparecen en esta oportunidad. Se les describe como habitantes

---

74. *Los Andes*, 15 de octubre de 1892. Citado en Ferreira 2011.

75. Matto de Turner [1891] 1974. Las citas que siguen proceden de este volumen.

insustituibles de la hacienda Palomares de los López, plenamente subordinadas sus vidas a la de sus patrones. De hecho, la preparación de la boda de Ziska y Foncito, los leales mozos de las familias López y Cienfuegos, alivia el drama de los notables del villorrio; su presencia transmite la paz que «los negocios, la ambición y la intriga han robado a los hogares» en una sociedad «con civilización a medias».

¿Cómo afirmar el bien y la virtud en este marco de inestabilidad crónica y miseria moral? En la «índole» estaba la clave. En eso que, en palabras de Matto, «los moralistas llaman inclinaciones y los fatalistas califican de predestinación». ¿No era acaso su buena índole lo que había salvado a Eulalia de la lascivia del cura Peñas? ¿Qué sino abandonar ese atávico ambiente de villorrio podían hacer Antonio y Eulalia tras salvar su matrimonio de la maquiavélica trama del sacerdote? Pero ¿adónde ir, cómo escapar del atavismo y la falsía? La respuesta, en este caso, la tiene nada menos que Valentín: en un par de «bien llevados» años de trabajo podrían agenciarse de lo necesario para escapar de esa «triste y estéril vida de provincia», para trasladarse a «esa llama de placer en cuyo torno revolotean las mariposas de la dicha» que era Lima. Allí, según dicen, «hay mujeres como sirenas, cocheros como caballeros, y caballeros como cocheros«»; allí se alza «la gran mitra del Arzobispo» y «se reúnen los Congresos y se reparten los empleos de la Nación».

En el corazón de la capital, esa «engreída sultana de Sud-América», aparecen, precisamente, los Marín en *Herencia*. Y *Herencia*, lejos de ser la crónica de la imaginada ciudad de la luz entrevista desde Killac, es el decepcionante recuento de un medio transido de hipocresía y falsedad, la bitácora de una urbe de «vida sibarítica, floja y dejada», propia de los «países tropicales». En Lima «la acción del clima enerva los nervios, destruye el oxígeno de la sangre y acaba las energías» de las gentes, «despertando la voluptuosidad de la molicie». Más que vanguardia de la modernidad, Lima aparece como el prisma en que se refractan todos los males del Perú.[76]

En labios de una anónima mujer en aprietos que ve en Marcela su ángel salvador, pone la autora su desengañada visión de un medio hecho de argollas y apariencias, donde todo se regula por el «partidarismo político» y «la compadrería». La capital es un medio donde «la nulidad» empuja «al mérito al abismo» y en que «la forma externa es todo y el fondo nada». En ese sentido apunta la reflexión de Fernando tras recibir la inesperada visita de Sebastián Pancorbo, el todopoderoso gobernador de Killac. A él recurre pidiendo su ayuda para validar en Lima su elección como representante congresal de su localidad. Queda claro a esas alturas que nada sería ese tipo de «bellaco provinciano

---

76. Matto de Turner [1895] 1974. Las citas que siguen proceden de este volumen.

que esquilma la fortuna del indio» sin el «intrigante político de la capital» que auspicia y encubre sus infinitas trapacerías.

Foráneos en Killac, los Marín son «serranos» en la capital. Se les mira con desdén y curiosidad. Resaltan sus virtudes por contraste con la imperante fatuidad. Fernando Marín es ahora un inversionista minero con intereses en Cerro de Pasco. En tanto que Margarita, medio recuperada del gran desengaño vivido con su amado Manuel, se ha convertido en toda una dama que exhibe «las formas aristocráticas de la mujer nacida para ser codiciada por el hombre de gusto delicado». A la solidez económica se suma la de una familia que había «sabido conservar el amor y la estimación recíproca, a despecho del tósigo frío enervante que se llama el prosaísmo de la vida conyugal».

Matto recurrirá al contraste con la familia Aguilera para dar —desde el seno mismo de la capital y en tiempo real— su alegato final en favor del hogar virtuoso como pilar de la nación por construir. Sus hijas casamenteras —Margarita y Camila— equiparan a ambas familias. No obstante, sus respectivos romances permitirán ir subrayando sus diferencias. Por un lado, se desplegará el mundo de las apariencias creado por Nieves Aguilera para ocultar el prematuro embarazo de Camila bajo la cubierta de un pretendido conde italiano. Por el otro, se describirá el amable escrutinio al que los Marín someten al pretendiente de su bella ahijada. Los protagonistas son el ampuloso pulpero Aquiles Merlo y el joven Enrique Casa-Alta, de buena familia aunque de reducidos medios. A Enrique, Margarita le revela sus «heridas del alma»: a mí me llamaron «ave sin nido», le confiesa, por ser hija de «hombre con votos» y «mi nacimiento mató mi primer amor». A su turno, Fernando Marín inquiere a Enrique si hay suicidas o epilépticos en su familia. «Crimen inaudito sería —explica este a manera de justificación— dar la vida a «hijos enfermos» cuando «los preciosos descubrimientos de la ciencia» han demostrado el peso de la «herencia» en la incubación de esos males.

Mientras se cae a pedazos la tramoya montada por Nieves («un gandul, un vago que está dilapidando la dote» ha resultado ser el supuesto conde italiano que no era otro que el pulpero Merlo, observa don Eufrasio Aguilera) sellan los Marín y los Casa-Alta el compromiso nupcial. A vademécum médico suenan las palabras elegidas por Fernando Marín para brindar por el flamante compromiso: «la muchacha lleva sangre robusta, pura» y «está formada en la inocente vida de las serranías, cuyo aire enriquece el oxígeno, desterrando ese azulamiento de la esclerótica» que hace pensar en «hijos endebles, escrofulosos, terrible herencia que yo deseo evitar a los hijos de Margarita». Su corazón «es tan puro como su sangre, será una buena esposa, madre y ama de sus hijos» pues tiene «la preparación doméstica necesaria», añade, por su parte, una orgullosa Lucía Marín. «El amor de las serranas es eterno, Enrique amor mío», rubrica finalmente la futura señora de Casa-Alta.

La buena *índole* era, frente a las pasiones desbocadas, el parapeto de la virtud. Era esta la materia prima de esos *nidos* hogareños que debían ser los pilares de la nación: en el curso de la vida —a través de su educación más que de su sangre— Margarita y Camila habían entrado en posesión de aquella híbrida *herencia* que habría de convertirlas en verdaderas «madres republicanas».[77]

—VII—

Coincidiendo con el fin de su trilogía, la misma violencia que había merodeado a sus personajes se cierne sobre la vida de Clorinda Matto de Turner con efecto letal. Un dramático relato dejaría ella del acontecimiento con que caía el telón del siglo XIX peruano: la toma de Lima por las fuerzas pierolistas en abril de 1895. Su aflicción se alimentaba de la caída misma de su admirado general Cáceres como de un hecho más incomprensible aun. No entendía Clorinda cómo, «mostrándose sordos a la voz de la experiencia dejada por la guerra chilena», optaran los pueblos del Perú por llevar al poder a quien, por ineptitud o vanidad, había llevado a la patria al sacrificio de 1881. Tal acontecimiento, a su juicio, convertía al país en «una especie de isla del diablo» manejada por una temible combinación de «ladrones, asesinos y prostitutas».[78] Aquel que en 1881 «cuando iba fugitivo de los chilenos» se había sentado en nuestra mesa, «en nuestro señorial albergue del pueblo de Tinta», no había sido capaz de compadecerse «siquiera de las criaturas que con nosotros estaban». Como su hogar, la imprenta que publicaba el bisemanario *Los Andes* había sido víctima de la ira coalicionista. Sería la última imagen que conservaría de Lima. «Las calles de San Agustín, La Fuente, Lártiga, Plateros, estaban sembradas de tipos de imprenta, rotas las puertas del local, inutilizadas las máquinas». Con ello —anotaría— «habíamos perdido la última fuente de vida que nos quedaba para la honrosa labor de buscar el pan con el sudor de la frente».[79]

Matto se convertiría a partir de entonces en una desterrada insigne. Recorrería el mundo sin volver al terruño jamás. Fallecería en Buenos Aires en octubre de 1909, con el lamento de aquellos ocho años perdidos de «amortiguamiento» revolucionario liderado por el vencedor de Tarapacá. En esos ocho años, a contramano del proyecto gonzalespradista que quería arrasarlo todo como premisa refundacional, se había abocado ella a delinear una visión mucho más compleja de la reconstrucción nacional. Su propuesta se había centrado en el fortalecimiento del hogar familiar, que asignaba a la incorporación

77. Ferreira 2005, Kerber 1976 y Lewis 1987.

78. Matto de Turner 1902a: 25.

79. Ibíd., p. 57.

de la mujer un papel fundamental. En ese sentido, lejos de tener una cierta identidad social («las muchedumbres de indios») o una cierta ubicación física («la banda oriental de la cordillera»), el «verdadero Perú» se presentaba como una entidad a construir a partir de una serie de convergencias y conciliaciones: como un rosario de «nidos» encadenados *ad infinitum*.

Difícil decir si la violencia desplegada contra ella estaba vinculada a su identificación con el régimen, a sus críticas a la Iglesia o su planteamiento protofeminista. En ironía por demás cruel, ella misma sería objeto, como la buena Lucía en Killac, de una asonada brutal: «un pelotón de gente armada con palos, machetes, sables, pistolas de revólver, comandado por un mulato que llevaba rifle».[80] Acaso ello sucedía porque tocar el confesionario o la dominación patriarcal hería con mayor hondura a la supuesta modernidad de los revolucionarios del 95 que la «propaganda y ataque» o la teoría de la pus. Más allá de cualquier análisis, la violencia desplegada contra Matto, en un país que había «perdonado» a Piérola y «tolerado» a Cáceres, quedaba como testimonio de la singularidad de una voz que, por razones diversas, se querría ver supeditada al ejemplo del «apóstol radical».

Unas líneas escritas doce años antes del inicio de su exilio parecían adelantar la proverbial soledad del momento aquel: «¿quién ha de detener nunca su mente para contemplar a la pobre mujer solitaria, huérfana y errante que sin asilo, se lanza al océano embravecido?».[81]

---

80. Ibíd., p. 29.

81. Citado en Ferreira 2011.

Capítulo 3

Radicales, liberales y «penas patrióticas»

> Pena patriótica era la que me impulsaba entonces a estallar en prosa y verso [...] una pena que la traía desde niño, prendida al corazón, motivada por la repercusión de ese desastre bélico que les había encorvado las alas a todos los peruanos y que hacía ver en cada político u hombre de gobierno un responsable de ese desastre.
>
> *Enrique López Albújar*[1]

> Nací y crecí izquierdista y, a pesar de la toga, sigo siéndolo. El juez no ha matado al escritor, ni podrá matarlo nunca.
>
> *Enrique López Albújar*[2]

Medio siglo de vida bordeaba Enrique López Albújar cuando vio la luz el conjunto de relatos que le abriría las puertas de los anales literarios de su país: *Cuentos andinos* (1920). En mérito al «realismo» de sus narraciones, ese libro le valdría ser reconocido como el «iniciador del indigenismo» peruano.[3] A un hecho fortuito debía el autor aquella oportunidad creativa: su nombramiento como juez en el departamento de Huánuco en 1916. Un hito decisivo, sin duda, en su trayectoria como creador literario. De relatos modernistas, fantásticos, poesía erótica y, por supuesto, numerosos textos políticos estaba hecha su obra previa. Bajo el ambiente novedoso de Huánuco, nutrido por el singular acceso a la vida indígena que su cargo conllevaba, su producción experimentaría un giro fundamental. «Con el ímpetu de esos huaicos» que bajaban de las alturas andinas «en pos de llanura y espacio» —diría él mismo en insoslayable tono «telúrico»— habían surgido las historias de *Cuentos andinos*.[4] En ello, según él, radicaba su novedad y su apelación.

---

1. López Albújar 1963: 58.
2. De Enrique López Albújar a José Carlos Mariátegui, Piura, 8 de abril de 1928. En Mariátegui 1994b: 1894-1896.
3. Escajadillo 1972.
4. De Enrique López Albújar a José Carlos Mariátegui, Piura, 8 de abril de 1928. En Mariátegui 1994b: 1896.

A cuatro décadas del «Discurso del Politeama», la exploración del «verdadero Perú» seguía siendo un gran reto para la intelectualidad costeña. Reto que tendía a converger con el desentrañamiento del llamado «problema del indio». *Cuentos andinos*, en ese sentido, aparecía como un logro descollante por su capacidad —según José Carlos Mariátegui— para penetrar en el «fondo oscuro» del «alma indígena». Hurgaba en un alma «deprimida» y «encorvada» que había «mudado» poco desde inicios de la colonización. En su búsqueda se había transportado el autor surcando «sierras abruptas» en que regido aún por su «ley ancestral» seguía viviendo el indio peruano, allende la «ley del blanco».[5]

Distinta sería la recepción de un texto suyo mucho más breve —«Sobre la psicología del indio»—, publicado seis años después en la revista *Amauta*.[6] Examinar las «dos caras» de la personalidad del indio —«aquella que usaba en su vida comunal y, aquella otra, que exhibía en sus relaciones con el *misti*»— era entonces su objetivo. Un listado de 70 observaciones sobre la conducta indígena componía su personalísimo diagnóstico «psicológico». Era, definitivamente, una provocación. Un par de ejemplos bastan para demostrarlo: el indio «siempre que tiene ocasión roba y si no la tiene la crea» o «cuando mira arriba u oblicuamente hay que desconfiar de sus manos y de sus pies». Como una serie de «crueles y demoledoras apostillas» cuyo objetivo no podía ser otro que promover la «exterminación» por la vía de la inmigración extranjera las calificaría Luis Alberto Sánchez.[7] Para el cusqueño José Ángel Escalante, entretanto, se trataba de una «literatura de frases hechas y lugares comunes» que solo podían tener «cotización en el mercado de Lima» porque en la sierra apenas provocaba «sonrisas despectivas o comentarios humorísticos».[8] Las críticas obligarían a Mariátegui, como director de *Amauta*, a recordar que más que formular generalizaciones, la intención de su invitado era describir la «actitud del indio ante el *misti*». La explicación llevaría a Sánchez a preguntarse si el texto en cuestión no se refería más bien a las relaciones del «indio criminal» con «el juez».[9]

Una pregunta fundamental sobre el conjunto de la obra de López Albújar quedaba planteada así. La cuestión, a decir del crítico literario Tomás G. Escajadillo, seguiría en pie décadas después. ¿Era el narrador o el juez quién hablaba en *Cuentos andinos*?[10] La interrogante, por cierto, remite a la trayectoria

5. Mariátegui [1928] 1996: tomo I, 150-151.
6. López Albújar [1926] 1987: 15-21.
7. Sánchez [1927] 1987a.
8. Escalante [1927] 1987.
9. Sánchez [1927] 1987b.
10. Escajadillo 2010.

misma del autor. Y refiere a la manera en que su peculiar inserción en la sociedad andina, tanto como su interacción con los debates del momento sobre el indio y la nación, habrían de delinear aquellas influyentes narraciones.

Bajo el sino de la rebeldía había transcurrido la juventud de López Albújar. A sus años estudiantiles se remontaba su primer roce con la autoridad. Un mes de carcelería le costaría, en 1893, su poema «Ansias», dedicado al general Cáceres, que apareciera en un periódico de la capital. De inicio desafiante —«¡Quiero probarte con mi canto hiriente que llevo pocos años en la frente pero muchas ofensas en el alma!»—, culminaba el texto en tono de rebelión: «Quiero ver al tribuno y al obrero, al periodista y al greñoso vate rugir cada uno ensangrentado y fiero después de la borrasca del combate». Identificado con el radicalismo, se pronuncia en «¡Adiós a la Patria!» contra el propio pueblo, «envilecido y manso», que sigue al caudillo Piérola, como si llevara incubada «la vieja servidumbre» en lo «íntimo del alma», acaso producto de esa «mezcla maldita de no sé qué razas, foco infecundo de no sé qué vicios». El texto fue publicado en *El Comercio* en las Fiestas Patrias de 1894[11] y le significaría una segunda detención bajo la acusación de infringir la represiva Ley de Imprenta del régimen militar. Firme en sus convicciones, retornaría a su natal Piura tras culminar sus estudios de derecho en la Universidad San Marcos, con el fin de proseguir su labor en la prensa, y de paso ejercer su profesión como asesor de gremios obreros.

Por las raíces de su rebeldía se preguntaría en sus *Memorias* muchos años después. La atribuiría a esa «pena patriótica» que se había inscrito en su alma infantil con las noticias de la derrota de Angamos y la muerte de su paisano Grau, así como la llegada a Piura del batallón chileno Buin. Aquel sentimiento lo llevaría a ver «en cada político u hombre de gobierno» un responsable de aquel desastre.[12] Un niño era en los días aciagos de la caída de Lima. Del «trauma psíquico» de la derrota no podría librarse, según Raúl Estuardo Cornejo. El desgarramiento habría de traducirse en «ese tipo de literatura urticante, venenosa, radical» de su madurez. Tendrían que transcurrir más de dos décadas desde aquel roce con la autoridad de 1893 antes de que lograra darle curso literario a aquella «pena patriótica». El gran catalizador sería aquel viaje de 1917 al «verdadero Perú» de su admirado Prada, esa región en que, tres décadas atrás, el invasor había sido objeto de la más tenaz resistencia.[13]

---

11. Citado en Cornejo 1961: 74-75.
12. López Albújar 1963: 58.
13. Cornejo 1961: 91.

—I—

Una crecientemente borrosa identidad constituía el radicalismo en los años en que, aún adolescente, andaba Enrique en busca de un rumbo político. Múltiples interrogantes abrumaban a dicha corriente tras la partida a Europa de su figura máxima. Había transitado sin mayor debate de «partido radical de la literatura» a Unión Nacional. ¿Cómo traducir en programa de acción la magnífica impugnación pradiana? ¿Cómo efectivizar, más aun, aquella larga marcha hacia el «verdadero Perú» delineada en el «Discurso del Politeama», esa célebre pieza oratoria cuyo impacto para la historia peruana debía ser similar, según Luis Ulloa, al que había tenido para la historia francesa la Enciclopedia?[14] Entre la memoria del liberalismo de Vigil y el librepensamiento del odontólogo masón Christian Dam buscarían respuestas al estancamiento radical algunos de sus miembros. Tragándose la desconfianza en Piérola se preguntaban otros si no podría ser la revolución del 95 el inicio de una verdadera refundación del país. No faltaban quienes como Germán Leguía y Martínez o Víctor Maúrtua apostaban por el ala progresista del civilismo como una posible vía de reconstrucción con reforma social. ¿Cómo darle continuidad, propiamente política, a un sentimiento nacido del impacto de la derrota?

Centrándose en temas como los derechos ciudadanos y la integración nacional, Abelardo Gamarra intentaría articular algunas respuestas desde las páginas de *La Integridad*. Hasta que la Constitución no brillase en la última «choza del interior» —puesto que ahí y no en las «minorías inteligentes y acomodadas» residía la nación— el país seguiría siendo un país sin esperanza, escribe en 1890.[15] Y si dada su falta de nervio y de espinazo el Perú aparecía como una «mazamorra», correspondía a la visión y la fuerza moral de sus literatos proveer el elemento unificador.

Los políticos de siempre seguían al mando en el mundo real, sacando ventaja de la inactividad y/o marginación de las grandes mayorías de la nación. «Mantenerse vigilantes» era el llamado de la Unión Nacional a poco de culminar la lucha, puesto que no sería «racional ni patriótico» organizar «una oposición intransigente y sistemática» contra el orden que había liberado al país del militarismo.[16] No había dejado de advertir, por cierto, sobre los peligros del caudillismo pierolista. Que se trataba de «una vieja revolución» habían concluido los radicales medio año después. No había sido más que un hecho

14. *La Revista Social* (Órgano del Círculo Literario de Lima), 3 de noviembre de 1888, números 150-154, p. 471.
15. «Agrupación de ideas». En *La Integridad*, Lima, 18 de octubre de 1890.
16. *La Integridad*, Lima, 13 de abril de 1895, p. 4.

cuyo fin último era facilitar el retorno de la rapacidad civilista a la conducción del país.[17]

Y dado que tampoco el retorno de Prada había resultado en soluciones efectivas, amén de los avances de la reconstrucción y el predominio del positivismo en el ámbito universitario, muchos radicales de la primera hora se preguntarían si no era más realista hablar de «evolución» que de revolución. No es «la revolución lo que deseamos», sostendría Gamarra a comienzos de 1902, sino una «evolución tranquila dentro de la ley y el derecho». Esa evolución «que tiene por campo de acción la tribuna popular, el parlamento o el periodismo» que «seduce, que convence, que conmueve, porque trata del interés de la familia, de la sociedad».[18]

La opción de Piérola por el conservador Eduardo López de Romaña con miras a las elecciones presidenciales de 1899, había sepultado cualquier ilusión radical en el proceso iniciado con la guerra civil de 1895. Como preludio de la entronización civilista sería vista dicha decisión por la oposición. En esas circunstancias, con el argumento de rescatar el sentido popular del pierolismo, el hacendado huanuqueño Augusto Durand fundaría en 1902 el primer Partido Liberal peruano del siglo XX. Apuntaba este a levantar un dique al poder civilista con su énfasis en elecciones limpias, defensa de la autonomía provincial, libertad de industria, mayor poder para el Congreso y recortes en las prerrogativas del Ejecutivo.[19] Para los viejos radicales la hegemonía del civilismo significaba no solo una reiteración del «entreguismo» simbolizado por los Dreyfus y los Grace, sino el recrudecimiento de las redes provinciales de cuño más retrógrado y depredador. De ahí la propuesta de Abelardo Gamarra de convocar una Convención Liberal que, funcionando como «un Estado Mayor» y respetando la autonomía de los grupos de oposición que surgían en el país —representados muchos de ellos «por periódicos pequeños»—, condujera a este sector «a impugnar, con la bandera de la reforma política y social, un medio hegemonizado por civilistas y pierolistas, los mellizos del diablo». Que cada uno siga en lo suyo, con su propio tema, concluía Gamarra, «unos con los frailes, otros con la higiene, etc., pero actuando unidos».[20] La opción de Prada por el «apostolado solitario» en ese contexto, dejaba a jóvenes como Enrique López Albújar en un verdadero limbo.

Con sus propias *Memorias* contamos para seguir su derrotero: de su patria chica norteña a Huánuco, la ciudad serrana en que tendría, entre 1917 y 1922,

---

17. *La Integridad*, Lima, 2 de noviembre de 1895, p. 3.
18. «Predicar en el desierto». En *La Integridad*, Lima, 1 de febrero de 1902, p. 1.
19. Pike 1967: 189.
20. «Puntada sin nudo». En *La Integridad*, Lima, 19 de agosto de 1901, p. 1.

las experiencias que lo convertirían, supuestamente, en «el primer narrador en construir una imagen verosímil del indio peruano».[21]

Entre la literatura y la política fluctúa López Albújar entre su retorno a Piura, en octubre de 1900, y su nueva partida quince años después. Experiencia que se traduce en poesía (patentizada en su libro *Miniaturas* publicado en 1895), en narración (una serie de cuentos de corte positivista, realista y naturalista reunidos en *La mujer de Diógenes*) y actividad periodística (que a partir de 1904 cobra particular intensidad con la fundación de *El Amigo del Pueblo*). *El Amigo del Pueblo* es un semanario de cuatro páginas en permanente confrontación con los caciques provincianos, que pretendía convertirse en el «pan intelectual del pobre y no en asalariado del rico».[22] Sería su plataforma hacia la acción política dicha publicación. Aspiración concretada con su afiliación al Partido Liberal de Durand, cuyo comité piurano lideraría entre 1902 y 1909.

Entre la rebelión y el acomodamiento, en sus propias contradicciones iría ahogándose dicha corriente hasta diluirse en la dinámica de alianzas de la llamada «república aristocrática». No lo haría sin causar conmociones como la suscitada por su alzamiento de 1908 en la sierra central. Allí, a la vieja usanza, escenificaría voladuras de trenes y tomas de pueblos. Por ello, como «el último montonero romántico» sería visto su fundador: un arrebatado hombre de acción poco apto para liderar un moderno «partido de ideas». Credenciales suficientes, en todo caso, para atraer a un impetuoso joven de marcado espíritu jacobino como López Albújar. No hay más que recordar su tesis de derecho —«La injusticia de la propiedad del suelo»— y el nombre de su semanario, tomado de aquel que Jean-Paul Marat dirigiera en tiempos de la Revolución francesa. Acaso se identificaba Enrique con el personaje de uno de sus propios cuentos, «Una expresión de agravios» (1901): un promisorio abogado, «radical convencido» y «partidario acérrimo de la escuela criminológica positivista», que «se confesaba con Kropotkin y comulgaba con Lombroso» que debe afrontar el dilema de defender a un campesino acusado de matar a su esposa adúltera.[23] Un dilema, vale decir, entre la justicia y la solidaridad de clase. Notable vaticinio aquel relato de un incidente que en 1918 viviría Enrique: su suspensión por tres meses a raíz de una sentencia suya en un caso por adulterio que fue recusada por la Corte Suprema.

El desencanto, eventualmente, habría de devorarlo. No era solamente un asunto político o intelectual. Enrique aludiría años después a su relación con su

---

21. Haciéndose eco de numerosas fuentes, la enciclopedia en línea Wikipedia recoge esta expresión.

22. Requejo 1983: 5; y *El Amigo del Pueblo*, 1 de agosto de 1904, citado en Cornejo 1961: 81.

23. López Albújar 1972: 63-70.

progenitor al tratar sobre aquel complicado momento de su vida. Miembro de esa «legión de burgueses, enriquecidos detrás del mostrador, de las especulaciones financieras, o a costa del yanaconaje o de una habilitación esclavizante», nunca llegaría a entender el padre esa «guerra de tinta, medio tribunicia y juvenalesca» por la que su hijo había optado.[24] Aun menos comprendería su opción por el levantisco Partido Liberal. En una época de «palaciegos y arribistas», hubiese querido verlo —observaría Enrique— figurando en el bando civilista, seguramente la mejor vía para alcanzar «esas alturas mediocres de la vida provinciana» a que él mismo había apuntado desde edad temprana. El padre habría formado parte, entonces, de ese largo séquito de «taimados, vivos, adulones y arribistas» que dominaban la política local. Para agravar las cosas, bien entrado ya en sus treinta, seguía siendo su padre su «banquero» personal, un hecho «depresivo y desdoroso» que perturbaba su conciencia sobremanera.

A pesar del aplauso de la prensa limeña o de la jefatura partidaria con que se le reconocía, lo cierto era que la situación de Enrique «no podía ser más falsa». No solo «había descuidado el ejercicio de mi profesión» y se había «malquistado con mucha gente poderosa», sino que vivir «peleándose por todo lo que uno cree que no marcha», defendiendo principios que hasta «los mismos partidarios» repudiaban en la práctica, había terminado por dejarlo solo. Al borde de los cuarenta años, de tal suerte, se encontraba sin contar con algo «que pudiera llamar mío, enteramente mío, ganado con mi propio esfuerzo». Había sido un «político platónico», en suma, que había terminado «como un náufrago bajo una tempestad». Igualmente deprimente era ver cómo, mientras se le cerraban a él «todos los caminos que llevan al éxito», en la capital de la república «las figuras salientes de mi partido alcanzaban posiciones expectables y remunerativas». Así, tras el cierre de *El Amigo del Pueblo* y su renuncia al liberalismo, decidiría Enrique echarse «en brazos de las musas». Con el fin de ocupar, por gestión de su exlíder Augusto Durand, un puesto como redactor del diario *La Prensa* de la capital sale de Piura en 1916.[25]

No sería sencillo el proceso de adaptación. Encuentra difícil ajustar el ritmo lento de su quehacer de periodista provinciano al de un diario nacional. La situación, recordaría, «me exacerbaba, me cohibía, anulaba mi espontaneidad». Le suscitaba el sentimiento de «haberme desviado de la ruta que debía seguir como hombre de leyes y de haber entrabado mi independencia». Se plantea entonces volver de lleno a la profesión legal. Solicita para tal efecto el respaldo del propio presidente de la República, a quien, en audiencia especial, le expone su pretensión de «entrar en la carrera judicial tan luego como hubiera ocasión

---

24. López Albújar 1963: 86. Las citas siguientes proceden de esta publicación.
25. Ibíd., p. 88 y ss.

para ello». No pasó mucho tiempo antes de que surgiera una oportunidad, a raíz de la creación de una nueva plaza judicial en el departamento de Huánuco. Así, en febrero de 1917 abordaba Enrique, acompañado de su esposa y de «un criadito de diez años», el «tren de la sierra», camino a «la muy noble y leal ciudad de los Caballeros del León de Huánuco», nombre con que dicha capital había sido fundada en 1539.[26]

Comenzaba para Enrique un lustro decisivo: «cinco largos años de distribuidor de justicia» que implicarían una disciplina hasta cierto punto «sádica», según él. Hundiendo el diente en realidades recónditas e ignotas, inaccesibles salvo para quien no hubiese tenido la oportunidad de ocupar posición tan singular. Aprendería a «soportar las impertinencias del rábula y el tinterillo». La situación, de otro lado, estimularía sus, para entonces, «dormidas aficiones literarias». Así, por una suma de coincidencias, Huánuco se convertiría, a través de la pluma de Enrique López Albújar, en atalaya privilegiada para observar el «verdadero Perú». Aventura que transcurriría con el trasfondo de un fuerte resentimiento contra las élites capitalinas del liberalismo que, tras su bravura romántica, una deletérea vocación por el acomodamiento habían terminado por demostrar.

—II—

Antes de la partida a Huánuco, un incidente literario agitaría las varias «penas» que habitaban en López Albújar. Un artículo de Abraham Valdelomar, su colega en *La Prensa* en 1916, sería el origen. Un comentario de González Prada, que Enrique consideraría tan «desdeñoso» como «discutible», había hecho eco en el llamado «Conde de Lemos»: «la generación de hoy es la más fuerte y fecunda de cuantas generaciones literarias haya tenido este pueblo».[27] A «blandir espadas» en defensa de su generación se sentiría obligado el combativo piurano. Durante quince años había estado «caminando solo», sin «cortesanías ni pacto de adulaciones recíprocas con los del oficio». Era imposible, por tanto, quedarse callado ante un comentario que más que en una «observación exacta» tenía su origen en «la vanidad». ¿Podía acaso no ser la más fuerte una generación como la suya que, tras enfrentarse al despotismo militar, e ir por ello (como él) a prisión, había hecho, en 1895, «la revolución más popular y sangrienta del Perú independiente»? Luego, por si fuera poco, habían impulsado el «resurgimiento intelectual», superando la «honda conmoción que le causara el desastre del 79».

---

26. Ibíd., p. 93 y ss.
27. Del Valle [1917] 1987.

No se detendría ahí el lamento de López Albújar. ¿Eran capaces de aquilatar los señoritos del Palais Concert la lucha «ruda, combativa, riesgosa, e ingrata» «contra el caciquismo y los prejuicios lugareños» que «muchos de nosotros» —confinados en las provincias— habíamos tenido que emprender? ¿Podían ser más fuertes quienes, aparte de su «jactancia, el delirio de publicidad y el esnobismo», muy poco tenían que exhibir? ¿Podía compararse lo hecho en un difícil tiempo como el de López Albújar con lo que podía hacerse en una situación como la actual? Pues en el nuevo contexto «la difusión libreril, el progreso indiscutible del sentido estético del público» creaban «una mayor demanda de producción literaria y un mayor aprecio de la personalidad artística». Además de que en aquel entonces «el esfuerzo literario no era retribuido». Y para terminar, un asunto particularmente hiriente: ¿por qué se habla de nosotros «como de cosa que ha pasado»? «No estoy jubilado todavía», proclamaba Enrique, aseverando su disposición a «recuperar mi antiguo puesto» en el medio literario nacional. Acaso contra sí mismo, más que contra su interlocutor, iba dirigida su ira. Más de quince años habían pasado desde la publicación de su último libro. Como un tiempo malgastado veía, por ese entonces, sus años de periodista radical-liberal. De ahí que, proclamar su vigencia como escritor fuese, en ese momento, su motivación mayor.

De mi casona, una prematura memoria personal publicada en 1924, grafica el ánimo introspectivo que su semiexilio huanuqueño daría lugar. Aquellas otras «penas» que, aparte de la «patriótica», lo merodeaban, serían tiernamente aireadas ahí. Entregaría con ello algunas pistas para explorar en qué medida sus propias angustias se harían patentes en *Cuentos andinos*: a saber, su propia procedencia étnica, encarnada en los orígenes diferenciados de sus abuelos («¿por qué todo lo que significaba fuerza, grandiosidad, ambición, progreso y gloria venía por la vía oscura de África y no por la luminosa de Iberia?»), al igual que la inmensa soledad infantil derivada de su condición de hijo natural. Nunca había sido plenamente aceptado por aquella «gran república familiar» paterna por la que «yo me consideraba un estado rebelde». «Por el hecho mismo de no poder ser absorbido por los demás, ni sometido, ni dominado, se me veía como un posible peligro».

Gris realidad periódicamente interrumpida por las breves visitas del padre —«mis días de sol, que hacían cantar mi corazón de alegría»— llegado desde Morropón. Lugar que, como un territorio ignoto, escenario de hechos fantásticos, aparecía en su mente infantil. Hechos como el incidente aquel que le había costado a su padre la pérdida de una mano. Jamás olvidaría Enrique su «estremecimiento de horror» al ver su muñón desnudo por primera vez. Acrecienta el enigma la respuesta que recibe al preguntar por el causante de su amputación: «un pobre diablo —señala el viejo— que anda por ahí, manco como yo y cojo por añadidura». ¿Cómo explicar tamaña crueldad? «Ya te contaré —concluye el padre— cuando estés más hombrecito», para que nunca olvide hasta donde podía llegar la maldad humana.[28]

No en Morropón sino en las serranías huanuqueñas terminaría buscando Enrique los orígenes de esa violencia que causaba tan chocantes mutilaciones. Ahí, en esa tierra igualmente alejada de la civilización, todas las penas, *patrióticas* y *existenciales*, confluirían en su imaginación en un momento clave de su carrera judicial. Ocurrirá a mediados de 1919, cuando se le acuse de prevaricato y sea sancionado con tres meses de suspensión sin goce de haber por su decisión de absolver a dos ciudadanos acusados de «doble adulterio». El complicado ensamblaje entre humanista y legislador se revelaba en aquel fallo judicial. ¿Cómo sancionar penalmente por una ofensa cuyo único afectado no era otro que «el cónyuge del adúltero»? Como un «hachazo brutal» recibiría Enrique aquella sanción. Respondería refugiándose en la literatura. Ahí podía explorar, sin las limitaciones que su institución le imponía, los complicados vínculos entre la ley y la vida. «Me abroquelé el espíritu», recordaría, y «despertando mis dormidas aficiones literarias, púseme a escribir cuentos inspirados en motivos huanuqueños».

Se instala, para ello, en la hacienda Pucuchinche, cercana a la ciudad de Huánuco, propiedad de su amigo Adolfo Cavalié. Allí, en «noventa días» delirantes redacta sus *Cuentos andinos*, soportando «el suplicio de la trituración y [el] asqueroso gesto de malicia con que las gentes ven siempre a los que yerran o caen». Textos producidos «en horas de dolor», como lo subraya en la dedicatoria a sus hijos que aparece en la primera edición: «grito de rebeldía» de una «conciencia» aprisionada por el «engranaje de la disciplina judicial», cuya taxativa pretendería ahora trascender poniendo «a un lado al juez» y apostando a que «el hombre salvara los fueros del ideal». De ese singular momento existencial provendría el gran impulso, el fuego creativo, de aquellos relatos que, como verdaderos «huaicos», habrían de descender desde las alturas acaso sobre aquellos frívolos críticos que pretendían no solo jubilarlo sino enviar al desván de la historia la obra de su generación. Con un cometido increpador nacen aquellos célebres textos.

—III—

Como un viaje a las entrañas del Perú, tanto como una exploración del significado de su propia vida, pueden leerse los *Cuentos andinos* de López Albújar. De «Los tres jircas» a «Cómo habla la coca» se traza un singular periplo a horcajadas entre la ficción y la realidad; del primer cruce de esas moles de piedra

28. López Albújar 1966: 52.

llamadas «jircas» —que «se yerguen en torno a la ciudad de los Caballeros de León de Huánuco»— a la recepción de aquella «lacónica y ruda noticia» telegráfica que marca el despertar del ensueño: «Suprema suspendido usted ayer por tres meses motivo sentencia juicio Roca-Pérez. Pida reposición». Desplegándose entre ambos hitos la más cara fantasía del autor: el libérrimo transcurrir por los extramuros de la «civilización», desatado de aquellas normas que lo condenan al desahucio moral. La «banda oriental de los Andes» ponía ante sus ojos una inesperada oferta literaria, ora como etnografía pura, ora como cantar de gesta, ora como registro descarnado de una realidad por salvar y —al mismo tiempo— domesticar. Realidad que, con sus credenciales de escritor y también de autoridad jurídica, prometía López Albújar revelar a cabalidad.

De la mano nos lleva López Albújar a través de las susodichas *jircas* (Paucarbamba, Marabamba y Rondos), «defensa y amenaza a la vez» de la urbe hispana fundada bajo sus pies. Compelido por ese ambiente, no duda el escritor en admitir su origen mítico: es el producto de tres ejércitos enemigos convertidos en piedra por la cólera de Pachacámac ante los ruegos del curaca Pillco-Rumi. Como una invitación a deponer la racionalidad occidental en el umbral de un mundo regido por la fuerza telúrica aparecen las tres *jircas* en perspectiva: punto de acceso, asimismo, a un mundo vivo, que tras su belleza pétrea esconde a un «leviatán furioso». Traidores abismos y filudas crestas que «retan al cielo», «desastres por desencadenar», «cóleras refrenadas», «partos infinitos» caracterizan a ese paisaje. Un mundo que, de otro lado, exuda tristeza: lloran las grutas eternamente; aran resignados los bueyes una mezquina tierra, abrumados por la nostalgia del poder perdido. Y en las noches lunares aumenta la pena «hasta reflejarse en el alma del observador y hacerle pensar en el silencio trágico de las cosas».[29]

Entre el desborde bárbaro y la tristeza infinita, inicia López Albújar su pesquisa reveladora con «El campeón de la muerte».[30] Como una introducción de los tipos humanos que se encontrarán en esas tierras indómitas aparece la lombrosiana descripción de Liberato Tucto, personaje central de dicha narración: semioblicuos ojos de frialdad ofídica; pómulos de prominencia mongólica; nariz curva, agresiva y husmeadora; boca tumefacta y repulsiva por el uso inmoderado de la coca. Como un «ídolo incaico hecho de carne», más que «un hombre de estos tiempos», emerge Tucto de la pluma del autor. En el trigésimo día del rapto de su hija, surge «de entre las sombras de la noche naciente» «la torva figura» de Hilario Crispín. Lleva un saco sobre los hombros cuyo contenido vacía ante la mirada atónita del vapuleado Tucto. Sin piedad agrede el

29. López Albújar [1920] 1995: 11-21.
30. Ibíd., p. 30-44.

escritor la sensibilidad del lector con la descripción subsecuente: emerge de ahí un algo «nauseabundo, viscoso, horripilante, sanguinolento, macabro», que al caer se esparce por el suelo «despidiendo un olor acre y repulsivo». Aquello no es otra cosa que «la hija de Tucto descuartizada» con «un ensañamiento de loco trágico».

El cuidadoso planeamiento de la venganza viene a continuación. Tierra de tiradores eximios o *illapacos* es Pampamarca. Y de ellos Juan Jorge es el mejor. El elegido, por tanto, para vengar a la hija perdida. No es un analfabeto o un vago ni un desheredado de la fortuna. Posee terrenos, ganado, sembríos así como colonos y una mujer que cuida su casa. La ley electoral lo ha reconocido como «primer contribuyente del distrito». Su trabajo de exterminador es un asunto de vocación más que una dedicación vulgar u ocasional. «Mi oficio es matar —dice— como podría ser el de hacer zapatos, y yo tengo que seguir matando hasta el fin porque ese es mi destino». Pupilo avanzado de Ceferino Huaylas, el «Guillermo Tell de aquellas serranías», tiene en su máuser «su industria», el «hijo de su corazón» que suele besar cada vez que vuelve «de cumplir su palabra de *illapaco* formal». Un «mestizaje lejano» agregaba a su personalidad una «ansiedad de perfección infinita», ajena a la conducta de un indio del montón. Tucto no había podido escoger mejor.

Más que una mera verificación de una pasión salvaje pareciera buscar López Albújar. Desea aprehender la lógica y la ética subyacentes al proceso de exterminación: los procedimientos preestablecidos de una sociedad acostumbrada a hacer de su propia violencia una suerte de *performance*. Se consulta la coca, se bebe con profusión; se advierte hasta un criterio estético en la elección de la futura escena del crimen. ¿Quién es el hombre malo y qué ha hecho?, pregunta el pistolero. Porque «yo no me alquilo sino para matar criminales». Su máuser, en ese sentido, puede ser visto como la «vara de la justicia». El sistema de pago también envuelve una cuidadosa negociación. Valiente y buen tirador como es, «cuatro toros, ni uno menos» vale Crispín. Hasta el número de tiros es parte del trato: un carnero de yapa por cada tiro. Asiente Tucto. Jorge se toma su tiempo para confirmar, a través de sus «agentes», las acusaciones del viejo. Solo entonces la cacería humana puede comenzar.

Ansioso sigue el pueblo los detalles de la persecución. Con la presa ya atrapada en un peñascal, una hora dura el «satánico ejercicio» de su ultimación. Una hora de «horror, de ferocidad siniestra, de refinamiento inquisitorial» que Tucto «saboreó con fruición» y que para Jorge sería «la hazaña más grande de su vida de campeón de la muerte». Uno a uno, los diez tiros ordenados por su cliente cercenan la existencia del infeliz Crispín.

Refrenda el acto final la naturaleza ritual de la violencia testimoniada. Un evento más en una larga historia de atavismos inexplicables, repulsivos para el foráneo, extremos pero bien conocidos para el nativo. Se aproximan ambos, Tucto y Jorge, hasta donde yacía Crispín «como un andrajo humano». El primero, entonces, «desenvainó su cuchillo y diestramente le sacó los ojos». «Estos —dice el viejo mientras los introduce en su *huallqui*— para que no me persigan». «Y esta —añadió mientras da a la lengua «una feroz tarascada»— para que no avise». Y para mí el corazón, complementa Jorge. Quiere comérselo, dice, «porque es de un cholo muy valiente» y piensa que de esa manera puede apropiarse de su valor.

En «Ushanan-jampi»,[31] la comunidad —y no un solitario *illapaco*— aparece como la administradora de la sanción ahí donde es inexistente la presencia estatal. Sus actos traducen, en este caso, una coherente estrategia justiciera. El *yachachishum* y el *alliyachisum* se muestran como advertencias. La primera está destinada a explicar al transgresor las ventajas del respeto recíproco. La segunda, si el llamado de atención resulta insuficiente, es un intento de evitar la venganza personal mediante su reconciliación con el agraviado o sus deudos. Para los más empecinados ofensores existe el *jitarishum* o muerte civil. Se trata del «ostracismo perpetuo» del condenado, el suplicio máximo para un «indio altivo», reducido a vagar por punas y quebradas o a vivir en las ciudades «bajo la férula del *misti*».

Conce Maille es el condenado en esta ocasión. El robo de una vaca es la acción que colma la medida de la comunidad. Constituido en tribunal, frente a la «casa comunal», el «gran consejo de los *yayas*» confronta al transgresor. *Chacchar* coca se presenta como una forma de cavilación en la idiosincrasia de la comunidad. Hablan los testigos. Se cruza la información. La conclusión tiene el sabor de una entrenada medida de justicia autodefensiva. La primera vez, se le dice, «te aconsejamos lo que debías hacer para que te enmendaras», y «no quisiste escuchar». La segunda vez «tratamos de ponerte bien con Felipe Tacuche, a quien le robaste diez carneros». Tampoco había hecho caso. Finalmente, «hoy le ha tocado a Ponciano ser el perjudicado y mañana quién sabe a quién le tocará». En conclusión, Conce Maille era un «peligro para todos». *Jitarishum* era pues la sanción inevitable. Quedaba, de tal suerte, expulsado para siempre. *Ushanan-jampi* sería la pena si la contravenía.

Como el éxtasis de lo comunal aparece la escena del castigo final. Los *yayas*, el acusado, la muchedumbre, hasta los perros andan en silencio «como percatándose de la solemnidad del acto». Al borde del riachuelo, que separa las tierras de Chupán de las de Obas, tiene lugar la puesta en escena: «Desde este momento tus pies no pueden seguir pisando nuestras tierras porque nuestros *jircas* se enojarían; y su enojo —advierte el envarado— causaría la pérdida de

31. Ibíd., p. 45-49.

cosechas, y se secarían las quebradas y vendría la peste». Con «gesto de asco e indignación, más fingido que real», la masa acompaña la declaración del *yaya*. Desafiante, Conce lanza «un escupitajo al suelo», «con ese desprecio que solo el rostro de un indio es capaz de expresar».

Todos saben que intentará volver. No cesa, por ello, la vigilancia sobre la casa de su madre. De ahí que caiga a poco de haber transgredido los linderos comunales, no sin antes haber dado cuenta a una docena de paisanos. Una sangrienta coreografía se inicia entonces. Una «escena horripilante, canibalesca», en que cansados los cuchillos de «punzar», comienzan «a tajar, a partir, a descuartizar». Una mano que arranca el corazón, otra los ojos, y la lengua una tercera. El lenguaje es preciso, punzante, como las hincaduras en el cuerpo de la víctima. Con alma de forense describe el autor los hechos. Es la barbarie desatada. Así lo confirman «los gritos, risotadas, insultos e imprecaciones» que acompañan la masacre. Entre las piernas de los asesinos, los perros dan «grandes tarascadas al cadáver» o sumergen «ansiosamente» sus «puntiagudos hocicos en el charco sangriento». No es un hecho espontáneo. De nada serviría la sanción sin el ritual bárbaro. Prosigue pues el arrastre o despedazamiento del cadáver a través del poblado. Llegando a las orillas del río Chillán, de Conce Maille solo quedaba «la cabeza y un resto de espina dorsal»; lo demás, «entre los cactus, las puntas de las rocas y las quijadas insaciables de los perros». Seis meses después, como muda advertencia disciplinaria, aún pueden verse sobre el dintel de la puerta de la abandonada casa del infractor «unos colgajos secos, retorcidos, amarillentos, grasosos, a manera de guirnaldas». Eran sus intestinos, «puestos allí por mandato de la justicia implacable de los *yayas*».

Imbéciles y no idiotas, es el diagnóstico de López Albújar, a fin de cuentas alentador: «tonificando el alma, sembrando ideales en ella, despertándole ambiciones, haciéndole sentir la conciencia de su propia personalidad», de la imbecilidad era posible salir, como no de la idiotez. De esa potencial evolución moral «El hombre de la bandera» ofrecía el más sólido ejemplo.[32]

En medio de la ocupación chilena, «un viento de humillación soplaba sobre las almas». Deviene amargura la vergüenza al ver a connacionales «paseando y bebiendo con el vencedor». Faltaba «un corazón que sintiera por todos, un pensamiento que unificase las almas, una voluntad que arrastrase a la acción». No de la ciudad de Huánuco sino de los pueblos iba a venir este elemento. El comunero Chupán Aparicio Pomares —héroe máximo de los célebres *Cuentos andinos*— sería su portador. Para un texto educativo sobre identidad nacional pareciera haber sido escrita su historia. ¿Consuelo literario para la «pena patriótica»?

---

32. Ibíd., p. 59-70.

«Indio como ustedes, pero con el corazón muy peruano», dice Pomares al presentarse ante los cincuenta cabecillas de las comunidades de Obas, Pachas, Chavinillo y Chupán. En contraste con la mayoría de los personajes de *Cuentos andinos*, gobernados por atavismos y supersticiones, Pomares es descrito sobreponiéndose a su propia indianidad. Puede mirar al país por sobre la «muralla andina», hasta llegar a advertir los círculos concéntricos en que transcurre su modesta existencia rural: «el Perú —dice— es como una comunidad grande, no olviden que en estas tierras está el Cusco, la ciudad sagrada de nuestros abuelos». Había aprendido que el Perú era una nación y Chile era otra. Y que el mar era una «inmensa pampa de agua azul y verde, dos mil, tres mil veces más grande que la laguna Tuctucocha».

Su propia experiencia es su argumento principal. Ha estado —dice— en Pisagua, en San Francisco, en Tacna, en Tarapacá y en Miraflores: de la defensa del sur a la toma de Lima, la guerra completa prácticamente. Con conocimiento de causa habla, pues, del enemigo. Con sus propios ojos ha visto sus cañones, sus caballos, sus «cuchillos corvos con los que abren el vientre de heridos y prisioneros». Y ahora estaban ahí, en el terruño. No podemos permitir que se lleven lo nuestro esos *mistis* chilenos, espeta Pomares a sus paisanos. ¿Por qué «hacer causa común» con los «*mistis* piruanos», has olvidado acaso las contribuciones forzadas y los robos de ganado?, cuestiona alguien desde la audiencia. En la batalla misma, responde Pomares, «oí que todos se llamaban peruanos». «Yo también —entonces— me llamé peruano». Perdonando al *misti* en ese instante. Un gesto rubrica su arenga patriótica: extrae una gran bandera del atado de la espalda y tras anudarla a un asta comienza a batirla por encima de todos. No es cualquier pendón. Había ondeado en las trincheras de Miraflores. Como en las hagiografías, tras la anunciación adviene la conversión. «Una emoción extraña jamás sentida» embarga a esos hombres rústicos que, «sugestionados de fervor patriótico», se turnan ahora para besar la bandera. La voz de un hombre ha bastado, nos dice el narrador, «para hacer vibrar el alma adormecida del indio».

Con hondas y rejones enfrentarán al invasor a las puertas de la ciudad de Huánuco. «Humilde en proporciones y casi ignorada, pero grande por sus efectos morales» habría de ser «la victoria indígena». Desafiantes marchan por la ciudad. Sin embargo, herido en un muslo, «devorado por la gangrena», fallece «el hombre de la bandera». Su gesto, su voluntad, había logrado activar el proceso mental que liberales como López Albújar o Durand confiaban sería el engranaje con el mundo rural, la vía para la ampliación del ámbito de la ciudadanía. ¿Sería el ejército el instrumento más efectivo para hacer patria en el traspatio andino? En «El licenciado Aponte» explora el tema nuestro personaje.[33]

33. Ibíd., pp. 71-84.

La misma transformación psicológica y moral que Pomares había experimentado Juan Maille a su paso por el cuartel. A punta de marchas, se nos dice, había ido perdiendo «el trote menudo, leve, cauteloso, encorvado y tigresco del indio serrano». Camina ahora con el pecho saliente, la frente levantada y la mirada firme. Es capaz ahora de leer periódicos. Y hasta «se permitía emitir, aunque tímidamente, alguna opinión que sus camaradas escuchaban llenos de asombro». Con el licenciamiento, no obstante, tendría que venir la lucha entre su nueva catadura moral y «todo ese cúmulo de irracionales creencias con que parece venir el indio al mundo»: «las leyendas juradas de los ancianos, la bellaquería de los sortilegios y hechiceros». ¿Cómo reintegrarse a su medio sin renegar de toda esa «liturgia primitiva»? En «esa fuerza de impenetrabilidad con que sabe guardar el indio un secreto» se refugia ante el «desdén hostil» de sus paisanos, incapaces de asimilar al renovado Juan. Ahí, en Chupán nada menos que el hijo de Conce Maille puede volver a ser. Y la sola mención del nombre habrá de adscribirlo a una estirpe de bandoleros y asesinos, cuyo blasón —de haberlo tenido— no podría haber sido otro que «una pirámide de cráneos sobre un charco de sangre».

Por zafarse de su destino lucha el excabo Maille. El autor nos presenta el dilema fundamental del Perú de inicios del XX —progreso versus tradición— retumbando en el alma de un individuo en particular. Bajo el nombre de Juan Aponte encuentra empleo en un fundo alejado. A punta de trabajo honesto —y aplicando lo aprendido en la fuerza militar— se gana ahí el respeto de todos. «Muerto y sepultado para siempre en su memoria» quedará, entonces, el nombre de Juan Maille.

Acaso, inevitablemente, por el camino del crimen habrá de deslizarse su destino. Nos lo describe López Albújar reviviendo al calor del peligro que deriva de su nueva existencia como contrabandista de aguardiente. Se reencuentra, así, con una vida «digna de un Maille». Organiza toda una milicia de contrabandistas y escoge a los más audaces «entre los licenciados, que tanto abundan en las serranías», «llenos de pretensiones traídas del cuartel, poco afectos al cultivo del suelo, deseosos de nuevos goces y descontentos de tener que luchar rudamente para ganar una alimentación». En la medida en que retoma la senda dictada por su herencia, vuelve Juan a pensar como indio. Confiará nuevamente en el sabor de la coca como vaticinio y se encomendará a su *jirca* en momentos de peligro. El amargor de la coca, precisamente, le anuncia problemas, un día de tempestad. En medio de una invocación, «abstraído completamente» en la imploración a su «*jirca* protector», retumban tiros en el desfiladero en que se hallaba oculto. No logra reincorporarse a tiempo. Un certero disparo de un agente de la Recaudadora le atraviesa el pecho. «¡*Jirca* no me ha perdonado! ¡Por eso estaba mi coca muy amarga!», alcanza a murmurar antes del último suspiro.

¿En qué medida era posible canalizar, como en el caso de Pomares, toda esa descarriada vitalidad hacia la causa de la reconstrucción nacional? En «Cachorro de tigre» emerge el tema a través de la relación de un juez con un «indiecillo» huérfano llamado Ishaco, de tan solo doce años.[34] Ser hijo de un bandolero célebre —el temido Margariño, «pesadilla» de las gentes acomodadas y «leyenda» de las «almas sencillas»— es el gran secreto que esconde su esmirriada vivacidad. Ishaco descollaría pronto por su capacidad de adaptación. Lo demostraba, nos dice la autoridad, al haberse convertido en «piedra angular de mi servidumbre». Manifestaciones de «animalidad extraña» aparecen eventualmente con sus habilidades y su notable disposición. ¿Un insectívoro, un antropófago? ¿Qué «ideas terribles» bullían en «aquel cerebro quechua»? ¿Habría en esa «bestiezuela recién domada razón suficiente para que el complicado sentimiento de la venganza hubiese echado ya raíces en su corazón»?, se pregunta el juez al observar sus «travesuras diabólicas» o al verlo manipular con maestría sus armas de cacería, con el pretexto de limpiarlas. Son datos contradictorios que «habrían confundido» a cualquier psicólogo y, posiblemente, «ningún poder hubiese podido corregir».

La fuerza de insuperables determinismos vislumbrará nuestro narrador en la torcida mirada de su sirviente estrella. Pueblan sus teorías el grueso del relato. Muy poco podía valer para el «indio la luz de todas las civilizaciones juntas», comparada con el goce de su libertad, sostiene el letrado. Tarde o temprano «la voz de la sangre y de la tradición» le haría entender que «servirle domésticamente al *misti*» era el «envilecimiento mayor» que podía enfrentar un buen indio chaulán. «Pobres, ignorantes, explotados, perseguidos, tristes, trashumantes, roñosos», condenados a vivir «como el jaguar, como el zorro, como el venado, como el cóndor» en sus montañas ásperas, en sus despeñaderos horripilantes, en sus punas desoladas e inclementes, pero libres. Esa era su ley y ese era su destino.

Varios años transcurrirán tras la fuga de Ishaco de la casa del juez. Lo tenía ya casi olvidado cuando llega la noticia del asesino del tristemente célebre Margariño. El singular relato del crimen impresiona la experimentada sensibilidad de la autoridad. A la luz de los detalles del parte policial terminaría preguntándose si la misma mano y el mismo cerebro que practicaban elaboradas torturas, años atrás, en los animales de su casa, no eran los mismos que habían concebido «aquella vivisección lenta y sañuda, digna de un suplicio chinesco», que se había llevado al bandolero Felipe Valerio, asesino de Margariño. Se desvanecen sus dudas cuando el victimario de Valerio es llevado ante él. Mucho le impresiona no encontrar huellas, ni en su mirada ni en su traza, de la

34. Ibíd., pp. 98-117.

«bárbara inventiva» de su acción criminal. Le conmueve, más aun, su respuesta a la pregunta por sus generales de ley: «Deodato Margariño para todos, taita, Ishaco para ti», responde, usando el apelativo que el mismo juez le había dado. «¡Quítate el poncho!», responde este retomando la compostura. Una «pesada y sofocante hediondez» invade el recinto judicial. Y a su *huallqui* se dirigen todas las miradas como origen de la fetidez. «Carnecita taita», afirma el acusado al extraer su contenido. «¡Parecen ojos, señor!» exclama, pasmado, el secretario. «¡Habla canalla, de quién son estos ojos!», interpela la autoridad. La respuesta del antiguo sirviente pareciera confirmar todas sus teorías. «De Valerio, taita», dice casi con humildad. «Para que no me persiguiera la justicia —culmina Ishaco/Deodato— se los saqué». Gelatinosos y lívidos, parecían seguir mirando aquellos ojos humanos, como sugiriendo «el horror de cien tragedias» a la conciencia del atribulado juez.

A su propio drama recurre López Albújar para completar su exploración del mundo mental andino al que la vida lo ha arrojado de pura casualidad.[35] En «Cómo habla la coca» su propia ambigüedad examina el narrador en las horas previas a la noticia de su suspensión, a propósito de su controvertida sentencia por el caso de adulterio. Se siente atrapado en su papel formal: dándole «pellizcos» a los códigos «para tapar con ellos el hueco de una débil razón»; acallando «la voz de los hondos y humanos sentimientos»; temiendo la imposición del «dogal disciplinario» en el fútil ejercicio de poner «debajo de la letra inexorable de la ley todo el humano espíritu de justicia» del que se sentía capaz; «secando» con la «esponja de la rutina judicial», a fin de cuentas, la riqueza misma de la realidad. Y a esa «fuente de mis inspiraciones» apuesta para mantener vivo su ser intelectual.

En diciembre de 1917, unos diez meses después de su llegada a Huánuco, había emitido López Albújar la sentencia que ocasiona su sanción. Como dijimos, iniciaría poco después, aprovechando su periodo de suspensión, la investigación que vierte en *Cuentos andinos*. Cuando «la labor del código y del papel sellado» abría un espacio disponible entablaba con colegas como Ezequiel Ayllón «charlas literarias» que le permitirían sumergirse en la realidad regional. «Recogió de nosotros —recordaría este— algunos datos y observaciones inéditas». Después se pondría al habla «con cuantas personas podrían suministrarle informaciones en el terreno». Sostendría con ellas «cerradas conferencias, cuestionario en mano, para no perder detalles y conservar el espíritu de la época y el tinte lugareño del relato».[36] Esas «conferencias» le proporcionarían la materia prima de aquellos textos destinados a remover al *establishment* literario. Por ellas se conocería la historia del bandolero Patente Pulido

35. Ibíd., pp. 141-152.

36. Ayllón 2003.

(a quien, al momento de su captura se le había encontrado dos ojos humanos «cuidadosamente guardados en un saquito de pergamino con hojas de coca») o la del asalto a la estancia Yanag, de Chaulán (donde los delincuentes se habían comido, «además de la lengua, el corazón de Pablo Cristóbal, que tenía fama de valiente») y, por supuesto, la de Aparicio Pomares, personaje real (cuya vivienda, en la localidad de Chupán, el propio Ayllón había visitado en 1888 encontrando a su viuda y sus tres hijos viviendo en la más penosa miseria).

Trunca quedaría su pesquisa cuando el anuncio de su suspensión, en julio de 1919, lo puso ante el urgente trance de lanzarse a redactar. Como símbolo de la tentación de sucumbir a la visión andina existente, con su lógica bárbara y feroz, aparece la coca como interlocutor en el relato final de *Cuentos andinos*. Por las «grietas de mi voluntad», abrumada por el «gran fardo de responsabilidades» judiciales, se ha ido metiendo el vicio, confiesa el juez escritor. Da la lucha, sin embargo, contra su opresión: «basta ya de esta porquería que me corrompe el aliento y deja en mi alma pasividades de indio». Imperiosa, irresistible, volverá esa «horrible sugestión». ¿Tanto le temes a ese par de hojitas que tienes en la mano?, le dice su voz vegetal. ¿No podría ser acaso algo así como el vicio nacional, como el whisky para el inglés o el sake para el nipón? ¿No era posible que en una sociedad donde la «crueldad es una fruición, una sed de goce, una reminiscencia trágica de la selva» pudiera ser la coca, más que vicio, una virtud?

En el elogio de la hoja deviene el texto a partir de ahí. Se estima el inapreciable medio de abstracción y liberación para vidas definidas por el dolor: ostia y filosofía, «arca sagrada de la felicidad». Se le pondera, asimismo, como gran factor de una cruda estabilidad. Es cierto que la coca hacía que «el indio se parezca al asno», pero permitía también que ese «asno humano» fuese el «más noble y durable motor» del «progreso andino» al trabajar en silencio «nuestras minas» o cultivar resignado «nuestras montañas antropófagas», transportando cargas «por allí por donde la máquina y las bestias no han podido pasar todavía». Dicho asno, entonces, se hacía «merecedor de pasar a la categoría de hombre y de participar de todas las ventajas de la ciudadanía. Y todo, por obra de la coca».

Hasta ahí llegaba —súbitamente interrumpido por la malhadada suspensión— el viaje literario del juez López Albújar a través de la agreste realidad huanuqueña.

—IV—

En el contexto de una «subversión de las provincias», motivada por la propaganda leguiista en favor de una «patria nueva», revivía hacia 1920 la discusión sobre el «verdadero Perú».[37] Recobraba con ello la prédica antilimeña

37. Ibíd., p. 239.

gonzalezpradista, inusitada vigencia.[38] Un rico arsenal retórico encontraban en la obra de Prada federalistas, descentralistas, serranistas, etc., en suma todos aquellos que en la caída del régimen civilista veían la oportunidad para terminar con el «asfixiante» centralismo capitalino. Afirmarían —como proclamaba la revista *La Sierra*— que «la hora de los hombres del Ande» había llegado o, en palabras de Luis E. Valcárcel, que estaba por venir un «resurgimiento» del país profundo. Y que, como reflejo de ello, «la cultura» bajaría «otra vez de los Andes». No duda Valcárcel en adoptar como epígrafe de su *Tempestad en los Andes* la célebre sentencia pradiana de 1888 sobre el «verdadero Perú».[39] Al debate se sumaría a su retorno de Europa, en 1923, José Carlos Mariátegui, quien pronto se convertiría en uno de sus grandes animadores a partir de la aparición de su revista *Amauta*, como se sabe, en particular.

Persuadido de que la «civilización inkaica» no había «muerto» del todo, como inicialmente se pensaba, la gran pregunta de su tiempo, señalaría Mariátegui, era saber cómo sus expresiones afectaban el presente del Perú.[40] Para esa tarea, la obra «serranista» de López Albújar era, a su juicio, una indispensable contribución. Hacia fines de 1925, se interesó consecuentemente por publicar «la segunda serie» de sus *Cuentos andinos* a través de su editorial Minerva.[41] Le solicitó poco después un texto sobre la cuestión indígena para *Amauta*. Contraponer las visiones de Valcárcel y López Albújar le interesaba a Mariátegui en particular: el «indigenismo de vanguardia» versus la «generación radical»; la mirada del indio «con ojos y alma de serrano» versus la mirada del indio «con ojos y alma de costeño». Ni «parentesco espiritual» ni «semejanza de género ni de estilo» relacionaba *Cuentos andinos* con *Tempestad en los Andes*, subrayaría el Amauta. Uno y otro, sin embargo, escuchaban «en el alma del quechua idéntico lejano latido».[42]

«Sobre la psicología del indio» sería la respuesta de Enrique a la invitación a publicar en *Amauta*. En una larga lista de sentenciosas afirmaciones traduciría ahí sus observaciones literarias de 1919-1920. Derivaba de la literatura un provocador diagnóstico, algunos de cuyos elementos —como él mismo reconocía— «podrían parecer falsos o contradictorios». Una década después de su controversia con Valdelomar, retaba a la nueva generación a mirar con ojos descarnados al indio real. Describiendo para ello, frente a las prístinas versiones indigenistas en boga, a un ser animalesco, ladrón y traidor, prácticamente

38. Wise 1983.

39. Valcárcel 1927.

40. Mariátegui [1928] 1996: 150.

41. De José Carlos Mariátegui a Carlos V. Chávez Sánchez, Lima, 27 de noviembre de 1925. En Mariátegui [1925] 1994a: 1757.

42. Mariátegui [1928] 1996: 151.

por dictado natural; un ser por completo sumido en el mundo del «cocaísmo», sometido todavía al yugo inefable de la superstición y capaz de «estimar a su yunta más que su propia mujer y a sus carneros más que a sus hijos». En un tiempo abstracto y al margen de la historia quedaba fijado el indio de López Albújar. Como un animal acosado, su aporte a la moderna nación en formación era, en el mejor de los casos, ser «atávicamente guerrero».[43]

Una andanada de críticas, y la correspondiente respuesta de Mariátegui vendrían a continuación. Invitado a replicar, comunica López Albújar que sus «ocupaciones judiciales» no le permitían «por ahora, intervenir en la cuestión indigenista».[44] No tomaría «las armas en nombre de mi legión generacional», como lo había hecho una década atrás para refutar a Valdelomar. Sin embargo, en una carta personal al director de *Amauta* habría de referirse tangencialmente al debate en curso.

Estaba seguro, le dice, de que a diferencia de *Cuentos andinos* su nueva novela, *Matalaché*, no le iba a gustar, tampoco, a «los espíritus libérrimos como el suyo». ¿La razón? Pues porque no calzaba su espíritu con la demanda de un «intelectualismo juvenil» que exigía «que toda producción literaria» fuese «un salto hacia adelante y no hacia atrás»; porque, a fin de cuentas, dada su condición de miembro de la Vieja Guardia literaria, sus métodos y sus gustos tendían a «estar saturados de espíritu retaguardista». En esas circunstancias, un impulso irresistible lo había llevado a «volver los ojos al pasado provinciano». Latitudes en que, «por lo mismo que no tenemos delante de los ojos grandes cosas que ver y todo es mediocre hasta el aburrimiento», hacia la «idealidad» y el «romanticismo» el «alma del artista» tendía a gravitar. Todo un proyecto de «historiar en forma novelesca» el «pasado nuestro» podía ser formulado desde aquella perspectiva «pasadista» y «provinciana» según el escritor/juez. No solo recurriendo a la fantasía sino —siguiendo el ejemplo de Palma— tomando el «camino peligroso de la novelación» en pos de la verdad «que yace escondida en los archivos y en las tradiciones populares».

Dicho propósito incluía el «estudio sicológico de la cuestión afroperuana, digna de estudio por nuestros hombres de arte y ciencia» como contrapunto del purismo indianista en boga. «Hagámosle dúo al indigenismo —reclamaba López Albújar—, poniéndole al frente, al negro, al zambo, al cholo, al mestizo en una palabra». Porque si bien el indio era «la base de nuestra población», el mestizo era «la base de nuestra nacionalidad».[45] El «hibridismo», en otras

---

43. López Albújar [1926] 1987.

44. De Luis Carranza a José Carlos Mariátegui, Piura, 12 de mayo de 1927. En Mariátegui [1925] 1994a: 1856-1857.

45. De Enrique López Albújar a José Carlos Mariátegui, Piura, 8 de abril de 1828. Ibíd., pp. 1894-1896.

palabras, debía ser «crisol» de la nacionalidad, pero no como «retroceso» —«descendente, atarado, antieugenésico»— sino como «progreso, fuerza y salud». De ese promisorio «hibridismo» no duda él mismo de ofrecerse como ejemplo: «yo tengo la comprensión, la neurosis, la cultura y el genio creador del blanco; la paciencia, la perseverancia y el poder inhibitorio del indio, y la sensualidad, la ligereza y el espíritu imitativo del negro».[46]

Protagonista central de *Matalaché*, el esclavo José Manuel aparecía como símbolo de esa fusión. Proceso que López Albújar pretendía seguir «hasta el momento actual». Así, en un segundo volumen, el hijo mestizo de Matalaché sería el personaje central. Y en un tercero, por cierto, en los nietos del infortunado esclavo —ajusticiado por haberse enamorado de la hija de su patrón— recaería el protagonismo. Insoslayable el elemento autobiográfico en ese proyecto que no llegaría a concretarse. Entretanto, como una imputación al desdén de Mariátegui hacia los afroperuanos —¡cuya mezcla con el indio, según este, solo contribuía a «bastardearlo»![47]—, quedaban las palabras del infortunado José Manuel en el instante previo a ser arrojado a la tina de fabricación de jabón en que laboraba. «Ya ve usted —le espeta mirándolo a los ojos a su patrón— como no es preciso ser negro para ser una bestia. ¿Quién aquí es la verdadera bestia a fin de cuentas: usted o yo?». Fútil recusación, aseveraría el narrador, «de la mentira de la animalidad del esclavo».[48]

Publicado en *Amauta* a fines de 1927 —al igual que dos fragmentos de *Matalaché*[49]—, «el fin de un redentor» es otro testimonio del afán de López Albújar por contraponer al «vanguardismo» amautista una visión más amplia del proceso sociocultural que se iba macerando en el «verdadero Perú». Que este, en todo caso, no podía reducirse al tema serrano y a la romántica idealización de sus pobladores.

—V—

Con un tronco atravesado en el camino termina la festiva excursión automovilística de los protagonistas de «El fin de un redentor»,[50] un puñado de chicos urbanos y «vanguardistas». Como un «triste hacinamiento de cosas deshechas, sobre un charco de vísceras humanas» yace la otrora «soberbia y rugiente» bestia mecánica en que se desplazaban. De entre las sombras, como una «bandada

46. López Albújar 1930: 22.
47. Mariátegui [1928] 1996: 150. Véase al respecto Castro 2010 y Manrique 1999a: 64 y ss.
48. López Albújar [1928] 1978.
49. López Albújar 1928a y 1928b.
50. López Albújar 1927.

de buitres atraídos por el olor de la carroña fresca», aparecen súbitamente «con su andar vacilante» los indios de los alrededores. Duro trabaja la indiada extrayendo a las víctimas de la desbaratada máquina. Lo hacen convencidos de que más que un accidente se trata de un castigo para quienes desafían «la voluntad de Dios que le ha dado pies a las cosas que deben andar».

Cual fábula infantil, un diálogo entre los animales del bosque tiene lugar a continuación. Un intercambio que rápidamente se polariza entre quienes ven al automóvil como «benefactor de nuestra especie» y quienes piensan, por el contrario, que «el día en que todo lo que trabaja para el hombre se vuelva máquina» el resultado sería «fuera mulos y burros para cargar, fuera caballos para los viajes y para la guerra», «fuera bueyes para el arado» y, por si fuera poco, «castramiento para algunos de nosotros».

Persistirá el *impasse* ante la pregunta por la actitud del hombre. ¿Es protector de «nuestra especie» frente a la extinción o mero guardián de sus intereses? Y si en *Tempestad en los Andes* describía Valcárcel al «proletariado indígena» en busca de su Lenin, un buey con ínfulas de «bolchevique» —«enardecido por primera vez desde que había dejado de ser toro»— se encargaría en «El fin de un redentor» de la sentencia final. Propondría, en medio de las aclamaciones de sus camaradas, levantarle al automóvil un monumento en medio del bosque, «aunque no fuera por ser nuestro redentor [...] siquiera por ser un buen matador de hombres».[51] Desde las profundidades del bosque, incluso los animales —y los indios con mayor razón— tenían opiniones propias sobre aquellos que pretendían constituirse en sus redentores; aquellos que creían que para hacer «arte perdurable» bastaba «tener una juventud mal llevada, coger una idea cualquiera, sembrarla en el tiesto de la audacia, cubrir este con el velo del disparate» y, tras dar «dos o tres pasos de prestidigitador», arrojarlo a la audiencia «aunque después el sentido común y la gramática» terminaran silbando su «faquirismo».[52]

El contrapunto tradición/modernidad, provincianismo/cosmopolitismo enmarca uno de lo más celebrados *Nuevos cuentos andinos* de López Albújar: «Juan Rabines no perdona». De la vida real parece provenir su guión. Un lugarteniente del rebelde cajamarquino Eleodoro Benel es su personaje principal. El avezado Juan Rabines es la personificación idealizada de aquella «vida montoneril», «de entradas y salidas de los pueblos», en que reciben vítores de los simpatizantes y adoración de las «querendonas» mozas. Se trata de un bandolero romántico que por lealtad pura respalda a su jefe en su desafío, cuasi suicida, al régimen de Augusto B. Leguía. ¿Cómo prevalecer contra el «crepitar siniestro»

---

51. Ibíd., p. 30-34.

52. López Albújar 1930: 54.

de las novedosas ametralladoras o contra esos «chasquis diabólicos» que eran el teléfono y la telegrafía? Desde su originaria Chota, en la sierra cajamarquina, huye hasta la costa eludiendo a sus perseguidores. Dejando atrás, en la huida, a su amada Doralisa.

«Quien se la hace a Juan Rabines, Rabines no le perdona», es una copla que, guitarra en mano, ha hecho célebre el bandolero en sus parajes nativos.[53] Como mera tonada folclórica habrá de cantarla en su nueva vida costeña. Logra enrolarse el fugitivo como obrero en una de las grandes irrigaciones que bajo la dirección del «gringo» Sutton se desarrollan en el litoral. No era tan malo trabajar, descubriría ahí: «dulce sedativo del pesar» y «el mejor refrenador de la impaciencia». La respuesta a una pregunta —si Rabines será capaz de perdonar cuando descubra que Doralisa es ahora la mujer de su jefe— será el hilo que conduzca al brutal desenlace de la narración. De antemano, lo observamos rumiando una venganza mientras la ve, a la distancia, pasar en el Buick de su ingeniero costeño.

La inauguración del gran reservorio sirve de marco a la escena final. Es decir, la puesta en marcha de esa «mezcla de máquina de guerra y de paz, de obús y de bomba de riego» que hará posible engendrar verdor de las yermas pampas del litoral. Ella en la tribuna, él entre la masa: un diálogo de miradas tiene lugar entre los antiguos amantes en medio del vistoso ceremonial. En los ojos de Doralisa lee Juan su decisión de librarse de él. La murmuración al oído del marido lo confirma, como la perplejidad de este un instante después. «El tac, tac, tac, de la bomba de riego» a punto de entrar en acción le hace revivir al prófugo «el odioso martilleo de las ametralladoras» de sus perseguidores. No hay ya retroceso posible. Sorpresivamente le arrebata el pitón a Crisóstomo, el capataz. Sabe que mucho más demoledor que cualquier arma de fuego es ese soplete de agua, capaz de hacer saltar «en el aire deshechos» los «flancos de la loma» y los más gigantescos «pedrones». No duda en dirigir ahora ese poder contra la pareja que se apresta a denunciarlo.

Bajo el sino de la tecnología se reproduce una de las escenas de salvajismo rural descritas por López Albújar en narraciones previas. El soberbio pitonazo decapita al ingeniero para comenzar. Como pidiendo perdón levanta los brazos ella en el instante previo a caer de espaldas «despatarrada». El vengativo Rabines le apunta al vientre buscando destruir al niño que lleva en sus entrañas. Y llega a convertirla en «una masa mucilaginosa y sangrienta» que habría de terminar en el fondo de la quebrada. «¡Bárbaro, que has hecho!», le increpa Crisóstomo mientras recupera el control del pitón. «Lo que debía hacer —responde el asesino—. Yo soy Juan Rabines y Juan Rabines no perdona. Pueden

53. «Juan Rabines no perdona», en López Albújar [1937] 1963: 71-102.

cogerme y consumirme en la cárcel, o pegarme cuatro tiros, que sería mejor». Es una escena del XIX perdida en la segunda década del XX.

Como conflicto generacional aparecería la sombra de la modernidad proyectada hacia el país andino en «El brindis de los yayas»[54]. Es la historia de Ponciano Culqui, el hombre que había «logrado revolucionar a todo Chupán en menos de seis meses» tras retornar del servicio militar en la capital. Al regresar a su pueblo, Culqui se define como «un chupán de los nuevos». En un breve párrafo resume el personaje su sencillo programa modernizador: «la felicidad y el bienestar me parecen mejores con tinta y papel»; el automóvil es el mejor de los caballos y «la luz eléctrica es mejor que el candil». Su problema era cómo hacerse elegir alcalde. Tiene en contra el tradicional poder de los *yayas* o miembros del consejo de ancianos encargados de impartir justicia comunal. Cuenta con el apoyo de los «mozos» del pueblo para comenzar. Estrategia es lo que le falta. «Es como si quisieras dar un salto desde aquí al mar», le advierte don Leoncio, el *misti* a quien acude en busca de consejo. Con un argumento contundente lo persuade a colaborar con él: en caso de ganar sin su ayuda, le dice, «al primero que vamos a botar del pueblo es a usted» por haber contribuido a que «este pueblo no progrese», siendo «tan leído y escribiendo tan bien».

Es crucial neutralizar al *misti*. Un gran misterio será, sin embargo, cómo ha hecho el novato Culqui para empaparse de aquel conocimiento tradicional —los discursos y las invocaciones, el manejo de los rituales— imprescindible para legitimar su autoridad. Con estupor observan los *yayas* su eficiente manejo de los recónditos detalles de cada ceremonial. Un «carnaval sin riñas», alegre pero sin excesos, con «multa y palo» para los belicosos, será uno de sus grandes logros. Resuelto a detener las reformas, el derrotado alcalde Niceto Huaylas encabeza una conspiración. ¿Será suficiente deshacerse de Culqui —observa uno de sus camaradas— para volver a la normalidad? ¿No es acaso, más bien, «que el viento que nos ha traído, se le ha entrado a toda la gente moza en el corazón y que ni el rifle, ni el puñal, ni el palo se lo sacarán de allí»?

En vano un «psicólogo» o un «indigenista», anota López Albújar con inocultable ironía, se esforzarían en tratar de leer los rostros de los conspiradores, gente acostumbrada a «impasibilizarse, no solo por temperamento sino por hábito». Viejos zorros, los *yayas* plantean culminar su conspiración usando como trampa uno de los rituales que el nuevo alcalde debe cumplir impecablemente para consolidar su autoridad: la realización de un brindis de reconciliación. La clave del plan es hacerle beber chicha envenenada, atrapándolo en los vericuetos del ceremonial. «Arte política» y «astucia» convergen en el desenlace del pulseo generacional. De no «descomponer la majestad del poder que en

54. «El brindis de los yayas», en López Albújar [1920] 1995 y [1937] 1963.

ese instante representaba» dependía la victoria de la juvenil autoridad. Muy cerca de cumplir sus objetivos están los confabuladores cuando, abriéndose paso «entre el arremolinado gentío», una mujer exclama: «¡No bebas Ponciano la chicha empozoñada del *yaya* Huaylas!». Es el instante de su victoria y la revelación de su gran secreto: nada menos que la «linda Marcela», hija del *yaya* Ilatopa, ha exclamado el grito salvador. Es ella quien lo había convencido «a saltar por encima de las leyes y las costumbres de la comunidad», entrenándolo para desarrollar su estrategia a la perfección.

Indignada, pide la multitud dar cuenta de ellos: «¡échalos abajo Ponciano para retacearlos!», demandan. Innecesario, responde el alcalde. Hasta la última gota de su propia chicha deberán beber, más bien. Accede al pedido de Marcela de perdonar a su progenitor. Orgulloso, desprecia este la concesión. Ante los ojos trémulos, «ya casi apagados por el soplo de la muerte» de los otros *yayas*, apura la «bebida fatal». No sin lanzar antes un fiero apóstrofe final: «Ponciano Culqui, alcalde hechizo y mostrenco, aprende a morir como nosotros para cuando te llegue la hora, que deseamos sea pronto...».

—VI—

Una suerte de catarsis le había significado a Enrique López Albújar la experiencia huanuqueña. Por la vía de la ficcionalización se había ido diluyendo en el alma del escritor la «pena patriótica» que venía arrastrando desde la niñez. Poco quedaba de ella, a inicios de la década del 30, cuando tuvo la oportunidad de visitar el extremo sur del país. Así, en Arica, aunque le incomodaba exponerse a los «trofeos y leyendas» de la guerra —que a pesar de una «decantada reconciliación» seguían exhibiéndose «como un reto» en las plazuelas de la ciudad—, le conmovía encontrarse con «gente pacífica y servicial». Tanto es así que «nos hace dudar de que fuera la misma que ayer no más le diera al mundo un espectáculo de inconcebible brutalidad». Su roce con el «tacneñismo» contribuye, asimismo, a amenguar viejas pasiones. Descubre, en ese sentido, que a la sombra de la resistencia algunos «parásitos del patriotismo» habían sacado provecho de la ocupación tacneña. De la cumbre del heroísmo se había llegado a los bajos fondos del cinismo. Tampoco el sentimiento de la nacionalidad moviliza las almas como antaño, la suya propia incluida. Lo comprueba en su visita al campo de batalla del Alto de la Alianza. Hurga, entonces, en «el acervo de sus recuerdos infantiles», extrayendo apenas «uno que otro nombre envejecido y algún episodio desperdigado sobre el que flota un leve airón de humo sangriento». Es imposible ya poseerse de «fiebre patriótica» alguna.[55]

55. López Albújar [1936] 1973: 23, 27 y 70.

No se ha apagado, sin embargo, el soplo de la rebeldía. Como un «perpetuo inadaptado» se describe a sí mismo en una carta a Miguel de Unamuno en 1933. Sugiere con ello que, cruzando el umbral de los sesenta, ha asumido plenamente la tensión medular de su trayectoria de creador: la contradicción de ser un «rebelde» al que la vida ha «encadenado» a la «prosaica labor de hacer justicia a los hombres». Que está condenado —dice— a vivir en un «continuo vaivén» entre «el papel sellado» y la «cuartilla», entre «la dura y desconsoladora realidad» y «las ficciones de mi fantasía», «inhibiéndome o desinhibiéndome» según el papel que le toque desempeñar. No es un «drama» personal paralizante, es más bien una fuente de estímulo.[56]

Es el contexto anímico de su postrer viaje literario al país andino. Ya sin «pena patriótica» que descargar, su rebeldía apunta, más bien, contra un nuevo objetivo. Arremete contra la nueva visión oficial que el indigenismo antropológico de los años 40, de retorno de sus excesos románticos de los años 20, se ha encargado de articular. López Albújar encuentra en ella una mirada inventarial, crecientemente estéril, funcional a las aún germinales demandas modernizadoras de la sociedad rural alentadas por una legión de académicos locales y también foráneos. ¿Han perdido para siempre su viejo «hechizo» las serranías del Perú? De Huánuco había partido en 1922 «tal vez para no volver nunca». «Mentiría —anota años después— si dijera que me conquistó». La «estrechez de sus horizontes», físicos y culturales, el efecto de vivir en «una cárcel» definirían su impresión de Huánuco. Y la «diaria contemplación de sus montañas» acuciaba cotidianamente su nostalgia por «la llanura», con su incomparable sensación de «infinito».[57] Revisitaría aquella ciudad en *El hechizo de Tomayquichua* (1943) para reiterar su visión, violenta e indómita, de la vida serrana.[58]

Si como verdaderos «huaicos» habían descendido de las alturas andinas aquellos célebres relatos publicados en 1920, con su principal personaje subiendo la cordillera al volante de su Studebaker habría de iniciarse esta nueva incursión al «verdadero Perú». Con un peculiar encargo, el psiquiatra limeño Julio Quesada se dirige al pequeño poblado que da nombre a la novela, no muy lejos de la capital huanuqueña. El banquero Félix Andraca, su amigo, le ha encomendado rescatar a su hijo Ricardo que lleva seis años refugiado ahí. Miquita, una «especie de perricholi huanuqueña», es la causa de un enraizamiento que nadie, en el medio capitalino, alcanza a comprender a cabalidad. ¿Era «racional» renunciar a las «envidiables expectativas» de su «regalada vida

56. De Enrique López Albújar a Miguel de Unamuno, Tacna, 16 de agosto de 1933. En Kapsoli 2002: 199-201.

57. López Albújar [1936] 1973: 111.

58. López Albújar [1943] 1964.

limeña» para quedarse por allá, «oliéndoles, como un perro, los fustanes a las cholas de Tomayquichua»?

Preguntado por sus razones para «vivir entre bestias», Ricardo responde con la pasión de un descubridor: «ni pereza mental ni fiebre de voluptuosidad, ni retorno ancestral a la barbarie» sino una «reacción violenta» contra Lima lo empuja a permanecer ahí. Lo que se ve como «bestias» desde la distancia son —añade— «almas dormidas» en secular espera por «la voz que venga a despertarlas». Lima, y no la provincia, «es lo primero que hay que regenerar» pues es de ahí que sale «el virus que corrompe al resto del Perú».

Concluirá el doctor Quesada que «el fetichismo que despierta en el alma del hombre costeño el misterio de la mujer andina» es la causa del embelesamiento de Ricardo con la tierra huanuqueña. De hecho, él mismo comienza a ser su víctima cuando se siente atraído nada menos que por Rosario, hermana menor de la «perricholi» local. Imagina Ricardo casándose ambos allí, «irrumpiendo un buen día en esa Lima novelera» los doctores Quesada y Andraca, cada uno con su serranita. Su ímpetu romántico tiñe su visión del país: «la sierra, nuestra sierra, debe ser conocida por todos los peruanos, especialmente por los hombres de ciencia, y los artistas y escritores». Porque si en Lima «todo es artificio», en Tomayquichua «todo es sencillez, naturalidad». Con la sensualidad del paisaje —«¡cuánta belleza, desdeñada, ignorada, desde siglos remotos; la tierra, con sus árboles de pulposos frutos, pronta a dejarse fecundar!»— confluye la sensualidad de sus mujeres.

¿Estaba Quesada siguiendo el ejemplo de Ricardo, dispuesto a desafiar a la sociedad limeña? Lo reta, este último, a reencontrar su humanidad, perdida o aletargada, en Tomayquichua, donde todo tiende «a la unión de los sexos sin muchos circunloquios». Ciertamente, en tan solo quince días —subraya el narrador— Quesada «se había infantilizado» al punto de ver diluirse su «circunspección de hombre de ciencia» ante el «fuego de los labios de una aldeanita ingenua». Eventualmente, no sin dificultad, conseguirá Quesada sobreponerse a aquel hechizo erótico-natural. Sin previo aviso retorna a la capital. «Pueblecito del diablo», comenta a un conocido ya en rumbo hacia la costa, «si me diera la tentación de regresarme hágame usted amarrar y meter al auto, bajo buena custodia y no dejarme solo hasta verme partir».

No habrá, sin embargo, retorno a la normalidad: lo sigue el «hechizo» hasta la gran ciudad. «Una sorda irritación contra sí mismo lo perseguía y acicateaba» cinco meses después. Su propio trabajo se ve afectado, se quejan sus pacientes de su desatención. «La idea de que Rosario estuviera realmente afectada por su abandono, le perseguía como una acusación».

Una repentina visita lo obligaría a decidir. Hasta la «gran residencia» de los Quesada llega la madre de Rosario con un mensaje contundente: «¡las hechizado, papacito!». «Volveré», anuncia a su futura suegra, y Rosario «vendrá conmigo pasando por el cura Cútulo». La censura de su medio social suscita su decisión. Aludiendo a la decadencia que afecta a su estirpe familiar responde a las críticas de una venerable tía. «El sangreazulismo que padeces —le dice— es impropio de estos tiempos de plebeyez triunfante». Procede a describirse a sí mismo como «el último chisporroteo de una estirpe llamada a extinguirse fatalmente». Rosario, en esas circunstancias, era la respuesta idónea: «quiero que mi raza rejuvenezca», sostiene el médico, y eso no es posible «con las mujeres de aquí». De «sangre nueva» se requiere. De esa sangre «constantemente renovada y golpeada, como el agua que corre entre las rocas andinas», que «al fundirse con la mía asegure la existencia y la salud de mis hijos». ¿Acaso no habían hecho lo mismo «nuestros antepasados» que conquistaron estas tierras?

En Tomayquichua, entretanto, otro hombre urde planes para Rosarito. Al ver partir a doña Isabel en su misterioso viaje a la capital, Gregorio Ferrer, un macho local, deduce que esta promueve la relación de su hija con el médico limeño. Tiempo atrás había ventilado con su amigo Melquíades su resentimiento hacia los foráneos: «nos están fregando, en todo, en nuestras mujeres, en nuestros muchachos, en nuestras fiestas, en nuestras costumbres». La actitud de Ricardo —con sus ínfulas de reformador en medio de la barbarie local— explica por cierto esta irritación. Se ha jactado de haberles «barrido» a los paisanos aquel concepto secular de que todo *misti* es un explotador de su raza y un ladrón. Saben ahora, dice, «que la vitrola y la radio no son cosas del demonio» y que «tanto ellos como nosotros» somos «virtualmente iguales e hijos de la misma patria». Gracias a su labor civilizadora —se atreve a decir— «gran parte de la vida tomayquichuina gira a mi alrededor».

Si Quesada busca en la sierra la renovación de su estirpe, aspira Gregorio a «ponerle fin a este arranche de mujeres, que dejaba a los tomayquichuinos corridos como perros sarnosos». Es tiempo, entonces, de «cortar ese abuso, irritante y deshonroso» de ver a foráneos llevándose «a las mejores mujeres del pueblo», como «los negociantes hacían con las chirimoyas, las naranjas y las paltas». De seguir permitiéndolo, «su corazón y su prestigio de macho quedarían por el suelo». Para eso era «el más hombre de Tomayquichua, como lo había probado en repetidas ocasiones». Este inusitado duelo entre un «hombre de alma semicivilizada», contaminado por fuertes «resabios de superstición», y un «científico» nacido en una de las grandes familias de la capital enmarca el folletinesco desenlace de la novela.

Fiel a sus costumbres locales, con la complicidad de su amigo Melquíades, procede Gregorio Ferrer a raptar a la hembra en disputa. Acostumbrada ya a la «galanería costeña», repudia Rosario ese acto de romanticismo cerril: «brutos —dice— que no saben hacerse querer, que quieren que los quieran a empujones y que no saben hablar más que con las manos y llenando la copa de *chacta* a cada momento». «¿Qué quieres que haga el puma —responde, animalesco, su asaltante— cuando está con hambre?».

El recurso de Ferrer a la violencia pone a prueba el espíritu del «conquistador» costeño. «El hechizo roto» titula López Albújar a su capítulo final. Asqueado, Quesada deplora verse involucrado en tan enojosa situación. «Está visto —reflexiona— que hay que respetar la razón de clase, que es tan fuerte como la razón de Estado». Es total su repliegue anímico. «Tía Mercedes estaba en lo justo. Cada oveja con su pareja». Distinto es el parecer de su amigo Ricardo: ¿podría mantener el ganado respeto si mostraba debilidad? Claramente no. Tendría que «vivir en guardia con mucha gente», pues los Ferrer estaban relacionados con medio Tomayquichua» para poder permanecer ahí. Por amistad, desenamorado ya de Rosarito, se aviene Julio Quesada a participar en la cacería humana. Apoyados por guías y perros husmeadores, descienden los limeños sobre la guarida de Ferrer. Con una arenga de viejo cuño tiempla los ánimos Ricardo: «¡Santiago y cierra España!».

Bajo fuego graneado abandona el prófugo su madriguera. Se desploma, finalmente, alcanzado por un tiro del guía de los limeños. Se arrastra hasta la guarida en que Rosario espera el final de todo. Una escena inesperada, inconcebible, emocionante, encontrarían los atacantes al ingresar: sobre una improvisada camilla, Gregorio Ferrer «debatíase jadeante, convulso,» atendido por una solícita Rosario. Se acentúa el desconcierto ante la respuesta de la mujer: está demás «que hayan venido por mí». Había resuelto quedarse. Es Ferrer quien, en verdad, «la merece». Ricardo pregunta si «ha meditado» lo que dice. Que sí, responde ella, durante toda la noche «mientras este hombre andaba por allá afuera rondando como perro, velando por mí y yo llorando aquí solita». En sus brazos, al escucharla, murmura agradecido el herido: «¡Rico... balazo... rico!». ¿De qué valía el amor de esos «caballeros», complementa Rosario, que «después de hacernos consentir que nos quieren, huyen dejándonos abandonadas»? Elegía, por ello, a «los hombres de mi pueblo, estos pobrecitos, que, aunque los desdeñen, saben matar por la mujer que quieren».

Conmovido por esta «declaración inaudita» quiso Ferrer añadir lo suyo, pero una «bocanada de sangre» lo interrumpió. Ya plenamente liberado de los últimos resabios del «hechizo de Tomayquichua» Julio Quesada se aproxima para atender al herido: «el médico —observa el narrador— había logrado sobreponerse al hombre». No lo toquen —se interpone Rosario— «yo lo curaré, y si se muere morirá aquí conmigo». Asiente Ferrer con un movimiento de cabeza moribundo pero feliz, Un cigarrillo y un poco de filosofía es lo único que queda para los desconcertados limeños. «¡De qué sorprenderse! Y luego mátese usted por educarlos y querer hacerlos mejor de lo que son».

En clave de descreimiento, reafirmando distancias, acaso ironizando su propia pretensión de entender la psicología del indio a través de los decepcionados médicos limeños, culminaba López Albújar su ciclo «indigenista». Ciclo cuyo origen se remontaba a la mítica convocatoria del Politeama tanto como al hecho enteramente fortuito de un nombramiento judicial. Sin Huánuco no hubiesen existido los *Cuentos andinos*. Tampoco sin el excepcional acceso que la actividad judicial permitía a la vida rural. Y si el desconcierto les otorgaba su sesgo violentista y depredador, ahí mismo residía buena parte de su apelación. . ¿Cómo proseguir la búsqueda del «verdadero Perú» cuando «tradición» y «modernidad» parecían conspirar, ahora, para desdibujar la otrora prístina hoja de ruta hacia —como diría Joseph Conrad— «el corazón de las tinieblas»?

SEGUNDA PARTE

En pos del alma nacional

En el almuerzo que Mariátegui ofreció a Waldo Frank en su casa de Washington-Izquierda, diciembre de 1929. De izquierda a derecha la señora Amalia La Chira, madre de José Carlos, Waldo Frank, Anna Chiappe, Hugo Pesce, José Carlos Mariátegui, Luis Alberto Sánchez y Sra. Vitalli.

Capítulo 4

Un sueño arielista: puentes colgantes y cóndores vengativos

¿Cómo tender un puente, aun cuando fuera frágil, a la manera de nuestros puentes colgantes, entre dos razas sin orillas?

Ventura García Calderón[1]

Bajando antaño a lomo de mula de la altura de las nieves eternas en donde el coloquio con la divinidad se torna jadeante, he navegado en el río más vasto y misterioso del mundo, el Amazonas; todo en él es fabuloso en un clima de Génesis; los hombres, los animales, los dioses de dientes afilados para devorar carne humana.

Ventura García Calderón[2]

Años después, Jorge Basadre recordaría que «no obstante el hecho de que tenía relación de familia con los García Calderón» se había sentido obligado a hacer público su «descontento frente al seudoindigenismo» de Ventura a propósito de la publicación de *La venganza del cóndor*. Y que «algún servil», en esas circunstancias, se había encargado de enviar al autor —residente en París— su comentario «por el correo más rápido posible», seguramente con el fin de enemistarlos.[3] Para José Carlos Mariátegui, de otro lado, el afán de la «civilización occidental» por resarcirse de su propia decadencia era lo que explicaba el interés de un escritor «emigrado» como Ventura García Calderón por «cultivar el indigenismo».[4] Sin embargo, cuando Waldo

---

1. García Calderón 1936: 72.
2. Citado en Edmond Vandercammen 1957: 1
3. Basadre y Macera 1974: 97.
4. Mariátegui [1925] 1994a: 148.

Frank le pide sugerencias para una antología de autores sobre el mundo andino[5] no duda en recomendarlo al lado de Enrique López Albújar, César Falcón y Luis E. Valcárcel.[6]

No era una novedad la controversia en torno a su obra. Ya en 1916, a propósito de la publicación de su ensayo crítico sobre literatura peruana,[7] el escritor puneño Federico More había cuestionado la autoridad de Ventura para pronunciarse sobre la producción literaria nacional. ¿Podía ser imparcial con respecto al indio quien, además de ser «empleado del Gobierno del Perú y colaborador de revistas escritas en francés», representaba en París «los intereses de determinado grupo literario limeño»? ¿Podían ser compatibles «el champaña del Club Nacional» y «el tango en el Casino de Chorrillos» con la «justicia literaria» y la «independencia moral para decir verdades incompatibles»? ¿Podía comprender la diferencia entre «nuestra honda, triste, fuerte y sobria» literatura contemporánea y la literatura colonial hecha por frailes, tahúres y andróginos quien no hubiese ascendido «hasta el más helado y agreste rincón andino» para escuchar «de labios del aborigen una y mil leyendas» e inquirir sobre «el alma de nuestros remotos ancestros» escudriñando los «megalitos incaicos»?[8]

Diversas confrontaciones subyacían a esos enjuiciamientos: de la historia de su estirpe familiar a cuestiones de estilo, además de las disputas ideológicas del momento. No hay que descartar, por cierto, el localismo y los celos profesionales. La interrogante central, sin embargo, parecía prevalecer: en ausencia de una literatura producida por los indios reales, ¿quién tenía autoridad para producir una *auténtica* visión del indio?

Era el sino de los tiempos, expresiones de una época de ardiente búsqueda de identidad. Entonces, como observaría José Gálvez Barrenechea, hasta los políticos creían obligatorio, en esas circunstancias, hacer referencia a la necesidad de «fomentar el alma nacional».[9] Se entrometían, así, «sin licencia alguna», en un debate en que correspondía a la Literatura el gran papel de orientador, en virtud de su capacidad para explorar el potencial inspirador de las «civilizaciones desaparecidas» y determinar si «alguna levadura» quedaba en «nuestras almas» de la «gestación del Imperio Incaico» o de «su lucha contra el hispano». ¿Podía acaso arraigarse «el sentimiento de la historia» sin que «el ayer exista en forma memorable y digna del iluminado recuerdo»? No solo la memoria

---

5. Melis, nota a pie de página a «Cuatro cartas de José Carlos Mariátegui a Waldo Frank, 10 de diciembre de 1928». Ibíd., 1949.

6. De José Carlos Mariátegui a Waldo Frank, 30 de abril de 1929. Ibíd., 1955.

7. García Calderón 1986.

8. More [1916] 1981.

9. Gálvez 1915: 69.

prehispánica sino el mismo «ambiente serrano» era, en ese sentido, poderosa fuente de inspiración. Su solo panorama, según Gálvez, podía «inspirar hondamente» en la medida que seguían siendo «nuestras montañas estupendas y nuestras selvas lujuriantes» verdaderos «misterios colosales que se abren a la avidez sensitiva de los poetas de mañana».[10]

El crecimiento material que, con el amanecer del siglo, venía experimentando el país suscitaba nuevas preguntas sobre el «alma nacional». Bajo el aliento de autores de moda como José Enrique Rodó, cuya convocatoria de explorar en nuestro «hispanismo» y en nuestra «latinidad» las bases de una identidad diferenciada —encarnada en el Ariel— del Calibán norteamericano, utilitario y vulgar, alcanzaría excepcional recepción a escala continental. Contribuía, asimismo, la presión de un mundo en erupción, en que reafirmar vínculos con la Europa latina aparecía para muchos como verdadera salvación para la América Hispana. «En las futuras guerras el aporte de América sería útil para los grandes pueblos del Mediterráneo que luchan por la supremacía latina», había escrito el hermano mayor de Ventura, el connotado ensayista Francisco García Calderón, dos años antes del estallido de la Primera Guerra Mundial.[11] Con la muerte de su hermano José, como combatiente en la batalla de Verdún, aquel acontecimiento se convierte para ellos en un asunto personal.

Desde esa perspectiva global —que para Francisco debía conducir a la construcción de «las democracias latinas de América»— tendería a ver Ventura los dilemas de la integración nacional en su país natal. Marchaba a remolque dicho proceso de una modernización agroexportadora que no parecía capaz por sí misma de impulsarlo con suficiente vigor. De ahí brotaría su preocupación por encontrar la manera de «tender un puente, aun cuando fuera frágil, a la manera de nuestros puentes colgantes, entre dos razas sin orillas», intentando así trascender el abismo sobre el cual pretendía erigirse la nación moderna peruana. En París, por ende, iniciaba Ventura su propio viaje en pos del «alma nacional». Un viaje que tan señalados recelos «indigenistas» habría de suscitar en el medio local.

—I—

De sí mismo diría Ventura García Calderón que su vida temprana había seguido «el curso público de la historia peruana». En su propio origen estaba inscrita la huella de la guerra. Había nacido en París a causa del destierro de su padre, don Francisco, el llamado «presidente cautivo», apresado por las autoridades chilenas en 1881 por negarse a firmar una paz con cesión territorial.

10. Ibíd., pp. 33 y 51.

11. Francisco García Calderón 2001a: 37.

Tras la firma del Tratado de Ancón (1884) sería liberado bajo la condición de no volver de inmediato al Perú. Dos años después de su arribo a Francia su hijo Ventura habría de nacer.

De pocos meses arribaría a Lima, «en brazos de una nodriza alsaciana», el futuro escritor. Hasta los 20 años permanecería ahí antes de volver a la capital gala en 1906 a raíz del fallecimiento del padre. Va y viene hasta 1912 para luego ausentarse de América Latina por los siguientes 37 años. Morirá en París en 1959. Tan solo 20 de sus 73 años viviría en su tierra natal, de la cual sería por largos periodos representante diplomático y conspicuo promotor cultural. Marcaría la distancia su relación con el Perú. Que a la par con haber echado «raíces adventicias» en la vieja Europa —diría años después— «raigambre profunda» había mantenido en el «suelo ancestral» De ahí que, como peruano le estremeciera aquella tensión insondable de pertenecer a esa de pertenecer a esa «fuerte raza que trucidaba indios o machucaba moros violando gentes en los caminos» y la inquietud por comprender ese país ignoto que iría conociendo, indirectamente, vía sus compañeros universitarios de procedencia andina. Que Lima, ciertamente, no era únicamente el Perú sino que en ocasiones terminaba siendo lo contrario del Perú seria la mayor lección de aquellas interacciones.[12]

La revolución pierolista, cuyo desenlace observaría desde los balcones de su residencia limeña con apenas nueve años de edad, tendría un peso importante en su visión del país. Sería su primer inolvidable encuentro con ese «arrojo natural» con que sabían sus paisanos «arrostrar la muerte». Entre el embrujo de Verlaine o Mallarmé y la añoranza del «cielo purísimo» de los Andes con sus «cóndores paganos» iría moldeándose su personalidad intelectual. De ello habría de resultar un parisino de vocación clasicista cuya alma vibraba al «estridor» de la «flauta quechua» resonando «en la oquedad de las montañas».

Prometedor prospecto de intelectual, que a sus «catorce años impacientes» devoraba «un libro por día», Ventura siente temprano la decepción de no contar con verdaderos maestros. A un dudoso trío de inspiradores podía apenas recurrir su generación: un anciano que contaba «historias de la abuelita» (Palma); un Luzbel criollo, furibundo y desaforado (González Prada), a quien «por su misma exageración nadie tomaba en cuenta sino nosotros», lectores mozos, desconcertados, que no pudimos «resolver las contradicciones de su obra caótica y rutilante»; y un «gran poeta» (Chocano), «relleno de hojarasca». «Solitaria y ferviente», su generación se enfrentaba a los «malos ejemplos» de «una retórica apolillada» (Palma), un desdén iracundo a todo lo propio (Prada) y una «ampulosidad vecina del mal gusto» (Chocano).[13]

---

12. García Calderón 1936: 73.

13. Ibíd., p. 16.

Acaso esa misma orfandad alimenta su afán por tomar distancia de esa «Lima liliputiense»[14] con sus falsos ídolos y sus polémicas de pacotilla. Lo testimonia su obra crítica, desde *Del Romanticismo al Modernismo. Prosistas y poetas peruanos* (1910) hasta su *Parnaso peruano* (1914) y su ensayo «Literatura peruana», publicado en la *Revue Hispanique* (1914). Renan, Nietzsche, Rodó emergen de aquellos textos como voces orientadoras en su distanciamiento del romanticismo, en su búsqueda de una mirada crítica basada en ideales desinteresados y constructivos. En lo literario, Zola y Balzac constituyen sus paradigmas. Evalúa, desde esa perspectiva, la reciente literatura peruana. Elogia, por ejemplo, a Cabello de Carbonera —por su «capacidad de observación del medio limeño» y su libertad de prejuicios en un medio «donde la gazmoñería es uniforme»—, mientras desdeña a Matto de Turner, a quien habría de calificar como una mera «costurera literaria» que «remendaba en prosa doméstica, epistolar, novelas dignas por su vulgaridad, de cualquier institutriz inglesa.[15]

Si para marcar distancias con respecto al medio local le sirve la crítica literaria, a la dimensión existencial de su travesía de los Andes al Viejo Mundo podemos aproximarnos a través de su ficción. Las tensiones iniciales de una vida a construirse en la crónica ambigüedad del emigrado, sus incertidumbres ante el cosmopolitismo del París de la Belle Époque quedarían registradas en los relatos que escribe a lo largo de 1910, a dos años de su retorno a la «ciudad luz». De decadentismo le ha inficionado su nuevo entorno. Coincidiendo con el inicio de la Gran Guerra aparecen en un volumen de título sombrío —*Dolorosa y desnuda realidad*—, dedicado nada menos que a Honoré de Balzac, de quien —dice el peruano— ha recibido dos «espléndidas enseñanzas»: la «tristeza de la humana comedia» y «la mejor manera de hacer café».[16]

Rostro de mujer adopta en «La esclava» todo aquello que de seductor y de inasible conlleva la vida del expatriado. En Londres ocurre la acción. Un solitario pintor, ávido de compañía femenina, es el protagonista. A la excitación que procede de la «disparidad de gentes» —ese «resumen de razas» que podía llegar a ser una pensión londinense— se ha entregado el personaje sin dilación. Casi sin desearlo se suma el recién llegado a la disputa con sus *roommates* por la atención de Zelmira, un «demonio encantador» de locura indescriptible. Un patológico gregarismo parece impulsar a los personajes. Un raro sentido de comunidad se entreteje al compás de la insaciable avidez de esa «coqueta abominable» que resulta ser la bella Zelmira, siempre dispuesta a entregarse

14. García Calderón 1910: 395.

15. Ibíd., pp. 283.

16. García Calderón 1914: 85.

como esclava a la primera voluntad masculina que sepa satisfacer su hambre de trato despótico. Con la súbita fuga del objeto del deseo, no obstante, tan vertiginosamente como se había erigido, entra en proceso de desplome aquel efímero sentimiento comunitario. Extenuado, afectado por «una de esas fatigas que llevan a los hombres a la muerte», emerge el joven pintor de esa temprana experiencia de adaptación.

Emergerían en ese vacío otros menos gratos rostros del cosmopolitismo: las vulgares tragedias agazapadas tras la festiva apariencia de esos «nómadas modernos que encontramos en Niza o en Trouville, siempre con el ojal florido y una sonrisa de fatiga en los labios». Tras el falso brillo de la amistad instantánea, una «cosa sucia, irremediablemente maculada» le parece ahora la vida al abatido pintor. ¿Será posible encontrar amor en medio de ese «fango triste», huir siquiera como Zelmira de esa inexorable fluidez? ¿No es esta levedad de las relaciones entre viajeros, a fin de cuentas, una maldición? ¿No hay bajo el brillo de la multiplicidad, del internacionalismo, una insalvable dificultad para establecer algún vínculo verdadero?[17]

Resignados a la *nada*, en una «patética sensualidad» o en una «tormentosa lujuria» buscan refugio sus personajes como tratando de «vengarse» de su «antiguo candor», decididos a eludir cualquier engañoso sentimiento de ternura. Se someten, en otros casos, a oprobiosas humillaciones como vacuna contra la soledad, a arriesgadas relaciones en que «la pasión se fusiona con la violencia, con el horror». Con ser alcaldes o ministros sueñan algunos —refiere el protagonista de «El profesor de amor», inspirado en el Marqués de Sade—; «todas las corrupciones», desde los matices más complicados del sentimiento hasta lujurias dolorosas», había querido practicar él. Historias *border*, extravagantes, antirrománticas, de un «realismo» abrasador, eclosiones de miseria humana en un contexto de supuesto esplendor cultural, van configurándose a partir de tales materiales.[18]

Fogonazos autobiográficos menudean en los textos finales («Vaticinio» y «La obra maestra») de ese volumen precoz. A los poderes de una adivina acude en el primero un aspirante a escritor. Desdeña sus halagadoras predicciones (mujeres, dinero y condecoraciones), sin embargo, por no incluir las muchas lágrimas que derramaría sobre la tumba de Heine o de Musset, «envidiando sus laureles eternos». Porque aborrece la idea de tener una «vida vulgar» no merece, dice, una «común vida burguesa». «Dígame —reclama a la adivina— que seré siquiera un elegido para el dolor».[19] Que era preciso «haber sangrado»

---

17. Ibíd., pp. 86-87.
18. Ibíd., p. 153
19. Ibíd., p. 224.

para escribir páginas «henchidas de jugo humano» le dicen los «viejos maestros» al protagonista de la subsiguiente narración: otro veinteañero aspirante a escritor cuya experiencia vital se reduce a «aventuras ajenas», «mil novelas devoradas» y «dos o tres dolores menudos». Absurdo su afán de pretender vivir aceleradamente como una manera de agenciarse alguna dosis de inspiración. Titubeantes, llenas de «tajos y de enmiendas», como si tuviese el «alma tartamuda», se acumulan las desencantadas páginas de una «obra informe, oscilante, como la vida, sin orden casi, ni intriga, llena de anécdotas, desnuda como la verdad». Largos años dormiría su escrito el sueño de los justos. Hasta que, sintiendo que se le iba la vida, decide publicarla. No sin antes encubrir su nombre bajo un seudónimo providencial.

Fue, precisamente, lo que Ventura García Calderón haría con *1911. Novela peruana*, en cuya enigmática «advertencia preliminar» se informaba de la muerte del autor —un tal Evaristo Galindo— en Barcelona, en 1914. Entre sus papeles, informaban sus editores, se había hallado el manuscrito cuyo título recordaba el año en que supuestamente había sido escrito.[20]

Sus propias obsesiones con respecto al Perú imprime Ventura a los protagonistas de *1911. Novela peruana*, Eduardo y Jorge Luis: el afán por sacudir aquella «tierra sonámbula», «donde se duerme la vida y la muerte se viene tan callando»; esa «impotencia criolla» para subvertir un orden que era capaz de aniquilar todo «esfuerzo noble» a punta de hipocresía y frivolidad. No es casual, entonces, que como una cortesana y pretenciosa «ciudad caduca», en crónica «calma chicha», describa a Lima el autor. Una «aldea grande», cuya gente decente» aspiraba a seguir disfrutando su obsoleta condición de «hidalgos», rodeada de sus «regimientos de mestizos e indiecitos» nacidos, en su entumecida concepción de la vida, para servirlos. Un «pueblo de lujo» y de «apetito excelente», que tras perder el guano, el salitre y la guerra, «perdonaba todo, hasta un pasado turbio, a quien pudiera dar bailes y prodigar champaña». Sociedad marcada por un «coloniaje» cuyos resabios podían aún percibirse en una «silenciosa masticación de exquisiteces y un rechinar de carnes en quemaderos» o en ese fuerte «olor de cocina» que parecía unificar a todas sus clases.

De ahí que el expoeta Francisco de Egaña se preguntase —en alusión a la rebelión de los hermanos Gutiérrez de 1872— ¿en qué otra parte se había visto que «se coman a un hombre en anticuchos»? Porque con sus propios ojos había visto cómo, tras haber estado colgado «como un badajo», caía de la torre de la catedral el cuerpo del coronel Gutiérrez en manos de la multitud. Y como esta, cual verdadera bandada de «gallinazos», se había abalanzado sobre los trozados restos para terminar, tras «achicharrarla en braseros», comiendo «carne

20. García Calderón 1941. De este volumen proceden las citas que vienen a continuación.

de Presidente». Entonces había comprendido, concluía Egaña, la Revolución francesa, la Comuna y todas las fiestas de «la canalla». Testimonio viviente era Francisco de Egaña de lo que esa ciudad —«triste de lutos y encanallada de orgías», en que «la fatiga de haber sido reina» era aún perceptible— podía hacerles a los más sensibles de sus habitantes.

A los 15 años había admirado Eduardo la obra del poeta Egaña, «hermosa» a pesar de su «plañidero romanticismo» tan de moda por aquel entonces. ¿Cómo había llegado a ser el «impresentable» de hoy aquel «buen mozo» por quien las mujeres solían enflaquecer? «Soñador en donde pocos sueñan», «independiente y altivo» en un medio en que «el poeta perece si no se enrola» en alguna facción. En las garras del alcohol había ido cayendo progresivamente para terminar «escribiendo coplas en un mostrador de pulpería, como un millonario enloquecido que en baratijas acuñara su oro». ¿No era acaso el decadente Egaña el «viviente epílogo» del destino de los «entusiastas» en un medio en que tras la «lúcida pirotecnia» de los «grandes planes» y los debates intelectuales, prevalecían la inquina y el disfraz, la «crueldad malévola» de una «ciudad heredera de inquisidores»? ¿No habría tenido acaso, el pobre Egaña, una «vejez decorosa y respetada» en una «república de hombres prácticos»? Es decir, una sociedad consecuente con los principios liberales, subordinada a la «era del capital», como aquella que Manuel Pardo —a quien Ventura evocaba sin mencionarlo a través de su álter ego Eduardo— había querido fundar.

Diversas razones había para evocar en *1911. Novela peruana* la experiencia civilista de 1872-1876 truncada por el agotamiento del guano y el asesinato de su líder en 1878. Con aquel intento, al igual que su hermano Francisco, sentía Ventura un nexo umbilical.[21] Y si a su padre, nacido como Pardo en 1834, le había correspondido vivir su frustración, con la ilusión de retomar su camino habían crecido sus amigos y él: un renacer republicanista que, siguiendo el llamado de José Enrique Rodó, contrapondría a la rudeza materialista anglosajona su latinidad emparentada con el clasicismo del mundo helénico.[22]

Vendría a avalar su optimismo la victoria pierolista de 1895. Moraba ahí la promesa de que la coalición demócrata-civilista se convirtiera en el embrión de un orden político que haría imposible un resurgimiento del «cesarismo» del siglo anterior. Pensando y escribiendo aspiraban los hombres de letras a contribuir con ese curso prometedor. Radicaban sus expectativas en el convencimiento de que la «inteligencia» preparaba y dirigía la acción. Ninguna otra generación, en ese sentido, habría de lanzarse a la arena pública —en palabras de Luis Loayza— con tanta ambición y dedicación. Abriéndose paso entre

---

21. Francisco García Calderón 2001b: 172.

22. Francisco García Calderón 2001a.

radicalismo y positivismo, no en vano terminarían siendo los «novecentistas», según el arequipeño Víctor Andrés Belaunde, los fundadores del pensamiento peruano moderno.[23] Reaparecería, sin embargo, la rampante fragmentación. Y con ello entraría en agenda la posibilidad de pasar a la acción. En unir lo más «selecto» de las juventudes demócrata y civilista en una nueva organización soñaba Belaunde en momentos en que la rebelión armada del liberal Durand (1908) o el pintoresco movimiento contra Leguía encabezado por Isaías de Piérola (1909) parecían retrotraerlos a tiempos de caudillos y montoneras; además de que, a contrapunto con las disputas dentro de las élites, irreverencia obrera y movilización indígena comenzaban a retumbar.

Tambaleaba en este contexto el optimismo del 95. Y si, como una acción «monstruosamente estúpida y criminal»,[24] vería José de la Riva-Agüero el alzamiento de Durand, a la conclusión de que «no somos todavía nación civilizada»[25] llegaría Francisco García Calderón ante el intento golpista del 29 de mayo de 1909 en que decenas de pierolistas habían asaltado palacio a plena luz del día, procediendo a tomar prisionero al presidente Leguía, a quien los alzados pasearían por Lima por largo rato demandándole firmar su renuncia. «¿Recuerdas nuestras largas charlas un poco subversivas y monárquicas»? recordaría Ventura en una carta a José de la Riva-Agüero, al calor de aquellos acontecimientos, confesándole que cada día se convencía más de que «si todavía tenía correctivo nuestro pobre Perú», este habría de provenir de «una mano enérgica como la de Porfirio Díaz» o aplicando «la teoría renaniana del buen tirano». Un orden efectivo, vale decir, ante esa intermitente sucesión de «analfabetos» que «ante los peligros del porvenir» una actitud de «después de mí el diluvio» se limitaban a exhibir.[26] De ello, una ineludible misión derivaba para Riva-Agüero: «o tú nos salvas, o vendrán otros hombres de razas fuertes a dominar el país».[27]

Un artículo de Riva-Agüero de septiembre de 1911 pondría en el disparadero a los novecentistas. A propósito de su reclamo de amnistía para los insurrectos de 1909, frente a un régimen que se deslizaba hacia la imposición, defendía ahí la «legitimidad de la insurrección». Una algarada estudiantil, de la que resultaría

---

23. Además de Luis Loayza (1990), de consulta obligatoria sobre el tema son Osmar Gonzales (1996) y Pedro Planas (1994).

24. De José de la Riva-Agüero a Francisco García Calderón, Lima, 12 de noviembre de 1909. En Riva-Agüero 1999a: 659-661.

25. De Francisco García Calderón a José de la Riva-Agüero, París, 12 de noviembre de 1909. Ibíd., pp. 659-661.

26. De Ventura García Calderón a José de la Riva-Agüero, París, 1909. Ibíd., pp. 787-788.

27. De Francisco García Calderón a José de la Riva-Agüero, París, 12 de noviembre de 1909. Ibíd., p. 659.

una baja fatal, suscitaría la orden de detener al joven historiador. Retrocedería el gobierno intimidado por el repudio suscitado por la represión. Y en esas circunstancias, la pregunta por el futuro político de los novecentistas resonaría con mayor intensidad. Como «el principial organizador del movimiento que decidió mi libertad» reconocería Riva-Agüero a su amigo Ventura. «Con el revólver metido entre el pecho y la camisa», había ayudado a llevar al hombro hasta la puerta misma de Palacio, «para que el culpable viera su crimen», los restos de la única víctima fatal causada por represión.[28] Rememoraría Ventura también el banquete en homenaje a José —con medio millar de adherentes— a poco de su liberación; tanto como el «prudente» silencio de numerosos «hombres públicos» con los que había creído que se podía contar. Comprendería entonces que el «más sutil o poderoso talento puede no estar unido a la voluntad». Que de voluntad y no de erudición adolecía la "república de las letras" que los novecentistas aspiraban a liderar. Voluntad que, en aquel instante, tenía inequívoco nombre propio: Guillermo Billinghurst, aquel combativo expierolista que, desde su puesto de alcalde de Lima, echaba las bases del movimiento popular que, al año siguiente, lo llevaría a la presidencia de la nación.

Como un tiempo de definiciones de una larga y azarosa historia aparecía el año 1911. Tiempo del cual, la misteriosa «novela peruana» de «Evaristo Galindo» un registro realista y a la vez lúdico pretendía ofrecer, como lo sugería la juguetona nota que sus supuestos «editores» habían incluido en una «advertencia preliminar». Se indicaba ahí que «para sí mismo quizá» había dejado anotado el autor en un «cuadernito» aparte «los nombres de algunos personajes reales» en quienes se había inspirado para «idear sus personajes imaginarios». «Testimonio de veracidad» que, «a pesar de los años transcurridos», seguía manteniéndose como información reservada por unánime decisión de los responsables de la edición.

¿Cuánto de Riva-Agüero tenía el Eduardo de su ficción? El cuarto de siglo bordeaban ambos para comenzar. Rico, coleccionista de huacos y otras «vejeces», al «niño Goyito» de Felipe Pardo y Aliaga le recordaba este personaje a su creador. Con su «buena plata» acumulada en «cédulas hipotecarias», nos dice, hubiese podido vivir esperando el porvenir en «un sillón de marroquí» u «hojeando códigos» en la biblioteca familiar para «un estudio histórico sobre la legislación colonial». El bicho de la política, sin embargo, no lo había dejado pasar. Queriendo «separarse de tanto limeñismo con un tabique de papel europeo», refugiándose para ello en el «salón de periódicos del Club Nacional», delinea Ventura al ficticio Eduardo. ¿Acaso había cosa distinta que

---

28. De José de la Riva-Agüero a Francisco García Calderón, Lima, 25 de junio de 1908. Ibíd., pp. 643-644.

hacer en Lima que acudir ahí buscando consuelo en el colectivo bostezo de los asociados? Sus impulsos populacheros lo distinguen, en todo caso, del original. Si no era posible «resucitar a Grecia» con sus respectivas «ninfas desnudas», ¿no era acaso una alternativa —decía Jorge Luis provocando el asco de su amigo Eduardo— «una chola frutera, una india derribada en un camino, la zamba de alguna jarana en Amancaes»? Entre el «mundanal ruido» de los barrios y los «políticos» con quienes conviven sin llegar a tocarse, en los salones del Club Nacional encontrarían los jovenzuelos el rumbo hacia la arena pública.

Publicar un diario de vena gonzalezpradista que «sacara roncha», que sirviera de válvula de escape a su corrosiva y hasta venenosa «cólera de poeta», es el anhelo de Eduardo. En medio de rumores de cierre del Congreso, gana finalmente las calles el diario *La Aurora*. Pronto se verían confrontados sus responsables con los mecanismos de esa destructiva «impotencia criolla» a la que despreciaban tanto como temían.

A raíz de la publicación de *Lourdes* de Émile Zola como folletín, tendría *La Aurora* su primer choque con la autoridad. Excomunión demandan las señoras distinguidas al arzobispo de la capital. Valiéndose de sus influencias de confesor, actuando sobre las mujeres de la vida de Eduardo, hará este retroceder al novel editor. «¡Qué asco!», exclamará Jorge Luis al saber cómo lo han hecho pasar a su amigo «por el aro de la Santa Madre Iglesia». Ahora, dice, será necesario cubrir con «una hoja de parra» el título de *La Aurora*. Le quedaba claro «que la vida de la ciudad era una red» que se activaba para ejercer su velada censura ante cualquier intento de «llamar a las cosas por sus nombres». A sus enemigos, sin embargo, no les sería suficiente el acto de sometimiento: *La Aurora* debía morir. De ello se encargaría una masa de «plebe mezclada con tropa», tras cuya acción se desplegaría el largamente establecido guión de la «comedia» política nacional: los cautos mensajes de simpatía, los prefabricados gestos de la «hipocresía nacional» y, como resultado, la extendida prudencia de los otros medios, temerosos de correr semejante suerte. Como contraparte, los jóvenes protagonistas afrontarían las preguntas clásicas: ¿Revolución o neurastenia?, ¿irse o quedarse? ¿Aquietarse o batirse a duelo?

En las «titilaciones retozonas de guitarras y de cantares» de los barrios plebeyos buscaría el poeta Jorge Luis inmediato consuelo. Una «revolución universal a favor de la justicia y la bondad» que podía comenzar en el Perú, imagina entretanto un Eduardo febril. Predispuesto se encuentra, por ende, a prestar oídos al exministro González que acude a reclutarlo para un movimiento insurgente, suscitado por la inminente concreción de un «empréstito colosal» que, garantizado por las rentas aduaneras, hipotecaría por varias generaciones «el porvenir del país».

En hondas cavilaciones se hunde, por su parte, Jorge Luis ante la propuesta insurreccional. Con glorias revolucionarias soñaba hacía tiempo. Carece, sin embargo, de voluntad de actuar. Al agotamiento de la audacia conquistadora de los ancestros hispanos —cuya «batalladora intransigencia» había terminado, por una serie de «exóticas destilaciones de sangre», «extraviada en las letras o en la política»— remite su pusilanimidad. Con una fructífera migración prefiere soñar el poeta mientras, en el valle de Lurín, Eduardo y sus montoneros caen derrotados «en toda la línea», incapaces de neutralizar la «ametralladora último modelo» de las fuerzas del gobierno que les ocasiona unas 200 bajas fatales. «He venido de incógnito para despedirme», les dice Eduardo algunos días después, a sus más íntimos amigos reunidos en «su casona de la Alameda». Qué destino podía haber —dice en esa oportunidad—en un país en que «todos somos extremadamente jóvenes hasta los 30 años», para de ahí en adelante «caer bruscamente en la más decrépita ancianidad».

Se hace obligatoria la cena de despedida, con cebiche y mazamorra morada. Ni al Club ni a los amigos extrañará en el exilio, pero si a esta comida «incomparable», sentencia el poeta. Si no era que también él estaba «extraviado en la niebla» se pregunta Jorge Luis cuando ve perderse, entre la bruma del horizonte, al vapor que conduce a Eduardo al exterior. Como tantos otros terminaría, se le ocurre, resignándose a ser «profeta de brindis y natalicios», siguiendo un curso que a diputado podría llevarlo en el mejor de los casos. Eso «parecía lo cuerdo y lo viable», salvo que «como el pobre Francisco de Egaña», acabara deambulando en las pulperías de la vieja Lima. De ese destino, el álter ego de Ventura terminaba huyendo, sabiendo ya de antemano que tampoco la vida de la gran metrópoli era un lecho de rosas. Se dispone a asumir esa «dolorosa y desnuda realidad» del intelectual exilado: encontrar en la crónica infelicidad de la distancia —como Edward Said sugeriría décadas después— las energías para seguir creando.[29]

Una última puerta por abrir le quedaba al Ventura de carne y hueso antes de aceptar la dura, y a la vez seductora, realidad de la vida en el exilio: el viaje a ese ignoto «verdadero Perú» que como un desafío a la europeizada imaginación letrada había blandido Prada en el Politeama un cuarto de siglo atrás. Trunca su carrera diplomática después de haber renunciado a su puesto en la legación peruana en París en protesta por la detención de su amigo Riva-Agüero, habría de embarcarse en un proyecto minero. Recorre la sierra ancashina con ese fin, para proseguir posteriormente hasta el corazón de la Amazonía. En sus relatos reunidos en *La venganza del cóndor* (1924) y *Peligro de muerte* (1926) dejaría testimonio literario de aquella experiencia singular.

---

29. Said 1994: 53.

—II—

«Nunca he sabido despertar a un indio a puntapiés. Quiso enseñarme este arte triste, en un puerto del Perú, el capitán González». Con la memoria de aquel sacudimiento inicial comenzaba Ventura la narración de su tardío encuentro con «la realidad dolorosa de mi patria», como anotaría muchos años después. Ese tercio de su población — «indios netos, intraducibles, inadaptados, huraños, henchidos de atávicos reproches que solo sabe expresar su flauta nocherniega»— interpelaría con su mera presencia su cosmopolitismo y su erudición.[30] Más de tres décadas después, la pregunta de aquel entonces seguiría angustiosamente en pie: ¿cómo tender un puente, aun cuando fuera frágil —a la manera de aquellos que, con el modesto y resistente *ichu* de la «puna bravía», construían los comuneros andinos— «entre dos razas sin orillas»?[31] De prepararlo para la prueba, a fin de cuentas frustrante, habría de encargarse el avieso capitán González.

Como tardara en despertarse, urgido por llegar en no más de dos días a la ciudad de Huaraz, de un soberbio latigazo le «rasga la frente» el oficial a su guía indígena. Ambos nos estremecimos, observa el narrador, «él por la sangre que goteaba en su rostro» y «de lágrimas yo que llevaba todavía en el espíritu» ciertos «prejuicios sentimentales». Aterrado, impide una «segunda hemorragia» del humilde servidor. Comienza entonces su curso acelerado sobre la ética de la brutalidad: «así hay que tratar a estos bárbaros; usted no sabe doctor», le instruye el capitán urgiéndolo a desprenderse de sus «cándidas piedades» de hombre de la capital.

De su torturador logra escapar el maltratado indio. Reaparece poco después para ofrecer sus servicios al «doctor» capitalino, quien comenzaba a angustiarse ya con la idea de trepar sin guía los peligrosos desfiladeros andinos. Algo en el comportamiento de este llamará su atención en el curso del viaje. Se detiene continuamente en las chozas de la ruta «como pidiendo noticias en su dulce lengua quechua». La cordillera, en el trasfondo, despliega sus sobrecogedores encantos. Serpenteando una hondonada mortal, «como en las antiguas alegorías sagradas», parecía llevarlos el camino «a un paraje siniestro». «Tú esperando, taita», murmura el guía súbitamente. «Con la carne erizada» y la mano en el revólver aguarda el «doctor» limeño. Un estruendo agita de pronto el desfiladero. «Un vuelo oblicuo de cóndores» pasa a escasos quince metros de su ubicación. Algo rueda, a la par, desde la altura: una masa oscura que, entre golpes y rebotes, desciende hasta el lecho del río. «Tú viendo, taita, al

30. García Calderón 1936: 72.

31. Ibíd.

capitán», dice el indígena al reaparecer. En su «media lengua», con su «mirada indescifrable», explica con «ademanes de brujo» lo ocurrido: al pasar por los precipicios los cóndores a veces rozan con el ala el hombro del viajero. Retoman la marcha de inmediato, mientras en lo más hondo del abra comienzan las aves de rapiña a devorar su presa. Por «no inquirir más» opta el viajero. Tal vez, se dice, haya entre ellos y los cóndores «un pacto oscuro» para vengarse de los intrusos, «que somos nosotros».[32]

Una recóndita capacidad para el ajuste de cuentas define al indio de García Calderón. Sumisos en apariencia, gregarios al extremo, refugiados en el anonimato de la colectividad, actúan en defensa de sus atávicos fueros como quien responde a un inmemorial guión. A sonidos, más que verdaderas palabras, como un «canto anhelante» resuenan «las sílabas de su lenguaje gutural». Usan su quena para «entumecer» al visitante con la siempre imperfecta «modulación de su melancolía». Omnipresente, la flauta indígena es acaso el único medio de presentir ese «mundo oscuro y enigmático» de los «servidores indios». Como medio de lamento, queja y súplica la describe el autor. Es lamento por la «vergüenza de los generales», encadenados por el conquistador y por los «sollozos de las vírgenes de los templos violadas por altaneros matamoros», así como por «la cobardía de arrodillarse ante el Cristo endeble que reemplazó al Padre Sol». Es queja por la «inhumana pena de siglos» que merodea su alma. Y es súplica, finalmente, por obtener el «bienestar de morir en las huacas para despertarse en un jardín de oro y colibríes, entre vicuñas apacibles y la coca celeste».[33]

Tristezas insondables, fantasías regresivas, incontinentes borracheras —«el cañazo lo cura todo en la sierra del Perú»—, una inveterada pusilanimidad, profundizan la distancia entre la población nativa y el docto viajero de la capital. Con todo su mundo y toda su cultura, no atina a definir el carácter de una celebración pueblerina. Concluye que en la mentalidad de los indios luto y alegría no están separados del todo. Es gente, dice, capaz de beber y danzar toda la noche «ante la cuna como ante una tumba». No era acaso una reedición de la «danza de las vírgenes en los antiguos templos del Sol», se pregunta ante un «contoneado» baile que «el cura mismo seguía con un meneo de cabeza». Mientras, en el tañido de las quenas se percibe el «tronar de los arcabuces», el rumor de «soldados ebrios» profanando el cuerpo de los Incas o las testas de los rebeldes incrustadas en picas untadas con sangre de llama.[34]

¿De qué manera, con sus «cerebros rudimentarios», empequeñecidos por el desdén y la explotación, podían los indios seguir urdiendo represalias y

---

32. García Calderón 1924: 483.

33. García Calderón 1926: 629.

34. Ibíd., p. 631.

venganzas? Acaso lo más crudo de la antigua sabiduría incaica se había preservado en el acervo de sus brujos: sabían el quechua tanto como «la lengua de las aves de rapiña» o «el grito de la alpaca celeste cuando el zorro estelar la persigue en las noches de luna».[35] Con ese saber contaban para mantener en jaque a intrusos y abusadores. En relatos como «La llama blanca» o «La momia» daría vida García Calderón a ese temible maquiavelismo indígena.

Ni la pena de 200 azotes a quien mantenga sexo con las llamas ha impedido desterrar esa reprobable práctica. ¿No había acaso mujeres en la hacienda?, cuestiona iracundo don Vicente Cabral. A una de las llamas, que los indios llamaban Killa (Luna), escogería el hacendado para dar a su gente una drástica lección. No es solamente la más blanca de las llamas; incomparables son sus «suaves ojos y delicada gracia de mujer». De un certero balazo se concreta el escarmiento mientras sollozan los indios, señalando a la luna «toda roja de presagios de sangre». Con una soterrada protesta responde la masa pastoril: «una música lejana», de «quenas invisibles», repercute «de cerro en cerro» en la nocturna soledad: aparecidos, invocaciones, puños cerrados amenazantes contra la casa del hombre blanco; perros azotados por los propios indios para que cantaran a *Mama Killa* «la pena de sus hijos terrestres». Enterrada queda la llama bajo una piedra a la orilla del río, antes del amanecer.

El hacendado quedará atónito al siguiente día cuando vea al rebaño conducido por una llama blanca idéntica a la aniquilada. Es imposible haberla reemplazado. No había ninguna otra como ella en muchos kilómetros a la redonda. Conocedor de «las extrañas artes de los indios» decide el patrón mantenerse en silencio. El bravucón del día anterior es ahora un ser a la defensiva que hace lo imposible por ocultar su desconcierto. No obstante, por el tintineo de sus espuelas, advierten los indios su nerviosismo. Llega su pasmo al extremo cuando detecta el trazo de la bala mortal al lado de la oreja del animal. Tan cerca de ella está que no se resiste a mirarla de frente. «¡Esos dos ojos altaneros —dice el narrador— tenían rencor humano!». Magnífica y ondulante escupe la llama el rostro de su verdugo. No arremete don Vicente esta vez contra la peonada. Nadie se explica su pasividad. Irá creciendo en su rostro la mancha del escupitajo con el correr de los días. Es esa «extraña enfermedad» que los indios conocen como la *uta,* refrenda el narrador. Morirá en pocos días repitiendo en su lecho el nombre de la llama blanca, mientras observan sus servidores cómo se llena su semblante de «manchas rojas y chamuscadas», similares a la herida por él mismo inferida a la Killa original.[36]

---

35. Ibíd., p. 664.

36. García Calderón 1924: 532.

Don Santiago Rosales es el objeto de la truculenta ira indígena en el relato subsiguiente. En su «apartado feudo serrano» ha decidido afincarse tras renunciar a su escaño parlamentario. Su hija, una «belleza de postal» que destaca «por el esplendor» de su magnífica «cabellera rubia», lo acompaña en la aventura arqueológica que ha emprendido: excavar la necrópolis prehispánica ubicada en su hacienda Tambo Chico. Ahí, según la tradición, habían enterrado los emisarios de Atahualpa parte del rescate no entregado al conquistador. Temiendo el castigo de las momias de los generales indios, siempre alertas ante cualquier intento de violentar las tumbas, «ningún indio neto» ha accedido a colaborar. De la costa deberá traer personal para la excavación. Incapaces de confrontar a Rosales, los indios recurrirán directamente, a los «menjunjes» de la hechicera Tomasa para neutralizarlo. Por dos semanas transcurre el saqueo sin tropiezo alguno. En conseguir «una momia de princesa antigua» concentra sus esfuerzos el hacendado huaqueador, mientras se acrecientan los ruegos indígenas para que deje en paz a sus antepasados. ¿Quién mandará llover sobre el maíz y quién hará prosperar la coca si se alejaban del valle los antepasados? Todo prometieron a cambio de que se reintegraran las momias a su sepulcro original. Un mero chasquido del «chicotillo con que castigaba a los atrevidos» recibieron como inmediata respuesta.

Súbitamente, sin embargo, cambia la indiada de actitud. Con su presurosa ayuda aparece en un par de días la deseada «momia de princesa antigua» del *misti* Rosales. Desgarrador sería su grito al comprobar que era esta la «imagen exacta» de su propia hija. Como explicarían algunos «cholos» de la localidad, tras robar a la joven durante la noche habían procedido los indios a embalsamarla empleando «los antiguos secretos del arte» que hasta hoy se creían perdidos. Nada menos que de una venganza de los ancestros se trataba todo ello para las sencillas gentes del valle; lo probaba el hecho de que se hubiesen esfumado las momias de la casa de don Santiago Rosales cuando lo trasladaban sus familiares a un manicomio de la capital.[37]

¿Dónde se hallaba el secreto de ese mundo encerrado entre cumbres surcadas por «chorreras de sangre»? ¿Podrían foráneos como él llegar a desentrañarlo? De los riesgos de intentarlo, la historia de Jacinto Vargas es un ejemplo patente. Lo abandona su guía indígena en una desolada puna al presentir peligro mediante una lectura de hojas de coca. Un «terror súbito» anuda la garganta del forastero: «estaba solo en el fin del mundo, en la más tremenda soledad humana». Sintiéndose «perdido sin remisión», a las hojas de coca abandonadas por el desertor decide recurrir. Con tragos de aguardiente aplaca su «sabor amarguísimo» hasta llegar a una especie de trance: «una extraña dulzura en

37. Ibíd., p. 491.

los nervios» que le devuelve la lucidez. Recuerda entonces que «las mulas del correo» pasaban no lejos de ahí. De rebaños de llamas provenientes de unas minas cercanas se llena el horizonte repentinamente. Cargan lingotes de plata y avanzan como danzando al compás de las quenas que soplan sus conductores. Una «necesidad de paz entrañable le suaviza las venas» en ese instante. El antes angustiado Vargas solo piensa ahora en meterse dentro del rebaño y acariciar el «vellón esponjado» de sus lomos, cuando hubiera podido en cambio pedir auxilio a los pastores. A renunciar a su «deliquio» se rehúsa ahora. En ese estado intentará, mientras «murmura una palabra tierna», «acariciarle el plumón de la cabeza» al «ave oscura» que le roza el rostro. Cuando se escuchan cada vez más cerca los cascabeles de las mulas del correo, solo piensa él en adormecerse sin pausa, «con el sabor de la coca en los labios mientras resbala dulcemente la sangre tibia» sobre su rostro. Morirá con una sonrisa, al tiempo que, trepado en su cabeza, picotea indómito un enorme cóndor tan magnífico e inescrutable como la cordillera.[38]

Más exorbitante que la misma sierra, es su incursión en la «endemoniada selva». Un fantástico repertorio de peligros —hormigas, tortugas y boas gigantes, junglas que en respuesta a «maldiciones antiguas» lloran y aúllan sobre el viajero hasta hacerlo perder la razón— se encargaría de poner a prueba los «delicados nervios» del «hombre de raza blanca». Una de las fronteras últimas de la civilización es la selva del Amazonas. Clérigos como el padre Vélez —un ingenuo campesino aragonés devenido misionero católico— acudirán hasta allí con el fin de «conquistar para la fe a los indios más reacios del mundo». Tras los retos de la naturaleza, casi indistinguibles de los animales, aparecen los individuos: la hija de un cacique amazónico, por ejemplo, entregada al misionero por su propio padre como prueba de lealtad. Una «larga serpiente de redonda cabeza que miraba al cielo» en forma espiralada tenía pintada la joven en su «ingenua florescencia». Con la cadencia desatada de las «fieras en celo» se desplazaba ella, aunque sus «labios candorosos» no sabían besar. Nadie tendría la certeza de si el cura había cedido a sus «encantos». Como una fiel «simia doméstica» quedaría, no obstante, a su lado.[39]

Encabezan los misioneros la ardua tarea de colonización. Los caucheros llegan tras ellos convencidos de protagonizar la «segunda conquista del Perú». Las boas y no los cóndores son los agentes vengativos ahí. La floresta misma, tan diabólica como promisoria, cumple su papel histórico de ahuyentar al foráneo rapaz. Incluso a gente baquiana como un inglés llamado Smith podía terminar deglutiéndose ese «infierno magnífico». En boca del empresario

38. Ibíd., p. 502.

39. García Calderón 1926: 644.

cauchero que lo ha contratado como explorador pone Ventura su historia en el relato titulado «Fraternidad».[40]

En la mayor soledad, víctima de un ataque de rabia, agoniza el súbdito de Su Majestad. Si «matarle enseguida» o «dejarle allí vivo entre los animales de la selva» se pregunta su ocasional patrón. Atraída por sus quejidos, en la penumbra de la noche, observa su acompañante una serie de siluetas que comienzan a rodearlo. Un momento necesitaría, continúa el narrador, para reparar que no son indios sino una «familia de monos» quienes se aproximan. «Asistir a la muerte de este hermano extravagante y furioso» es el propósito de su presencia ahí. Un desconcertante intercambio que «escalofriaba la médula» tendría lugar entonces. Si con algún «cuadro de ternura humana» podía atreverse a comparar esos «ridículos gestos», esos arrullos de «consolación en la agonía» que al mismo tiempo lo repugnaban y lo atraían, se pregunta el atribulado cauchero. Con su último suspiro, «una mona gigantesca con zalamerías de hembra amorosa» se aproxima a Smith, acaso con intenciones de «profanarle». Obedeciendo a su propio pedido, dispara entonces su jefe sobre el infortunado inglés, para caer luego en la sinrazón. Así lo encuentran «sus indios» un par de días después, «medio loco y hablando ya el lenguaje de los monos».

Podía llegar a tragarse a los hombres ese «infierno magnífico» que era la Amazonía. Personajes tan insospechados como el correcto «mister Roberts, director de la Iquitos Rubber Company, Juan Cancio Garibaldi —sobrino del revolucionario italiano— y «un coronel de Lima» habían caído enfermos de ese «mal de la floresta» que nadie podía curar. Ninguno más sorprendente, sin embargo, que el caso del francés Lucien Vignon, un explorador veterano que había recorrido todas las selvas del mundo, interesado particularmente en discutir «las ideas preconcebidas de civilización». Quería demostrarles a sus colegas parisinos que, así como un tugurio de Londres podía albergar «salvajes auténticos», podía encontrarse un legítimo idealismo en el más extremo rincón del reino de la barbarie.

Si andaba en busca de «sensaciones fuertes», a la «tierra de los caníbales» le ha recomendado ir el gobernador de Loreto, prestándole para la travesía algunos indios civilizados y un experimentado traductor. Capturan, en cierto momento, a una «pobre vieja enferma» y a su nieta, «una hermosa muchacha». Se trata de una «hechicera temible» que ruega que después de muerta se permita a su nieta comérsela, convencida de que «la energía de la raza» se conservaba así. Desoyendo su voluntad, procedería Vignon a llevarse consigo a la joven, con quien terminaría casándose en la capital francesa. Pronto aprendería algunas palabras en español, tres en particular —sucios, embusteros y

40. Ibíd., pp. 672-675.

ladrones— que «resumían para ella la civilización». La había visto el narrador en París. «En su torpe lenguaje, alternando el francés con el español, decía cosas perfectamente cuerdas».

Para completar sus investigaciones, regresaría, eventualmente, Vignon al Perú. No bien pasado Manaos, la tribu de su mujer se había enterado de su llegada mediante el «telégrafo de los indios», un tronco vacío capaz de emitir mensajes a gran distancia. Todo sería luego cuestión de cómo atraerlo. Cuando lo consiguieron, persuadidos como estaban de que se había devorado el cadáver de su suegra, habían procedido a engullir al infortunado francés. Recuperaba así la tribu «sus perdidas fuerzas espirituales y sus amados secretos de magia». Adquiría además «las potencias diabólicas» de quienes, como los blancos, «manejaban tan bien las armas de fuego». Volvería de París entretanto *madame* Vignon, solo para encontrar el desdén de su tribu por su condición de civilizada. Había, vale decir, «aprendido a mentir, a robar los maridos de las demás mujeres» y se negaba a bañarse como sus compañeras «en los sagrados ríos» de su tierra original.[41]

Su propio desconcierto ventila el autor en uno de los textos postreros de *Peligro de muerte* frente a esa tierra suya en la que, a pesar de sus conocimientos y sus calificaciones, incursiona prácticamente a ciegas. Como un «hombre blanco» que «sabe de memoria el código civil» y que ha aprendido en la «muy ilustre Universidad de San Marcos» «toda clase de nobles tópicos», describe García Calderón al protagonista de «Juventud». Abandonado por el guía en medio de la puna, tras haberle cobrado por adelantado la paga de una semana entera, siente que toda «la solemne tristeza de los Andes» cae sobre él con el crepúsculo, aplastándole el alma. Subraya el narrador la ingenuidad y el romanticismo de su juventud en más de una ocasión. Y si bien encuentra refugio en un miserable tambo administrado por un decrépito chino, volverá a ser timado por un «mestizo, parlero y marullero» que lo instruye a la perfección en «la manera de mascar las hojas de coca, durante mucho tiempo», tanto «que llega a sentirse en las venas ese torpor sin sueños más deleitoso que la muerte».

Hasta las botas perdería el «mozalbete» costeño aquella nefasta noche de pisco, soroche y coca. Sintiéndose perdido, romperá a llorar de «rabia y vergüenza». Salvado a la hora undécima por un inesperado benefactor, retoma su ruta hasta toparse con una escena que a él —«que había leído *El Quijote*»—lo subleva y lo obliga a intervenir: una mujer atada a una verja de hierro, «metódicamente azotada» por un par de desalmados indios. Revólver en mano los obliga a huir. La «belleza dolorosa de María Magdalena» y no más de 16 años tenía la desdichada. Imbuido de sentimentalismo se dispone a auxiliarla

41. García Calderón 1924: 524.

cuando ella le lanza «en pleno rostro uno de esos salivazos de llama, pesados y repletos de hierbas mascadas, que dejan en la piel una mancha morena». Tras ello, le espeta: «*supaipa-guagua* (hijo del diablo), me pegando porque me queriendo, es mi marido». Por si fuera poco, antes de alejarse a la carrera «se había arrancado una pestaña para lanzarla contra su libertador», gesto destinado a «despertar a los espíritus vengadores de las viejas necrópolis». Pálido como una momia, conturbado al máximo su espíritu no atina sino a rebuscar en su alforja su Código Napoleónico para, «acercándose al borde del sendero», tirarlo al «barranco de los cóndores, con todo un lote de ideas civilizadas y de ilusiones inútiles».[42]

Si en 1915 Federico More lo había retado a ascender «hasta el más helado y agreste rincón andino» para escuchar «de labios del aborigen una y mil leyendas» e inquirir sobre «el alma de nuestros remotos ancestros» escudriñando los «megalitos incaicos», la Gran Guerra y sus secuelas habían convertido a Ventura García Calderón en un escéptico de la civilización. Como tal, compartía con sus personajes *mistis*, siempre a la zaga de la sagacidad indígena, su patético desconcierto.

—III—

Hasta ahí llegaba la exploración literaria del joven Ventura: los cóndores vengativos imponiéndose sobre sus aspiraciones de construir puentes interraciales; timado hasta la saciedad por una galería de personajes uniformemente abyectos; intimidado por un alud de leyendas y fantasías que desafiaban su racionalidad de hombre culto y refinado; con sus códigos y sus quijotescos ideales arrojados a las espeluznantes honduras de las quebradas andinas. Entre la inmisericorde brutalidad de los mestizos y las supersticiones indígenas sucumbía el afán ilustrado del inquisitivo viajero costeño. En una insondable bipolaridad encallaban, al parecer, sus sueños integracionistas. ¿Qué significaban sus relatos ante todo ello? ¿Se había limitado cual cronista del XVI a pretender describir todo lo visto? ¿Obedeciendo a una determinación introspectiva había terminado descargando en sus personajes sus miedos y sus prejuicios? ¿Lo había guiado, más bien, su afán por satisfacer la demanda de lectores europeos ávidos de aventuras exóticas en regiones perdidas como la sierra del Perú?

De hecho, imágenes muy distintas ofrecía el mundo rural peruano al momento en que *La venganza del cóndor* salía a la luz. Gremios y organizaciones iban cambiándole el rostro al «verdadero Perú». Organizaciones como la Asociación Pro Indígena y su sucedáneo, el Comité Pro Derecho Indígena,

---

42. García Calderón 1926: 704.

eran expresión de ello. Este último, sobre todo, manifestaba la aparición de una nueva generación de líderes indígenas bilingües con capacidad de canalizar reclamos y servir de interlocutores con la autoridad gubernamental. De hecho, animarían varios congresos indígenas auspiciados por el gobierno y celebrados en Lima. Difícil imaginar que tuviese interés en todo aquello Ventura García Calderón; en muy diferentes circunstancias se había forjado su mirada literaria.

En 1915, estando en París, con un hermano combatiendo en las trincheras de Verdún, y los obuses alemanes lloviendo sobre la cercana Reims, atribuiría, asumiendo plenamente su identidad parisina, a la «entereza» de nuestra «tan censurada» frivolidad, tanto como a «nuestra invencible sonrisa», un papel central en la voluntad de victoria.[43] Se preguntaba si al salir de la «sepultura de las trincheras» el lector francés no aspiraría, más que a tragedia o realismo, a una «lectura simplificada» de «aventuras amenas» que lo reconciliaran paulatinamente con la vida antes de volver al «reino del espíritu crítico». «Literatura subjetiva» más que «literatura de observación» era la preferencia del momento.[44] A esa sensibilidad, como a su condición de escritor profesional, respondían sus narraciones andinas que desde el Perú, Basadre o Mariátegui podían leer como la expresión de una cierta postura ideológica frente al «problema del indio». ¿Y More? En la encumbrada opinión de José de la Riva-Agüero representaba la voz del «despecho» de cierta «hampa literaria que aquí se ha desencadenado», de la que un «grosero libelo» llamado *Colónida* había sido ejemplo mayor. Era un «borracho y ratero» para «más señas», «gentes» para las cuales «la única respuesta» posible era «el silencio».[45]

¿Significaba la «frivolidad» de Ventura, ampliamente exhibida en sus textos incluidos en *Frívolamente* (1908) y *En la verbena de Madrid* (1920),[46] un mero culto a la futilidad? Sobre el vigor de sus meditaciones acerca de sus más hondos pesares, tras el «velo de ligerezas» de sus crónicas destinado a «no aburrir» al lector, llamaba la atención el crítico guatemalteco Enrique Gómez Carrillo.[47] Tanto como las narraciones de López Albújar, acaso los relatos de García Calderón respondían, en su propio estilo, a reconocer una fuerza recóndita e intransigente, amenazante incluso, que estaba dispuesta a recurrir a múltiples ardides y mecanismos para dejarle saber al foráneo que no le iba a ser

---

43. García Calderón 1920: 16

44. Ibíd., p. 18.

45. De José de la Riva-Agüero a Francisco García Calderón, Lima, 1915. En Riva-Agüero 1999a: 714-715.

46. García Calderón 1908 y 1920b.

47. Gómez Carrillo 1920.

tan sencillo lograr, como decía uno de sus personajes de *Peligro de muerte*, la ansiada «segunda conquista del Perú».

A aquella «terquedad inmortal», sin la cual «habría desaparecido el indio en el curso de tres siglos dolorosos», se referiría Ventura en su breve memoria de mediados de los años 30. A tener una «prudente esperanza» invoca frente al impertérrito indio peruano. Significativa exasperación le suscita recordar aquel fallido encuentro de veinte años atrás con aquellos «hombres de granito» que lo veían como enemigo cuando él hubiese querido incitar su hermandad. La certeza de que seguía en pie aquella «psicosis indígena» —la resignación taimada, la inercia de piedra, el conformismo a rajatabla y el temor a todo cambio— acrecienta su frustración. Y el hecho de que siga pensando, a mediados de los 30, que en medio de su «mutismo» y su «frugalidad estoica», la música de sus quenas fuese su única vía para verter su alma hacia el foráneo es signo inequívoco de la fatal deformación que, desde su origen, habitaba su apasionado testimonio sobre el «verdadero Perú».[48]

Tinta, Cusco.
© Archivo El Peruano

48. García Calderón 1936: 74-75.

Capítulo 5

La santa cadena de la tradición nacional

No se hable, pues, de crear el alma nacional, porque esa alma existe, aunque aletargada y adormecida; y si no existiera, carecería nuestra patria de razón de ser.

José de la Riva-Agüero[1]

La historia fue para él como para Michelet, una resurrección.

Francisco García Calderón[2]

A mediados de 1911 —menos de un año después de aquel roce con el poder que le valió un breve encarcelamiento por demandar amnistía para los acusados del golpe de 1909— emprendería José de la Riva-Agüero y Osma una excursión a través de la sierra del país. Por vapor al litoral arequipeño y por ferrocarril hasta Sicuani, y luego de Cusco hacia Huancayo, para retornar finalmente por vía férrea a la capital. Recorrería el historiador, en buena cuenta, la clásica ruta incaica y colonial. De todos los viajes de aquel entonces ninguno sería más consciente y deliberado: el paradigmático relato de un insigne representante de la «ciudad letrada» yendo al encuentro del país ignoto. Su propia descripción de los expedicionarios transmite un sabor entre épico y anacrónico: «van por delante dos indios arrieros y las mulas del equipaje, precedidas por la yegua madrina, muy altiva y briosa, engalanada de un rapacejo de lana»; el oficial y los gendarmes «que ha puesto a nuestra disposición el anciano prefecto, Coronel José del Carmen Gonzales» vienen a continuación; y tras ellos, el historiador y su amigo D. Manuel Montero y Tirado, «mi excelente compañero en toda esta larga travesía andina» y más atrás «nuestros criados cierran la marcha».[3]

1. Riva-Agüero 1952: 524.
2. García Calderón 1949: 11.
3. Riva-Agüero 1974: 34.

¿Buscaba el joven Riva-Agüero, como su amigo Ventura, descifrar el mensaje de quenas y cóndores vengativos o, en su papel de historiador, iba más bien en pos de materiales para la elaboración del «alma nacional» integradora que el Perú requería para consolidarse como nación? ¿O tal vez, simplemente, aspiraba a ponerse a prueba, liberarse del aburrimiento, sacudirse de ese temperamento suyo «retrógrado y antiprogresista», en sus propias palabras, previniendo así ser presa de la «neurastenia» que había afectado al mayor de los hermanos García Calderón, su alma gemela intelectual desde la niñez?[4] Precisamente este, en su empeño de convencerlo de que su destino era ser el salvador del país, le había sugerido en 1907 realizar un gran recorrido por el interior. Un viaje «de seis meses a un año» le bastaría —subrayó Francisco— para comprobar cuán maduras estaban las condiciones para formar, bien fuera o dentro del civilismo o el pierolismo, «un grupo tuyo, que se hiciera más fuerte poco a poco, hasta dar el tono al partido».[5] Que efectivamente tenía pensado un viaje por el sur del país, le respondió José. «Pero con miras menos trascendentales [...] solo para ver campo y ruinas indias». Cuatro años pasarían para llevar a cabo dicho proyecto.[6] Entretanto, se había profundizado su preocupación por el país, su decepción de los partidos históricos. Se hacía más urgente, por tanto, su pregunta por el «alma nacional».

De lo que vio y reflexionó en esa incursión al país profundo dejaría Riva-Agüero testimonio escrito: *Paisajes peruanos*, una peculiar crónica de viaje con connotaciones de registro erudito y manifiesto político que aparecía, en perspectiva, como una subrepticia respuesta al «Discurso del Politeama» que había remecido a la Lima letrada más de dos décadas atrás. El peso de la tradición versus la pasión radical, la continuidad versus la ruptura serían las claves de la respuesta rivagüerina al apóstol radical.

—I—

A la sombra de la victoria pierolista del 95 había crecido José de la Riva-Agüero, agudamente consciente de lo que significaba la dolorosa reconstrucción nacional; agudamente consciente de un pasado familiar que —pasando por el primer alcalde de Lima y el primer mandatario del Perú independiente— se

---

4. De José de la Riva-Agüero a Víctor Andrés Belaunde, Lima, 15 de agosto de 1905. Reproducida en Gómez Acuña 2002: 601-630.

5. De Francisco García Calderón a José de la Riva-Agüero, París 13 de mayo de 1907. En Riva-Agüero 1999b: 615-621.

6. De José de la Riva-Agüero a Francisco García Calderón, Lima 14 de agosto de 1907. Ibíd., pp. 624-626.

remontaba hasta uno de los «trece del Gallo».[7] De dicho pasado derivaba un inequívoco sentido de misión. Su grupo generacional se encargaría, oportunamente, de fomentarlo a través de continuas referencias a su prosapia, su estatura intelectual y esa voluntad «señera y tajante» que, según Francisco García Calderón, solía exhibir José desde temprana edad. «No me consolaré nunca de que no haya sido Presidente del Perú», afirmaría este en su recuerdo póstumo de su amigo de la infancia.[8]

Con una descollante tesis universitaria, *Carácter de la literatura del Perú independiente*, iniciaba Riva-Agüero el recorrido que el destino parecía tenerle reservado. Escrita antes de cumplir los 20 años, sería recibida como un inusual testimonio de precocidad. Por el «carácter nacional» se preguntaba ahí. Mirándose en el espejo literario, se planteaba si era posible aprehender su esencia, registrar sus déficits y sus debilidades; imaginar un derrotero para su fortalecimiento. El «carácter social» de la nación[9] se hacía discernible combinando el análisis «materialista» de la «ciencia positiva» con el abordaje de la subjetividad, por medio de lo cual se accedía a las múltiples maneras en que los escritores republicanos habían ido elaborando nociones de «peruanidad». En dicho proceso Palma y Prada constituían las grandes figuras, los espíritus emblemáticos de una afirmación de lo propio en el marco de una cultura inevitablemente definida por la imitación de lo ajeno.

Si bien representaba la ruptura con el «amaneramiento» de sus colegas virreinales, Palma —«liberal e hijo de la República»— había llegado a tiempo para «salvar» aquellos «recuerdos coloniales» esenciales para definir lo nacional. Subrayaba Riva-Agüero el «cariño» y la «gracia» desplegados en esa tarea de recopilación, que abarcaba tanto «tendencias arcaicas» como «provincialismos populares». Tal característica explicaba su lugar prominente en el horizonte de la peruanidad, sobre todo de cara al momento «no muy lejano» en que la «agobiadora uniformidad» y la «asoladora monotonía se extienda[n] por el mundo» y la modernidad confine a los «gabinetes de los anticuarios y a las galerías de los museos» aquellos elementos que daban un sello distintivo al «carácter nacional». Versiones en miniatura de las novelas de Walter Scott semejaban, en ese sentido, las *Tradiciones peruanas*, un medio para incitar «la ternura por lo viejo». Palma lo había conseguido extrayendo con inigualable maestría lo poco que de «leyenda romántica» podía recuperarse de aquella época de «quietud abrasadora» que había sido el tiempo colonial. Y no era Palma, a pesar de sus «aficiones arcaicas», un pasadista a juicio de Riva-Agüero. Más

7. Porras Barrenechea 1974.

8. García Calderón 1949: 20.

9. Rivera 2010.

bien se erigía como un «decidido partidario de la renovación de la lengua». Lo testimoniaba el hecho de haber entretejido una «ligera, amena, traviesa y blandamente romántica» memoria de una etapa histórica incapaz de producir «una impresión de grandeza y misterio». Había dibujado la cara mejor de un «criollismo» carente de fulgor mientras obraba como un «irreverente» de fuste que había contribuido a disolver algunas de las «más prestigiosas supersticiones» sobre el tiempo colonial. Se trataba, por consiguiente, del «representante más genuino» del «carácter peruano» por consolidar.[10]

Si a esa empresa aportaba Palma sentido de continuidad, voluntad de lucha era la gran contribución de González Prada, una escasa cualidad en el medio local, por cierto, dado el «muy literario» carácter del criollo local: frívolo y vanidoso, «enamorado de las exterioridades» y «de lo superficial». «Inestimables por su rareza en el Perú» dos rasgos suyos explicaban su posición prominente en el Parnaso local: estilo y valor moral. A los «tristísimos años» de la posguerra había que remontarse para apreciar la valía de la obra de Prada como polemista: aquellos textos si bien faltos de «regularidad y orden en el desarrollo de las ideas», hechos de «dura y brillante» prosa, como de «metal», y que habían logrado ser, en su momento, la «exacta expresión de nuestro estado» emocional.[11] El fruto inestimable de un «espíritu honrado», de un patriota que en medio de la tragedia, «con la clarividencia que da el amor», había logrado traducir en «palabras terribles» una «desgarradora verdad»: que la derrota ante Chile era una herida autoinfligida. Porque había procedido de buena fe; porque había sabido mantenerse «erguido y digno» defendiendo el «pensamiento libre» en una «sociedad gazmoña y fanática, imbuida en preocupaciones de aldehuela» y marcada por el «carácter sumiso» y la «lisonja cortesana» de la colonización hispana merecía Prada su admiración.[12]

Irrescatable, sin embargo, la personalidad del «apóstol radical»: maniatada por su intransigencia («nada de matices, de concesiones o distingos; o apoteosis o diatriba») y por su unilateralidad (impermeable a la «curiosidad tolerante y amplia» como a la «simpatía crítica»; exclusivo, dogmático, intratable para con las doctrinas contrarias a la suya). Rasgos que lamentablemente permeaban sus planteamientos políticos, más que «errados» simplemente «desastrosos».[13] ¿No había sido acaso «una insensatez monstruosa» alentar el todavía latente «espíritu revolucionario»? Agitando para ello supuestas «reivindicaciones populares» sin considerar el letal efecto de un retorno a tiempos

10. Riva-Agüero 1905: 153 y ss.
11. Ibíd., pp. 192-266.
12. Ibíd., pp. 200-203.
13. Ibíd., pp. 195 y 202.

levantiscos; provocando con su radicalismo a «las clases conservadoras a hacer causa común con el catolicismo», fomentando de esa manera «el engrandecimiento de la Iglesia».[14]

Malsanas propuestas, sin duda, difundidas tal vez sin medir su alcance. Que en «aguijón de malas pasiones» —amor a la rebelión y al trastorno, catalizador de la rabia comprimida, de la vanidad impotente que hierve de continuo en ciertas capas de nuestra sociedad— habrían de convertirse «para una parte de la juventud», afectando, en particular, a las «pobres inteligencias de incautos provincianos». De ahí que, si bien en el medio limeño decaía aceleradamente el «contagio radical», lo contrario ocurría en Trujillo, Cusco o Arequipa, donde una moralmente «raquítica» educación política —aparejada con una densa acumulación de «rencores»— propiciaba el florecimiento de la «diatriba y la injuria personal», el arribismo y la mediocridad.[15] Se preguntaba por ello José de la Riva-Agüero si no habría manera de separar la «causa de González Prada» de la desplegada por sus seguidores, esos detentadores de un «funesto jacobinismo» que pervertía lo poco de orden que la incipiente república había sido capaz de consolidar. «¡Cómo nos fuera dado —exclamaría el joven letrado— llevar al ánimo de todo peruano el íntimo convencimiento de estas salvadoras verdades: la imperiosa necesidad de construir una "autoridad firme, pero legalmente restringida", disipando para siempre el peligro del radicalismo!»[16]

Precaria aún la experiencia republicana, sin un «fecundo ideal colectivo», carentes los peruanos de «homogeneidad étnica», como de una «vida intelectual intensa y concentrada», ausente también el desarrollo social y económico, la «última desgracia, el último absurdo, la última plaga» sería el enseñoramiento de quienes aspiraban a «emprenderla contra el capital y propagar el socialismo».[17] De hecho, rebatir el radicalismo de la izquierda en ciernes llevaba más allá de los linderos de una tesis sobre literatura republicana. «La indiscutible importancia de la personalidad de González Prada y la influencia de sus doctrinas políticas» ameritaban extender su estudio «más de lo que pensaba», se justificaba el autor. Por ello, tras pedir al jurado las disculpas del caso, no dudaría el graduando en seguir adelante con su recusación.[18]

Aquel «contagio radical» dificultaba cualquier oportunidad de consolidación nacional. Sin cuestión obrera, ausentes todavía «las causas económicas» que en otros países contribuían al avance del socialismo, sería «criminal en

---

14. Ibíd., pp. 206-208.
15. Ibíd., pp. 212-214.
16. Ibíd., pp. 212 y 215.
17. Ibíd., pp. 202 y 208.
18. Ibíd., p. 216

alto grado» recurrir al «fomento de odios y discordias» como método de acción política. Ni siquiera para la existencia de partidos políticos doctrinarios estaban dadas las condiciones, a juicio de Riva-Agüero. Coincidiendo con el mayor de los hermanos García Calderón, una «oligarquía abierta» era su opción inmediata: «la unión del talento, de la riqueza y de la tradición», en equilibrada y fecunda colaboración.[19] Se requería una élite dirigente, a la manera de un cuerpo orgánico de corte medieval, donde cada uno conociera su lugar, capaz de suscitar «unión y concordia». De ello dependía «conservar nuestra calidad de nación independiente». Para tal efecto, en al menos dos sentidos fundamentales habría que obrar: a) una acción interna que, inspirada en un «criterio liberal», promoviese el incremento de la riqueza, desterrando así la «pereza criolla que nos mata» a la par que se iba generando resistencias contra la opresión estatal; y b) una acción de resistencia al emergente poder del «gigante vecino» del norte. ¿Podría acaso la América hispana mantener su «independencia y su dignidad» ante los intentos yanquis de «absorción económica» si seguía entrampada en «revoluciones y trastornos»? Si México, Argentina, Brasil o Chile tenían grandes posibilidades de escapar al yugo norteño tras haber concluido la «fiebre revolucionaria», no era este el caso de países como el Perú donde «entre escombros amontonados por la anarquía, se agitan gentes pidiendo un amo».[20]

Convertir el inevitable avance yanqui en «el más poderoso elemento de nuestra prosperidad» era, de tal suerte, la única opción. ¿Cómo educar a las nuevas generaciones, entonces, para adaptarse a la era de la hegemonía norteamericana sin convertirse «en criados y aun parias»? Una doble salida proponía Riva-Agüero: educación práctica y utilitaria e inmigración europea —de pueblos de origen latino, advierte—, «para que la raza latina no pierda el predominio en estas tierras que ella ha descubierto y colonizado».[21] El marco general no podía ser otro que la conservación del legado hispano. Tan absurdo como pretender hacer de lo prehispánico fuente alguna de «originalidad» era sucumbir a «diletantismos» afrancesados. No se trataba, desde luego, de «proscribir» la «imitación francesa» pero sí de evitar que prevaleciera, que fuese la única o la más absorbente. Había que restablecer más bien la verticalidad ante esa ridícula explosión de ignorantes vanidades fomentada por la prédica radical: pocos pero bien preparados literatos, una «selectísima aristocracia de la inteligencia», intensidad y no extensión. Esto requería por cierto, contraponer al

---

19. García Calderón 2001b: 400.

20. Riva-Agüero 1905: 224, 262, 267.

21. Ibíd., pp. 263-267.

entusiasmo gonzalezpradista el histórico peso de lo colonial.[22] En suma, en el legado hispano debía seguir buscándose «lo esencial en la nacionalidad». Convocaba Riva-Agüero, por lo tanto, a luchar «con todas nuestras fuerzas» contra la corriente que, en acto «suicida», pretendía apartarnos de España.[23]

En este marco, por ende, lo incaico quedaba como el *otro* de la ecuación; estéticamente para comenzar. A «monstruosas Babeles, edificadas por pueblos tal vez venidos del Asia» remitía al historiador «la vetustez de la sagrada Cuzco». Evocaba ella una historia «exótica y extraña» para «nosotros», que nunca podría sentirse «con el afecto íntimo» con que se apreciaba lo colonial. No solo era así para los «castizos», sino para los propios «descendientes de los indios» que, al haber «olvidado sus orígenes», tampoco la valoraban mucho. Lo mismo ocurría en mayor grado entre los «indios cultos», «europeizados» como resultado de su educación. Tampoco a la sierra misma, como paisaje y cuna de tradiciones populares, le concedía Riva-Agüero potencial alguno como fuente de inspiración. ¿Qué sino la impresión del «dolor resignado» podían inspirar sus «moles aplastantes» y los «sonidos sollozantes» de sus sempiternas quenas? ¿No subyacía acaso, tras la imagen de «servil humildad y desconfianza», la «hostilidad recelosa y siniestra» de sus habitantes? «Con toda su alma», concluía, aborrecía el indio al blanco y al mestizo, y si no le declaraba «la guerra franca» era, simplemente, «por cobardía». Porque «como en todos los esclavos», «odios misteriosos, de terribles venganzas, de encantamientos, sortilegios y maleficios» maceraban en su alma. «Algo diabólico y hechizado», más aun, la inflamaba. «Ardientes pasiones largo tiempo comprimidas», como los cuentos de su amigo Ventura se encargarían de demostrarlo un par de décadas después.[24]

Corroboraban estos juicios un texto escrito en sus primeros meses como estudiante universitario: el Tawantinsuyo como una «teocracia despótica»; un sistema socialista que como una maquinaria automática, sin introducir mejora alguna, con eficiencia pero sin creatividad, había llegado a imponerse. ¿Civilización? Tal vez sí pero congelada en el tiempo. En contraste profundo con una civilización europea menos armónica pero progresiva, que como resultado de su incesante avance, terminaría rebasando sus propios límites, enviando a sus hijos a América «a someter [a] la raza que no supo avanzar», cuya «debilidad moral» y su «soñolienta pereza» poco podría hacer para resistir. Una sociedad que, a pesar de sus méritos —la creación de «un orden y una paz perfect[o]s»—, un oneroso legado había dejado por su falta de libertad: la sumisión que había

---

22. Ibíd., pp. 261 y 228-233.
23. Ibíd., pp. 249 y 253.
24. Ibíd., pp. 141-143.

inculcado en su gente, que agravada por la «esclavitud del Coloniaje», en abyección pura habría de trocarse, convirtiendo al indio en lamentable «rémora de todo progreso».[25]

Más de una duda subyacía tras el admonitorio tono desplegado por aquel estudiante precoz. ¿No serían meras ilusiones nuestros proyectos de acercamiento intelectual a España? ¿Acertará la América Española a redimirse de su pasado culpable y bochornoso? ¿Tendremos la suficiente voluntad para renunciar a nuestras aficiones, para comprender que se vivían momentos decisivos y que la situación exigía resoluciones heroicas? Los datos de la realidad, las demandas de una sociedad transida de conflictos, se encargarían de ahondar y complicar tales cuestionamientos. En el afán de Riva-Agüero por extender su visión letrada al país real —por encontrar la salvación del país, como alguna vez le había dicho Francisco García Calderón, «bajo el polvo de una biblioteca»— hay que buscar, entonces, el rastro que lleva a la expedición de 1912. ¿Iban hacia la política los letrados novecentistas?

—II—

Emerge de la correspondencia de Riva-Agüero el perfil del complicado tránsito hacia la política de un grupo de almas afines que, en general, como recordaría Víctor Andrés Belaunde— se cuidarían «celosamente» «de no perturbar su consagración al estudio» debido a la «agitación política» que solía afectar al país.[26] Que nada «nuevo e interesante» ocurría en Lima comentaba José, desde Lima, a Víctor Andrés, —en un viaje de trabajo por España— a mediados de 1905. Que «harto de literatura del Perú independiente» —y tras haber dado cuenta de más de cincuenta volúmenes «que en su mayor parte se disputan entre sí los premios de la insulsez y la tontería»—, había optado por refugiarse en el estudio de la historia colonial le comentaba también. Y que si bien ese «refugio» nada tenía de agradable era largamente preferible al «vulgar y fastidioso» presente. «¡Guerra al presente!», por ello, era su máxima. De este era preciso escapar «a toda costa», trabajando «para que se realice el futuro», o, «sumergiéndose en el pasado cuando no hay fuerzas y años para ello».[27]

De hecho, para no aburrirse, a escasas semanas de haber concluido su tesis de bachiller, comienza a diseñar un proyecto de tesis doctoral basado en la crítica de los historiadores peruanos, desde los primeros cronistas hasta Mariano

25. Riva-Agüero 1902.

26. Belaunde 1967: 385.

27. De José de la Riva-Agüero a Víctor Andrés Belaunde, Lima, 15 de agosto de 1905. Reproducida en Gómez Acuña 2002: 628-639.

Felipe Paz Soldán (1821-1886). Representaba un «trabajo de erudición» orientado a demostrar que, a la luz de la historiografía moderna, carecía el Perú de «una verdadera historia». Por su extensión y su complejidad, el proyecto «a la vez me asusta y me atrae», concluye el joven historiador.[28] Nostálgico, lamentando que sus «insoportables» obligaciones laborales hubiesen «echado al traste por ahora mi europeización», responde Belaunde desde Madrid. Se consuela, no obstante, con la certeza de que pronto retornaría «a luchar al lado de la nueva generación de la que son ya representantes conspicuos García Calderón y usted».

La abúlica tranquilidad de 1905, en todo caso, era la calma chicha previa a la tormenta. Desde muy temprano, en realidad, las «ambiciones de grupo», como recordaría Belaunde años después, habían ido socavando la «obra magnífica» de Nicolás de Piérola. Y si bien la elección, en 1904, de José Pardo y Barreda como presidente —con el peso simbólico de su apellido respaldado por una favorable situación económica— parecía haber atenuado las pugnas, con renovadas fuerzas reaparecen estas cuando al final de su mandato impone a Augusto B. Leguía como sucesor. Distintivamente disgregadora terminaría siendo el nuevo mandatario, responsable directo de la división del Partido Civil vía la creación de un "bloque" independiente a su interior.

Una constelación de círculos y grupos era, en realidad, el renacido civilismo. Coexistían en ella: a) «hombres prácticos» como Leguía con b) reformadores sociales del grupo de José Matías Manzanilla y Luis Miró Quesada, c) la visión neopositivista de Manuel Vicente Villarán o de Javier Prado con d) la del filósofo Alejandro Deustua, de signo opuesto, promotor de las formas más elitistas, sustentadas en la fortitud moral y la libertad de pensamiento. Así, por ejemplo, si Villarán abogaba por la educación universal, como un desperdicio veía Deustua invertir dinero en la educación de las masas indígenas. Bajo el impacto del crecimiento económico, de otro lado, una infusión mesocrática recibiría el Partido Civil. Que se traduciría en el fortalecimiento del leguiismo en una década venidera. Riva-Agüero, los García Calderón, Víctor Andrés Belaunde y otros eran, en ese universo, un círculo más. Un grupo que, desde la tribuna intelectual observaría la progresiva disolución de los partidos Civil y Demócrata, sin atinar a actuar. Recién en 1915 tomaría forma el Partido Nacional Democrático, encabezado por quien todos ellos veían como el líder nato de su grupo generacional: José de la Riva-Agüero.

Sus angustias ante este proceso ventilaría Riva-Agüero en su correspondencia. Lamentará que el Perú no tuviese el grado de civilización de Chile, o

---

28. De Víctor Andrés Belaunde a José de la Riva-Agüero, Madrid, 5 de diciembre de 1905. En Riva-Agüero 1996: tomo XIII, 262-263.

no tuviese un «indio genial» como Benito Juárez; que no hubieran persistido sus antepasados en el camino «monárquico constitucional», corroborando la «incapacidad latina» para sustentar un modelo tal. Especula Riva-Agüero que siendo imposible pensar en un «rey burgués», una alternativa práctica podía ser extender el periodo presidencial permitiendo la reelección, con un Senado que sirviese de equilibrio a lo que se vislumbraba como amenaza política principal: la demagogia multitudinaria.[29]

Preocupado por la estabilidad, salvo Belaunde, insuficiente atención prestaría el grupo rivagüerino, a los pactos de la élite capitalina con el caciquismo que eran, precisamente, el pivote y el freno de sus aspiraciones renovadoras republicanas. A la vez, tendían a ver a los reformadores como ingenuos o francamente peligrosos; a revolucionarios de cuño montoneril como Augusto Durand, populistas como Billinghurst o demócratas como Alberto Ulloa, como los propiciadores de la ruina del Perú, en tanto gestores de «mayorías gubernativas de liberales analfabetos, de serranos imbéciles» tan irresponsables como sus patrocinadores.[30]

A cada nueva conmoción, de 1907 en adelante, Francisco García Calderón reiteraría su demanda a José de pasar a la acción. Alega este que necesitaba primero «formarse un nombre consistente publicando libros, enseñando y administrando mis bienes en forma y si es posible aumentarlos».[31] Incrementa su entusiasmo Francisco a raíz de su «gran triunfo moral» contra Leguía en torno al tema de la amnistía para los demócratas: «tú tienes que ser en el Perú algo excepcional, lo que nadie ha sido, salvarnos, redimirnos».[32] Inconmovible, que ha vuelto a su «vida de siempre», contesta el historiador, y que no saldrá de ella —subraya— a menos que surjan circunstancias «que me impongan el deber cívico de una activa participación política ante amenazas de ruina general».[33] Una cierta resignación tiñe sus cartas a partir de entonces. Una prematura vejez pareciera haberlos atacado. Hay épocas, comenta José, que se siente «tan lerdo y tan estéril de imaginación» que tiene la impresión de ir «en camino de la demencia» y que, por supuesto, «es un horror envejecer tan pronto».[34] «Que

29. De Francisco García Calderón a José de la Riva-Agüero, París, 13 de mayo de 1907. En Riva-Agüero 1999c: tomo XVI, vol. I, 262-263.

30. De José de la Riva-Agüero a José Pardo, Nápoles, 19 de febrero de 1914. En Riva-Agüero 1999d: tomo XXI, vol. I, 187-193.

31. De José de la Riva-Agüero a Francisco García Calderón, Lima, 14 de agosto de 1907. En Riva-Agüero 1999c: tomo XVI, vol. I, 624-626.

32. De Francisco García Calderón a José de la Riva-Agüero, París, 13 de octubre de 1911. Ibíd., pp. 696-698.

33. De José de la Riva-Agüero a Francisco García Calderón, París, 8 de diciembre de 1911. Ibíd., pp. 699-703.

34. Ibíd., p. 702.

la vida se me va», confiesa Francisco por su parte. Invadido por el escepticismo sobre su propio futuro, deposita sus esperanzas en verlo llegar «adonde yo no he de llegar, y diciendo las cosas que deben ser dichas» en el Perú y más allá.[35] Tenían, por ese entonces, 26 y 29 años respectivamente.

Pronunciarse en favor de una amnistía para los protagonistas del fallido golpe del 29 de mayo de 1909 significaba, en ese contexto, una muestra de repudio contra el «juego político» que amenazaba con «destruir el clima» que, del 95 en adelante, había asegurado «la marcha próspera en beneficio del país». Se distanciaban, al mismo tiempo, de la política de «círculo estrecho o de argolla que representaba el pardismo».[36] Sus conexiones con el exterior contribuían a definir una identidad grupal. Eran determinantes en ese sentido sus vínculos con el llamado arielismo, bajo cuya inspiración habría de forjarse un inédito sentido de confraternidad continental en los años iniciales del siglo pasado. ¿Hizo suyo el sentido democratizante de la prédica de Rodó el «grupo rivagüerino» de que hablaba García Calderón? ¿Dio lugar el arielismo en el Perú a una corriente reformista similar a la surgida en otros países de la región?

—III—

Como un hito en la definición de su generación recordaría Víctor Andrés Belaunde la participación de la Universidad de San Marcos en el Congreso Internacional de Estudiantes Americanos celebrado en Montevideo a inicios de 1908. El evento se registró entre dos fechas cruciales: la guerra de la independencia de Cuba (1898) y el movimiento de Reforma Universitaria de Córdoba (1918); y aparece en la historia de las ideas en la región como un foro de difusión de aquella corriente nacionalista progresista articulada por Rodó. Ahora bien, si el mensaje arielista animaría una lectura «progresista» en algunos países, el Cono Sur en particular, en el Perú suscitaría apenas un pálido aliento en pro de combinar «reforma y tradición». Estimularía una peculiar fórmula de «tradicionalismo evolutivo» en todo caso.[37]

Francisco García Calderón sería, entre todos los peruanos, el único que establece relación directa con Rodó Como su más prominente discípulo lo consagra el uruguayo en el prólogo que escribe para *De Litteris* (1904), primer libro del joven autor limeño. Como «verdadero guía de espíritus» lo reconoce Francisco, por su parte, poco después; cuyas subsiguientes sus obras —*El Perú*

---

35. De Francisco García Calderón a José de la Riva-Agüero, París, 28 de marzo de 1912. Ibíd., pp. 703-706.

36. Belaunde 1967: 386 y 393.

37. Ibíd., p. 338.

contemporáneo (1907), *Las democracias latinas de América* (1912) y *La creación de un continente* (1915)— llevarían de hecho el sello arielista: no solamente en el concepto de «democracia latina» y en la crítica a la hegemonía norteamericana, sino en el espíritu de «superioridad intelectual», idea ligada a una visión aristocrática de la acción política.[38] Varios años pasarían, sin embargo, para que estas obras —originalmente publicadas en francés— aparecieran en español.

En activismo estudiantil se traduciría, en el caso de Belaunde, la experiencia «arielista de 1908». Promueve, a poco de retornar al Perú, la fundación del Centro Universitario de Lima. A partir de *El Perú Antiguo y los modernos sociólogos* (1908) se distingue en su obra un claro interés por el pasado andino, que se proyecta al llamado «problema del indio». De hecho, un panel sobre la educación indígena organizado por el Centro Universitario vendría a ser la semilla de la Asociación Pro Indígena (1909-1916), una red de activistas a la que tanto Belaunde como Riva-Agüero brindarían apreciable respaldo. A la luz de «los ejemplos de los pueblos» que habían «transformado maravillosamente las razas primitivas, y con los medios variadísimos de la moderna cultura», asumían él y sus compañeros la resolución del «problema del indio» como su gran responsabilidad generacional.[39]

Sin embargo, poco o ningún aprecio mostraría Riva-Agüero por el arielismo. ¿No era acaso una «espantosa frivolidad» proponer el modelo del «ocio clásico» de la Grecia antigua a una sociedad tan requerida de un impulso mercantil e industrial? ¿No era acaso una «peregrina ocurrencia» exhortar al cultivo de la «contemplación metafísica» y el «desinteresado placer estético» a una nación que, para preservar su autonomía y su libertad frente a «la estruendosa catarata» que se precipitaba desde «el norte», debía sobreponerse, primero, a la cultura de la pereza que emanaba de su misma condición mestiza?[40] La investigación histórica era en su caso la ruta idónea para enraizar en la propia tradición la inevitable y fundamentalmente ajena modernidad. A Unamuno más que a Rodó recurriría el joven limeño en busca de orientación. De hecho, como un excepcional registro de la dimensión íntima de su confrontación con la realidad de su patria, puede leerse su correspondencia con el maestro bilbaíno.[41]

Tras un primer contacto a raíz de la publicación de su tesis, que Unamuno comentaría muy elogiosamente, prosigue en septiembre de 1905 el peruano la comunicación. «Compartimos las mismas miserias que España», en tanto que

38. Rodríguez 1985.

39. Belaunde [1908] 1987: 62.

40. Riva-Agüero 1905: 263.

41. Pacheco 1977. Las citas que siguen provienen de esta publicación.

aquí como allá «amenazas tremendas y signos desconsoladores [...] se dibujan en nuestro horizonte». No oculta tampoco el escepticismo que lo visita: «de lo que llevo de vida —anota— 1906 es el año peor». Su propia crisis de fe aparece, más aun, como tema recurrente de sus misivas. Rechaza el anticlericalismo pero suscribe la propaganda anticatólica, pues ve en el catolicismo un «inseparable auxiliar del despotismo político».

De retorno de su descreimiento parece estar un año después. A una «vida casta, concentrada en el estudio o en la acción serena y a largo plazo, lejos de la garrulería y de las vanidades cotidianas» aspira por ese entonces. Sigue temiendo sin embargo que la «rutina de la vida» y el «clima enervante» de Lima terminen por doblegarlo, condenándolo a vivir en «contradicción consigo mismo», en el «divorcio de su propio ideal». Consejo se atreve a pedir por ello a Miguel de Unamuno, quince años mayor que él, para llegar a realizar su «ideal de severidad espiritual y de estoicismo». ¿Me faltará un principio religioso? ¿Qué se debe entender por disciplina intelectual? ¿Qué método prescribiría a un joven intelectualmente disipado, que quiere concentrar sus fuerzas en el estudio y que se siente solicitado por estímulos de placer y de goces mundanos, de ambición política y toda clase de concupiscencias? ¿«Cómo elevarse» y «hacía qué», «cómo permanecer, sobre todo, en las alturas venciendo los desfallecimientos»?

Del «desolado agnosticismo», preludio del «diletantismo y el literalismo», lo previene su interlocutor. Es el destino común, subraya, de jóvenes de países católicos que, al perder la fe, quedan a expensas de «monstruos espirituales» como «ese desdichado D'Annunzio», autores de una literatura «con poca nobleza», carente de «hondas inquietudes» y «soplo religioso». Proponerse «una obra de largo plazo y patriótica, una obra a que consagre usted su vida» podría ser la salvación. En su propósito de «acometer una labor espiritual» acaso le sería saludable dejar por un tiempo un medio en que «la ambición política y la sirena femenina» socavaban la voluntad. Y la falta de un «ideal religioso» era, por cierto, un problema que resolver.

Hacia fines de 1907 la «realidad nacional» se inmiscuye en la comunicación. Ante una posible confrontación con Ecuador, con «verdadero entusiasmo» «sienta plaza de recluta» el joven historiador. Meses después celebra con similar ánimo la rápida debelación de la «descabellada revolución» de Augusto Durand, que «parece que por fortuna será la última de las infinitas que hemos tenido» en el Perú. A la «muy dolorosa» situación política del país, a sus problemas de «desorganización interna» habrá de referirse en varias oportunidades a partir de ahí.

En tiempo pretérito hablará Riva-Agüero a fines de 1909 de sus años de «positivismo y paganismo universitario». Sigue teniendo problemas —que llegan a causarle congoja— para ensamblar su inquietud religiosa con su labor de investigador en medio de su «atareada frivolidad de diletantismo histórico». Así, si bien tiende a aceptar la «hipótesis teísta» como «la más racional», lo obliga su «criterio histórico» a cuestionar «la más laxa fórmula de la divinidad de Jesús». Se rehúsa a examinar el tema de «tan solemne y trágica trascendencia» a partir de los «hábitos mentales» de la «investigación erudita» o de sus «preferencias de régimen social». Si bien no pretende una paz «que no es de esta vida», quisiera al menos «tener una dirección y un partido en el combate moral del mundo». Pide por lo tanto consejo a quien «ha atravesado por crisis mucho más graves y altas», para «salir de esta desagradabilísima situación de ánimo».

Que le recuerdan a sus 25 años sus «preocupaciones religiosas» responderá Unamuno, animándolo a persistir en los «estudios históricos», que requerían más «penetración filosófica» que un tratado sobre el libre albedrío o la causalidad y «más imaginación que para hacer una novela». Lo insta, más aun, a asumir «una tarea histórica de interés nacional y patriótico» como vía para recuperar la fe «en la finalidad del hombre». Porque en el curso de la historia y no en la naturaleza era que se revelaba Dios. Porque, de tal suerte, estudiando historia podía recuperarse la fe que se perdía filosofando. Porque ante el drama de la vida, un verdadero «sedante» podía ser el estudio del pasado; una «gran escuela de fraternidad y amor» a fin de cuentas. De ahí que insista en el sentido «hondamente espiritual» de escribir «la historia de su patria», una historia que «sea a la vez una sociología y una psicología de su pueblo». Porque no existía «filosofía y poema» —concluía el maestro salmantino— de trascendencia equiparable

A dos autores lo remite para proseguir la búsqueda allende el espejismo positivista: Henri Bergson y Ernest Renan, *La evolución creadora* y *Qué es la Nación*, obras que el siempre actualizado Riva-Agüero había leído ya. De Bergson tomaría el peruano la confianza en su propio «élan», la noción de que no era otra cosa nuestro «carácter» que la «condensación» de historias vividas —«incluso antes de nacer»— y que con esas virtudes y disposiciones actuábamos en el mundo los seres humanos.[42] De la mano de Renan, de otro lado, accedería este a una definición de nación en que fe y voluntad jugaban un papel fundamental. La nación, vale decir, como la compartida creencia de haber vivido una historia común y la consecuente aspiración a consolidar dicho vínculo de cara a los retos del porvenir.[43]

42. Bergson 1963: 442.

43. Bestard 1998: 29-30.

A mediados de 1911, tras agradecerle por sus consejos a sus «inquietudes y desorientaciones de ánimo», le anuncia el peruano a su mentor, que habría de encontrar algunas respuestas a toda aquella problemática personal, —«aunque todavía no todo lo que querría»—, en el epílogo de su recientemente culminada tesis doctoral, *La historia en el Perú.*

—IV—

En terreno fértil caían los consejos del autor de *El sentimiento trágico de la vida.* De hecho, en el proceso de redacción de su tesis doctoral Riva-Agüero había ido revisando sus concepciones sobre el Perú antiguo. Lo revelaba su estudio de 1906 sobre los *Comentarios reales* de Garcilaso de la Vega, en que se propondría reivindicar «la real y legítima importancia» de aquella obra fundacional.[44] Era, diría, «contrapeso indispensable» de aquella «leyenda negra» que iba ganando terreno sobre la base de ese «engendro de la falsedad» que eran las *Informaciones* de don Francisco de Toledo. Transmitían ellas una visión tan «antihistórica, mentirosa y nociva» como aquella otra «leyenda de oro» de «prosperidad y bienandanza maravillosas», «por tanto tiempo» impuesta «al mundo entero» por el propio Inca Garcilaso, y que «hoy», gracias a un mayor conocimiento de las fuentes, podía ser afortunadamente superada. Recusar ambos extremos era condición para acceder a una «veraz reconstrucción histórica de aquel estado social». Había que dejar claramente establecido, para comenzar, la importancia que para tal propósito tenía la legendaria obra del célebre cronista mestizo.

Su apasionada respuesta al intento de Manuel González de la Rosa de cuestionar la legitimidad de los *Comentarios reales,* publicada en la *Revista Histórica* en 1907, confirmaba su compromiso con una historia objetiva en la línea de Leopold von Ranke o de Theodor Momsen, aunque al mismo tiempo habitada, como el propio Unamuno le había aconsejado, por el «soplo del ideal».[45]

Frente al antiindigenismo de sus maestros Alejandro Deustua y Javier Prado, e inclusive de su contemporáneo Francisco García Calderón, quien se remitía a las ideas del oficial toledano Juan Polo de Ondegardo en busca de inspiración para diseñar una política indígena tutelar,[46] Riva-Agüero daba muestras de ir labrándose un camino propio. Lo hacía en el sentido «hondamente patriótico» que Miguel de Unamuno le había sugerido. Por ese camino habría

---

44. Riva-Agüero 1906: 5 y ss.

45. Ver al respecto José de la Riva-Agüero, «Polémica histórica sobre el Inca Garcilaso», en Riva-Agüero 1999a: vol. 6, 11-62.

46. García Calderón 2001b: 409.

de llegar a una drástica crítica de la literatura como medio de fortalecimiento del carácter nacional. Temprano en su diálogo con el pensador español, Riva-Agüero había sido tajante en desestimar el requerimiento de Unamuno de recibir su «producción de literatura directa (poesía, novela, etc.)». «La producción directa que espera Ud. de mí —le había dicho—, no la verá pronto; probablemente nunca», más aun, porque para el «arte puro» simplemente carecía de «aptitudes». Hacia «la crítica y la historia» lo llevaban más bien sus «aficiones» intelectuales.[47]

Al estado de «decadencia» de la «literatura pura» —por contraste con el de la historia, como demostraban los «notables trabajos» publicados por la flamante *Revista Histórica*— se refería Riva-Agüero un par de años después. En esas circunstancias, teniendo en cuenta nuestra estrechez de recursos, ¿no era acaso deseable que «aun al precio del sacrificio del movimiento literario, el gusto histórico tome raíz entre nosotros»?[48] Sin dirección ni disciplina, sin método ni cultura, sin seriedad ni sinceridad de emoción y, más grave aun, sin «verdadero ideal», tan solo «pueril remedo» podía esperarse de «nuestros literatos principiantes».

Toda la densidad de su erudición pondrá en juego, en consecuencia, en la crítica del «ridículo cosmopolitismo» que invadía impenitente los medios letrados capitalinos. ¿Podría el «efectista e hinchado» criollismo limeño proporcionar la tan urgentemente requerida imagen total del Perú? Contra ello conspiraba el peso de la tradición: a) sus dos siglos de «gongorismo», el más «fervoroso y extremado» de América; b) la huella tropical de su legado andaluz, así como c) el «boato y empaque castellanos» de su condición de capital virreinal. Ni un Rubén Darío era suficiente, como el caso de José Santos Chocano lo demostraba, para salvar el *impasse.*[49]

Su propia condición de hombre de prosapia y estirpe —que le permitía experimentar la investigación del pasado como un asunto personal— era, en la definición de Riva-Agüero como historiador, un elemento insoslayable. Mucho más que una mera opción académica o profesional era, para él, el quehacer histórico. Actitud que trascendía al caso peruano, dentro del cual rehabilitar a sus propios antepasados aparecía como un asunto consustancial al examen analítico, como lo ilustraría Francisco García Calderón al rememorar una visita

47. De Miguel de Unamuno a José de la Riva-Agüero, Salamanca, 10 de noviembre de 1905; y de José de la Riva-Agüero a Miguel de Unamuno, Lima, 7 de noviembre de 1906. En Pacheco Vélez 1977: 149-150.

48. Riva-Agüero 1909.

49. José de la Riva-Agüero, «Influencias imitativas en la moderna literatura peruana». En Riva-Agüero 1999a: vol. II, 471-480.

al Palacio de Edimburgo en que «José se paseaba como si hubiera vivido en la intimidad de la Reina María Estuardo».

A pesar de todo, de ese «estrecho sentido de propiedad»[50] con que afrontaba su labor de investigación, así como de las incertidumbres que se había atrevido a ventilar epistolarmente con Miguel de Unamuno, la vida de Riva-Agüero comenzaba hacia 1910 —según Luis Alberto Sánchez— a escapar de la «órbita universitaria» para encaminarse hacia «las realidades concretas del Perú».[51] En ello, evidentemente, tendría mucho que ver su afán por salvar la restauración republicana del 95.

No deja dudas al respecto un comentario suyo escrito a fines de 1910. Acaba un año, dice, «singularmente inquieto y triste», turbado desde un inicio por «angustias y pesadumbres de todo orden», que se cierra «entre nublados de tempestad y arreboles sangrientos de guerra civil». Comenzaba, en efecto, un año decisivo que significaría para Riva-Agüero una suerte de «bautizo de fuego» político a raíz de la publicación, en septiembre de 1911, de su ya mencionado artículo demandando amnistía para los presos del golpe de mayo de 1909. No era legítimo, alegaba ahí, que un gobierno que recurría a la intimidación y abusos como el saqueo y clausura del diario *La Prensa*, pretendiera sancionar a revolucionarios que, de haber triunfado, hubiesen evitado tres años de anarquía política en que se había «destrozado» ese «gran instrumento de gobierno y orden que representaba el civilismo». La revolución de mayo de 1909 quedaba, en sus propias palabras, «justificada a posteriori».[52]

La orden de detener a Riva-Agüero, la fuerte protesta estudiantil ante aquella medida y la represión aplicada por el régimen ampliarían el impacto de su protesta. Una sensación de victoria suscitaría el retroceso presidencial. No era poca cosa que un estudiante hubiese muerto en la trifulca. Leguía se verá obligado a conceder la varias veces denegada amnistía. El sueño de dotar a la restauración republicana posmilitarista de una ilustrada dirigencia reformista basada en la confluencia de «lo más selecto» de las juventudes demócrata y civilista, aparece entonces más factible que nunca: «cuando en plena juventud se ha tocado así el cielo con las manos —escribiría años después Ventura García Calderón—, nada parece imposible».[53] En sus memorias registraría Víctor Andrés Belaunde la nostálgica atmósfera de ese instante singular: los vivas a Pardo y a Piérola resonaban en el «gran banquete» que en honor de Riva-Agüero se

50. García Calderón 1949: 20.

51. Sánchez 1985: 20.

52. José de la Riva-Agüero, «La amnistía y el gobierno», en Riva-Agüero 1999a: vol. IX, 49-55.

53. Ventura García Calderón 1936: 54.

celebraría en el Jardín Zoológico capitalino. La «vieja coalición que triunfó en el 95» reverdecía «bajo el signo de un homenaje a Riva-Agüero por su rebeldía contra la política arbitraria de Leguía».

En tales circunstancias, al domingo siguiente, tras dos años de reclusión voluntaria, haría don Nicolás «su primera salida a la misa de San Pedro», encontrándose a la salida del templo con una «espontánea multitud» que lo acompaña hasta su residencia en la calle El Milagro. Una frase muy suya se le escucha decir desde el balcón de su casona en esa oportunidad: «cuando el pueblo está en peligro, viene hacia mí».[54]

Más que un promisorio *revival*, aquella escena parecía representar el inminente mutis de los últimos remanentes del XIX. Año y medio de vida le quedaba por ese entonces al viejo caudillo civil, devenido demócrata a la hora undécima. Y si a Prada, el otro gran personaje vivo de esa centuria furibunda, aún le quedaban varios años más, recluido en el silencio se encontraba —según Riva-Agüero—, entregado «a la misantropía y a las decepciones».[55] En pocos meses, más aun, la «turba urbana» saldría a las calles a expresar su propio sentir acerca de la permanencia de la «argolla» civilista en el poder. En un pierolista disidente como Guillermo Billinghurst, por ese entonces alcalde de la ciudad, encontraría esa movilización su inusitado portavoz.[56]

¿Abría el incidente de la amnistía una real oportunidad para Riva-Agüero? ¿Hubiese podido ser él y no Billinghurst el hombre providencial de la reacción anticivilista abierta, precisamente, por su desafío escrito contra el aspirante a autócrata Augusto B. Leguía? El propio José, en todo caso, se había apresurado a desalentar cualquier intento en esa dirección. Que «celoso de sus obligaciones cívicas» y preocupado por el «porvenir nacional», afirmaría, en su respuesta al homenaje en el Jardín Zoológico, no abrigaba «ambiciones prematuras». Reafirmaba así su renuencia a «mezclarse» en «las contiendas políticas» y su distancia de «personalidades efímeras». Si alguna «arrebatada pasión» le movilizaba se hallaba esta «sublimada» por «el fuego purificador del ideal».[57] Como le había dicho a Unamuno en el epílogo de su tesis, a la que le había puesto el punto final once meses antes de su escaramuza con el futuro «gigante del Pacífico» (Leguía), se encontraban allí la visión y la teoría con que pretendía entrar a la arena política si es que ese momento habría de llegar.

---

54. Belaunde 1967: 402.
55. Riva-Agüero 1909: 453.
56. Torrejón 2010.
57. José de Riva-Agüero, «Riva-Agüero caudillo político», en Riva-Agüero 1999a: vol. IX, 55-57.

—V—

Como la anterior, su tesis doctoral *La Historia en el Perú* era un trabajo académico inficionado de espíritu político. Era, asimismo, un texto de gran densidad: un alud de análisis y erudición de más de medio millar de páginas que, como el mismo autor reconocería, excedía largamente las dimensiones de una tesis regular. Lo hermenéutico, vale decir, se ponía al servicio de una más amplia búsqueda intelectual. Trazaba el autor una gran perspectiva no solo para comprender al país sino para impulsarlo hacia el futuro, razonando los caminos de su reforma integral y su consolidación nacional. Tres cuartas partes estaban dedicadas al periodo colonial, de las cuales más de la mitad correspondía a una detallado estudio sobre Garcilaso de la Vega. Los «cronistas de convento», Antonio de la Calancha en particular y Pedro Peralta y Barnuevo, se distribuían en el resto del texto. Manuel de Mendiburu y Mariano Felipe Paz Soldán, por su parte, se dividían el relativamente breve segmento republicano.[58]

Con respecto al célebre Inca-cronista, buscaba ahora presentarlo como el «perfecto tipo de la mezcla de las dos razas, americana y española» basándose en sus propios previos escritos que defendían su verosimilitud. Como el pivote de la nación peruana por construir aparece ahora el personaje en cuestión. A través de él viabilizaría historiográficamente su confluencia con los discursos castizos sobre la obra colonial e intentaría retrotraer el «bárbaro imperio» al fuero peruano, rescatándolo de la «otredad» a la que lo había confinado en su tesis inicial. La «poética imaginación» de Garcilaso y su «orgullo patriótico» subraya ahora Riva-Agüero en una narrativa de tono más bien empático. No solo no era un «plagiario», como se decía, sino el excelso depositario de las «remembranzas soldadescas» de los amigos de su padre tanto como de la sollozante «memoria del bien perdido» de los parientes maternos. Era el representante de un instante excepcional del proceso peruano: el del mestizaje primigenio, de esos jóvenes que habían sido creados por la derrotada nobleza incaica como «mediadores y prendas de amistad y concordia» con sus vencedores. A quienes Garcilaso propone ver como una suerte de eslabones perdidos de una peruanidad cuya hondura histórica, presente en las páginas de los *Comentarios reales*, era preciso reconocer.[59]

A partir del reconocimiento tanto historiográfico como emocional del Inca Garcilaso como miembro legítimo del panteón nacional, la crítica debía avanzar hacia la revelación de sus sesgos y parcializaciones. Al respecto, Cieza de León y Ondegardo, pero sobre todo las falaces *Informaciones* del virrey

58. Riva-Agüero 1952.

59. Ibíd., p. 38 y ss.

Toledo, debían ser cuidadosamente analizados.[60] Así se comprobaría la «perfecta honradez» de Garcilaso en torno a temas claves de la historia incaica. Debía resaltarse en ese sentido, el incomparable atributo que suponía haber tenido acceso a la fuente oral, que sin ser «inmaculada» resultaba «insustituible». Hasta a los autores contemporáneos —Prescott, Tschudi, Mendiburu— extiende Riva-Agüero su cuestionamiento con el fin de demostrar la ceguera de su menosprecio por el cusqueño.[61] Trascender la «envoltura mítica» de los *Comentarios reales* es el paso siguiente del historiador. Desmantelar, vale decir, esa «triple idealización» de la que ese texto había sido objeto, para acceder al tesoro informativo contenido en ellos, a saber: a) las versiones de los *quipucamayos*, encargados de registrar las «mentiras oficiales» del imperio; b) las de los parientes de Garcilaso; y c) las «de los indios en general, ardidos por la caída de la monarquía peruana». También pondría en perspectiva las inexactitudes aportadas por el propio Inca-cronista, que llevado por su «amor a la patria y a su sangre» tendería, naturalmente, a «embellecer» la trayectoria de sus ancestros.[62]

A contraponer visiones opuestas, en busca de una versión que —superando la favorable «luminosidad» de unos y la «disforme oscuridad» de otros—, arribe a ese «tono gris que es el de la verdad» se compromete el historiador. Lo hará sin que «nuestras doctrinas empañen la serenidad de la consideración objetiva». Aspira a que queden claros —desde la perspectiva de quienes «reputamos supremo valor moral y social el respeto de la personalidad y a la libertad del individuo»— los «efectos desastrosos» que tendría a la larga la nativa etapa imperial, en buena medida responsable, por su carácter «despótico y comunista», de los males que todavía afligían al Perú de inicios del XX.[63]

Ese sistema primigenio era expresión de «ideal de orden, disciplina y bienestar en la obediencia» y acaso fuera el gobierno «más apropiado» que «para los indios peruanos se podía concebir» en la medida que sus instituciones encarnaban «la natural y perdurable aspiración de la dócil raza quechua». Porque nada excepcional, en ese sentido, les había correspondido inventar a los incas. Como la China milenaria, los monarcas incaicos habían construido un eficaz régimen de «reglamentación minuciosa» y «manso despotismo». Y si con una «copiosa» literatura filosófica lo legitimaron los primeros, los segundos, mucho menos adelantados, elaboraron una «historia idealizada» de transmisión oral. En ella, que de no ser por Garcilaso hubiese perecido sin

---

60. Ibíd., pp. 57 y 115.
61. Ibíd., p. 137.
62. Ibíd., p. 107.
63. Ibíd., pp. 180-181 y 184.

dejar huella, estaban patentes «la docilidad y la ternura, que son características de los indios del Perú, que informan sus hábitos y producciones, y que tan a las claras revelan su música y sus cantos populares». En estos conceptos, como una predestinación, revelaba Riva-Agüero el guión etnológico del viaje que emprendería un par de años después.[64]

Entre interminables digresiones eruditas, vertidas en un lenguaje que llega a mimetizarse con el de sus objetos de estudio, completa Riva-Agüero su recorrido del periodo colonial. En medio de la «general decadencia de la monarquía española», observa, creció «opulenta y magnífica» la Ciudad de los Reyes. Y con la riqueza vino el refinamiento colonial, «infantil, vano y vacío pero innegable». En medio de la «hinchada pompa» del mundo oficial, a la par con el mundo conventual emerge la universidad. De su rector, don Pedro Peralta y Barnuevo proviene, precisamente, el puñado de obras que *La Historia en el Perú* rescata.[65]

Lima fundada (1708), por ejemplo, es un poema épico que, en medio del «provinciano» e «hiperbólico» recuento de hechos memorables, llegan a transparentarse —en «reflexiones que ya podemos llamar políticas»— los celos y los resentimientos de los criollos contra la madre patria. *Historia vindicada* (1730), asimismo, viene a ser un estado de la cuestión de las investigaciones sobre «las glorias y excelencias de España». La *Relación de Gobierno del Virrey Castelfuerte* (1736), por su lado, resulta notable a pesar de su estilo «pésimo y detestable, por hinchado, afectadísimo y pedantísimo», debido a la valiosa información demográfica, comercial y política que ofrece.[66] En la ribera opuesta, sorprendía y deleitaba «como fresca y humilde flor campesina en la atmósfera de un cerrado herbario» la autobiografía que Peralta y Barnuevo escribe del fray Juan Masías, «místico ingenuo, ignorante, que cuenta sus virginales arrobos y sus visiones casi infantiles con simplicidad y rustiquez inconfundibles».[67]

Tampoco de la producción republicana llegaría a emerger la visión sintética, de verdadera profundidad filosófica, en cuya búsqueda el historiógrafo andaba. Dadas las múltiples deficiencias que encuentra en los autores examinados, su propia visión del azaroso proceso republicano termina imponiéndose en la narración. Sucede así en torno a hechos claves que remiten a dramáticas oportunidades perdidas: a) la entrevista de Punchauca entre los representantes del virrey La Serna y el general San Martín, que de haber resultado exitosa

---

64. Ibíd., p. 186.
65. Ibíd., pp. 267-268.
66. Ibíd., p. 283.
67. Ibíd., p. 261.

—abriendo paso a la reconciliación entre patriotas y realistas— hubiese evitado cuatro años de «desoladora guerra» y el consiguiente «quebranto de la riqueza del país»;[68] b) la alternativa monárquica que, al posibilitar el mantenimiento de su territorio colonial, le hubiese permitido al Perú convertirse en el «Brasil del Pacífico»;[69] c) la Confederación Perú-Boliviana, cuya ruina fue «una de las mayores desgracias nacionales y prólogo de los desastres de 1879»;[70] y finalmente, d) la decisión de Piérola de tomar el poder «en horas de peligro supremo» (diciembre de 1879), un «acto de patriotismo», para Riva-Agüero, más que un «acto de ambición» como muchos —incluido el propio Mariano Felipe Paz Soldán— solían calificar.[71]

En tono abatido se dispondría Riva-Agüero a redactar el epílogo de su ya voluminosa tesis hacia mediados de 1910. Lamentaba no haber mostrado a cabalidad «el desenvolvimiento del género histórico» en el Perú, y sentía que la pobreza del material hubiese conspirado en contra. A fin de cuentas, lo único que pudo demostrar era que vivíamos en un «páramo intelectual», en un plano de completa inferioridad respecto de lo que el quehacer histórico significaba en «las demás repúblicas sudamericanas». ¿Qué podemos oponer —diría— a la «numerosísima legión de historiadores» que había engendrado no solamente Chile sino Venezuela «y aun Ecuador»?[72] Peor habían sido los años que siguieron a la Guerra del Pacífico. Acerca de ella, no podía menos que declarar su admiración por la historia de Benjamín Vicuña Mackenna frente a la orfandad peruana, en tanto que la «narración de Paz Soldán» no podía considerarse una «historia propiamente dicha». La de Vicuña era una obra «deslumbradora como un río de lava, delirante de entusiasmo por su patria y de furor y saña contra los enemigos». Conseguía atraer como una novela o como un magnífico poema a pesar de «las ligerezas en que abunda y de las intemperancias que en cada página contiene». Mientras la obra de Paz Soldán «se cae de las manos por inanimada y yerta».[73]

Ni de archivos ni de apoyo oficial era el problema sino de una trágica ausencia: la falta del «fervor del ideal». En repararla tenían las «ciencias históricas» un papel central. De ellas debía venir la «gran historia narrativa y filosófica» capaz de rescatarnos de las «pequeñeces y miserias presentes», así como de desplazar a la «enfermiza y melancólica» imagen del Perú, de modo de volver a

68. Ibíd., p. 436.
69. Ibíd., p. 444.
70. Ibíd., p. 481.
71. Ibíd., p. 491.
72. Ibíd., pp. 499-501.
73. Ibíd., p. 490.

enfocar «los fines hereditarios y seculares de nuestro país» y el fortalecimiento de la «santa cadena de la tradición nacional». Porque, de hecho, a la «incompleta centuria republicana» no podía reducirse el proceso de nuestra nacionalidad. Hasta el «imperio bárbaro que los conquistadores castellanos» habían encontrado se remontó para aprender una lección fundamental: «mientras en la conciencia pública y en las costumbres» no se hubiera impuesto la «imprescindible solidaridad y confraternidad entre blancos, mestizos e indios» no estaría «definitivamente constituida» nuestra nacionalidad. En ese aspecto, no existían ni raza ni época que pudieran considerarse ajenas a «nuestra idea de patria» sin grave menoscabo de un «sentimiento nacional», de una «conciencia colectiva» en cuya forja cabía a la Historia «principalísima» responsabilidad.[74]

Así, ¿qué otra cosa podía ser «formar el alma nacional» sino el «fomento y la popularización de la historia patria, depositaria y maestra de la tradición del país? En absoluto se trataba de *crear* el alma nacional sino de «levantarla de la sombra casi inconsciente en que dormita, traerla a regiones de luz», para que adquiera clara y plena «conciencia de sí»[75]. En el propio pasado peruano estaba el modelo y la inspiración: no había sino que mirar a aquella generación ilustrada que, a fines del siglo XVIII, había constituido la Sociedad de Amantes del País: en el reconocimiento de su geografía y sus riquezas, de su pasado y sus tradiciones, habían echado las semillas de una nueva identidad. No se trataba ahora de subvertir un orden colonial sino de darle contenido a una entelequia letrada: el alma nacional. De ese cometido surge la idea de una excursión al interior del país. Impulso vital y sentido de urgencia vendría a añadirle a ese proyecto el incidente de la amnistía de septiembre de 1911. Del puerto del Callao, a mediados de mayo del año siguiente, partía José de la Riva-Agüero hacia el sur del país.

—VI—

Recién en 1918 iniciaría Riva-Agüero la publicación, por episodios, de lo que vendría a ser la primera edición de *Paisajes peruanos* (1955). A pesar de la redacción tardía y las múltiples referencias bibliográficas, el autor elegiría mantener el formato de una crónica de viaje. Un siglo después el texto podría leerse como el registro escrito de una experiencia práctica de exhumación y fomento del «alma nacional».

Tenía 27 años y hasta donde se sabe nunca había salido de la capital. Puede explicarse mejor, entonces, el poderoso efecto que el ambiente mismo tendría

74. Ibíd., pp. 502-506.
75. Ibíd., p. 506.

en su sensibilidad. Incluso su efecto curativo para las molestias que le impone la altura. En Huancapi, por ejemplo, el «viento vivo y seco» de las «gélidas cimas —saturado con el delicioso perfume de los pastos marchitos que bañaba los páramos»— logra reanimarlo de la «fatiga respiratoria» que lo aqueja tras ascender hasta la puna.[76] En Huamanga largamente compensan la carencia de «comodidades modernas» la «belleza y la transparencia del aire, la gracia ardiente y exótica del paisaje». Entretanto, «la soledosa melancolía» de la ciudad permite que se olviden «todos los inconvenientes materiales» a afrontar. Y cuando ya la vista se le ha acostumbrado a la «opresión de los cerros», al llegar al valle del Mantaro se ensancha el horizonte, para mostrarle «un despejado panorama de espléndida fecundidad». El generoso espectáculo natural no cesa hasta caer el sol. Enseguida, una noche de luna llena tiende «sobre la crestería y las rugosidades de los cerros, un velo de ilusión, de suavidad y de silencio».[77]

Más allá de registrar el hipnótico efecto del paisaje en su mirada limeña, la tarea de fondo era, por supuesto, de esencial cometido histórico. Si Prada había sido el «profeta del radicalismo» a ser el «profeta del alma nacional» parecía aspirar Riva-Agüero. Él también deseaba conocer, en sus propias palabras, ese «verdadero Perú»: ese «trágico país» que se erigía tras el «velo de finura y elegancia risueña» de la capital y de esa «región de la siesta, de los esclavos negros y de la vida fácil» que era la costa. Debería descubrir la «sierra inmensa y aún indivisa» que iba desde Pasto (Colombia) hasta las Charcas (Bolivia) en lo físico. Era ella una especie de «España agigantada, región austera, dobladísima y peñascosa, de fatiga y de dolores, más subyugada y afligida que Irlanda, Palestina o Armenia». Reconocía así su condición dominada y marginal. Pero también advertía que las riquezas de sus minas, encomiendas y corregimientos y la unidad territorial del virreinato le habían permitido «contrapesar la preeminencia de Lima».[78]

Entre la decadencia minera y la separación del Alto Perú, una serie de tragedias determinarían su declinación. La riqueza del guano y la navegación a vapor serían el puntillazo final. De tal forma, si a mediados del XIX, Arequipa podía aún disputar a Lima la «real dirección política» del país, al concluir el siglo, en la costa se habían concentrado «las fuerzas de la cultura y de la economía nacional». Y, sin embargo, por razones demográficas (era «el asiento de la gran mayoría de los habitantes» del país), geográficas (ser el «tronco del que parten las dos cuencias de tierras cálidas») e históricas («solar del Perú incaico», «entraña del Perú español», «corazón de historia patria» hasta la mitad

76. Riva-Agüero 1974: 29 y 36.

77. Ibíd., pp. 61 y 98.

78. Ibíd., p. 159.

del XIX) la sierra era la necesaria «columna vertebral» del país. Era la «cuna de la nacionalidad», más aun. Así, el «abatimiento» contemporáneo de esta principalísima región del país ponía en alto riesgo el futuro mismo del Perú.[79]

De ahí entonces que su viaje tuviera, por sobre todo, el sentido de una suerte de peregrinación historiográfica en pos de reconocer y reactivar los elementos constitutivos, como ya se ha dicho, del «alma nacional»: una peregrinación «por las provincias verdaderamente características de nuestra Sierra» antes de que «las vías férreas y el comercio moderno realicen la obra necesaria y salvadora de vulgarizarlas y desfigurarlas». El reto era, sin duda, apreciar su rico significado histórico a través de la contemplación del «aislamiento» y de la «enternecedora miseria» de sus comarcas. En este ejercicio las tensiones y las contradicciones de una visión exuberantemente pasadista y distintivamente elitista aparecerían palmariamente expuestas.[80]

Un tono melancólico se interpone entre el paisaje y el autor. Particularmente abrumador es el caso de su anhelado encuentro con la vieja capital imperial. Calle por calle, describe la ruina del Cusco, el deterioro, la inmundicia, las vergonzantes huellas del supuesto modernismo burgués en su arquitectura singular. A sí mismo se describe «repitiendo vagamente» textos de los cronistas mientras recorre sus vericuetos urbanos. «Me he iniciado —dice en ese punto— en el encanto fúnebre de sus monumentos caducos y he aquilatado y enriquecido mis sentimientos de nacionalidad con las imágenes de su magnífica desolación». De su erudita retórica se vale para intentar dignificar los ángulos chocantes: es «digna de la medieval Roma Sporca —dice— la increíble suciedad de los rincones y muladares». Con la experiencia de haber accedido a «un regio sepulcro violado» compara la experiencia de caminar por el Cusco, palpando hasta la «aflicción» todo el «maleficio» de ese ambiente «alucinado y letal».[81]

No es la «dulce tristeza» que más tarde sentiría a la vista de las «ruinas romanas» o de la «tortuosa Toledo y la torreada Ávila» en el curso de su primer viaje a Europa, poco después de concluir su periplo serrano. No provenía su «aflicción» en el caso del Cusco «de la mera curiosidad artística». Ni la inspiraba un «remoto o lejano» parentesco o un «tibio saludo de respeto a las lejanas influencias mentales». Expresaba, más bien, la «acerba congoja», la «preocupación íntima por el destino de mi propio pueblo, cuya alma original, mixtión indígena y español, habita indestructible en la metrópoli de los Andes». Ahí, desde «el corazón y el símbolo del Perú» cabía preguntarse, entonces, si la

---

79. Ibíd., p. 161.
80. Ibíd., pp. 136-137.
81. Ibíd., pp. 30-31.

«tiránica pesadumbre», si la «tragedia horrenda» y el «irremediable abatimiento» habría de ser la esencia de «nuestra ciudad representativa». Recién, «de alto y de lejos», al dar desde el «descanso de Urcoscallán» una mirada postrera a la ciudad, se le aparece el Cusco venerable y deslumbrante, a modo de «un feliz presagio que surgiera del más hondo pasado, mientras las campanas de Santa Teresa seguían repicando incansables».[82]

Con el más antiguo pasado se encontraría al arribar a Vilcashuamán. «Olvidada por todos los mapas», se reducía a una «caduca y miserable aldea», en 1912, aquel otrora estratégico centro de más de un imperio antiguo. Le impresionan a Riva-Agüero las numerosas «tinas de piedra» que habían sobrevivido a la destrucción. Atestiguan los «hábitos de limpieza e instintos de higiene indudables en la aristocracia del Perú prehispano». Estos resultan más sorprendentes aun cuando se les compara con «la espantosa inmundicia de los indios y los cholos de hoy». Se pregunta si no había ocurrido con «los peruanos indígenas» lo mismo que con aquellos «mediterráneos» de Europa que, «subyugados por la invasión germánica», habían olvidado «las frecuentes abluciones de sus abuelos y se sumieron en la fétida sordidez de la Edad Media».[83]

Mal se ocultaba, tras la referencia histórica, su desdén por el poblador indígena. Ni el patriotismo ni su postura pro mestiza contenían, en ese sentido, su altanera retórica sobre el tema. Qué podrá importarles «a estos infelices aldeanos» el recuerdo de «los divinizados reyes de sus progenitores», se dice al observar la existencia de un «doble asiento esculpido» a las puertas del concejo municipal de la localidad. Nunca, añade, había sentido «más punzante y desgarradora la sensación de la decadencia». Como «símbolo conmovedor» del «abandono y el abatimiento» quedarían para Riva-Agüero las ruinas de Vilcashuamán. Las percibiría como «restos de un gran naufragio histórico» que, bajo la luz del poniente, parecían entonar un «cantar desesperado». La «opulencia extinta» y esa «plañidera tristeza legendaria» —concluye— eran las «notas» que sintetizaban «el alma de la Sierra en el Perú».[84]

Mucho más pesarían, desde esta perspectiva, las referencias históricas que el interés por la gente de carne y hueso. De vez en cuando aparecen dándole color al relato. Es el caso de esas «agraciadas muchachas» que en una plazoleta ayacuchana llenan de agua sus porongos «con alegre vocerío muy apartado de la general melancolía serrana» o de esa «familia de cholos ricos» con sus «chapeadas monturas» con que se cruza en el camino, cuyas mujeres se adornan

82. Ibíd., pp. 31-32.
83. Ibíd., pp. 40-41.
84. Ibíd., pp. 41-43.

con «largos aretes» y «pañuelos de seda roja».[85] Rudos y distantes son los términos usados en otras ocasiones. Así se refiere a aquellos «morochucos», «afamados por sus robos y braveza», que habían acabado por «arruinar los antiguos edificios» de la «postrada Vilcas» sacando los sillares para la construcción de sus propias viviendas. Así también, la feligresía de una iglesia de pueblo con que comparte la misa dominical es una «muchedumbre indígena, maloliente y andrajosa». Y sobre las ancianas indias, en particular, dirá: «desgreñadas, de rostros apergaminados, de misérrimos trajes que rezan con increíble fervor y a cada instante besan el suelo».[86]

A más de una lectura crítica darían lugar estas afirmaciones. Alberto Flores Galindo resaltaría la incapacidad de Riva-Agüero para visualizar la dimensión social del mundo andino: la erudición no le había permitido «descubrir a los hombres que habitan esos territorios», de ahí que terminara dando cuenta de una «sierra sin indios» o un «pasaje vacío».[87] Riva-Agüero negaba a los indios «todo tipo de subjetividad» —diría, por su parte, Víctor Vich—, quedando de tal suerte «excluidos del libro» tanto como de su «proyecto nacional».[88]

Imposible que no se ocupara Riva-Agüero del indio. Si consideraba a la sierra como la «cuna de la nacionalidad», como la «columna vertebral» de la vida del país —sabiendo asimismo que «la población rústica» era la «carne y el músculo de los Estados» y «el campesino es y ha de ser siempre el indio»—, el problema indígena debía ser, necesariamente, para Riva-Agüero, en sus propias palabras, «el esencial problema peruano»[89]. El indio sería, en síntesis, necesario protagonista de la historia por venir. Pero lo sería en condición de sujeto pasivo, por cierto. Como un «coro patético de viudas fieles y desoladas» imaginaba Riva-Agüero a la vasta población de las «benignas y tristes» provincias andinas: una masa a la espera de ser despertada de su largo letargo por quien restableciera sus memorias de «pasadas grandezas», sacudiéndola del «apocamiento y la desconfianza», restaurando, así, «dentro de la historia americana, el privativo ideal que va ingénito en su peculiar mestizaje».[90]

No obstante, el mestizaje resultaba «ilusorio» a fin de cuentas, en la medida que «entre tres cuartos y aun siete octavos de sangre india» tenía el cholo o mestizo serrano. El foco debía alumbrar al indio, el cual, desde fines del XVIII, lejos de desaparecer «a pesar de los destrozos del alcoholismo, de las pestes y

85. Ibíd., pp. 55 y 76.

86. Ibíd., pp. 45-81.

87. Flores Galindo 1988: 289.

88. Vich 2000.

89. Riva-Agüero 1974: 161-162.

90. Ibíd., p. 82.

de la gran propiedad», solo había ido decayendo sin extinguirse. Así, de la modernización de la sierra, por mezquinos y desangelados que fuesen sus frutos, dependía la reconstrucción nacional. La propia «suerte del Perú» era «inseparable de la del indio», su habitante principal: se hundía o se redimía con él, pero no le era dado «abandonarlo sin suicidarse».[91]

Ahí radica, al parecer, el más importante aprendizaje del peregrinaje rivagüerino al «verdadero Perú». A partir de la premisa de que las «razas humanas» así como decaen también se regeneran, lo esperanzaba además que, a pesar de su «degradación presente», «nuestra indisoluble raza india» no era «radicalmente inepta». Desechaba por lo tanto la alternativa de recurrir a la inmigración extranjera y subrayaba su potencial aporte en dos áreas fundamentales: la agrícola y la militar. Termínese con las «exacciones seculares» que habían determinado su condición de servil y el «desánimo» que tanto había contribuido a su «inferioridad económica». Despiértesele su dormido «orgullo patriótico» y se tendrá un soldado eficaz.[92]

Además, en medio de su «barbarie e insondable abyección» exhibía el indio como precondición para la civilización una cierta «disposición poética», expresada en una «interesante literatura popular» y en un rico folclor «sistemáticamente menospreciado por la frivolidad e insipidez cosmopolita de nuestros seudocultos». Había que recordar simplemente los cantares pastoriles llamados *hayllis* y los célebres *harahuis*, «tristes amatorios» de «idílica rustiquez, a la par frescos y melancólicos como un paisaje de madrugada andino». Estas sencillísimas composiciones sorprendían por la «finura de afectos y una castidad de dicción admirables» en «una sociedad tan ruda y grosera», que «embelesan» al foráneo «por el delicado sentimiento de las bellezas naturales que las inspira». A ellas se sumaban las fábulas y consejas en prosa de similar «suavidad lírica» y una mitología de tonalidades solemnes y a la vez graciosas.[93]

Las tradiciones de Huarochirí recogidas por el cura Ávila y el jesuita Arriaga —que más tarde atraerían la atención de nada menos que José María Arguedas— recordaría Riva-Agüero poniéndolas como ejemplo de cómo, «en su intuitiva inocencia», había concebido el quechua «la fraternidad del Universo». En ese universo los puquios infunden el cariño y el olvido; las rocas y las pampas «se conduelen de los desgraciados» y las nubes que encubren las cimas aparecen como «genios benéficos de los Andes». En estas narraciones, por cierto, el dios creador y civilizador de Huarochirí profetiza que vendrán por el mar «los misteriosos hombres pálidos» que se encargarían de poner término

91. Ibíd., pp. 161-162.

92. Ibíd., p. 163.

93. Ibíd., p. 165.

al «poderío indígena».[94] De los cóndores vengativos a la panteísta fraternidad de montañas tutelares, o reconociendo la «indecible ternura» que el paisaje serrano emanaba, un largo trecho había recorrido el autor de *Paisajes peruanos* desde sus días de intemperante hispanófilo juvenil.

—VII—

Una cierta aceleración había adquirido la vida de José de la Riva-Agüero a partir de su intervención pública a raíz del tema de la amnistía. Su primer viaje al Viejo Mundo sucede a su excursión andina. Y luego acontece el apresurado retorno debido al inicio de la guerra mundial. Regresa a un Perú que con el sorpresivo ascenso de Billinghurst al poder, y su derrocamiento por el coronel Óscar R. Benavides 17 meses después, confrontaba su más serio quebranto en década y media de régimen civil. Mucho más que una protesta periodística requería lo que Víctor Andrés Belaunde había denominado la «crisis presente» en un célebre discurso que culminaba con un dramático llamado: «¡queremos patria!». En medio del «desmayo universal» incitado por la contienda bélica y la caída a la que se precipitaban «las instituciones y las leyes, las garantías, la riqueza y las esperanzas del país», correspondía —según Riva-Agüero— concentrar fuerzas organizando un partido político —el Partido Nacional Democrático (PND)— capaz de superar el «vituperable marasmo» y la «profunda desorientación» que atrapaba a la ciudadanía.[95]

Contra la doble amenaza de la «demagogia despótica» y la «novísima izquierda liberal y radical» que Leguía y Prada representaban,[96] el PND esperaba impulsar una fuerza pluriclasista capaz de relanzar el desfalleciente proyecto del 95, vía un «sistema de adhesiones y militancias» que abarcara numerosas provincias.[97] Sería una propuesta de «transición democrática» que no alcanzaría a contrarrestar la alternativa de las «politiqueras» élites partidarias que la novel organización aspiraba a desplazar. Se alzaba en un conflictivo contexto de violentas movilizaciones urbanas y rurales que convocaba a apostar, más aun, por la continuidad. De ese ánimo defensivo, la Convención de Partidos de fines de marzo de 1915, de la cual el PND se autoexcluiría, y la proclamación de José Pardo como candidato único, serían la expresión más patente. El celo y la disciplina desplegados en montar el partido quedarían registrados en la correspondencia de su líder, lo mismo que el optimismo de Víctor Andrés Belaunde,

94. Ibíd., pp. 169-170.

95. Riva-Agüero 1915.

96. Riva-Agüero 1935.

97. Planas 1994: 155.

embarcado en una áspera competencia con los liberales por la representación por Arequipa a fines de 1916.

«Con gusto asumo —le escribiría a Riva-Agüero— el papel del caballero que ha de matar al dragón». Necesitaba «lanzas afiladas» y una «buena mesnada» para derrotar a una «minoría audaz» capaz de recurrir al «matonismo y a la intimidación». Si bien prefería, naturalmente, «una lucha culta», con «semejante chusma» había que estar preparado para responder a la «violencia con violencia». Todo el «aceite» que el candidato Belaunde pedía le sería enviado desde Lima por su amigo José.[98] El desacuerdo vendría, no obstante, cuando Belaunde le anuncie la incorporación al comité local del PND de Francisco Gómez de la Torre, antiguo miembro de la Unión Nacional. Observaría Riva-Agüero que incorporar miembros de «coloración radical» caería mal entre «los contribuyentes católicos» y los «antiguos demócratas» que se necesitaba atraer. Responderá Belaunde desdeñando la opinión de los «cucufatos». Este había hablado hasta con el obispo y no había objeciones a su amigo y paisano exradical. Su aporte, más bien, era un gran golpe contra el adversario liberal, afirmaría Belaunde. A Riva-Agüero no le quedaría sino asentir.

Un súbito cambio en la correlación de fuerzas habría de demostrarles lo poco preparados que estaban para incursionar en la volátil política local. Al concretar su alianza con el Partido Liberal, el presidente Pardo dejaba sin posibilidades no solo a la campaña de Belaunde sino, en general, al proyecto de unificación de «lo mejor de los partidos Civil y Demócrata».[99] Así le pagaba su primo y tocayo al historiador los muchos años de lealtad, las múltiples cuartillas de aliento y lúcido consejo enviadas desde Lima a su exilio francés, entre 1912 y 1914. El «peso abrumador del ridículo», observaría Belaunde, caía de lleno sobre el PND, cuyos miembros, lejos de ser «los quijotes que se estrellan noblemente contra los molinos de viento» que se imaginaban, terminaban siendo meros «sanchos fracasados en medio de la risa universal».[100]

—VIII—

Con sus expectativas políticas casi sepultadas, volvería a resonar la voz del historiador. Sería en dos textos expuestos en la tribuna pública en los que revelaba

98. De Víctor Andrés Belaunde a José de la Riva-Agüero, Arequipa, 17 de septiembre de 1915. En Riva-Agüero 1999b: tomo XIII, vol. 1, 305-308.

99. De José de la Riva-Agüero a Víctor Andrés Belaunde, Lima, 30 de septiembre de 1915. Ibíd., pp. 313-314; y de Víctor Andrés Belaunde a José de la Riva-Agüero, Arequipa, 4 de noviembre de 1915. Ibíd., pp. 313-314 y 315-316.

100. De Víctor Andrés Belaunde a José de la Riva-Agüero, Arequipa, 27 de diciembre de 1916. Ibíd., pp. 317-318.

su afán por articular una visión sintética de esa «peruanidad» que por los complicados meandros de la investigación erudita había venido persiguiendo por casi década y media. Nos referimos a «Reflexiones sobre la historia del Perú en el campo de batalla de Ayacucho», publicado en el diario *La Crónica* en las Fiestas Patrias de 1916,[101] y su «Elogio del Inca Garcilaso» pronunciado semanas antes en su alma máter sanmarquina con ocasión del tercer centenario de la muerte del Inca.[102]

A su «excesiva hispanofilia juvenil» y sus «tendencias europeizantes de criollo costeño» aludiría en el primero para explicar en qué medida había fracasado en entender el factor esencial de la construcción nacional. Más que la «mera reconciliación de las personas» que se habían enfrentado en la pampa de Quinua —culminación de una guerra civil más que de una guerra nacional—, darle contenido a la recién ganada libertad dependía de hacer efectiva la síntesis de nuestras dos «razas históricas». Tanto o más que de los conquistadores, el Perú, advertía ahora, era obra de los Incas como «de manera tácita pero irrefragable» lo demostraban «sus tradiciones y sus gentes, sus ruinas y su territorio». El proceso había sido mediatizado, no obstante, por élites incapaces de «presentir los fines superiores de la nacionalidad»: una «boba nobleza limeña», en particular, «incapaz de toda idea y de todo esfuerzo», cuyas falencias abonarían el encumbramiento del caudillismo militar. Por si fuera poco, la sucedería una «menguada turba abogadil» que había pretendido desempeñar fútilmente el rol de la «gran burguesía europea». No sería raro, por consiguiente, que con «clases superiores» tales, nos hundiera Chile en el «más negro silencio», en lo que solo vendría a ser el preludio de la «triste procesión de larvas tristes» que hasta el magro presente se extendía sin solución de continuidad.[103]

Al igual que Prada, como un «absoluto fracaso», efectivamente, veía Riva-Agüero el proceso posindependentista. Si el diagnóstico era similar diametralmente opuestas serían sus prescripciones. Si descalificar toda la tradición era el objetivo de aquel, a rescatarla se aboca este. Más aun, una narrativa histórica hilvanada por la «santa cadena de la tradición» pretendía construir Riva-Agüero. A su juicio, por consiguiente, «ceguera impía» o «insania» era pretender amputar de «nuestro concepto de patria» —siguiendo la pauta de un «envejecido error liberal»— «los tres siglos civilizadores por excelencia» que la Colonia representaba. Peor aun era retratar a esta «como la antítesis o negación de la nacionalidad». A pesar de sus abusos, debería vérsele no como «servidumbre

101. Riva-Agüero 1999a : 278-287.

102. Riva-Agüero 1916.

103. José de la Riva-Agüero, «Reflexiones sobre la historia del Perú en el campo de batalla de Ayacucho», en Riva-Agüero 1999a: 282 y 285.

extranjera», sino como un capítulo de «minoridad filial privilegiada». Y aceptarla como una era «a cuyo amparo, y reteniendo nuestra primacía histórica en la América del Sur», al compás del entrecruzamiento de las razas, la forja de la futura nacionalidad se había echado a andar. Dejando así para la posteridad una lección medular: la necesidad imprescindible de un «núcleo superior» sin cuya guía y disciplina poco podría hacer la república ante las fuerzas de la «anarquía bárbara» y de la «burda y grisácea mediocridad».[104]

En el Inca Garcilaso de la Vega encontraba dicha visión su más depurada concreción personal. Como el providencial sobreviviente de una era sangrienta emergía este para convertirse en el protagonista de una nueva épica o cantar de gesta de la peruanidad. Y transformarse, asimismo, en el más resonante testimonio del sentido «nacional» de la era hispana. Pues es la «prosapia» que hereda de su padre español, la «latinidad» de su educación y la moral castellana que, como soldado y como clérigo asimila en la península, lo que le permite a Garcilaso poner en valor su propio legado andino. En el tráfago singular de las guerras civiles del XVI, lo incaico y lo hispano se entremezclan y se fusionan generando un magma del que, impulsado por el gatillo de la nostalgia, enhebraría el genial cusqueño el gran discurso fundacional de la peruanidad.

La narración casi novelesca reemplaza en el «Elogio del Inca Garcilaso» a la erudición. El perfil propiamente humano captura la pluma del historiador: un «mesticillo» adolescente que recorre el Cusco con sus condiscípulos, ora para curiosear los trozos del cuerpo de Carbajal que se pudren en sus picotas, ora para admirar los primeros bueyes llegados de Europa o simplemente para explorar las bóvedas de la gran ciudadela de Sacsayhuamán. Y su experiencia misma cobra relevancia por sobre el valor historiográfico de su obra. Interesa la sensibilidad forjada a fuerza de absorber dolores y melancolías o momentos como aquel de la definitiva partida, cuando al ir a despedirse de Polo de Ondegardo, el corregidor, le permite admirar las recién descubiertas momias de «cinco de los monarcas de sus antepasados». La «rígida mano de Huayna Cápac» toca el joven Garcilaso antes de partir. Tal sería, relata Riva-Agüero, «la postrera, imponente y fúnebre sensación que su paterno Cuzco imprimió en el historiador».

De cómo, a través de las casi seis décadas por venir, mantuvo Garcilaso su «peruanidad» en el contexto hispano, se ocupa el autor a continuación. Es una historia que, impulsada por el deseo de reivindicación de sus derechos a la fortuna del padre, culmina en el regio refugio de la escritura, envuelto en las imágenes «de su patria y sus primeros años». De ese íntimo añorar nacerían los textos fundamentales del híbrido proceso de la peruanidad.

---

104. Ibíd., pp. 278-279 y 284.

Pero no solo en el ámbito de la política partidaria sino en el suyo, el de las letras, inesperada competencia iría encontrando el hasta entonces indiscutido «capitán generacional» del brillante destacamento novecentista. De una manera muy distinta definiría el «alma nacional», por ese entonces, Pedro Zulen, otro docente sanmarquino de muy distintos orígenes sociales a los del futuro Marqués de Montenegro de Aulestia. «Luchando contra el gamonalismo absorbente, integrando a nuestros aborígenes en la consecución de un ideal nacional» y no matando la vida de las localidades o «atacando el sentimentalismo provinciano, fundado o no, pero existente» se construía —dice Zulen— la «unidad moral de un país», su «alma nacional» vale decir. Recurriendo al más crudo y directo lenguaje de la ironía, otro joven cronista autodidacta, que firmaba XYZ, publicaría un punzante comentario en el diario *La Prensa* sobre la aplaudida pieza oratoria rivagüerina sobre el cronista mestizo.

En tono de fingida humildad se relataba ahí la historia de un «crédulo, humildísimo y manso» joven que, al asistir a una conferencia sobre el Inca Garcilaso de la Vega impartida por un «sabio pensador y literato», descubre, desconcertado, que un «académico que proclama la inexorabilidad de las reglas gramaticales» podía cometer yerros en que no incurriría «ningún modesto cronista»; que tamaña eminencia podía escribir párrafos tan vacuos, pobres, pedestres, vulgares, mediocres e insípidos que no podían figurar ni en un «insignificante artículo conmemorativo de periódico» o un «discurso de actuación provinciana o escolar». Una sardónica «síntesis aritmética» de la docta conferencia propone el cronista como conclusión: 3 horas + 48 páginas + 51 citas = 0 ideas = 1.000 yerros. El supuesto «modesto cronista» no era otro que José Carlos Mariátegui y José de la Riva-Agüero, por supuesto, el «sabio pensador».[105]

Importante registrar la fecha de este episodio: 30 de abril de 1916. En pleno curso estaba aún la Revolución mexicana y menos de un año faltaba para que cayera en Rusia el zar Nicolás. La Revolución rusa y la muerte de Rodó ocurrida casi al mismo tiempo, de otro lado, convertirían al arielismo, como observaría Rodríguez Monegal, en una «pieza de museo». A los novecentistas no tardaría en ocurrirles lo mismo en el Perú.[106]

---

105. José Carlos Mariátegui, «Un discurso: 3 horas, 48 páginas, 51 citas», en *La Prensa*, 30 de abril de 1916.

106. Rodríguez Monegal 1985: 168.

Capítulo 6

El Perú soy yo

¿Por qué viajo? ¿Por qué voy de aquí para allá, suspendido como un globo de jabón suspendido en un soplo de angustia?
Abraham Valdelomar[1]

Mi alma está hecha de viajes
Abraham Valdelomar

Mediados de 1913. Vapor *Ucayali*, en ruta hacia el norte. Los caminos de Abraham Valdelomar y José de la Riva-Agüero se cruzan por tercera vez. Eran casi contemporáneos, 25 y 28 años respectivamente. En el Batallón Universitario, formado a raíz de un conflicto con el Ecuador y en la batahola generada por la detención de José a raíz del reclamo de amnistía, se habían encontrado con anterioridad. Y en riberas opuestas los había sorprendido la inusitada campaña de Guillermo Billinghurst por la presidencia. Causa de alarma para Riva-Agüero, motivo de ilusión para Valdelomar, había sido aquella movilización que, al menos temporalmente, lograría perturbar la hegemonía civilista iniciada con el siglo.

Diez meses después de aquella sorpresiva victoria electoral se producía el encuentro en altamar. Motivos académicos y familiares llevaban a Europa al historiador. Camino a ocupar su puesto como secretario de la legación del Perú en Roma viajaba el escritor. Distintos eran sus talantes. En misiva escrita a bordo, ruega a su madre un nostálgico Valdelomar que no se olvide de enviarle, a la brevedad posible, un retrato suyo.[2] En cambio, seguro y acompañado iba Riva-Agüero, animado por conocer personalmente a sus admirados mentores hispanos: Ramón Menéndez Pidal y Miguel de Unamuno. «¡Qué hermoso debe ser vivir en Salamanca y enseñar en esa secular Universidad!», le había manifestado a

1. Citado en Ismael Pinto 2013: 6.
2. De Abraham Valdelomar a Carolina de Valdelomar, vapor *Ucayali*, altamar, 2 de julio de 1913; y Roma, 8 de octubre de 1913. En Valdelomar 1988a: 628-629.

este último en 1906.[3] Providencial había sido para Abraham el encuentro con los Riva-Agüero —el ministro don Enrique, su señora doña Isabel, y dos tías más—, de quienes, informa a su madre, había recibido «toda clase de atenciones».

Repentinos cambios en el mapa político —la caída de Billinghurst y el inicio de la Gran Guerra en el segundo— los regresan a Lima poco después de cumplirse un año. Prosigue el vínculo entre ambos de vuelta a casa. Desempleado tras perder su posición en Roma, acepta Abraham la propuesta del historiador de desempeñarse como su secretario personal. Matiza esta colaboración las contrapuestas imágenes con que ambos quedarían inscritos en la historia del país: el hispanista por antonomasia y el irreverente *dandy* del Palais Concert. Expresa este hecho, por cierto, un proceso que alteraría el panorama político-intelectual nacional: el declive del intelectual letrado decimonónico forjado en el claustro o en la soledad de la biblioteca familiar. Irrumpe de otro lado, una talentosa intelectualidad provinciana, autodidacta por lo común, forjada en la prensa y en la esfera pública.[4] Con el ascenso de Leguía (4 de julio de 1919), el fenómeno alcanzaría un hito fundamental: la incorporación de la *intelligentsia* mesocrática a la vida política (Valdelomar) y el inicio del exilio o la marginalidad de su contraparte «oligárquica» (Riva-Agüero). Así, mientras en la distancia y en el silencio se refugiaba el segundo, el primero emprendía su propia búsqueda del «alma nacional».

Dos viajes, temas comunes, miradas distintas. Si del «polvo de las bibliotecas» estaba impregnada la visión del historiador, las propias fantasías literarias, enraizadas en sus vivencias provincianas, coloreaban los lentes del segundo. Y en el trasfondo, palpitaba una certeza fundamental: el dominio de la «ciudad letrada» capitalina había llegado a un punto límite y el «verdadero Perú», en su relanzamiento o su aniquilación, aparecía como terreno de definición.

—I—

Nacido en la ciudad de Ica, desde los 10 años cursa estudios Abraham en la cercana Lima. Entre la capital y el terruño, entre la seducción de la «gran ciudad» y la nostalgia por el pueblo chico, transcurren su infancia y su juventud. Tras la secundaria en el colegio Guadalupe, ingresa a la Universidad de San Marcos en 1905. Se retira al poco tiempo para regresar cinco años después, brevemente también. Tres veces más se matricularía posteriormente, sin llegar a redondear

3. De José de la Riva-Agüero a Miguel de Unamuno, Lima, 29 de junio de 1906. En Pacheco Vélez 1977: 150-151.

4. McEvoy 1999 y Deustua 1984: 1-54.

nunca un año académico completo.[5] En el medio periodístico encuentra su hábitat natural. Se inicia como dibujante. En revistas como *Fray KBezón* y *Monos y Monadas* entra en contacto con una corriente en pleno despliegue: la crítica satírica del orden civilista. Sin alternativas políticas atractivas, en la ironía encontraría refugio su inquietud juvenil. Tiempo propicio para tales búsquedas es, a fin de cuentas, la Belle Époque.[6]

Y si a Riva-Agüero le irritaban los diletantes, de la gravedad letrada harían estos objeto predilecto de su humor; un antiguo recurso criollo (Felipe Pardo y Aliaga, Antonio Segura, Abelardo Gamarra «el Tunante») para confrontar al poder, que ahora aparecía recargado con los «ismos» en boga, prestamente adoptados por aspirantes a intelectuales, ávidos de cosmopolitismo y renovación. Imposible desoír, entretanto, los ecos de la emergente cuestión social y su consecuencia: un nuevo ciclo de radicalización. La irrupción del anarcosindicalismo era un brioso ejemplo, con sus centros de estudios sociales, sus bibliotecas populares y sus diarios *El Oprimido* (1907) o *La Protesta* (1911), animados por una combinación de ilustrados dirigentes obreros como Manuel Caracciolo Lévano y su hijo Delfín y periodistas libertarios como Glicerio Tassara o Ismael Gacitúa. Se abrían espacios de contacto popular, como las crecientemente concurridas celebraciones del Primero de Mayo, donde comenzaban a incursionar intelectuales disidentes como políticos de oposición. Ineludible se planteaba el llamado a la acción solidaria de la Asociación Pro Indígena ante la multiplicación de conflictos rurales y las denuncias que los llamados «mensajeros» indígenas trasladaban hasta la capital. El joven Valdelomar no permanecería ajeno al impacto de estos fenómenos.

Entre el dibujo y la escritura, optaría por esta última Valdelomar hacia 1909, no solamente a nivel reporteril. Su participación en el lanzamiento de la revista *Contemporáneos* (1909) señala sus vínculos con la constelación literaria local. Coincide ahí con Pedro Zulen, fundador de la Asociación Pro Indígena, los poetas José María Eguren y Enrique Bustamante y Ballivián y el diletante Juan Bautista de Lavalle, cuyo conocimiento de «las glorias viejas» y de todo aquello «que el tiempo ha deshojado y ha tornado triste y marchito» tanto apreciaría Abraham.[7] A través de Alfredo González Prada, de otro lado, accede al huraño don Manuel, a quien visita con veneración en 1916.

Había vuelto a San Marcos en 1910. Una serie de acontecimientos «extracurriculares», más que las clases mismas, distinguieron ese nuevo ciclo de su vida estudiantil. En primer lugar, aparece su ya mencionada participación en el

5. Miguel de Priego 2001.

6. Vargas Vega 1999 y Pinto Gamboa 1981.

7. Abraham Valdelomar, «Dedicatoria», en Valdelomar 1911a.

Batallón Universitario, a la que dedica una serie de crónicas tituladas «Con la argelina al viento». Participa más tarde en la Expedición Científica Sanmarquina hacia la región surandina del país, que lo confronta con ese «viejo pecado de antiguos chapetones» heredado por sus descendientes criollos: «el odio, la repugnancia y el desdén que sentimos por la raza indígena».[8] Tiene presencia, por último, en la protesta estudiantil provocada por el arresto de José de la Riva-Agüero, ocasión en que, junto a Ventura García Calderón y Juan Bautista de Lavalle, forma parte de la comisión nombrada por los estudiantes para dialogar con la autoridad.

De su combativo temperamento nacionalista, incaísta, socialmente comprometido de aquellos días quedó como testimonio su breve alocución de bienvenida a la delegación de la Universidad del Cusco encabezada por Luis E. Valcárcel a inicios de junio de 1912: la naturaleza andina «os enseñó a no aceptar tiranías», inaceptables para quienes habían crecido «al calor de las leyendas heroicas incaicas», en el lugar mismo «donde el sol, señor del mundo, padre de la raza» había dado inicio a la «tradición imperialicia»; inaudito pensar que «en esta hora en que este pueblo revive» pueda ser aceptable forma alguna de «vasallaje».[9]

Subyace, tras el tono desafiante, una fuerte ambigüedad que se manifiesta en una carta a Bustamante y Ballivián, temporalmente afincado en una localidad norteña. Le envidia, dice, vivir en un «rincón olvidado», sin literatos ni geniales espíritus, vanos y empedernidos, como los que menudean en Lima, donde esa «suprema estupidez» que «lo invade todo», desde la política hasta la universidad, «eterna consagradora de nulidades», hace casi «imposible» la vida. «Escribo —añade— pero para los periódicos», lo que había terminado por sumirlo en «un supremo cansancio cerebral». «Salir de Lima» es la única alternativa y, con ese fin, estaba dispuesto a hacer «cualquier cosa». ¿Y la literatura? Un vacío total: «nadie escribe, nadie lee, nadie piensa. Todo está perdido». La política, más bien, concentra por el momento su atención: la consolidación de Billinghurst como candidato oficial. Le brinda a Bustamante y Ballivián, por último, un consejo fraterno: que no se preocupe tanto de ser olvidado en el medio capitalino. «Por su cultura —le afirma— y su talento, su sensibilidad, y sus disposiciones para todo lo abstracto e intangible, usted, Eguren y algún otro son los llamados a imponerse». Que los demás, a fin de cuentas, tenían «espíritu de cerdos gordos». ¿No era acaso su residencia en un medio rural una gran oportunidad para producir «una obra nueva»? Lo invoca entonces a que tome conciencia de la peculiaridad de su situación: un «caso raro», pionero, de «un señorito

---

8. Citado en Arroyo Reyes 2005: 250.
9. «La gran asamblea universitaria de ayer», en Silva Santisteban 2000: 32-34.

que sepa sentir la vida pastoril y virgílica». Porque solo alguien como él, «con su exquisito, noble y aristocrático espíritu», podía producir una obra «rara y bella», capaz de reflejar «la paz de un rincón donde todo habla al espíritu de cosas sencillas, buenas y tristes». A la postre, ¿qué era el «sentimiento artístico», más allá de la cultura o los viajes en los que sus colegas limeños le aventajaban significativamente, sino la «capacidad del alma» para penetrar en las cosas?[10]

Al calor de esos dilemas escribirá Abraham sus primeras novelas: *La ciudad muerta* y *La ciudad de los tísicos*, publicadas ambas en 1911. Una historia tremebunda —la aventura de un novelista francés que desaparece durante su viaje a un país sin nombre— es el pretexto, en la primera, para presentar a Lima como un antiguo y misterioso laberinto que termina seduciendo y engullendo al infortunado Henri d'Herauville. ¿Cuándo cayó?, interroga el visitante/narrador a su anónimo anfitrión ante el espectáculo de la decadencia de una urbe antaño «tan orgullosa y tan celebrada». A su respuesta —que esas ciudades «netamente españolas» no habían podido sobrevivir a una independencia con ensoberbecidos mulatos independizados y criollos opulentos que habían hollado sus dorados blasones— retruca este: ¿Entonces es una ciudad que murió íntegramente colonial? Efectivamente, responde su guía, una ciudad a la que el «hálito de la república» no llegaría a tocar. Terrosos y alicaídos, los edificios en que las más espléndidas fiestas se habían ofrecido seguían en pie. Podían, de tal suerte, recorrerse las calles por las que habían transitado los virreyes y sus séquitos, rememorando, a la luz de la luna, el boato de antaño. Como «el cuerpo abandonado de una amante en desgracia» aparecía la «ciudad muerta» y aquella era la visión que suscitaba en los visitantes: un estado en el que «uno se olvida de lo real» y sigue «como un sonámbulo» las misteriosas órdenes de un dictado interno.[11]

Lo visto, sin embargo, no es suficiente para el francés. Insiste, a pesar de las advertencias, en descender a la parte subterránea de la ciudad. No le arredran historias como la del pintor flamenco Rosso Benedetti, cuyos golpes en los soterrados muros seguirían sintiéndose mucho tiempo después de su desaparición. Sin energías para argumentar, refiere el narrador, ve perderse al francés en aquel «pozo siniestro y maldito». Cuando toma conciencia del drama, lo detiene de ir en su búsqueda el pavor de quedar atrapado también en la «noche eterna» de ese mundo subterráneo, con sus «corrientes tumultuosas que arrastraban a los exploradores» y sus «vapores malsanos» que los enloquecían.

---

10. De Abraham Valdelomar a Enrique Bustamante y Ballivián, Callao, 9 de mayo de 1912. En Valdelomar 1988a: 620-623.

11. Valdelomar 1911a.

Igualmente congelada en «tiempos pretéritos» se presenta la Lima que recorre el protagonista de *La ciudad de los tísicos*: el desangelado palacio del virrey Amat (a quien jamás nadie tendría en cuenta de no ser por su romance con la Perricholi), el «carcomido y discutido» esqueleto de Pizarro (aquel «humilde porquero de Extremadura» cuyos ojos habían alcanzado a ver «las maravillas de un fabuloso Imperio») y el escalofriante «Arquero de la Muerte» de Baltazar Aguilar (que le recuerda cuán irónica y maligna, aparte de macabra y sanguinaria, podía llegar a ser la «muerte cristiana») capturan su atención. Y en una sala repleta de objetos incaicos se hace el visitante una pregunta clave: si todos aquellos «objetos muertos» no hablan más de la perdida gloria de los «hijos del Sol» que «los últimos restos de la raza», que aquel ser de carne y hueso que «se entumece en las punas y llora sin saber por qué en lo alto de las colinas incaicas». Se interroga si es posible interpretar la risa de los huacos, capturar a través de ellos el significado incaico de la muerte, tan distinta al parecer de la cristiana, tan horriblemente representada en el arquero de Gavilán.[12]

La correspondencia del narrador con un tal Abel Rossel es el meollo de la historia. Había vivido en Europa hasta que comenzó a sentirse enfermo. En la ciudad B —«un centro donde concurren tísicos de todas partes»— encontraría refugio a partir de entonces. En sus cartas transmitiría los lánguidos detalles de la vida en esa urbe «pavorosa y trágica». Compone, así, un relato de «historias inconclusas y macabras», de «fiestas extraordinarias» y fabulosos personajes a quienes, como es el caso de Alphonsin, «la tisis le ha provocado una neurastenia que es como una locura genial». Ocurre otro tanto con Sor Luisa de la Purificación, que, con sus grandes ojeras moradas y sus ojos en éxtasis, evoca a Santa Teresa de Jesús. Asimismo, es el caso de Armando y Margarita, quienes deciden contraer matrimonio, escoltados por un «ejército de fantasmones vestidos de negro», a pesar de su condición.

Une a los tísicos el deseo «de no irnos aún» tanto como «el temor lírico de la nueva ciudad». A sus amadas «patrias lejanas» se han visto obligados a renunciar. Temen ahora que «cuando vengan los fuertes, los sanos, los musculosos, a buscar el metal de los cerros, ya los tísicos no vendrán». Peor aun, saben que no van a dudar los invasores —«rosados, torpes y ambiciosos»— en profanar «el encanto y el recuerdo» de la «vieja ciudad». En los rincones donde «se besan nuestros tísicos, fecundarán nuevas vidas» y en «la gruta donde ora Rosalinda la triste —advierte— instalarán sus maquinarias». Y, tras empañar con el humo de estas la limpidez azul del cielo y destrozar «la paz de la aldea» con el «sonido estridente de las sirenas» sacarán «nuestros huesos para quemarlos», regando la tierra con «líquidos desinfectantes». Completada su

12. Valdelomar 1911b.

destructiva tarea, desfilarían las «bandadas de hombres enormes, musculosos y torpes» como un insulto postrero «al recuerdo de nuestros cuerpos débiles, esbeltos, flexibles y sutiles». ¿Era la ciudad B un símil fantástico de la Lima real o era, como es sugerido oblicuamente en la novela, una ciudad del interior andino? Fuese como fuese, la suma de temores que merodeaban a Valdelomar a los 23 años —la modernidad, alejarse de la patria, la tentación de las drogas, su propia fragilidad— encarnaba aquella tenebrosa ficción.

—II—

Hacia fines de mayo de 1912, la política irrumpe en la vida de Abraham. Es arrastrado, como muchos otros limeños, por aquella corriente que terminaría impulsando al, por ese entonces, alcalde de Lima a la presidencia de la nación. En cuestión de semanas había pasado el billinghurismo de movilización espontánea a movimiento político. El hecho era producto de las múltiples broncas contra el civilismo que, en torno a un veterano del 79 y del 95 como Guillermo Billinghurst, confluyen con la memoria del pierolismo popular: un pierolismo sin Piérola; quien, por cierto, hasta el fin de sus días —a mediados de 1913— seguiría promoviendo el abstencionismo de su partido. En una nueva carta a Bustamante y Ballivián, escrita exactamente un mes después de aquella en que se presentaba abúlico y fatigado, revelaría Valdelomar su súbita pasión política.[13]

Que le agradecía al destino, le dice, por haberle permitido «en estos tiempos de pasividad y de civilización» experimentar «una verdadera vida de agitación y de grandes sensaciones». «Otra vida» había experimentado en el fragor de la movilización popular. Él, que se creía apacible, había arengado a «grandes multitudes» y, pistola en mano, se había enfrentado a matones y azuzadores. Había llegado a «capitanear» a una masa de unos «setecientos de hombres del pueblo» en la defensa de la Junta Electoral. «¿Qué diría usted Enrique si yo resultara un revolucionario?», rubrica, como reafirmando su propia incredulidad. Y como literato que era había registrado la irrupción del pueblo como un «gran poema trágico»: «treinta mil hombres que recorrían las calles gritando, destruyendo»; un «pueblo famélico, indignado, y que aun siendo nuestro en su totalidad, nos infundía ese respeto que infunden las grandes masas cuando están resueltas a obrar por cuenta propia». En ese tráfago había pasado, en cuestión de días, de líder del Club Universitario Billinghurista a secretario particular del futuro mandatario. Al final, aquella elección había sido un «triunfo

13. De Abraham Valdelomar a Enrique Bustamante y Ballivián, Lima, 9 de junio de 1912. En Valdelomar 1988a: 623-628.

definitivo», por todo lo que le permitiría hacer por sus «verdaderos amigos» en particular. Nada menos que «sacarlos de Lima» sería ahora posible.

Igualmente sucedía con sus propios planes puesto que, aunque esperaba «acompañar en su gobierno a don Guillermo por unos meses», su intención no era otra que marcharse a Europa para continuar con sus «estudios literarios y artísticos». Como una gran conmoción, pero sobre todo como un inesperado trampolín hacia el exterior, llegaba la política a su vida. Camino del Viejo Mundo, nombrado como secretario de la legación del Perú en Roma, iba Abraham un año después.

Vislumbra una larga ausencia. Estudiar Derecho, dice, es su objetivo central. Y aun si tuviera que dejar el puesto al salir Billinghurst de la Presidencia, los ahorros hechos hasta 1916 —comenta en carta a su madre— podrían permitirle quedarse a culminar su carrera. Tras cinco intentos frustrados en Lima se le abría la oportunidad de estudiar con «los profesores más famosos del Mundo», incluido el «célebre» Enrique Ferri, quien «seguramente me concederá el favor inestimable de que vaya a practicar en su estudio». «Sería para mí la gloria», acota. De ahí en adelante, título en mano, podría ir al Perú, a Argentina o a «cualquier parte donde haya italianos», por el tema del idioma, ganándome «la vida tranquilamente, sin política y sin enemigos»[14].

Del inicio de su periplo incluye un detallado recuento en una carta a su hermana Jesús. El Panamá de los tiempos de Núñez de Balboa busca al llegar al itsmo. El notable espectáculo de la más ambiciosa obra civil jamás realizada es lo que encuentra más bien: improvisados lagos, muros enormes «como torres de la Edad Gentil» y miles de «hombres rojos y fuertes» destruyendo, pica en mano, las «entrañas de los Andes». Recuerda, al cruzar el área antillana, al «genovés» que descubrió ese mundo que ahora le toca dejar atrás. Difícil es digerir, de otro lado, el impacto de Nueva York: «millones de seres apiñados», un «río humano, interminable, sonoro, obsesionante y dantesco, en medio de máquinas, sobre puentes, hundiéndose ora en la tierra, elevándose luego en el espacio». Fue ahí, recordaría, «donde mis nervios empezaron a desconectarse». «¡Oh mis nervios!», exclama rememorando «aquel mar de fuego en medio del cual, como náufragos, se debatían funambulescamente mis semejantes». Abrumado de modernidad, se pregunta si la humanidad no se había «civilizado en demasía».[15] Un bálsamo reanimador habían sido, en tales circunstancias, los «mimos» de los Riva-Agüero durante el cruce del Atlántico.

---

14. De Abraham Valdelomar a Carolina de Valdelomar, Roma, 8 de octubre de 1913. Ibíd., pp. 649-650.

15. De Abraham Valdelomar a Jesús Valdelomar, Roma, 15 de agosto de 1913. Ibíd., vol. I, pp. 83-90.

Lo absorbe su nueva cotidianidad. De tiempo para la literatura va a disponer ahora que no tiene que escribir para tres diarios. La nostalgia, más que la curiosidad por lo nuevo, prevalece en su correspondencia. Repletas de detalles domésticos, de encargos puntuales a sus familiares en Ica y en Lima, cruzan el Atlántico sus misivas. Sorprendido por el interés por las antigüedades peruanas, pide que le envíen «huacos de Nazca» en «cajas bien construidas para que no se rompan»; mejor aun, «telas incaicas» que no son tan frágiles y «toda clase de objetos incaicos», pues era útil «para hacerle propaganda al país». Inspirado por la obra del músico Daniel Alomía Robles, comienza Valdelomar a explorar la conexión perdida con esa historia cuyos herederos han quedado sin voz. Si con melodías de «fácil comprensión y de un sentimentalismo que evoca el triste cautiverio de sus gentes que claman hoy redención»,[16] conmueve el huanuqueño Robles, un efecto similar buscaría él reviviendo a los hermanos Ayar o filtrándose en el «alma de la quena» en pos de comprender ese «dolor inmenso como el mar» y «orgulloso como el cóndor» que aquel humilde instrumento alcanzaba a transmitir.[17]

Como imágenes de un paraíso perdido, bajo el efecto de la distancia, retornan a su mente las memorias de Pisco: los «arcádicos tiempos del gallo Carmelo»,[18] «amigo íntimo», «héroe ignorado» a quien convertiría en personaje literario en uno de sus más celebrados cuentos. La reivindicación del laboreo agrícola, de la actividad pesquera, de la cumplida e ingrata labor de un empleado de aduana en un pequeño puerto peruano, como su padre —quien «los días de llegada de algún vapor vestíase de blanco y en la falúa rápida, en cuya popa agitada por el viento ondeaba la bandera nacional, iba mar afuera a recibirlo»—, o la humanización de un «melancólico» sauce llamado Hebaristo que fue secándose a la par con su vecino, el achacoso farmacéutico del pueblo,[19] por una misma razón: por falta de amor, seguirían al gallo Carmelo como los protagonistas de esa evocación transoceánica de la «patria chica».

—III—

Nuevamente, a inicios de febrero de 1914, tras la caída de Billinghurst producto de un movimiento encabezado por el coronel Óscar R. Benavides, la política se cruza en el camino de Valdelomar. Lo hace esta vez con un efecto devastador

16. Ibíd: 25-26.
17. Valdelomar 2013: 195-210 y 211-126.
18. De Abraham Valdelomar a Jesús Valdelomar, Roma, 15 de agosto de 1913. En Valdelomar 1988a: 86
19. Valdelomar 2013: 87-94.

a juzgar por su correspondencia. Era, escribe, «mi ruina momentánea y la de mi familia». Su padre, para comenzar, debía renunciar de inmediato, como él mismo a su cargo diplomático, al puesto de director de la Penitenciaría de Lima que por gestión suya había conseguido. Adiós a los planes de estudio. ¿Y la literatura? «Naturalmente se fregó y a buscar la vida». Sintiéndose «abandonado en Europa y sin recursos», agobiado por la culpa de «no estar hoy muerto por defender a mi Gobierno», manifiesta encontrarse en una lamentable situación producto de los muchos «días sin dormir». «Mis nervios —escribe— solo me obedecen a ratos». Y todo se debe a la «ignominiosa traición de Benavides» que lo vuelve «casi loco». «Dios no querrá —anota en el clímax de la desesperación— que por estas cojudeces me vea en la necesidad de pegarme un tiro». «Aunque no lo creo», añade. Lo que puede decir es que está «jodido simplemente». Y si «le hablo groseramente —prosigue, recobrando el tono sarcástico— es porque no se me ocurren otras expresiones espirituales». Asegura, sin embargo, que de «ninguna manera» volverá al Perú.[20] A mediados de marzo, finalmente, logra viajar a París gracias al apoyo de Riva-Agüero, quien corre con los gastos de su traslado. En su protector y su consejero se ha convertido este desde aquel providencial encuentro marítimo.[21]

A inicios de abril de 1914 va Abraham a bordo del vapor *Oceanic* de retorno al Perú. Ocho meses escasos había permanecido en Europa. No había terminado de adecuarse a la distancia, de aprender a sobreponerse a la nostalgia, cuando se veía obligado a volver. Para agudizar la memoria y afinar su curiosidad por su propia tradición había servido, fundamentalmente, aquella efímera ausencia. Y ahora, con los sueños rotos, volvía a la torturante Lima de la que tanto le había costado salir, a una edad, como le confesaría a Riva-Agüero, que ya no permitía «ir por rutas equivocadas». ¿Era tarde para seguir intentando una carrera de abogacía? ¿Podría o no seguir dedicándole horas a la literatura?

En plena travesía le escribe a Hermilio Valdizán, pidiéndole que solicite, en su nombre, sus certificados universitarios.[22] No volverá a San Marcos, sin embargo. El periodismo continuaría siendo su «patria intelectual», para tomar

---

20. De Abraham Valdelomar a Genaro Moreno, Roma, 5 de febrero de 1914. En Valdelomar 1988a: vol. II, 678-679. A Carolina de Valdelomar, Roma, 6 de febrero de 1914. Ibíd., pp. 679-680; y Nápoles, 17 de febrero de 1914, Ibíd., pp. 682-683. Y a Enrique Bustamante y Ballivián, Nápoles, 15 de febrero de 1914. Ibíd., pp. 681-682.

21. De Abraham Valdelomar a Carolina de Valdelomar, París, 17 de marzo de 1914. Ibíd., pp. 683-686.

22. De Abraham Valdelomar a José de la Riva-Agüero, Roma, 1 de diciembre de 1913, y Abraham Valdelomar a Hermilio Valdizán, a bordo del *Oceanic*, 8 de abril de 1914. Ibíd., vol. I, pp. 131-132 y 165.

una expresión de Jorge Basadre.[23] Lo hará «enfurecido y arrogante», según Luis Alberto Sánchez, resuelto a «renovar totalmente a fuerza de originalidad, insolencia y esteticismo, el colonial ambiente de las letras peruanas» inspirado en las batallas de Filipo Marinetti contra todo lo establecido al frente de sus huestes «futuristas».[24] Tal lucha, en todo caso, adquiriría inéditas tonalidades en las peculiares condiciones de mediados de los años 10, y obligaría a Abraham a singulares requiebros y torsiones, ora dramáticas, ora jocosas, que lo convertirían en un personaje tan descollante como controvertido. Si no había logrado transformar su vida entregándose a la experiencia europea se reinventaría él por sus propios medios, inventándose de paso un Perú a su propia medida.

—IV—

En un amago conspirativo se había visto envuelto Abraham a poco de llegar a Lima. De hecho, habría de costarle una breve detención. Un «reportaje en broma» le haría, al respecto, Bustamante y Ballivián. A pesar del mal rato, proclamaba el entrevistador, aquí se tiene al escritor «sonriente y lozano, tan bohemio como de costumbre y tan simpático como siempre». Y no menos cachacienta resonaba la voz del entrevistado al aludir a esa «muchachada alegre y bohemia» que por las tardes «cae por esta desmantelada redacción, a hablar mal de todo el mundo, del gobierno inclusive».[25] Ante la arbitrariedad, como observa Miguel de Priego, el escritor ha elegido la «salida humorística». En esa línea persistiría cuando se incorpore, como cronista parlamentario, al diario *La Prensa*. Es la primera de diversas caretas que irá utilizando para sobrevivir.

De hecho, no resuelve el periodismo por sí solo el asunto de la supervivencia. Augusto Durand, flamante propietario del diario de la calle Baquíjano, mantenía, según Alfredo González Prada, «una especie de proletariado» de «redactores flotantes». Abraham era uno de esos sufridos escribas a destajo que, en promedio, recibían cinco soles por artículo, pendientes todos del «visto bueno» del director, siempre dispuesto a «mermar lo más posible la colaboración literaria».[26] De su vínculo con los Riva-Agüero surge, en esas circunstancias, una alternativa laboral. Como lector y secretario lo contrata el historiador; y entrará más adelante al servicio de su tío don Enrique cuando sea este designado como canciller a causa del cambio de gobierno.

---

23. Basadre 1994: 188.
24. Sánchez 1965-1966: 1273.
25. Bustamante y Ballivián 2000.
26. De Alfredo González Prada a Luis Alberto Sánchez, Nueva York, 26 de noviembre de 1940. En Valdelomar 1981: 207-236.

Más que laboral, por cierto, será el vínculo con José. Bajo su influencia escribe Valdelomar una biografía de Francisca Zubiaga, consorte del general Gamarra, más conocida como «La Mariscala». Una de las «más completas figuras de nuestra incipiente nacionalidad», dice de ella en la introducción de la obra que dedica a su mentor con expresiones de afecto y admiración. Acaso sus diálogos con Riva-Agüero sobre su viaje de 1912 inspiraron la descripción del Cusco de inicios republicanos que en esas páginas incluye Abraham: «recogimiento y melancolía» son su «sello característico»; «con el mismo orgullo, noble y altivo con que muriera el último de sus Incas» lleva la ciudad imperial el dolor por su «ya caduca grandeza», testimonio de aquel «asolador vendaval», conquistador que confinó al «hermetismo» al «espíritu de la Raza».[27]

Como Riva-Agüero, Valdelomar aspira a sacar de su letargo el «alma nacional». Despliega en ese afán un tono patriótico más intenso aun que el del historiador. Basta leer su «Tríptico heroico» para comprobarlo: «Oración a la bandera» («¡Malditos sean los que no siguen tus colores, malditos sean los que no te adoren de rodillas, malditos sean los que no sueñen con tu grandeza!»); «Invocación a la Patria» («Escuchad, compatriotas, la voz de nuestra niñez: dadnos lo que os pedimos fervorosamente, dadnos Patria!») y «Oración a San Martín» («... tú, héroe sin mácula, acervo de victorias, que recibiste como Nuestro Señor Jesucristo, el premio de la ingratitud, muriendo sin patria tú que tantas creaste. ¡Oh Gran Capitán gallardo y romántico, bendito seas!»).[28] Entre fines de 1914 e inicios de 1915, colabora el iqueño con el capitalino en el manejo de la correspondencia del flamante Partido Nacional Democrático. Lo ayuda en intentar una comunicación eficiente con ese «vasto sistema de adhesiones y de militancias en numerosas provincias y en los más pequeños distritos» con que contaba Riva-Agüero para desarrollar una efectiva plataforma política.[29] Así, a un «adherente» altiplánico se dirige Abraham, en mayo de 1915, a nombre del presidente del PND, con el fin de solicitarle una lista de potenciales «elementos» con quienes «se podría contar en Juliaca para la organización del Comité del Partido». Le serviría de experiencia cuando llegue el momento de lanzar su propia «cruzada patriótica».[30]

Simultáneamente, prosigue su propio diálogo con las figuras de la emergente intelectualidad provinciana. De ese intercambio una carta enviada al poeta arequipeño César A. Rodríguez es un ejemplo notable. Ve en su obra, le

---

27. Valdelomar 1914.

28. Valdelomar 2011: 110-115.

29. Planas 1994: 141.

30. De Abraham Valdelomar a Manuel Rossel y Esteves, Lima, 29 de mayo de 1913. En Silva Santisteban 2000: 177-178.

dice, «la aparición de un espíritu nuevo, original, moderno, vigoroso, audaz, sutil y entusiasta» que no podía ser remitido a algún maestro o corriente previa. Representaba más bien el compromiso con el más noble, y más difícil, de los apostolados: el de la belleza. Su obra —subraya—, como la de Percy Gibson y otros provincianos, representaba el advenimiento de una era de «florecimiento artístico» afincado en las regiones. Hecho trascendental, habida cuenta de que ninguna de las figuras capitalinas tenía, a su juicio, una voz suficientemente potente como para «traspasar los Andes». Con un áspero balance del medio literario local continuaba Valdelomar: le repelía tanto la imitación como la «desorientación mental» producto de la ignorancia; en ese sentido, lanzaba críticas contra la universidad, adonde a lo más se enseñaba biografías de escritores pero sin incidir en el acto creativo. Aprender a escribir no era una «cuestión técnica» sino de «aprender a sentir». De esa «divina facultad introspectiva», precisamente, carecían «nuestros escritores». Una marcada incapacidad para «obrar por cuenta propia» derivaba de ello; terreno fértil para la proliferación de un «caudillaje literario» mil veces más pernicioso que el caudillaje político.[31]

Así, «enfermo de vulgaridad», harto de leer las «ridiculeces nacionales», declaraba encontrarse el escritor. El asunto empeoraba cuando, con el retorno al poder del civilismo pardista (agosto de 1915), volvía el país a su inerte «normalidad». A contramano, la posibilidad de un florecimiento intelectual —del que el *boom* de publicaciones en curso era un alentador indicio— abría la perspectiva de que artistas y literatos asumieran un efectivo papel directriz: desempeñar el papel de intérpretes o sintetizadores de «todas las impresiones» o percepciones de la vida colectiva; examinándolas y puliéndolas en su «íntima soledad» para devolverlas como escritura a la sociedad.[32] En esas circunstancias específicas, la pregunta era si Abraham y los suyos serían capaces de sobrevivir a lo que Máximo Fortis denominaría el «moderno monstruo del diarismo».[33] Pesadilla de todos aquellos jóvenes con sueños literarios que buscaban ganarse la vida, la «celeridad matadora» y la «fecundidad enfermiza e inconexa» de aquel oficio que, según anotaría Luis Alberto Sánchez, podía terminar «matando su creatividad».[34]

---

31. De Abraham Valdelomar a César A. Rodríguez, Lima, 14 de octubre de 1915. En Valdelomar 1988a: 686-696.

32. Ibíd., p. 689.

33. De Máximo Fortis [Juan Francisco Valega] a Abraham Valdelomar, 18 de abril de 1918. En Silva Santisteban 2000: 337-340.

34. Luis Alberto Sánchez, «Comentario sobre *El caballero Carmelo* y su autor Abraham Valdelomar» (18 de abril de 1918). Ibíd., vol. II, pp. 337-340.

Sobreviviría ciertamente Valdelomar. Subvertiría el estilo convencional de crónicas y columnas y haría de la cobertura cotidiana una oportunidad para explorar la cultura política o el carácter nacional. Apelaba a la sátira y al humor, para retratar la futilidad de la vida congresal. Ayer nos fuimos a la Cámara de Diputados —escribía en agosto de 1916 en su columna «Palabras»— que no es mejor que la de Senadores, pero entretiene más; pues si en esta última, «entre toces y ronquidos», los ya mayorcitos representantes hablan «del reuma, del mal tiempo, de las Píldoras Rosadas y del Sanatogan», dándole al recinto «un aire de sanatorio», en la otra uno tenía la impresión de estar viviendo nada menos que en los tiempos de la Revolución francesa.[35] Si se trataba de buscar entretenimiento, comenta algunas semanas después, era claro que entre el «cinema y el Parlamento», este último era la mejor opción.

«Para darse cuenta de la sociología del Perú», observará a comienzos de octubre, antes que recurrir a un libro de Francisco García Calderón o Mariano H. Cornejo, bastaba asistir a la Cámara de Diputados, la más genuina representación del país. Allí, por ejemplo, el gonzalezpradista Secada representaba el pesimismo y el «obeso, condescendiente y satisfecho señor Aramburu», con su rostro de «foca desorientada y medrosa», encarnaba el «espíritu burgués». Al dicharachero señor Gamarra le correspondía, en cambio, el papel de la «vianda criolla». Tras varias sesiones de tedio y monotonía, a mediados de octubre se pone en debate una cuestión «trascendentalísima», de «gran interés nacional»: ¡los términos con que debían «tratarse los diputados»! ¿Decisión final? Suprimir el tratamiento «honorable». Lamentable, ironiza Valdelomar, que no se haya escuchado a don Abelardo Gamarra que proponía una fórmula más simple: «oiga usted compadre».[36]

No era diversión pura. La sátira, creía Abraham, constituía «el correctivo más poderoso» utilizado por «los débiles contra los fuertes, los oprimidos contra los opresores y hasta los moralistas contra el ascendente oleaje corruptor». A su juicio, la moral debía más «al temor a la sátira» que «al amor a la virtud».[37] En sus «crónicas frágiles», como George Orwell un par de décadas después, encontraría en el reino animal un medio para nutrir su mirada irónica. ¿La tortuga?: un «Sancho centenario», un cobarde integral, jamás una rebeldía a pesar de ser su vida «una serie interminable de dolores, injusticias, tiranías y crueldades»; puede pasarse la vida «paladeando una venganza» aunque «siempre muera antes de cumplirla». ¿Y el cerdo?: la «justa imagen del banquero», quien, al trasladarse al camal con el propósito de explorar las «mil reflexiones»

35. Valdelomar 1988b: vol. II, 239-240.

36. Valdelomar 1916a, 1916b, 1916c y 1916d.

37. Valdelomar 1916e.

del «infeliz cochino» en el umbral de la muerte, culpa siente por haber sido tan glotón. Para el gallinazo, finalmente, cumplido reconocimiento reclama Valdelomar. ¿No es acaso el «ave simbólica de la nacionalidad»? «Un capítulo aparte de la sociología del Perú» merecería el «gallinazo de basural».[38] Bastaba verlo, rodeado de moscas, dando cuenta de una vaquilla muerta a orillas del río Rímac para pensar en un cónclave académico o una jornada cívica.

Obligado a caminar las calles con la pedestre misión de cubrir la noticia del día, analista de la realidad urbana deviene el redactor. Comprueba, por ejemplo, que una ciudad podría vivir «sin universidad, sin teatros, sin librerías, sin periódicos», pero no sin mercado, esa suerte de «plaza de armas de los alimentos, colosal mamadera solo comparable al presupuesto de un Estado republicano». Se muestra dispuesto a cumplir su misión, más allá de los límites de la no ficción. Comisionado a cubrir la procesión del Señor de los Milagros, aprovecha la oportunidad para entrevistar a la estrella de la celebración. Entre la «humanidad mestiza y creyente», que como «paila de miel de chancaca» hierve en la plazoleta de la Encarnación, se abre paso el cronista hasta llegar al Señor. Lo encomia por ser humilde para comenzar; por no ser, por ejemplo, como el obispo de Ayacucho con sus «coches» y sus «acólitos»; por no ser, en suma, «Dios de poderosos y de reyes» sino de «dolientes, de tristes y desconsolados, de pobres de hacienda, de cesantes». «¿Quién eres?», interroga el lienzo divino. Que en su tiempo no había periodistas manifiesta la divinidad. Por eso te crucificaron sin protesta, ya quisieras que hubiera habido en Judea un «diario de oposición», replica punzante el reportero; para luego explicarle lo último de la situación europea. «¿Me vas a hacer, hijito —lo interrumpe el Nazareno—, teatro de erudición»? «Perdóname, Señor —musita el cronista—, creí que estaba en la Universidad».[39]

Su propia trayectoria pondrá en juego Valdelomar en ese afán de promover lo popular, lo antiacadémico, lo provinciano, como ámbito de articulación de una visión alternativa a la doctoral. Como verdaderos manifiestos pueden leerse, en ese sentido, sus textos autobiográficos de inicios de 1917. En ellos, atribuye a su condición de «aldeano» el hecho de haberse educado no «con libros sino con crepúsculos», y a su terca persistencia en la búsqueda del arte puro la garantía de verdad. En las cicatrices de su propia lucha contra la puerilidad de la vida intelectual incide entonces Valdelomar. Confiesa que harto de «malabarismos lógicos» y «ansias de objetivismo» había llegado a pensar en el suicidio. Ahí estaba —confiesa— la razón de su odio a «los libros, los sistemas,

38. Valdelomar 1915, 1916f y 1917a.

39. Valdelomar 1916g.

los principios, las leyes, las fórmulas, los métodos», como también su propia fragmentación personal que lo había llevado a merodear la locura. Como un «gran imperio» en que prevalece la anarquía impuesta por millones de «seres microscópicos» que comprometen su propia conciencia, describe su propia dinámica mental. Su propia vida, al fin y al cabo, era la verdadera historia de todos sus textos: experiencia ineludible para todos aquellos que, como era su caso, aspiraban a vivir de la calidad de su pluma.[40]

Cansado de la metrópoli, en busca de una imprescindible revitalización, visita su tierra a inicios de 1916. Como el «hombre más original y complejo; más raro y sencillo; más paradojal e inteligente, de cuantos haya tratado en mi vida» presenta un redactor de *El Heraldo* de Ica a su «paisano» Valdelomar. Así lo corroboraba el listado de las actividades que debía realizar: ver crepúsculos desde nuestro «maravilloso cementerio aldeano», admirar cómo se «empurpuran los médanos, cómo se duermen los guarangos, cómo vuelven por los caminos sinuosos los campesinos» y escuchar, por cierto, «el tañido de las campanas» en «las truncas portadas de nuestras haciendas coloniales». No cree en los libros, reitera, ante una pregunta sobre la cultura de la juventud. Más que de «las lecciones de Filosofía del doctor Deustua, o de las novelas de Anatole France» precisa la humanidad de vidas honestas y sensibles, educadas en la «contemplación de la naturaleza». Por ello, había optado por el «panteísmo». Exhorta a sus paisanos a «no perder la pureza de vuestras almas» dejándose engatusar por «los fanales de la metrópoli». Porque si era verdad que él no había perdido su pureza, con el «alma ensangrentada» volvía del «mundo» a su tierra natal.[41] Temiendo comprobar que aquella idílica vida aldeana en cuya búsqueda había llegado, hubiese fenecido ya:

> Ya la casa está muerta. Ya no es la misma casa.
> El jardín florecido se extinguió… A la desierta
> alcoba ya no sube, escaladora experta,
> la vid, de frescos pámpanos, en racimos escasa.
>
> Ya el asno con la alfalfa florecida no pasa,
> ni el viejo panadero se detiene a la puerta,
> ni platican los padres… ¡Ya la casa está muerta,
> ya no hay voces hermanas, ya no es la misma casa!

---

40. Valdelomar 1916h y 1917b.

41. Roberto Montoya, «Párrafos de un reportaje» (5 de marzo de 1918). En Silva Santisteban 2000: vol. I, 222-225.

Humedad. Muros rotos. Un acre olor de olvido.
Hieráticas, las viejas blancas aves marinas
se posan en la triste morada solitaria [...][42]

—V—

En el héroe de la pujante «patria periodística» se había convertido Valdelomar hacia fines de 1915. Era el testimonio viviente de que, sin vender el alma al diablo, era posible vivir de la pluma, reconociéndosele su incomparable talento para proyectar hacia la esfera pública su labor de escritor. En su apasionada defensa del arte puro vería un elemento de identidad grupal aquel contingente de cronistas-literatos que pululaba por las redacciones de todo del país, viviendo acaso el sueño de la revista propia. Eran también «novecentistas», cronológicamente hablando. Preferían verse, sin embargo, como la negación del círculo rivagüerino. En esa pugna por reconocimiento, como Abraham habría de demostrarlo, el mero uso de la palabra escrita no era suficiente ya. Había puesto en escena, para tal efecto, una *performance* basada en su propia conversión en el autodenominado «Conde de Lemos». El Palais Concert —el café limeño de moda, abierto en el verano de 1913 en pleno Jirón de la Unión, a pocos metros de la redacción de *La Prensa*— proveería el tinglado.

Como el iqueño Francisco R. Montoya había observado, por encima de cualquier definición simplista estaba, a ojos de sus simpatizantes, su paisano Valdelomar, quien no solo estaba en condiciones de discutir todos los temas —desde el drama *Ollantay* hasta los dilemas del Káiser alemán— sino lo mejor de la cultura europea en el Viejo Mundo, según se decía, que había llegado a asimilar. Notable por la fluidez con que podía rescatar sus orígenes humildes a la par que daba cuenta de su altamente selectivo espíritu intelectual. De manufactura propia, el mito de su existencia iría convirtiéndose en paradigma generacional. «Con espanto y con ternura», diría Abraham, recordaba una infancia marcada por la miseria y el dolor. Ambos habían servido para sutilizar su inteligencia, al punto de dotarlo de una comprensión superior de la vida que lo colocaba más allá de la erudición, la metafísica y, por supuesto, la universidad. No tenía reparos, al mismo tiempo, en cholear a medio mundo o referirse al fastidio tremendo que le causaba caminar por calles repletas de gente que se atribuía el derecho de «acercarse a uno, de hablar majaderías, de saludar y preguntar necedades».[43]

---

42. Valdelomar 2011: 64-65.

43. De Abraham Valdelomar a J. A. Falconí Villagómez, Lima, 23 de octubre de 1916. En Silva Santisteban 2000: 236-239.

Las descripciones de sus amigos Alberto Hidalgo y Luis Alberto Sánchez permiten acercarse a su talante de aquellos tiempos. «Más bien bajo que alto», su color moreno y su cabello crespo lo llevarían a proclamar «la árabe nobleza de su talento». No dudaba, por ello, en autodenominarse Val-del-omar. Llevaba a menudo «desnudos el cuello y la parte superior del pecho, cubierto este por una alba camisa de tenis», y calzado «de capellado plomo y zapatilla de hule rebrillante». Un «insolente y malagorero ópalo» relucía en el índice de la mano derecha y «colgaba de su antebrazo izquierdo un grueso bastón de Malaca». «Ribetes claros en faldones amplios para disimular las caderas excesivas» tenía el chaleco y a «flauta de Ganímedes» resonaba su voz. Se empolvaba el rostro, usaba brillantina, se cuidaba las uñas «con esmero de señorita» y «olía a agua de lavanda de Atkinson», muy de moda por aquel entonces. «Reía de buen grado» y «amaba ser visto, oído, admirado y odiado». Si algo le resultaba insoportable era «la indiferencia del silencio».[44]

No dudaban en arroparlo y hacerle eco sus amigos y colegas. De tener con el Conde de Lemos una amistad en la que «únicamente» tenían cabida «temas de metafísica estética», se jactaba José Carlos Mariátegui —por ese entonces «Juan Croniqueur»—, a inicios de 1916. Exhibía como prueba su reciente diálogo con él al pie de la fuente de Neptuno en el Parque de la Exposición: «¿Entre una rosa y una pertenencia petrolera, qué preferís?», pregunta Croniqueur. «La rosa», responde escuetamente su interlocutor. Su fingido elitismo registra el futuro Amauta en otra ocasión: «¿No cree usted que debe abominarse a los artistas diletantes? ¿Por qué se tolera que estos se mezclen con los artistas absolutos? ¿Por qué no se mata a los artistas diletantes?», interroga Croniqueur. Coincido plenamente, contesta Valdelomar.[45]

Sabe bien que muchos se ríen de él. Pero cómo no estar por encima de todo ello cuando se sabe «uno de los más grandes escritores que haya producido este pueblo donde la belleza fue siempre exótica». Como tal, tenía muy claro que ya había pasado la época en que «para tener talento reconocido» era necesario «adular». Como «viles siervos» dejarán de portarse quienes dotados de «un inmenso talento» deambulaban por la vida. ¿Por qué no autodesignarse «condes» o irrumpir sin complejos en el Palais Concert o tener el tupé de declarar que «el Perú es Lima, Lima es el Jirón de la Unión, el Jirón de la Unión es el Palais Concert y el Palais Concert soy yo»?

De esa ebullición, evento emblemático habría de ser la publicación de la revista *Colónida*. Vivirá —predijo Alfredo González Prada, uno de sus principales animadores— si se convierte en «portavoz de una juventud ansiosa de

---

44. Citado en Miguel de Priego 2000: 263.

45. Croniqueur 1916 y Silva Santisteban 2000: vol. I, 235.

dejarse escuchar». Desterrar «lo serio de sus páginas» era «la más firme decisión de su director». Mordaz, irónica, combativa, frívola, elegante, impertinente, «inmoral si la oportunidad lo exige» la quería el hijo del «apóstol radical». «Pero seria, ¡jamás!». Recordaba Alfredo, en ese sentido, el caso de la revista *Cultura*, dirigida por Enrique Bustamante y Ballivián con la cercana colaboración del propio Valdelomar. A pesar de su línea correcta, se había incurrido en la «fragilidad» de acoger una «soporífera memoria de José de la Riva-Agüero» sobre los méritos «de un poeta colonial de quinto o sexto orden»; un típico «estudio serio», de «estilo rancio» e «indigesta erudición».[46]

De los detalles de la fundación de *Colónida* se ocuparía Alfredo González Prada algunos años después, cuando la revista se había convertido en un desmesurado mito. ¿Grupo, cenáculo, actitud, qué había sido el colonidismo?, se preguntaría el por ese entonces miembro del cuerpo diplomático, conocido como «Ascanio» en sus tiempos bohemios. A un grupo de unos ocho amigos, dentro del más grande de cerca de treinta que solían rodear al Conde de Lemos en el Palais Concert, atribuiría el impulso de ese proyecto. Se reunían en la redacción de *La Prensa*. Abraham era el «jefe» implícito, una suerte de catalizador que había estimulado la actitud *snob*, europeizada, de un grupo efímeramente unido por unas ganas incontenibles de joder. Sus miembros, por supuesto, encontraban en José de la Riva-Agüero el «prototipo de ese «niñogoyismo», con todas sus mentecatas adyacencias» que aspiraban a desterrar. Evocaría Ascanio la naturaleza bulliciosa, leve y espontánea de los llamados «colónidos» de 1916. Rememoraría sus excursiones al Rímac, donde «una zamba» del barrio les prepararía en cierta ocasión una cena criolla clásica «con su seviche, su caucau, sus frejoles colados, "rociados" de chicha y de pisco», que había terminado en «un vómito general en la Alameda de los Descalzos». Recordaría también sus sesiones opiómanas en un «cuchitril de la Plaza de la Aurora». De hecho, «la tremenda difusión del opio, de la morfina, del éter, de la cocaína» potenciaba, según él, su «hedonismo» y su «preciosismo» intelectual. De esa manera, entre la «fanfarronada» y la proclividad «extranjerizante», pasaba los días aquel grupo: «de espaldas a la realidad peruana, a los temas nacionales, al criollismo, al indigenismo».[47]

Con ese impulso, dispuesto a impugnar, transgredir y remover el marasmo prevaleciente que el conde y sus amigos preferían atribuir a la restauración del civilismo pardista, veía la luz la revista *Colónida* en enero de 1916. Ningún manifiesto o declaración de principios abría el número inaugural. Lo encabezaba más bien, a manera de falsa carátula, un texto en prosa del director

46. González Prada 1916: 207-210.

47. Ibíd., p. 209.

titulado «El ladrón». Un «joven, casi niño» merodea un rosal en un parque de la capital. Agazapado, un guardia vigila de cerca. Se lanza de repente el muchacho a coger un puñado de flores. «Por fin caíste», espeta el uniformado. Suplica y llora, abatido, el arrestado. «Un ratero», comenta un transeúnte sin parpadear. «Pobre poeta», musita un curioso ante la misma escena. ¿Una apelación a lo sensorial? ¿Una expresión de dadaísmo criollo?

Escasa cohesión, en todo caso, transpiraba el volumen todo. La traducción del francés de un documento sobre un olvidado poeta del XIX, Antonio Nicanor Della Rocca de Vergalo, presentaba a continuación Alberto Ulloa Sotomayor. De Ventura García Calderón se reproducía una sección de su estudio, «La literatura peruana», publicado originalmente en la *Revue Hispanique*. Un texto de Augusto Aguirre Morales sobre los «literatos jóvenes» arequipeños completaba la sección de crítica literaria. La producción poética dominaba el volumen: José María Eguren, Alfredo González Prada, Enrique Bustamante y Ballivián, Alberto J. Ureta y José Santos Chocano. En la sección de noticias literarias se incluía algunos detalles curiosos: reverencias al «ilustre montevideano» José Enrique Rodó, tanto como para esos «jóvenes estudiantes de hoy», capaces de escribir «tesis menos soporíferas» que las de antes, como José de la Riva-Agüero y José Gálvez. Y varapalo para *Las tapadas*, poema escénico escrito en colaboración por Julio de la Paz y Juan Croniqueur: «Valor teatral: nulo. Técnica de Marionetas. Escenas traídas de los cabellos, que lastiman la unidad de la obra y no revisten mérito ninguno»; en suma, un «franco desastre para el teatralizador». Para terminar: un breve comentario de Rodó sobre el «escándalo episcopal» suscitado por su texto «El Cristo a la jineta» y una curiosa carta de Federico More excusándose por no haber cumplido con entregar su comentario sobre un texto completo de García Calderón —un segmento del cual se reproducía en ese volumen— que había llegado a sus manos demasiado tarde. «En dos días», decía More, no era posible leer «noventa páginas de despropósitos», ni menos aun escribir «un alegato bienprobador [sic] de la imbecilidad de un grafómano».

Con ese provocador avance, el plato fuerte del segundo número de *Colónida* no podía ser otro que la prometida crítica de More, «La hora undécima del señor Ventura García Calderón». Como un «ajuste de cuentas», antes que una «crítica literaria», dicha contribución debía leerse a juicio de Luis Loayza. De hecho, contrastaba su retórica denunciatoria con el prevaleciente tono juguetón, además de introducir en el repertorio «colónido» esa bronca modulación «serrana» que alcanzaría sus más altas cotas a lo largo de la siguiente década. Lo que más perturbaba a More era que por el hecho de escribir desde Europa fuera a través de Ventura García Calderón que se conociera al Perú, el país que «hoy vale más en América —según él—si se le considera como nación productora de inteligencia». Y todo se debía a «nuestra holgazanería» o «nuestra soberbia» que nos impedía emplazar a embusteros como el autor en cuestión. Con él, el problema de fondo era su falta de imparcialidad; su visión de «colono de España», que le impedía sentir la «atracción» de los incas o de los caudillos, tanto como la de «los curas y las beatas»; lo que confirmaba su condición de representante en Europa de «los intereses de determinado grupo literario» capitalino.

A tal grupo valía la pena recordarle que «el champaña del Club Nacional y la justicia literaria, el tango en el Casino de Chorrillos y la independencia moral para decir verdades» eran «perfectamente incompatibles». Su limeñismo, para ser precisos, lo descalificaba para comprender la diferencia entre «la literatura peruana, honda, triste, fuerte y sobria, y la literatura colonial hecha por frailes, tahúres y andróginos». ¿Por qué no titulaba a su texto «literatura limeña» en lugar de «literatura peruana»?

A la «generación presente», para concluir, podía extenderse el cuestionamiento: ¿Eran acaso Francisco García Calderón y José de la Riva-Agüero sus máximos representantes? Ninguno de los dos, en realidad, suscitaba «admiración». Un «vulgarizador» o «docente de ideas circulantes» era el primero. Un «hábil buscador de gran biblioteca», era el segundo. En ninguno, en todo caso, se veía «originalidad, inquietud, don de sugerencia»; ninguno era capaz de «atumultar ideas y sensaciones en un cerebro fuerte».

¿Representaba More lo medular del espíritu «colónido», ese anhelo de una «juventud ansiosa» por «dejarse escuchar» más allá de «prejuicios» y «camarillas»? En su peculiar estilo, el propio Conde de Lemos se encargaría de restarle validez al alegato de su colega puneño reconociendo que se había excedido «hasta la procacidad porque para eso es mestizo, pero la cosa no tenía mayor importancia». Aclarando que él, personalmente, estimaba «las florituras y las fragilidades de la obra pulcra y sin trascendencia metafísica y estética de [Ventura] García Calderón».[48]

¿Dónde entonces se hallaba el elusivo corazón de *Colónida*? En el encabezado al «Ensayo sobre José María Eguren» de Enrique A. Carrillo, publicado en la segunda entrega de la revista, Valdelomar mencionaría a la pasada la razón de ser de la revista: «dar a conocer al público engañado tantas veces por falsos apóstoles, a los verdaderos ingenios nacionales». El poeta arequipeño César A. Rodríguez representaba en ese número ese afán de promover valores. Roberto Badhan, entretanto, entraba al peliagudo tema de las drogas en «Los tóxicos en la literatura y en la vida». Aunque advertía los peligros de ese «veneno todopoderoso» que ofrecía la «ilusión de eterna juventud», se esforzaba por ofrecer

---

48. De Abraham Valdelomar a J. A. Falconí Villagómez. En Silva Santisteban 2000: vol. I, 39.

una explicación a su creciente empleo: el positivismo, anotaba, «ha derrotado al Ensueño y este busca su revancha en el seno tenebroso de la Química». No era necesario, sin embargo, irse a París o leer *Los paraísos artificiales* de Baudelaire para tratar el tema; caminar unas cuantas cuadras en la calle Capón era suficiente. Ahí, como recordaría el mexicano José Vasconcelos, podía encontrarse un día cualquiera, al atardecer, nada menos que al Conde de Lemos con algunos de sus cada vez más numerosos acólitos literarios.[49]

Otro arequipeño, el vate Percy Gibson —con retrato al carbón firmado por Valdelomar como carátula— es el nuevo valor lanzado en el tercer número de *Colónida*. Lo acompañan en la sección poética Eguren, Baudelaire y nada menos que José Carlos Mariátegui. Cálidas líneas dedicadas a Ricardo Palma («que el recuerdo de sus triunfos sea un dulce compañero de su vejez gloriosa») y Manuel González Prada («hasta el glorioso retiro donde el Maestro inicia su vejez fecunda en ejemplos, ha ido hoy la admiración devota de todo el que en la patria sepa cuánto debemos en gratitud al que nos enseñó a pensar y escribir») refrendaban el espíritu de amplitud que, según Valdelomar, habría tenido su publicación. Además de la segunda diatriba de More contra García Calderón, sin mayores conmociones pasaba por la vida la tercera entrega de *Colónida*.

Como una notable ilustración de la ambigüedad *Colónida* quedaría, para el mañana, el contrapunto carátula-falsa carátula del número 4. En pose clásica, plena de simpatía y autoridad, aparecía en la primera el doctor Javier Prado, rector de San Marcos, gran figura intelectual del civilismo. En la segunda, una inequívoca apología del uso del opio y el cloretilo —firmada, simplemente, como «Colónida»— parecía revalidar las credenciales transgresoras de la publicación. Correcto combatir los tóxicos, se decía ahí, porque matan para comenzar. Los «nobles estímulos intelectuales» derivados del opio y las «profundas agudezas de emoción» que conllevaba el éter no dejaba de subrayar, sin embargo. Ambos eran superiores en sus efectos al alcohol que degrada y la cantina que «aplebeya». Frente a la vergüenza de una borrachera, «un opiotizado, lo mismo que un eterizado, pueden trabajar e ir a cualquier sitio sin dar asco o rubor». ¿Conclusión? «Combatid el alcohol y dejaos de perorar contra el opio y el éter». Se pedía comprensión para aquellos que en virtud de los tóxicos «ennoblecen la vida con la Belleza que os dan». Para las masas, entretanto, «impugnad el uso del alcohol en tanto que, del opio, no os preocupéis», «nunca llegará a vuestros porcinos dominios». Y, como cierre, una imagen de sí mismos ofrecía el colectivo editorial: los colónidos reunidos en la redacción de *La Prensa*, donde «los chistes de Abril de Vivero y el humo de los cigarrillos llenaban el ambiente». De pronto alguien exclama: ¡por qué entre los siete no

49. José Vasconcelos, «Con Valdelomar en el barrio chino». Ibíd., pp. 292-297.

hacemos un libro y lo publicamos! Entra Félix del Valle en ese momento. Entre los *ocho*, corrige alguien. Se decide un nombre: *Las voces múltiples*. Nacía así un libro criticado por quienes no concebían que «ocho amigos» pudiesen «reunirse no solo para almorzar, sino también para publicar versos». Y sería un libro «puramente estético», cuyo único sentido «con respecto a la literatura nacional» era representar el coeficiente de una generación —entre Abril de Vivero (1895) y Valdelomar (1888)— «en el punto medio de su desarrollo». Así, en ese estilo juguetón y espontáneo, había nacido *Colónida*, producto de una travesura colectiva que, entonces, hacia el quinto mes del año 16, llegaba al fin de su ciclo.[50]

Desaparecía la revista pero quedaba su aureola. Uno de los más «fecundos, brillantes y renovadores» años de «nuestra historia cultural» había sido 1916, a juicio de Luis Alberto Sánchez. «Todo mudó de forma y hasta de objetivos»,[51] apelando al recurso de intelectualizar y exotizarlo todo. Las visitas de artistas como Tórtola Valencia —«genio inmortal y desconcertante, raro y único producto de la Naturaleza», según Valdelomar[52]—, Anna Pávlova y Norka Rouskaya —la protagonista del conocido incidente de su danza nocturna en el Cementerio General de Lima—, el torero Juan Belmonte y el pintor catalán José María Roura Oxandaberro —llegado para una exposición de sus obras— sirvieron como oportunidad para resaltar valores estéticos como epítome de lo nuevo, de lo moderno, de lo verídicamente vital.

En ese sobreexcitado ambiente, una declaración de Prada terminaría generando toda una polémica intelectual. Por su opinión sobre «la generación actual de escritores», le preguntaría el «colónido» Félix del Valle en la primera entrevista concedida por el ya anciano «apóstol radical». Que era, en su opinión, «superior a todas las precedentes», respondería este. En defensa de la «vieja guardia» se pronunciaría Enrique López Albújar poco después. Con una nueva entrevista replicaría José Carlos Mariátegui: vengo a «turbarle en su retiro de pensador» —le habría dicho— para pedirle que «amplíe y perfeccione» su «muy honroso» juicio sobre la «juventud intelectual del Perú». Buscando bajarle el tono a su anterior declaración respondería el mítico don Manuel: «yo nunca he sido crítico de mis contemporáneos; mis apreciaciones buscan para pronunciarse discretas intimidades, si han salido a la luz en esta ocasión no ha sido por voluntad mía». Comentarios más bien indirectos siguieron a partir de ahí, lo cual no impidió al cronista extraer una conclusión palmaria: frente a la «timidez, gazmoñería y reticencia» de antes, su «atávico sentimiento de

50. Abril de Vivero 1916.

51. Sánchez 1987b: 184.

52. Valdelomar 1917 [2011]: 3-5.

servilismo colonial» y la «ramplona rebeldía del republicanismo desorientado y palurdo», había en la generación actual «más originalidad, más arte, más audacia»[53]. No lo desmentiría Prada por cierto.

Dentro de la «desperuanización» en Colónida, según González Prada hijo, textos como *La Mariscala* o *El caballero Carmelo* eran algo así como «infidelidades al colonidismo», expresión de que Valdelomar «hacía peruanismo» con frecuencia, pero a espaldas del movimiento».[54] Abraham era por sí mismo mucho más que cenáculo alguno. De hecho, su prestigio personal, su peso propio, quedarían claramente delineados con la publicación de sus cuentos en un volumen titulado, precisamente, *El caballero Carmelo.*[55]

Con ello, a mediados de 1918, la dimensión de su triunfo literario se hacía más evidente aun. No solo había subvertido la crónica, el reportaje y hasta la entrevista: había revolucionado también el costumbrismo y el criollismo, construyendo un universo narrativo donde provincianos y capitalinos podían, sin grandes tropiezos, converger. Así, si la historia de «El caballero Carmelo» apelaba a la nostalgia por la comunidad perdida y la sencillez de la vida local versus las complejidades metropolitanas, la de Gerónimo Garatúa y Baquerizo —incluida en «La historia de una vida documentada y trunca»[56]— penetraba en la lucha del *outsider* por pan y reconocimiento, en el marco de un rígido sistema patrimonial. Muchos «nuevos limeños» podían leer aquel relato como la síntesis de sus propias trayectorias.

Una forma de vida había sido para Gerónimo la adulación, «método eficacísimo» para pasar de inspector de colegio a cronista periodístico, para culminar en una fatal decisión: quitarse la vida tras una noche en el garito de un chino opiómano de la calle Plumereros. De ese trágico derrotero había dejado en su diario detallado registro. Como amanuense del Ministerio de Justicia se desempeña Gerónimo mientras sueña con algún día ser nombrado a la secretaría de dicha entidad. Sería —piensa— un empleado modelo, un ejemplo de amabilidad, «me pondría todos los días mi chaquet ribeteado, mis guantes palúdicos, mi corbata con estremecimientos de plata, mis botines a dos colores, hasta me puliría las uñas». Y, cuando por el «estremecimiento» de las lánguidas voces de sus compañeros comprendiera que el ministro se aproximaba, saldría hasta la puerta para saludarlo con «una genuflexión palatina y grave, pero alborozada y discreta». Entiende, sin embargo, la irrealidad de su sueño: llegar a disfrutar de la «placidez deliciosa» de mirar, al lado de su nombre, la palabra

53. Pinto Gamboa 1987: 47, 60 y 61.

54. González Prada 1916: 214.

55. Valdelomar 1918.

56. Valdelomar 2012a: 177-188.

«destinado». He ahí la causa de su tormento: ¿por qué no se me ha destinado nunca, si he sido buen estudiante, si tengo buenos amigos, si visto con notable discreción y soy parco en opinar; si leo y hablo tres idiomas, si me baño cotidianamente; si me tuteo con algunos altos empleados de la administración, si soy austero y no bebo en público; si pertenezco a un partido político, si asisto a todos los banquetes de mis conciudadanos y paseo a veces por el centro con jefes de partidos; exministros y diputados, si, incluso, en épocas de Billinghurst, había tenido amigos influyentes y «tomaba el cocktail con Valdelomar en el Palais Concert, comía con Manuelito Químper y me relacioné con Paz Soldán»?

El largo recuento de su fútil carrera se agolpa en la memoria de Gerónimo Garatúa y Baquerizo en las noches de impenitente desvelo: mil antesalas, cientos de días perdidos esperando «que se levantaran los ministros», las cerca de tres mil tarjetas de recomendación que habían pasado por sus manos. Si cada persona a la que había acudido para «pedirles algo a mi favor se hubiera limitado a darme su voto», habría llegado a ser, calcula, diputado por Lima. En su desesperación, había llegado a pronunciar discursos en clubes políticos: a hablar «de la nave del Estado, del bicolor, de la unión de la familia peruana, de Grau y Bolognesi», hasta de «las once mil vírgenes». Y en ese «continuo tormento», los días de cambio de gobierno eran el momento peor. Entonces, alucina el personaje con la idea de que alguna de sus tarjetas de recomendación será esta vez eficaz. Se entera entonces que a un «imbécil» llamado Tijero lo acaban de nombrar jefe de la mesa de partes. La noticia lo obliga a reflexionar en las circunstancias que, más allá de la generosidad de un tal Cotrina quien lo ha nombrado, le habían permitido aterrizar en su modesto puesto de amanuense ministerial:

> Porque, vamos a ver, ¿qué favores le he hecho yo al señor Cotrina para que me haya servido tan a tiempo? Ninguno. El señor Cotrina tiene influencias, sabía que le iban a dar este puesto al hijo de su adversario en Calca, Macedo, y por hacerle la contra hizo que me lo dieran a mí. Con buscarse cada vez al enemigo de más influencia del que pretende el puesto, la cosa está arreglada. ¡Cuánto le agradezco, sin embargo, a Cotrina este puesto de amanuense! Y cuánto le agradezco su enemistad con Macedo. Si Cotrina no hubiese sido candidato por Calca; si Macedo no le hubiese echado bala a su casa; si Cotrina no hubiese asaltado a Macedo en la Plaza de Armas de Calca; si Macedo no le hubiese entablado juicio criminal; si el Juez no hubiese sido amigo de Cotrina; si Macedo no hubiese acusado al Juez; si el Juez no hubiese sido amante de la señora de Huamán, a quien pretendía el subprefecto, y si Cotrina no hubiese sido pierolista, yo no estaría ahora, sentado en un alto banquillo delante de un libro inmenso, copiando los decretos del señor Bedregal, rubricados por Su Excelencia, en un cuarto a medias oscuro…

El mapa del Perú todo y los vericuetos de su execrable sistema político aparecían, en una palabra, reflejados en la vida de un modesto servidor público. Incitada por el desencanto, hasta el fundador de Lima se remonta la amargada digresión del amanuense. ¿Cómo imaginar que «la mediocridad» terminaría siendo «ama y señora» cuatro siglos después? ¿Cómo imaginar entonces que se echaban las bases de una ciudad habitada por «una virtud niveladora», donde «somos malévolos pero piadosos, deseamos el castigo, pero nos apena la desgracia del delincuente y damos un beso, donde debiéramos poner, dos horas antes, una bofetada»? Era un medio donde nada es «rematadamente bueno ni desoladoramente malo». Todo es, por el contrario, «regular, mediocre, anodino, pasajero, frágil, de segunda». Así, «después de haber tocado todas las puertas», colgarse de «los barrotes de una ventana», con una «corbata de medio luto» alrededor del cuello, era en esta ciudad el único acto digno de afirmación de verdadera voluntad.

—VI—

Treinta meses de vida le restaban al Conde de Lemos hacia abril de 1918, el punto más alto de su fama, tras la publicación de *El caballero Carmelo*. De ese momento culminante es revelador su intercambio epistolar con Juan Francisco Valega, líder del movimiento por la Reforma estudiantil y futura figura de la psiquiatría peruana, quien bajo el seudónimo de *Máximo Fortis* incursionaba en los círculos literarios capitalinos. Dos personalidades diferenciadas veía emerger Valega de la obra de Valdelomar, la del periodista «que se entrega a la crónica amena» y la del literato que busca realizar los «grandes ideales artísticos». No lo entendían quienes lo descalificaban como *poseur* por «exhibir su yo con desusada prodigalidad» como por acometer la pública «afirmación de su propio talento», subrayaba Valega. Se trataba, según él, de un pertinente «ardid ficticio» que le había permitido alcanzar varios objetivos: a) llamar la atención en una «tierra de distraídos» con el fin de suscitar interés en «el comentario y la lectura»; b) criticar a ese emergente *establishment* de creídos «literatos de papel» por la vía de «reírse de sí mismo»; c) arremeter contra «la pacatería local» mediante una «manifestación de suprema sinceridad»; y d) haber sacado de su «blando vivir» a quienes, partiendo de su éxito periodístico, se habían envanecido con su precaria fama.

Enorme logro era, por cierto, haber abierto trocha para alcanzar nuevos horizontes artísticos imponiendo al «moderno monstruo del diarismo» el fragor de una decidida «constancia literaria». En esto —acentúa un entusiasta Valega— «le conceptúo un avanzado», similar al propio Baudelaire. El paso siguiente sería una gran novela que, partiendo de lo avanzado en sus narraciones cortas, se atreviera a dar el salto hacia la formulación de una visión integral del país. Radicaría ahí la «salvación» para una literatura que, a contramano de quienes celebraban sus victorias, atravesaba —según su criterio— por un «periodo de decadencia». Una doble dinámica debía desplegar aquel emprendimiento. Para concretar sus ideales, debía impugnar aquel «falso criollismo» que pintaba «en un estilo vulgar» «costumbres y habla» inexistentes. Lo otro era reírse de aquel crítico —Riva-Agüero sin duda— que había afirmado que no existían, en nuestro medio, condiciones para la novela. Ello significaría, para Valdelomar, suturar su propia dualidad.[57]

Como para aseverar el seudodiagnóstico avanzado por el futuro psiquatra, el Conde de Lemos, y no Abraham Valdelomar, responderá al crítico Fortis. Todas las marcas del *dandy* criollo —una forma de disociarse de la realidad al fin y al cabo— llevaba la misiva: el epígrafe de sí mismo —«para vivir en el futuro, basta que un alma nos comprenda»— y la ampulosa rúbrica final:

El Conde de Lemos
Ancón-Crepúsculo-Miércoles.
Primer año de El Caballero Carmelo

Entre ambos se desplegaba una apasionada explicación del sentido de su figura pública. A «la maña del fotógrafo» para «fijar la atención de los niños» había tenido que recurrir, dice Valdelomar, para fijar la atención de ese «niño grande, malcriado y caprichoso» que era el público lector. Lo hacía sabiendo que sin una «gran popularidad», sin «un mercado para sus obras», nadie podía llegar a ser un aspirante a escritor. Muy lejos estaban «los majaderos que me condenan» de entender la extenuante actividad que conllevaba «mantener siempre latente la atención del público» a través de años de «labor de artista». Su ardua rutina cotidiana describe a continuación. La creación literaria y la *performance dandy* se fusionaban en ella en una única y sacrificada acción —desde fundar una revista de combate a acudir por lo menos una hora diaria al Palais Concert, a escuchar la «monótona historia de los admiradores»— que «mis compañeros de hoy en la literatura y, sobre todo, mis sucesores de mañana, no acabarán nunca de agradecerme». Porque al avenirse a una vida pública, como nadie jamás lo había hecho, logró que el público se preocupara por él con una vehemencia jamás vista con escritor alguno. ¿Era posible que lograran entender «esos cholos que no me quieren», esos «maledicientes envidiosos», el «divino esfuerzo» que era necesario hacer para «prescindir absolutamente (deletread bellacos: ¡ab-so-lu-ta-men-te!) de todo lo que no ofrece a mi alma

---

57. De Máximo Fortis a Abraham Valdelomar, 18 de abril de 1918. En Silva Santisteban 2000: 337-340.

un poco de belleza?». Una cordial bofetada al incrédulo Fortis, un aristocrático mentís a su intento de convocar al artista a pisar la realidad, para concluir: a Dios vayan a preguntarle los necios «por qué me dio un alma grande, un corazón noble, un cerebro radiante y fecundo, un espíritu casto y unas manos perfectas, una gran arrogancia», etc. A fin de cuentas, ¿qué sino un «pobrecito Enviado Extraordinario y Ministro Plenipotenciario de Dios entre ustedes podía ser yo»? Y, como línea final, da gracias a Fortis por sus «claros y justísimos elogios» hechos a «mi precioso libro *El caballero Carmelo*. Mi sastre me espera, me veo precisado a cortar esta charla».[58]

¿Hasta dónde llegarían sus «poses»? ¿Era posible a esas alturas separar «sinceridad» y «fingimiento» en Valdelomar? ¿Seguía siendo el Conde de Lemos la promesa del novelista «que tanta falta nos hace y que jamás hemos tenido», como decía Luis Alberto Sánchez? Rastros del «divino esfuerzo» que le demandaba esa cotidiana suturación de su bipolaridad quedarían impresos en su obra poética de aquellos días. En «Epistolae liricae ad electum poetam juvenem», a inicios del año 17, dedicado al poeta arequipeño Alberto Hidalgo, escribe Valdelomar:

> Hermano: estoy enfermo de vida solitaria;
> solo, entre tanta gente de idealidad precaria,
> intermitente espíritu y alma universitaria.
>
> Yo me siento morir entre esta horda vana;
> mi talento es para ellos como una flor malsana.
> Los que ahora me condenan, me aplaudirán mañana...
>
> Yo les he dado todo: el verso cincelado,
> la noble prosa fuerte, el comentario alado.
> Tal hizo Prometeo. ¡Y estoy encadenado![59]

Y en un viaje a Chosica, en las afueras de Lima, siente que vuelve a la «ciudad de los tísicos» de sus fantasías juveniles, acaso como residente a tiempo completo en esta ocasión.

> Aquí sollozan los vencidos y los desengañados;
> oran los que fugaron de la loca bacanal;
> los que vieron romperse en mil pedazos
> la endeble y fría lanza de su idealidad,

---

58. De Abraham Valdelomar a Máximo Fortis, 27 de abril de 1918. Ibíd., pp. 341-344.

59. Abraham Valdelomar, «Epistolae liricae ad electum poetam juvenem» (marzo 1917). Ibíd., pp. 263-266.

[...]

Todas las tardes pasan; ojerosas y ardientes
ante la reja, enmadejada por la yedra de mi mansión de soledad
hacia el remanso, silenciosas,
las caras ebrias de colores, interiormente carcomidas,
como manzanas, por el mal.

En medio de las fantasías, como pesadilla revive memorias de su viaje de 1913, reactivadas por la situación que atraviesa el mundo, la que reporta Valdelomar en su columna «Al margen del cable». Casi entrando a su tercer año, en un nuevo y definitivo curso entra la guerra mundial: colapsa el Imperio ruso, arranca la guerra submarina, toma Washington la decisión de convertirse en beligerante. En Panamá, entretanto, entra en funciones el canal, cuya construcción había observado Valdelomar con nervioso asombro en ruta hacia Europa. ¿Implicaría esto el avasallamiento del Perú a manos de esos hombres «rosados, torpes y ambiciosos» delineados en *La ciudad de los tísicos*?

Y un temor lírico me envuelve
y sin querer me hace pensar
en los grandes cuerpos musculosos
de los pobladores que vendrán
con sus rojas cabezas y sus picas como dobles guadañas
y, manchando la limpidez horizontal,
abrirán el tórax de los cerros hieráticos
en autopsia pujante, vísceras de metal.
y entonces las amadas lánguidas y los desilusionados
los que piensan en las cosas que nunca han de realizar,
los que son el encanto de la aldea de sueños
desaparecerán![60]

Así merodeado, como alternativa a la nefasta urbe, prístino, idílico, promisorio, aparece el país rural:

Mientras tanto, caminemos por la escarpada senda,
mientras llegue ese día, que espero, caminemos;
busco un paisaje, una ilusión, un sitio cuando menos,
donde plantar podamos nuestra tienda.

Un campo donde solo los pájaros me entiendan,
en el desierto mismo, donde los dos estemos

60. Valdelomar 2012b: 75-76.

entregados con todos los que los dos tenemos;
el amor a la vida, como una dulce ofrenda.

Vámonos de la mano de esa esperanza, vámonos,
ya me cansa este ruido del mundo y sus favores,
cada día que pasa, muere en mí una quimera...

Tengo ansias de agua fresca escanciada en las manos,
quiero trinos y brisas, quiero para ti flores;
vámonos a vivir, los dos, a mi manera...[61]

—VII—

«¡Oh *Colónida*!» que tanto había hecho por mostrar al país —«triturando momias y fantoches»— los hasta entonces negados valores verdaderos de la vida artística, «¡debería reaparecer!». Así se expresaba, a mediados de enero de 1918, César Vallejo —corresponsal en Lima por aquel entonces de *La Reforma* de Trujillo— en una entrevista a Abraham Valdelomar. Su gran objetivo era «formar una especie de federación intelectual, con los mejores elementos de todo el Perú», responde este por su parte; una entidad que, «sintetizando las mayores energías nacionales», imponga, frente a la presente inmoralidad artística creada y mantenida por una serie de «malos hombres», una «nueva y más sana orientación intelectual». Publicaría entonces una revista, una reactualización de la misma *Colónida*.[62] De hecho, el respaldo de hombres de letras y ciencias de todas las provincias del país hacía entrever la posibilidad de que la nueva publicación llegase a alcanzar un tiraje de entre 80 y 100 mil ejemplares. Como una «cruzada espiritual» o «doloroso peregrinaje» en pos de reclutar a los «puros de corazón» para la gran tarea de construir una «patria nueva», caracterizaría Abraham la acción a iniciar.

Pretensiones desmesuradas para quien, hacia fines de 1917, tras su salida de *La Prensa*, se encontraba desempleado. Sin embargo, como una liberación habría de vivir Abraham aquella situación. Significaba el fin de la «tortura dantesca» de «entregar un artículo brillante de tarde en tarde» y la oportunidad, por ende, de renacer como artista.[63] Era, pues, una suerte de fuga hacia adelante de características inéditas. Se apoyaba en una sucesión de conferencias —pagadas cuando era posible y gratuitas para los obreros o la juventud— que Valdelomar había comenzado a ofrecer. Escuchar personalmente a una importante figura de

61. Ibíd., pp. 86-87.
62. Vallejo 1918.
63. Citado en Miguel de Priego 2000: 353.

la intelectualidad capitalina era el atractivo central. En torno a ello, una serie de eventos tenían lugar: de la recepción del conferencista en el puerto o la estación del tren a algún vistoso banquete posterior a la velada literario-musical de la que el escritor iqueño era orador central: éxtasis literario para el visitante; un privilegiado roce con el Palais Concert —en las alturas de Sicuani o la cálida Paita— para los locales.[64]

Del «verdadero delirio» con que su «disertación» sobre literatura y sus arengas patrióticas habían sido recibidas en Trujillo, por ejemplo, informaría *La Industria* de esa ciudad, así como del «largo cortejo» que lo había acompañado, posteriormente, hasta su alojamiento en el Hotel América.[65] Que tenía de aquel viaje por el norte —«más glorioso que el de Bolívar el año [18]23»—, le contaría a su amigo Croniqueur, un par de maletas «llenas de coronas de laurel con cinta peruana». Que había llegado a recaudar la nada despreciable cantidad de cinco mil soles solamente por sus cinco conferencias trujillanas, en las que hasta «había hecho llorar» a los asistentes.[66] El dinero, sin embargo, lo había «botado con la misma facilidad». De hecho, lo agobiaban las presiones económicas por aquel entonces. A sus «fuertes gastos» se refiere en cartas a su madre.[67] A Alberto Hidalgo le escribe, por su parte, en vísperas del viaje a Trujillo, que esperaba que el entusiasmo que los trujillanos mostraban por escucharlo se tradujera «en dinero porque estoy en las puertas de la miseria, después de encontrarme abandonado de todos».[68]

Aun cuando celebra sus éxitos, un sedimento de angustia prevalece en su correspondencia. Entre la euforia y el propio desahucio parece debatirse su ser profundo: «estoy luchando en los últimos reductos. Me amenaza el fracaso. El ambiente me aplasta. Estoy solo. Desesperado. Sin dinero, sin esperanzas, sin estímulo», le escribe a Miguel Ángel Urquieta. Así, «sin amigos, sin consuelo», el entusiasmo «va muriendo en mí ¡y eso no renace nunca!».[69] ¿Mera pose de escritor angustiado o condición de graves implicancias para su —como él mismo reconocía— frágil sistema nervioso? ¿Jugaban las drogas algún papel en este panorama personal?

Con una selección de los más elogiosos comentarios periodísticos suscitados por su gira al norte del país, Abraham había elaborado un folleto

64. Para una detallada descripción de las conferencias de Valdelomar, véase Ángeles Caballero 1962, Espinoza 2003 y Miguel de Priego 2000, capítulos 12 y 13.

65. «La *causerie* de Valdelomar» (18 de mayo de 1918). En Silva Santisteban 2000: vol. II, 360-361.

66. De Abraham Valdelomar a José Carlos Mariátegui, junio de 1918. Ibíd., pp. 373-374.

67. De Abraham Valdelomar a su madre, 25 de mayo de 1918 y 3 de junio de 1918. Ibíd., pp. 362-363.

68. De Abraham Valdelomar a Alberto Hidalgo, abril de 1918. Ibíd., pp. 353-354.

69. De Abraham Valdelomar a Miguel Ángel Urquieta, abril de 1918. Ibíd., p. 352.

propagandístico hacia fines de 1918. Como el «espíritu más poliforme» de todos los escritores del Perú se le describía ahí. Calificándolo como un artista privilegiado cuya «potencialidad encefálica», «robustecida por su profundo estudio de las relaciones sociales», le permitía describir inadulterados «los colores de la naturaleza». Como una luz había alborotado «nuestros círculos intelectuales donde fermentan todo género de envidias rastreras y solapadas». «Ebria de entusiasmo», la multitud había ovacionado por varios minutos «al artista genial». Y al salir del local «más de mil obreros lo pasearon en triunfo».[70] En ese marco, las declaraciones dramáticas («soy una fuerza de la naturaleza»), alarmistas («más peligroso para la sociedad es un analfabeto que un bandolero»), sancionadoras (en la actual situación del Perú «no merecen la vida» los jóvenes «que no se ocupan de su propia Patria») o puramente ficticias («el dar una conferencia en esta población estaba escrito en el itinerario de viaje que me dieron los intelectuales de la capital de la república, al enviarme como su representante») daban un énfasis especial a esta singular cruzada patriótica. Era una «peligrosa aventura» que él y solo él hubiese podido emprender. Quién otro se iba a decidir a poner el pecho frente a las «flechas envenenadas que guardan la envidia, la malevolencia y la ignorancia». Para coronar el suspenso, prometía la aparición de un libro en que revelaría «pavorosos detalles» sobre su aventura: «será sensacional», diría, pues voy a revelar «un país nuevo, desconocido», porque «el Perú no es Lima, ni se parece a Lima».[71] De su travesía por el «verdadero Perú» saldría la novela que tanto se le había reclamado.

Para los amigos, había una versión mucho menos grave de su aventura. Valdelomar la transmitía con franqueza en una carta personal de mediados de 1919. Había querido ser un «Diógenes de nuestro tiempo» manifiesta ahí. «Entre la traílla de cholos piojosos y de zambos grasientos que nos quitan la vereda a título de intelectuales», sin embargo, había llegado «a apagárseme el farol». De ahí que hubiera procedido a «encender una vela de sebo» para seguir buscando, «más allá de los muros capitalinos», hasta encontrar a «estos que creía hombres, a quienes nutrí con la leche de mi arte». En parte alguna resultaba tan difícil como en el Perú que surgiera un poeta. Francia ofrecía «amor y libertad y sus hombres le dan arte»; España ofrecía «color, valor y sangre y sus artistas le dan toreo y pintura»: nuestro país solo daba «politiqueros». ¿Qué podían exigir de los artistas pueblos de «papas a la huancaína, de calzoncillos con tiritas, de plátanos de la isla y de prendedores de *huairuro*»?[72]

---

70. «Comentarios de la prensa del norte del Perú sobre las conferencias de Abraham Valdelomar en 1918». Ibíd., pp. 385-390.
71. Valdelomar 1988a: vol. IV, 413, 428, 496; e «Interesante reportaje a Abraham Valdelomar» (10 de diciembre de 1918), en Silva Santisteban 2000: vol. II, 403-411.
72. De Abraham Valdelomar a José Torres Vidaurre, Ica, 1 de agosto de 1919. Ibíd., pp. 425-427.

Poses y excentricidades ceden paso, eventualmente, a la crítica sociopolítica. Proclama que «todas las cóleras que la injusticia había acumulado» estallan en su propio ser. «El eco de la raza humillada, de los pueblos escarnecidos» vibraba en él, más aun. Por ello, plantar la semilla de la «patria nueva» que se perfilaba en «el horizonte brumoso» era su verdadero papel. No cesa de enfatizar el sentido patriótico y no político de su campaña. Revalorar a los héroes e infundir un «santo horror» en la ciudadanía hacia esa «política criolla» que había hecho imposible defender a la nación en el 79 era su misión.[73]

No era gratuita la referencia a la guerra infausta. Cotas elevadas había alcanzado en 1917 la «chilenización» de las «provincias cautivas». Una decisión de la Corte Suprema de Chile, por ese entonces, imponía a los hijos de peruanos cumplir el servicio militar. ¿Favorecería el wilsonianismo, como pensaban algunos, la causa de las «provincias cautivas»? Era absurdo esperar la conmiseración de otros. «Hacer nación» era para Valdelomar, la única alternativa para el Perú. A Riva-Agüero tanto como a Prada recurriría para componer el discurso patriótico que llevaba a los rincones del Perú. Toma del primero la figura del gran Perú colonial destruido por Bolívar, «nuestro primer verdugo», que nos había dejado a expensas de Chile. Y recoge del segundo la añoranza de consecuentes «acusadores» como Vigil tanto como el contraste entre la cobardía e inconsciencia de las élites y el heroísmo del pueblo como explicación de la derrota del 81.

Rivagüerina se presenta su visión de un país mestizo de raíz castellana. ¿No había sido acaso la conquista la «aurora de la gran civilización» en el Nuevo Mundo? ¿No era acaso Grau un digno hijo de Rodrigo de Vivar y el *Huáscar*, comparable con el caballo del Cid? ¿Qué raza podía haber dejado en América mejores herencias morales? Hijos de dos patrias, de dos corazones: tanto nos enorgullecemos de Manco Cápac como de Cervantes, de Huayna Cápac como de Carlos V. Gonzalezpradista era, de otro lado, su alegato en favor de una «patria nueva». ¿Cómo cantar «somos libres» sin ruborizarse cuando no se era capaz ni de castigar a los «traidores del 79 ni a los que han robado tantas veces el dinero de la nación», cuando en «nuestra sierra hay esclavos y no hay escuelas, látigos y no libros, gamonales y no ciudadanos», cuando desde el año 95 estamos gobernados por «un círculo privilegiado», patrocinador de una «falsa política que llena nuestros parlamentos y nuestras municipalidades, que invade nuestras universidades, que en Lima corrompe a los obreros, y que en todo el Perú roba, tiraniza, oprime, explota, encarcela y asesina»?

Aun en mayo de 1919, con la república civilista en sus estertores finales ante el imparable ascenso de Leguía y su «patria nueva», seguiría enfatizando Valdelomar, tras quince meses de giras y un centenar de presentaciones, el

73. Las citas siguientes provienen de Abraham Valdelomar «Conferencias 1918-1919». En Valdelomar 1988a: vol. IV, 411-602. Véase también Espinoza 2003 y Ángeles Caballero 1962.

carácter «fundamentalmente patriótico y nacionalista» de sus conferencias. Así lo subrayaría la noche de su debut en Cusco. Una distinción entre la política como esa «farsa criminal» que «había arruinado» al país y la política en tanto «ciencia fundamental» para cimentar las bases de su «grandeza material y moral» plantearía ahí. Y si la primera atraía al «desocupado», al «analfabeto» o al «inmoral», a la discusión del «estado social, político, mental, administrativo y sociológico del Perú» apuntaba la segunda. No quiere hablar —aclara— de «personas determinadas» o referirse a «hechos circunstanciados, a instituciones, grupos o partidos». Pide a su audiencia, por lo tanto, que «haga abstracción completa» de que está hablando para el «pueblo del Cuzco»: que habla «desde algún punto del espacio» debían imaginarse más bien. Y que «no solo vosotros me estáis escuchando sino que me está escuchando todo el Perú». Todos, en un solo cuadro, bajo el mismo cielo, de Tumbes a Puno. «Qué hermosa sería la obra» —reflexiona— que en un solo trazo incluyera desde los «sencillos y encantadores» pueblitos de nuestra sierra hasta las quebradas costeñas por donde corre «el agua cristalina» que forma los ríos que, «tras haber fecundado los mundos y después de haber dado pan a los hombres», discurrían hacia el mar.

Las ideas del sociólogo Mariano H. Cornejo —futuro teórico de la «patria nueva» leguiista— modelan su prédica a esas alturas. Se trata, sostiene, del «más grande pensador que hemos tenido después de González Prada». De su mano demanda una «democracia efectiva», científicamente diseñada desde arriba y movilizada, desde abajo, por la «intuición popular» como contrapeso de los «intereses egoístas» de las élites. Tal «democracia racional y organizada» debía tener no solamente un papel mecánico y burocrático sino uno educativo y moralizador la función pública.[74] A su cobijo, se desarrollaría una acción capaz de «modelar hombres con voluntad», un pueblo «fuerte, vigoroso, arrogante» que se condujese con la «audacia» que emana de «la confianza en sus propias fuerzas, y el valor de sus propios méritos». Lo conformarían ciudadanos libres que «sepan ahorcar tiranos y destrozar oligarquías» y no «esos tres millones de indios degenerados, desgraciados que se arrodillan, inclinan la frente y le besan el látigo que enrojece sus carnes».

A velocidad de vértigo, en las semanas siguientes, las contradicciones del régimen nacido de la revolución del 95 saldrían a la superficie con ocasión de la contienda electoral de 1919. A la par con el sufragio se movilizan los obreros en la capital, mientras en diversas provincias andinas arrecia la lucha contra el latifundio y el poder local. Esos movimientos sacuden de raíz al orden civilista que tan fervientemente criticaba en sus conferencias Abraham Valdelomar. En

---

74. Peralta 2001.

virtud de un golpe militar-civil toma el poder Leguía el 4 de julio. Inusitadas serían las consecuencias para la vida del escritor, quien tres semanas después del cambio de gobierno arribaba a su tierra procedente de la sierra sur.

—VIII—

Mal ocultan el drama personal el fulgor patriótico, las audiencias vociferantes. Que por aquel entonces —recordaría Alfredo González Prada— se «había dado perdidamente a la morfina» su amigo Abraham.[75] Al llegar a la capital altiplánica, en agosto de 1919, recordaría Gamaliel Churata, había pedido cocaína «al bajar del tren».[76] Gran sorpresa se llevarían sus anfitriones, de otro lado, cuando se enteraron de que estaba pensando su invitado postular por Puno para las novísimas legislaturas regionales convocadas por el nuevo régimen. Frustrada esa posibilidad, se plantearía hacerlo por su tierra natal.

Resolveré —le escribe a su madre— «cuando vea en qué condiciones se realizará la elección y sobre todo cuando tenga una respuesta categórica de Cornejo o del señor Leguía». De la campaña por Billinghurst conocía a Mariano H. Cornejo, quien veía en la derrota de los partidos tradicionales —«partidos artificiales, sin ideal, sepulcros blanqueados, marcados con el espíritu del desastre»— una nueva oportunidad reformista para ser encabezada por «un héroe civil sin espada», como Leguía, «capaz de presidir, hasta concluirla, la obra inmensa de la regeneración nacional».[77] De gran importancia era para Abraham conocer la opinión de ambos. «De otra manera», es decir, sin el aval oficial, «tendría que hacer gastos de campaña» que no estaba en condiciones de cubrir.

Una vez garantizado el apoyo de la cúpula del leguiismo, la decisión no se haría esperar: «me convendría extraordinariamente ser el diputado regional —anotaría— porque esto me serviría para otras cosas».[78] Acaso se vio nuevamente en 1912: en el umbral de un nombramiento para dirigir el diario oficial o, mejor aun, cerca de la posibilidad de ocupar, nuevamente, un puesto en el exterior. Retomaría así el camino truncado aquel maldito febrero de siete años atrás. Con el apoyo de arriba era inminente su elección.

A fines de octubre de 1920, los flamantes diputados regionales del sur parten de Lima por ferrocarril hacia Huancayo. La ciudad de Huamanga, donde

---

75. De Alfredo González Prada a Luis Alberto Sánchez, Nueva York, 26 de noviembre de 1940. En Valdelomar 1981: 207-231.
76. Miguel de Priego 2000: 403.
77. Cornejo 1928: 17-18.
78. Miguel de Priego 2000: 421.

tendrá lugar la instalación de la respectiva legislatura regional, es su destino final. En las proximidades de Ticlio abaten los efectos de la altura el debilitado cuerpo de Valdelomar. Temeroso de que la situación se repita en el pesado viaje a caballo que aún le resta por completar, anuncia al llegar a Huancayo su deseo de regresar a la capital. Lo desafían sus compañeros a proseguir. Acepta el literato con inocultable pesar. A poco de partir, para colmo de males, tiene una caída «sin mayores consecuencias materiales», pero sí anímicas. Muy decaído se le notaría de ahí en adelante. Envuelto en una sombra, distante y sumamente nervioso lo presentan los testimonios de esas horas cruciales. En vísperas de la instalación del Congreso, en la capital ayacuchana, se produciría el accidente en el que perdería la vida. Tenía tan solo treinta y un años.[79]

79. Ibíd., p. 432 y ss.

TERCERA PARTE

La larga marcha

En la imagen se aprecia a Mariátegui en Vitarte sosteniendo una fotografía de Víctor Raúl Haya de la Torre. 1924.

Capítulo 7

Perú: ¡Pueblo de indios!

¿Qué puede importarle a un señoritín del Palais que haya en la sierra cuatro millones de indios «piojosos»?

Luis E. Valcárcel[1]

De los Andes irradiará otra vez la cultura.

Luis E. Valcárcel[2]

El viaje que definió la existencia de Luis E. Valcárcel —de la costera ciudad de Moquegua al Cusco— tuvo lugar en 1891, a unos cuantos meses de su nacimiento. Por las siguientes tres décadas viviría en la vieja capital incaica. Se sentía plenamente identificado con ella al momento de trasladarse a Lima —donde transcurriría los siguientes 57 años de su existencia— en 1930. Como el vocero por excelencia del indigenismo cusqueño habría de reconocérsele, a raíz de la publicación de *Tempestad en los Andes* (1927). De múltiples y sutiles maneras, su condición de cusqueño por adopción explica su derrotero. Define su vocación, en particular, para traducir en términos nacionales una serie de corrientes reivindicativas locales —incaísmo, andinismo, serranismo, cusqueñismo— alentadas por el rechazo al centralismo limeño y por las aspiraciones de progreso de una región que, a contramano de sus credenciales históricas, había vivido un pronunciado declive de los inicios republicanos en adelante.

Una decisión familiar vinculada a los negocios de su padre derivaba así en la forja de una voluntad intelectual de decisiva influencia en el diálogo sobre la nación que tendría lugar en el decenio de 1920. Valcárcel accedería a una visión cuya fuerza y apelación provenía de su lugar de residencia: el seno mismo del «verdadero Perú». Desde el Cusco, dicha visión oponía al proyecto costeño de una nación mestiza la desafiante afirmación de que el Perú era «un pueblo de indios». En el contexto de lo que Jorge Basadre llamaba la «subversión de las

---

1. Valcárcel 1927: 26.
2. Ibíd., p. 108.

provincias»[3] —y con la celebración del primer centenario de la Independencia— incidir en el factor etnorracial introducía en el debate político-intelectual una perturbadora y fundamental dimensión.

Había sido testigo su padre, durante la década anterior al nacimiento de Luis, de la paulatina ruina de la actividad mercantil, basada en la exportación vitivinícola y otros productos de los valles moqueguanos de la que dependía el ingreso familiar. La pérdida, a raíz de la guerra, de los mercados de Tacna y Tarapacá había sido el puntillazo final, la culminación de una serie de pequeñas tragedias que se remontaban al sismo de 1868. La construcción del ferrocarril del sur aparecía, entretanto, como una alternativa que don Domingo Luciano Valcárcel no podía dejar pasar.

Partiendo del puerto de Mollendo, en 1872, se había iniciado la construcción de lo que vendría a ser la más extensa vía férrea en el país. A Juliaca había llegado dos años después. Bancarrota fiscal y contienda bélica lo detienen ahí por más de tres lustros. A Marangani, a unos 100 kilómetros del Cusco, llegaba el ferrocarril cuando los Valcárcel Vizcarra pasaron por la localidad de la provincia de Canchis, camino a su nuevo hogar. Terminaba la secundaria Luis en 1908 cuando la primera locomotora entraba, finalmente, a la capital departamental.

Expectativa e inquietud suscitaba la conexión con la costa. ¿Sobreviviría la producción local a la avalancha mercantil foránea? ¿Qué papel le correspondería al Cusco dentro del circuito mercantil que se delineaba en torno al eje lanero Arequipa-Puno? ¿Cuál debía ser la mejor ruta, en todo caso, para continuar la construcción ferrocarrilera hacia la parte oriental del departamento? Para discutir estos temas se había creado, en 1897, el Centro Científico del Cusco, punto de inicio del debate sobre el destino de la región al que la generación de Valcárcel se sumaría a partir de 1908. De ese despertar regional, la revolución del 95 sería un factor catalizador. ¿Surgiría de esa inédita victoria civil una burguesía regional capaz de liderar la integración, en condiciones de igualdad, del conjunto del departamento en el marco del despegue exportador centrado en la faja costera? O ¿era inevitable su mediatización ante el fortalecimiento de los hacendados de los valles tropicales y los laneros de las provincias altas que la vía ferrocarrilera conllevaría? A Valcárcel y sus compañeros les correspondería confrontar dichas interrogantes.

Simboliza su trayectoria una búsqueda colectiva que, ante la debilidad socioeconómica del emergente liderazgo regional cusqueño, encuentra en el plano de la cultura su ámbito principal. De la fe en el progreso a la fe en el resurgimiento andino se desplazará su sentir: un viaje hacia la historia que le

---

3. Basadre 1994: 195 y ss.

permita contrarrestar la visión de una «patria nueva», definida desde la costa con la visión de «patria antigua» relanzada desde la llamada capital histórica del Perú. Hacer nación pasaba, para ellos, por integrar a su región, por articular al conjunto de la sierra: el Cusco como un modelo de país andino. Configurando una dinámica que a la adventicia costa le impondría la fuerza incontenible de su despertar.

Si por historia y demografía, un «pueblo de indios» era el Perú, el Cusco, y no Lima. debía hablar por la nación. Si frente a Chile, la Ciudad de los Reyes había demostrado su impotencia para defender a la nación, al eterno «ombligo del mundo» (su gloria refrescada por el «descubrimiento» de Machu Picchu) le correspondía encabezar la regeneración nacional. Si la derrota, como ha observado Yazmín López Lenci, demostraba el fracaso del proyecto republicano del XIX, el Cusco constituía el lugar indicado para reformular «otro proyecto nacional, ni criollo ni centralista».[4]

En la representación del indio encontraría este discurso su recurso legitimador. Ahí residirían la fuerza de su apelación como la clave de sus dilemas. A ese singular trasfondo hay que mirar para explicar qué factores determinaron, en palabras de Carlos Franco, que personajes como Valcárcel, siendo mestizos, citadinos y miembros del estrato *misti*, optaran por hablar de «los otros» —de los indios, del campo, de la comunidad— antes que de sí mismos al momento de articular su visión de nación.[5]

—I—

Una fotografía de 1902 invita a pensar en el trasfondo sociocultural que fue modelando su sensibilidad «indigenista». Vestido de traje y corbata, a los 11 años, acompañado de su hermana Leticia y flanqueado por dos niños indígenas, Domitila y Marianucha, aparece Luis. A ellos —«mis acompañantes en los juegos infantiles»— aludiría en diversas oportunidades como el origen de su «amor por el indio». Inevitable ver en aquel retrato la imagen de un pequeño *misti* con una cierta aureola paternal a pesar de su corta edad. De otro lado, tomada de sus propias *Memorias*, una cándida viñeta nos lo muestra a los 16 años. Era el tiempo, nos dice, en que los muchachos «teníamos enamoradas». Al percatarse del «romance» que Luis tiene con una joven indígena que se desempeña en casa como doméstica, ordena su madre enviarla «de regreso a su comunidad». Esta decisión lo llevaría a un «rompimiento profundo» con su

---

4. Roberto Ochoa, «En el Cusco se reinventó el Perú tras la derrota militar ante Chile», en *La República*, Lima, 17 de noviembre de 2004. Disponible en <http://bit.ly/1wJIKmm>.

5. Franco 1991: 58.

progenitora, «una «beata fanática», cuyo «antiindigenismo» nunca podría su hijo perdonar.[6] Late en el adolescente un fuerte deseo de arraigo en una tierra que no era la suya y de simpatía por un grupo social desde antiguo definido como el inexorable «otro» de la vida local.

La presencia indígena en el Cusco es insoslayable a inicios de siglo. Son parte, en su mayoría, de ese 15% de sirvientes registrados por un censo de 1912.[7] Parte integrante de la intimidad doméstica llegaban a ser, inmersos en complejas relaciones con sus patrones, en el marco de las cuales el «castigo violento» se entremezclaba con la «palabra amable» y hasta la camaradería en épocas de fiesta, donde parecían suspenderse momentáneamente las jerarquías. De la comunidad de Pujyura, en la pampa de Anta, procedían los que servían en la casa familiar, recordaría Valcárcel. Contábamos «con una cocinera, dos o tres mujeres que se encargaban del lavado y la limpieza» y uno o dos chicos para ocuparse «de las cosas menudas». A diferencia de su madre, una actitud «filantrópica» hacia la población indígena —que se hacía efectiva en los repartos de alimentos y donaciones que cada sábado realizaba en la puerta de su almacén entre la pequeña multitud de pobres que ahí se agolpaba esperando su caridad— tenía su progenitor. Que en aquellas jornadas había recibido su «primera lección de indigenismo», apuntaría Luis décadas después.[8]

Hacia 1900 el almacén de su padre era uno de los principales de la ciudad. «Las más ricas familias cusqueñas» eran parte de su clientela. Como agencia bancaria y una firma que hacía préstamos para dotes matrimoniales llegaría a funcionar el almacén. Se consolidaba así el estatus social de los recién llegados en un muy jerarquizado ambiente en el que —como recordaría José Tamayo Herrera— a nadie se le ocurría por ese entonces reivindicar árboles genealógicos o escudos heráldicos.[9]

El Cusco de inicios de siglo, con sus aproximadamente 20.000 habitantes, era una suerte de oasis urbano, en una vasta región de haciendas y comunidades indígenas. Un medio dominado por las «formas coloniales» que el aislamiento contribuía a reforzar. Prácticamente desaparecían los caminos en los meses de lluvias, desalentando el viaje desde la costa. Eran las huellas de una larga crisis que recién entonces daba señales de ir quedando atrás. Lo simbolizaba la aparición de un pujante sector manufacturero, liderado por un puñado de fábricas textiles, sobre cuyo destino extendía la llegada del ferrocarril un

---

6. Valcárcel 1981: 124 y ss.
7. Giesecke 1913.
8. Ibíd., p. 123.
9. Tamayo Herrera y Zegarra Balcázar 2008: 109.

signo de interrogación. ¿Significaría el arribo de ese «símbolo de progreso» la subordinación del Cusco al eje lanero arequipeño-altiplánico?

A través de las páginas del *Boletín del Centro Científico del Cuzco*, surgido a propósito de una gran exposición departamental realizada en 1898, puede seguirse el curso de la discusión. La visión de una expansión oriental hacia la selva de Madre de Dios, impulsada por la explotación gomera y aurífera, captura la imaginación del Cusco más emprendedor. Diversas expediciones se organizan con ese fin. Luis María Robledo, por ejemplo, crea una empresa con el fin de construir un enlace carretero con el río Urubamba. Conectar el Cusco a través de la Amazonía con la costa atlántica, ¿era una posibilidad real? La resistencia nativa, la complejidad del territorio, los recursos limitados eran obstáculos difíciles de remontar. Se reclama un apoyo estatal que varias décadas tardaría en llegar. Interés científico, también, suscita la discusión: de la flora a la etnografía, estudiosos como Manuel T. Bueno, Fortunato Herrera y Antonio Lorena exploran el potencial productivo de la zona por colonizar. Con su notable colección de «objetos antiguos», José Luis Caparó Muñiz les recuerda a sus paisanos que acaso en su historia, tanto o más que en sus valles tropicales, tenía el Cusco el mejor argumento para confrontar el porvenir.[10]

El médico Lorena emerge como principal figura de esa ronda inicial del debate regional. De formación francesa, además de establecer un moderno laboratorio bromatológico, funda en 1892 la primera cátedra de Antropología. Como concejal, diputado y senador se desempeñaría de 1881 en adelante. Participa en la fundación de la fábrica de tejidos Marangani. Le preocupa, sin embargo, el estado de la educación. La «indiferencia» de la juventud universitaria —«que en otros centros se coloca a la cabeza del movimiento intelectual» pero que en el Cusco «no se conoce a sí misma ni se respeta, no hace nada ni dice nada»[11]— en particular. Como en otros puntos del país, sacude el quietismo el impacto del alzamiento del año 95.

Como verdadera liberación se vive en el Cusco la insurrección pierolista, simbolizada, a nivel local, por la caída del despótico prefecto cacerista, el general Pedro Más. Indeleble memoria dejaría el cuerpo de uno de sus lugartenientes colgado de un balcón del perímetro de la plaza principal. Del recuerdo de la combatividad pierolista vendrían las simpatías del joven Valcárcel por el Partido Liberal, supuesto continuador del mediatizado Partido Demócrata. A «las corrientes del pensamiento nuevo» se abriría dicho movimiento —según César Antonio Ugarte—, al conjunto del sur andino; generando grandes expectativas rápidamente negadas por la realidad. Si en la costa, como observaría

10. Rénique 1991: 45 y ss.

11. Vera 2007: 237-241.

el abogado puneño José Frisancho, la revolución pierolista había significado «un avance hacia la democracia», para el sur significaría una «debacle total». El agudo malestar causado por medidas como la creación del monopolio estatal de la sal o la imposición de un nuevo impuesto a la propiedad rural, particularmente gravoso para el sector comunal, así lo testimoniaban. Del 95 en adelante, la conversión de «comunidades en latifundios» alcanzaría sus niveles más álgidos.[12]

Acaso la temprana exposición a estas tensiones explique la precoz politización de nuestro personaje, quien a los doce años distribuía en su medio familiar un semanario escrito a mano, titulado *El Heraldo*. En los años finales de secundaria, su contacto con la obra de Manuel González Prada, a través de los curas agustinos del Seminario Conciliar de San Antonio, estimularía su interés por la «cuestión social». Ya era cronista del más importante diario de la ciudad, *El Comercio* del Cusco, cuando en 1908 ingresó en la Universidad de San Antonio Abad.

—II—

Éramos —recordaría Valcárcel— una juventud ávida de comprender la situación de nuestra región. Una juventud que reacciona con indignación ante el estado de la universidad: una «institución colonial» en la que prevalece la indolencia y el abandono, donde por «meses de meses», sin explicación alguna, «se deja de hacer clases» y se vive un alarmante desfase con el creciente dinamismo de la sociedad.[13] Inspirados por el Centro Universitario de Lima, fundan los estudiantes, en marzo de 1909, su propia Asociación Universitaria. Demandan simplemente un mínimo de seriedad. Demasiado, sin embargo, para quienes veían sus cátedras como mera prolongación de su actividad judicial. Ante el silencio de las autoridades decide el estudiantado, a inicios de mayo, acudir en masa a la sesión ordinaria del Consejo Universitario. Sube al estrado Demetrio Corazao demandando ser escuchado. Se produce entonces un forcejeo que deviene caos cuando resuena el estampido de un disparo realizado por un estudiante con fama de conspirador. Abandonan las autoridades la sala de grados entre el abucheo de la concurrencia. Declara el receso universitario la autoridad.

---

12. Rénique 2004: 43-44.

13. «Manifiesto de la Juventud Universitaria del Cuzco a los pueblos de la República». En Aparicio 2012: 36-40. Además de este texto, las *Memorias* de Valcárcel y los trabajos de José Tamayo Herrera son fuente obligatoria para informarse acerca de la pionera reforma universitaria cusqueña. Remito al lector a Rénique 1991: cap. 2.

Se marcharían algunos a continuar sus estudios en Arequipa. Emprenden, los que permanecen, una campaña de agitación. Publican, para comenzar, una revista que denominan como *La Sierra*. En sus páginas puede seguirse el esfuerzo por posicionar su protesta grupal en el marco de una lucha «regional». La «potencialidad intelectual del departamento» reclaman ser, contra «largos lustros de silencio» —en que «ni el recuerdo ni el prestigio de nuestro glorioso pretérito» han significado «un impulso eficaz para acometer la obra del despertar fecundo»—. Afirman querer levantar su voz. Objetivos más amplios se proponen a continuación: «tratar todos los problemas» relativos a «la causa general del progreso», «vulgarizar las ideas reservadas a los altos círculos en que se debaten los problemas científicos» y «explorar los medios de elevar la cultura y el valer intelectual».[14] Una voluntad colectiva regionalista había nacido en el Cusco. Como «escuela cuzqueña» la bautizaría Francisco García Calderón en alusión a la célebre corriente pictórica del siglo XVII. Como una variante andina del arielismo que recorre el continente la vería el intelectual limeño.

Sobre ese fermento, el azar determinaría que la salida a la crisis cusqueña tomase la forma de una suerte de minirrevolución cultural. Una decisión presidencial rompe el *impasse* tras varios meses de espera: el nombramiento como nuevo rector del joven pedagogo norteamericano Albert Giesecke, quien se encontraba en Lima como parte de una misión contratada por el gobierno con el fin de elaborar un plan de reforma educacional. Su presencia misma, además de su formación, tendría un notable impacto en el medio local. No llegaba a los 30 años y lo caracterizaba un personalísimo estilo informal. De hecho, se había tenido que obviar el requisito de edad mínima —35 años—para hacer efectivo su nombramiento. Mantener a la universidad cusqueña al margen de la política era la principal preocupación del presidente Leguía, observaría Giesecke años después. Carta libre tenía para todo lo demás.[15] Eran propicias condiciones, por cierto (apoyo presidencial, gran motivación estudiantil, una élite más bien pasiva con respecto al tema en cuestión), para realizar un experimento inédito: aplicar el modelo de una enseñanza práctica y participativa, con efectiva aplicación del concepto de la «extensión universitaria», en una institución enclavada en la región andina.

Delineando, en su primera presentación pública, una propuesta por demás fascinante, rompía los fuegos el nuevo rector: la construcción de un ferrocarril panamericano que, emulando al recientemente construido Transiberiano, uniría al Cusco con Nueva York. Acreditaba así sus credenciales de visionario

---

14. «Hacia adelante», en *La Sierra*, órgano de la Asociación Universitaria del Cusco, N.° 1, enero 1910.

15. Albert A. Giesecke, «A One-man Good Will Mission. My Story» (mecanografiado). Citado en Rénique 1991: 51.

modernizador. Un caso, como observaría Julio Antonio Gutiérrez Samanez, de «afortunado trasplante» de un individuo formado en una «sociedad altamente desarrollada» a una «sociedad casi feudal, sin industrias, de pongos y terratenientes», pero con una excepcional capa estudiantil que le serviría como base de acción.[16] Histórico ombligo del mundo andino, centro político-administrativo colonial tanto como republicano, en *hub* industrial del interior andino debía convertirse la ciudad imperial para mantener su vigencia en el nuevo siglo. Ese era el mensaje del nuevo rector, que cobraba especial relevancia en momentos que, ante la prolongación del ferrocarril del sur a los valles cálidos del departamento, corría el Cusco el riesgo de quedar encerrado entre fuerzas económicas superiores: los hacendados laneros del sur del departamento y los cañeros y cafetaleros del norte.

De las páginas de la *Revista Universitaria* que funda Albert Giesecke en 1911, emerge la narrativa básica de la llamada «edad de oro» de la universidad cusqueña: la historia de una entidad que se vuelca hacia el campo, al estudio de su región; justificándose así el sentido original de las llamadas «universidades menores» —«elevar el nivel cultural de las clases dirigente de los departamentos, haciéndolas aptas para manejar acertadamente los intereses regionales»[17]— cuestionadas por aquel entonces por quienes sostenían que una centralización hacia la Universidad Mayor de San Marcos de todas las facultades de altos estudios del país era la mejor opción. La confluencia de ímpetu estudiantil e innovación académica, dentro de una visión de construcción de la nación moderna desde el «verdadero Perú», alienta las tesis escritas por Valcárcel bajo la tutoría del joven rector. Al programa de una burguesía regional en ciernes resuenan aquellos textos un siglo después.

Los factores que a su parecer explican la crítica situación que confronta el agro cusqueño, explora Valcárcel en «La cuestión agraria en el Cuzco» (1912).[18] En perfilar al «gran señor agrícola» local centra el autor su atención: un ser embebido en la rutina, negado para la innovación, despreocupado por el «desarrollo de la riqueza y completamente impasible ante los problemas vitales de su región». Se muestra, en esa medida, perfectamente adaptado a un atávico sistema laboral compuesto por «peones esclavizados» a los que accede manipulando, a su antojo, a las autoridades políticas locales. Y el peón indígena continuaba siendo inapreciable «elemento de trabajo» a pesar de la presión sobre sus tierras, que «día a día desaparecen absorbidas por la codicia gamonal». Escasos los propietarios que llegaban a comportarse como verdaderos

16. Gutiérrez Samanez 2010.
17. Ugarte 1917.
18. Valcárcel 1914.

«hombres de empresa» en ese contexto. ¿Cuán preparado para responder a los desafíos del futuro estaba un departamento en que, aparte del rentismo de los grandes hacendados, se conformaban sus pequeños propietarios con extraer la ganancia mínima de su labor? Así, concluiría el autor, corrían el riesgo los cusqueños de convertirse en «tributarios en su propio suelo».

Similar orientación progresista y modernizante seguiría Valcárcel en «La Universidad del Cuzco, su nueva organización» (1913) y «Los problemas actuales» (1916). Asume en el primer texto la defensa de las «universidades menores» como medio crucial de integración nacional en un «país territorial y étnicamente heterogéneo». A la fusión de tres elementos vitales —a) la «cultura superior» de la sociedad industrial; b) la «cultura cívica» propia de una «sociedad política evolucionada» y c) la inapreciable cultura autóctona de la que depende su enraizamiento en la sociedad— condiciona Valcárcel el efectivo cumplimiento de dicha misión. El principio del *self-government* norteamericano plantea como estrategia para la construcción, desde las regiones, de un Estado descentralizado: una práctica que transformaría en espacios modernos y democráticos a las capitales departamentales, cuya influencia se proyectaría hacia su *hinterland*, contribuyendo así a la erosión de la perniciosa dominación del cacique provincial y su red de rábulas distritales.

Al pasado remoto se remite en busca de las claves del resurgimiento cusqueño. Contra el «falseamiento» de la historia regional apuntaría su tesis *Kon, Pachacámac, Uiracocha* (1912).[19] Contra el «inaceptable y absurdo» intento, específicamente, de atribuir a «los peruanos precoloniales» una «religión a la manera católica con un Dios espiritual y un culto interno sin manifestaciones materiales». Formula al respecto, según explica al jurado, «hipótesis quizá atrevidas que merezcan vuestra sorpresa» en la perspectiva de demostrar la superioridad espiritual de un pueblo sin «infierno» y sin «más allá». ¿Acaso, se pregunta el graduando, disminuiría «en un ápice el mérito conquistado por la raza en el concurso universal de la humanidad» la comprobación de que no llegaron a ese supuesto «alto grado de evolución religiosa»? Creativo e irreverente, discurre su análisis de las fuentes —de los cronistas a la evidencia arqueológica—, guiado por un evidente afán por alumbrar la realidad presente. Poner en su sitio a Pachacámac como un culto menor, esencialmente costeño, y a Uiracocha como «dios supremo de los quechuas» es su objetivo central. A «reconcentrar nuestras miradas en el inmenso y legendario Titikaka» convoca a quienes de verdad quieran entender el «cielo incaico» y reconocer a la sierra como el eje de esa patria antigua que aspira a revelar. En el sagrado lago Titicaca, «la gran paccarina para los antiguos peruanos» —el equivalente peruano

---

19. Valcárcel 1912.

del Anáhuac de los antiguos mexicanos— debía buscarse el supremo origen de sus grandes fundadores. En «Del Ayllu al Imperio» (1916) continuará su búsqueda del gran secreto articulador de la sociedad antigua, aquel gran orden estatal cuya fuerza provenía de su molécula básica comunitaria.

La figura de José de la Riva-Agüero destaca en su trabajo de crítica bibliográfica. Su «noble defensa» del Inca Garcilaso de la Vega tanto como *La Historia en el Perú* —fruto del «talento esclarecido» de «un crítico de primer orden»— le arrancan elogios. En 1912, tendría con él su primer encuentro, con ocasión de lo que vendría a ser, en palabras de Valcárcel, la primera visita al Cusco de «una alta personalidad intelectual» de la capital. El fervor con que recorre sus monumentos y la congoja que su desoladora condición le suscitan, dejarían en él perecedera impresión. No duda, por ello, en dedicar su texto sobre el dios creador andino «al Dr. José de la Riva-Agüero en homenaje de sincero afecto».

De hecho, se acrecienta con la llegada del ferrocarril el flujo de visitantes ilustres a la capital incaica. De todos ellos, sin lugar a dudas, Hiram Bingham —el «descubridor científico» de Machu Picchu— es el que dejaría la más profunda huella. A 1911 se remontaba su visita inicial. Volverá en 1915 con un equipo de especialistas de la Universidad de Yale. Una lección práctica de labor interdisciplinaria dejaría en Valcárcel el roce con ellos. Y una lección de precoz chauvinismo arqueológico a raíz de la airada reacción local, vale decir, ante las denuncias hechas por el diario *El Sol* sobre los «inmensos tesoros» que los norteamericanos, «so pretexto de estudios científicos», habían extraído de la célebre ciudadela. «Por la ruta de Bolivia», aseguraban, se estaba concretando el saqueo. Como parte de una comisión investigadora elegida en asamblea cívica sería enviado Valcárcel tras los pasos del latrocinio. Hasta la capital boliviana llegarían los comisionados sin encontrar indicio. En la pregunta que, a su retorno, les formula un reportero de *El Sol* queda impreso el ardor «cuzqueñista» de aquel momento: ¿es cierto que descubrieron una hermosa población antigua que llaman Huayna Kenti y a la que no han llegado los yanquis todavía, y que esa población consta de bellísimas andenerías y de una maravillosa cueva artificial donde se observa un perfecto muro dotado de alacenas?[20] Con el ingreso de Machu Picchu al imaginario cusqueño, la arqueología se convertía en «noticia de interés colectivo» en el medio local.[21]

Era un ambiente propicio para reinventar al Cusco como capital del Perú. Para proponer, más aun, una «cuzqueñización» del emergente regionalismo, soliviantado por una modernización que tenía lugar a expensas de la región

20. Calvo 2002: 37-38.

21. Calvo 1998.

serrana, como crecientemente denunciaban los diarios locales. Si los investigadores de la expedición Yale, como también José de la Riva-Agüero, postulaban la imagen de una «historia extinta», como una «historia viva» querrían leerla los intelectuales cusqueños, en contacto con sus gentes, su cultura y sus tradiciones. Aspirarían a extraer la pureza de sus contenidos con el fin de educar, a partir de ellos, a las clases populares de la región. Convertido desde 1917 en catedrático de la Universidad del Cusco y director del más importante periódico de la ciudad, es Valcárcel protagonista principal de ese proceso. En haber impuesto el «culto a la región» como «un nuevo valor social, público y político», residía, según observó un editorial de *El Comercio* de los años 20, el gran éxito del «cuzqueñismo».[22]

Así, en la maximización de su pasado glorioso, en la reivindicación de su histórica capitalidad, encontraba la «generación de 1909» el terreno propicio para proyectar anhelos que, en el ámbito de la economía o de la política, parecían andar con pies de plomo. De la fundación del Instituto Histórico (1913) a la inauguración de la Academia de Lengua Quechua (1922), de la creación del Centro Nacional de Historia y Arte (1914) a la del Ateneo del Cusco (1916) o la apertura del Museo Arqueológico de la Universidad del Cusco (1920), la acción letrada que partía del claustro aparecía como el eje de la reivindicación «cuzqueñista». El florecimiento del teatro quechua, como ha observado César Itier, se presentaba como parte del afán por «nacionalizar» la cultura recurriendo a «formas autóctonas».[23] En el mismo sentido apuntaban las embajadas artísticas «incaicas» en Lima, La Paz o Buenos Aires, las múltiples propuestas de monumentos a los héroes prehispánicos —de Manco Cápac a Wiracocha—, las celebraciones del primer centenario de la rebelión de Pumacahua o el tercero del Inca Garcilaso, al igual que el encargo a Daniel Alomía Robles y Leandro Alviña Miranda de un nuevo Himno del Cusco. Un himno que, además de reflejar «la psicología de un pueblo y de una raza», debería ser una pieza de «fácil ejecución y por consiguiente asequible a cualquier persona por inculta que fuese».[24]

Como un «hervor subterráneo» que emanaba del «opulento pasado» de su ciudad, describiría Félix Cosio, en 1916, aquella emoción reivindicatoria. «Las nuevas creencias de la ciencia y la industria», a las que había que vincular la construcción de la primera hidroeléctrica (1914) y el célebre vuelo del piloto cusqueño Alejandro Velasco Astete (1925), se habían encargado de incentivarlo.[25] El Cusco, en definitiva, se mostraba como el «Santo Sepulcro de la tradición,

22. Ibíd., p. 74.
23. Itier 2000: 35.
24. Calvo 1998: 47-48.
25. Hiatt 2007.

custodiado por una gruesa muralla de olvido» que los «nuevos cruzados» habían llegado a liberar. Al revivir la «divina fecundidad» de sus antiguas «reliquias», la convertían estos en promisoria cuna de una «cultura nueva».[26]

Hacia 1920, a su punto culminante llegaba el proyecto regionalista nacido de la reforma de 1909. Dos propuestas marcaban ese momento liminar: el proyecto de investigación y divulgación de la cultura del Cusco presentado por ocho profesores de la universidad cusqueña y el plan de aeronavegación delineado por el Centro Industrial de Labor Nacionalista. Albert Giesecke era líder e inspirador de ambos.

El primero buscaba concretar los logros de una década de desarrollo académico, dotando para ello a la Universidad del Cusco de los medios necesarios para cumplir su «misión histórica». Se refería, con ello, al imprescindible apoyo técnico y científico necesario para replicar, con objetivos propios, la labor de recopilación folclórica, arqueológica e histórica realizada antes por los investigadores de Yale. Creaba, como complemento, las cátedras respectivas que convertirían al Cusco en un centro cultural de envergadura internacional. Un servicio de comunicaciones que uniera a diversas localidades de la sierra y la selva, «además de algunos centros en la costa», aspiraba a establecer la segunda propuesta con el fin de contrapesar las políticas centralizadoras, alquilando para ello dos centenares de aeroplanos dados de baja al culminar la guerra mundial.[27] Oídos sordos encontrarían ambos proyectos en el camino. Ni de partidas especiales del gobierno central para una «universidad menor», ni mucho menos de programas de apoyo a iniciativas regionales que no estuviesen bajo su directo control, existían antecedentes en el Perú.

Quedaba claro a esas alturas cuáles eran los horizontes del proyecto serranista de la «escuela cuzqueña». Más que un asunto de visión académica o credenciales históricas, la «cruzada» por el «resurgimiento» del Cusco pasaba por la política. ¿Cuán factible era impulsar desde el «cuzqueñismo» una dinámica regionalista capaz de imponer condiciones al repudiado centralismo limeño?

—III—

La opción de Valcárcel por el Partido Liberal, su entusiasmo por Billinghurst en particular, reflejaba un anhelo generacional: la aspiración de impulsar una fuerza capaz de romper el pacto oligarquía-caciquismo que atenazaba el desenvolvimiento regional. Débil como era dicho sector, sin vínculo real con movimiento social alguno, al esfuerzo individual quedaba librada la posibilidad

26. Cosio 2002.

27. Aparicio 2012: 81-85 y 105-106.

de hacerse oír en los círculos políticos de Lima. Luis tendrá la oportunidad de colaborar con la campaña electoral billinghurista a raíz de su primer viaje a Lima a mediados de 1912. Iba como delegado de su alma máter al III Congreso Panamericano de Estudiantes. Llevaba el encargo de sus compañeros liberales de gestionar la destitución del prefecto civilista Juan José Núñez, acusado de una serie de arbitrariedades. Retará este a duelo a Valcárcel a causa de esa gestión. Y a José de la Riva-Agüero recurrirá el cusqueño para que lo represente como padrino.

Ha intimado con el historiador limeño desde su encuentro en el Cusco. Por dos meses será Valcárcel huésped de la familia de José de la Riva-Agüero mientras continuaba este su recorrido serrano. Su «asombro» de encontrarse «tan bien atendido» por una «familia de alcurnia», «utilizando su biblioteca, departiendo con sus parientes, visitando las casas de las principales familias limeñas», rememoraría Valcárcel años después.[28] A su amigo Juan Bautista de Lavalle le ha pedido Riva-Agüero que, en su ausencia, se encargue de atenderlo. Que su invitado «ha sido muy bien recibido en los círculos universitarios», le informa Lavalle en una carta a inicios de junio de 1912. Es, desde luego, un vínculo ambiguo que no diluye el sentido de superioridad con que los intelectuales de *alcurnia* miran a sus nuevos amigos *provincianos,* como queda claro cuando, en una carta personal a Riva-Agüero, hace Lavalle la referencia siguiente al huésped cusqueño. A través de Valcárcel —afirma— había tenido «constantemente» noticias suyas; lo congratula, por lo tanto, por haber contado con «un criado modelo, escudero y cronista a un tiempo», cuyas «prolijas y frecuentes» cartas «eran la mejor información» sobre su travesía serrana.[29]

A través de Abraham Valdelomar, secretario a la sazón de Riva-Agüero, accede Valcárcel al candidato Billinghurst, quien lo invita a colaborar con su campaña. Vivirá de cerca aquella sorprendente movilización social. Llega a estrenarse, incentivado por Valdelomar, como conferencista popular en asambleas celebradas en los clubes obreros billinghuristas. De aquellos días data su vinculación con la Asociación Pro Indígena.

Nombrado Inspector Departamental de Instrucción por el gobierno entrante, un amplio recorrido a través de su jurisdicción realiza Luis en cumplimiento de su función. De sus esfuerzos por ver el problema educativo «no solo con ojos de Lima» —pues «un exacto conocimiento del individuo y su medio» es imprescindible para producir un verdadero «plan nacional de educación»— deja testimonio en sus notas de viaje. Imposible pensar, continúa, en

---

28. Valcárcel 1981: 162.

29. De Juan Bautista de Lavalle a José de la Riva-Agüero, Lima, 8 de junio de 1912. En Riva-Agüero 1999b: tomo XVI, vol. 1, 492.

una unidad nacional que no pase por una «previa auscultación» de las «energías dormidas» de los pueblos. Una clara conciencia de «la hondura histórica de nuestras desigualdades» era el punto de partida obligatorio para construir una unidad en que, «como múltiples crisoles», funcionaran las regiones; era la vía idónea para forjar un verdadero «espíritu nacional».[30] Sin embargo, sería un logro imposible con un Parlamento que no encarnaba «las aspiraciones de la nación».[31] A inicios de 1914 apoyará Valcárcel el intento billinghurista de disolver el Congreso Nacional.

Con la caída del régimen quedaría trunca su carrera de funcionario estatal. Inicia, por ese entonces, un breve ciclo de involucramiento político: vinculado a un viejo jefe montonero pierolista —David Samanez Ocampo— en una acción conspirativa contra el golpista coronel Benavides y a la par con Giesecke y otros compañeros de la «escuela cuzqueña» en la Liga Municipal del Cusco que impulsa los inicios de la modernización de la ciudad imperial.[32] Y, con el retorno a la «normalidad civilista», tras declinar la invitación de su amigo Riva-Agüero a sumarse al Partido Nacional Democrático, haría su debut Valcárcel en la política electoral.

Investido como candidato oficial, emprende el viaje a la jurisdicción que aspira a representar: la distante provincia cusqueña de Chumbivilcas. Las disputas entre los Ugarte y los Velasco definían ahí el curso de la política local. A balazos había terminado la campaña electoral anterior. No era inusual. En circunstancias similares, un par de años antes, en el vecino departamento de Apurímac, las huestes de Santiago Montesinos Guzmán —identificado, como Valcárcel, con el Partido Liberal— habían asesinado al candidato de la Unión Cívica, Rafael Grau Cabero. Por más modernos que se pretendieran, para controlar la Cámara de Diputados todos los partidos políticos tenían que ensuciarse las manos en esas batallas provinciales. Washington Ugarte, «el tinterillo de Chumbivilcas», era en el caso de Valcárcel el rival; tarea imposible sin el respaldo del bando rival, el clan de los Velasco, vale decir.[33]

Para «ganarme sus simpatías», recordaría el catedrático, llevaba «numerosos regalos»: arneses, caronas, aperos, etc., objetos de particular aprecio en una región afamada por su cultura ganadera y sus célebres jinetes conocidos como *ccorilazos*. Ya en la capital provincial, procede el candidato a «agasajar» a los «agricultores más poderosos», ofreciéndoles «mucho que beber». Con una casa con un «gran comedor» era imprescindible contar cuando la tradición

---

30. Valcárcel, «Libreta de notas», 1914. Archivo Valcárcel, Museo de la Nación, Lima.
31. Calvo 2002: 25
32. Ibíd., p. 31.
33. Valcárcel 1981: 201 y ss.

ordenaba que «debía invitar a mis partidarios todo lo que podían comer y beber desde las seis de la mañana de un determinado día». Ríos de cerveza y aguardiente y corderos humeantes recordaría Valcárcel haber visto fluir como parte del ritual. De esta manera, asegurarían sus partidarios control de la Asamblea de Contribuyentes, garantía segura de victoria electoral. El golpe encabezado por Augusto B. Leguía frustraría, no obstante, su carrera congresal. Decidido a destruir el sistema «oligárquico-gamonal» nacido de la revolución del 95, desbandarían los golpistas al Congreso de la República, convocando a nuevas elecciones solo cuando estuvieron seguros de controlar la mayoría de los comicios locales. Jamás volvería Valcárcel a las andanzas electorales. No solo para él sino para todo el país era el inicio de una nueva era.[34]

Ya había ganado en las ánforas el expresidente Leguía. Bien sabía que no podría gobernar sin antes barrer las bases locales de la llamada «República Aristocrática». Cooptar al emergente regionalismo era parte esencial de su estrategia política. Erradicar al gamonalismo, reivindicar al indio y a las provincias a través de Congresos Regionales elegidos por sufragio universal ofrece la propaganda leguiista a núcleos como la «escuela cuzqueña», los descentralistas arequipeños, la «bohemia trujillana» y otros grupos menores liberales, radicales o arielistas. ¿Se trataba de una oportunidad legítima para el regionalismo o, como decía *El Comercio* del Cusco, era una mera «trampa» del centralismo para poder alegar más tarde que no existían «hombres preparados en las provincias»[35]? Que «el centralismo mulato de Lima» era «un ogro que acecha constantemente a sus víctimas que son las provincias serranas», con el fin de «succionarles su estabilidad y devorar sus medios de subsistencia y progreso», observaría dicha publicación.[36]

Al lado de los hermanos Félix y José Gabriel Cosio y de José Ángel Escalante, propietario-director de *El Comercio* cusqueño, aparece Valcárcel, a inicios de 1920, adhiriendo al llamado de una Liga Regional del Sur que propone tres medidas básicas para encarrilar los Congresos Regionales hacia un real «robustecimiento de la nacionalidad»: a) sostener su vida autónoma y el efectivo cumplimiento de sus leyes y resoluciones; b) dirigir su acción hacia una «conveniente y necesaria descentralización administrativa, económica y educativa» y c) asegurarse de que los cargos públicos fuesen «confiados a elementos propios de las regiones».[37] Sin embargo, cunde el descontento conforme van conociéndose los nombramientos de autoridades políticas y municipales.

---

34. Loc. cit.
35. Calvo 2002: 64.
36. Ibíd., p. 68.
37. Ibíd., p. 71.

No solo no eran «lugareños», denuncia *El Comercio* del Cusco, sino que de los «bajos fondos sociales» parecían provenir; jamás —aseguraba— se había visto «espectáculo mayor de imposición y ofensa a la dignidad provincial». Y qué mejor prueba de que se trataba de una «trampa» podía ser el anuncio de que el 98% de las leyes aprobadas por la primera legislatura del sur había sido vetado por el gobierno central.[38] Como un «simple medio para traer por los suelos y humillar el principio del regionalismo» terminaba siendo lo que inicialmente había aparecido como un «gran paso» del Perú hacia la «federación».[39]

Poco quedaba, por aquel entonces, de la expectativa regionalista de la década fenecida, de las ilusiones de que, desde la universidad y la cultura, era posible articular una suerte de movimiento cívico que comprendiera al conjunto del sur. Una fuerza que contribuyera a fracturar el puño centralista de la vieja capital virreinal. No era el Cusco letrado suficientemente fuerte para derrocar un sistema que tenía en los poderes locales de viejo cuño sus más seguros aliados. Se defendería por un tiempo la «escuela cuzqueña» apelando a la relación personal que el rector Giesecke tenía con el presidente Leguía, a cuyo favor recurriría para adquirir la colección arqueológica de José Luis Caparó Muñíz para el flamante museo de la universidad, para obtener subsidios de investigación para profesores como Valcárcel o gestionar apoyo para la realización en el Cusco del Congreso de la Federación de Estudiantes del Perú, no así para los ambiciosos proyectos que apuntaban a convertir a la San Antonio Abad en ariete del progreso cusqueño.[40] Agotada su misión, se traslada Giesecke a la capital en 1923 con el fin de ocupar la Dirección General de Educación. Era acaso el simbólico punto final del ciclo iniciado con la protesta de 1909.

—IV—

Del mundo campesino emergía el otro gran desafío del cusqueñismo letrado. Como una «onda magnética» se expandía la movilización rural del altiplano hacia las provincias altas cusqueñas desde mediados de 1920. En su interacción con la política oficial indigenista residía su amenaza y su singularidad. Delineada por un puñado de intelectuales de reconocida trayectoria, entre los que destacaban Hildebrando Castro Pozo, José Antonio Encinas y Erasmo Roca, múltiples interrogantes suscitaría dicha política entre los cusqueños: ¿Agitaba el propio gobierno a las masas indígenas? ¿Tenía razón la Liga de Hacendados

---

38. Rénique 1991: 64-65.
39. Calvo 2002: 90.
40. «Proyecto de optimización de la reforma universitaria de San Antonio Abad» (1922). En Aparicio Vega 2012: 93-102.

del Sur cuando denunciaba la tolerancia de algunas autoridades a los agitadores del Comité Tawantinsuyo? ¿Eran las supuestas «sublevaciones» versiones interesadas en justificar medidas de represión?

El vecino departamento de Puno era el epicentro del estallido. Más de siete mil denuncias —por usurpación de tierras y abusos de autoridades en su mayoría— recabaría ahí una comisión investigadora de la cuestión indígena encabezada por Erasmo Roca. Se habían propuesto resolver las demandas in situ, lo haría imposible su inesperado volumen y su complejidad. De ello se encargaría una flamante Sección de Asuntos Indígenas, creada como parte del Ministerio de Fomento y Obras Públicas, creado a su vez por el régimen de Nicolás de Piérola en 1896. Va entretanto desplegándose la contradictoria política indigenista del régimen: reconocimiento legal de las comunidades indígenas de un lado y Ley de conscripción vial del otro. Vale decir que se revertía un siglo de exclusión jurídica a la vez que se institucionalizaba un viejo concepto de extracción laboral gratuita —por quince días al año— en beneficio del Estado. Y mientras de un lado se subsidiaba al Comité Pro Derecho Indígena Tawantinsuyo —en la práctica un protopartido campesino de fuerte influencia radical[41]—, por otro lado se creaba como instancia de arbitraje del conflicto rural un Patronato de la Raza Indígena encabezado por autoridades eclesiásticas y otros representantes del poder local.

Vívidamente describe el informe de Erasmo Roca el complicado escenario con que se encuentran los comisionados de Lima encargados de investigar la situación del «problema indígena» al arribar a las provincias puneñas. Acuden los pobladores, despertando la desconfianza de «los vecinos», quienes «creyeron ver en esas masas humanas una amenaza para su tranquilidad». A la par con los atropellos gamonales llamaría su atención la existencia de numerosos casos en que ayllus y parcialidades imponían su organización por sobre las «autoridades propiamente constituidas».[42]

Para los misioneros adventistas reservan los visitantes sus elogios mayores. Encabezados por el norteamericano Ferdinand Stahl, llevaban trabajando casi dos décadas en el área circunlacustre. En torno a la prestación de servicios de salud y construcción de escuelas, impulsada por los misioneros, habían ido cohesionándose las comunidades. Reclutando a licenciados del ejército como maestros daban una respuesta efectiva a la demanda educativa, como ninguna autoridad republicana lo había hecho jamás. Los resquemores que entre los «notables» de la región —y en los representantes de la Iglesia católica por supuesto— suscita el surgimiento de un «indio evangelista» que mira de frente,

---

41. Arroyo 2004-2005 y De la Cadena 2004: cap. II.

42. Rénique 2004: cap. 3.

conoce sus derechos y saluda sin besar la mano quedan registrados en el informe de la comisión.[43]

La existencia de una red de aliados urbanos incrementa el impacto del Comité Tawantinsuyo a través del altiplano. Desde los tiempos de la Asociación Pro Indígena habían venido articulándose. Los distingue su vocación pedagógica y activista. Del educador José Antonio Encinas y el abogado Francisco Chukiwanka al escritor Gamaliel Churata, pasando por Manuel Z. Camacho y Julián Palacios, conformaban un núcleo con presencia a través de varias provincias surandinas. El ejemplo adventista influye significativamente. Con su asesoría, los «mensajeros indígenas» de inicios de siglo —aquellos delegados comunales que salvando múltiples obstáculos se trasladaban en busca de justicia hasta la misma capital— se convierten en los líderes campesinos de la década del 20.[44] Señalado por José Carlos Mariátegui como la encarnación misma del «indio revolucionario», Ezequiel Urviola emerge como el símbolo de ese combativo indigenismo popular. De uno de los muchos memoriales que aquel mestizo azangarino escribiera en representación de las comunidades de su tierra, sorprende una clara descripción del dilema que afrontaba su lucha por justicia: «somos atendidos en el despacho presidencial, en los ministerios y ante el Señor Prefecto, quien nos ampara legalmente»; en las provincias, sin embargo, «por la íntima confabulación de gamonales y autoridades que son los mismos gamonales, todas nuestras quejas se encarpetan, desobedeciéndose hasta los mandatos supremos».[45] Todavía en 1920 había expresado Urviola sus esperanzas respecto de la «patria nueva». Con el fin de la «guerra universal», pensaba entonces, irían reconstituyéndose las «nacionalidades» sobre la base de «los sólidos principios del verdadero Derecho Internacional». Dicho empuje evolucionista debía hacer frente en el caso peruano al «complejísimo problema de la raza indígena, base fundamental del Perú del mañana». Al cabo de «99 años de vida republicana» —sostiene Urviola— hacia una «definitiva resolución» se encaminaba este «gracias a la firme y alta preocupación de nuestro eminente, esclarecido e ilustre gobernante don Augusto B. Leguía». Comprendía bien el combativo Urviola la necesidad de obrar con cautela ante una situación de complejidad extrema, pues si bien había «haciendas y latifundios formados de manera violenta y brutal», había otros «cuyos sagrados derechos de propiedad respetamos y nosotros mismos garantizamos», toda vez que sus propietarios —a quienes «ensalzamos y bendecimos»— se habían constituido en efectivos «benefactores de los indígenas». Se comprometía a publicar una «minuciosa relación» de este tipo de

43. Ibíd., p. 70 y ss.

44. Ayala 2006 y 1990.

45. Ramos 1994, Tamayo Herrera y Zegarra Balcázar 1982.

propiedad.[46] Esta era la visión desde el terreno de los hechos que no siempre lograrían aprehender los indigenistas afincados en la ciudad.

Entre imágenes ácratas y milenaristas, entre el barullo indigenista y la propaganda oficial, al movimiento puneño delinea el perfil de una «república para los indios»: un orden regido por autoridades propias, capaces de hablar castellano «para defenderse», con «diputados campesinos, senadores campesinos, policías campesinos, generales campesinos», de las agresiones *mistis*. El proyecto constituía una verdadera «república del Tawantinsuyo» dentro de la «república del Perú»; ambas podría comerciar y tener negocios a partir de una relación «sin abusos de autoridades».[47]

En la provincia de Huancané, punto de unión del altiplano quechua y el altiplano aimara, tendría su prueba de fuego esa singular alianza «tawantinsuyana» a mediados de 1923. Encabezado por Carlos Condorena, el núcleo huancaneño le toma la palabra al «presidente Wiracocha» —como denomina a Leguía la propaganda oficial— e interpreta su respaldo como la autorización para fundar, en la localidad de Wancho, la capital de esa utópica «república para los indios». En baño de sangre culminaría la pretensión.[48] No era una acción aislada. Removidas las redes locales civilistas, el sector terrateniente procedía a reconciliarse con la «patria nueva». El giro incluiría la violenta remoción del ministro de Gobierno Germán Leguía y Martínez, el hasta entonces poderoso primo del mandatario, apresado a fines de 1923 y deportado a Panamá. Proveniente de las filas del radicalismo, se le señalaba como el posible candidato presidencial de una corriente identificada como «germancista», que representaba el ala izquierda del régimen. Bajo su égida había cobrado impulso el «indigenismo oficial». Bastaba leer, sin embargo, las actas del III Congreso Nacional Indígena, celebrado en Lima tres meses antes de su derrocamiento, para comprobar cuán escasa había sido su influencia en la vida del poblador rural. Bien detallada aparecía ahí la conocida letanía denunciatoria contra el clásico rosario de atropellos: no solo del «gamonalismo» sino aquellos cometidos por el Estado mismo, desde las arbitrariedades cometidas en el cobro de la «contribución rústica» a la ley de conscripción vial, fuente de toda suerte de desmanes.[49]

---

46. Ezequiel Urviola, «El triunfo de la verdad y de la historia», en *El Siglo*, Puno, 18 de septiembre de 1920. Agradezco a Rafael Tapia haberme proporcionado una transcripción de este texto excepcional.

47. Calisto 1991.

48. Ayala 2005.

49. «Debates de las Sesiones del Tercer Congreso Nacional Indígena Tawantinsuyu», Lima, 29 de agosto-3 de septiembre de 1923 (convocado por el Comité Pro Derecho Indígena Tawantinsuyo con el apoyo de los funcionarios del Gobierno Hildebrando Castro Pozo, Erasmo

En la ciudad imperial, entretanto, el «cuzqueñismo» con sus respectivas vertientes incaístas, serranistas, andinistas, era puesto a prueba por la agitación rural.[50] Si ya la reforma de Giesecke había obligado a mirar la realidad del campo, las movilizaciones obligaban a una toma de posición respecto de la cuestión indígena y la política leguiista. Tras recorrer las provincias altas de su jurisdicción, en mayo de 1921, había informado el prefecto del Cusco que, con el apoyo del Comité Pro Derecho Indígena Tawantinsuyo, prevalecía ahí una situación de «abierta rebelión contra las autoridades políticas subalternas». La muerte, a manos de la «indiada», del hacendado Leopoldo Alencastre, en una localidad de la provincia de Canas, Cusco, abrió un ciclo de confrontación que crisparía los nervios de la capital departamental. Se anunciaba, en ese marco, que el recientemente inaugurado Patronato de la Raza Indígena se veía obligado a «declararse en sesión permanente» debido al «excesivo y creciente número de reclamaciones que se presentan».[51]

Un curioso incidente urbano desplegaría ante los ojos de los letrados cusqueños la singularidad de la situación. Entre el desconcierto y el desdén, informaba el diario *El Sol* de la sorpresa que había causado «una bulliciosa manifestación indígena» en la ciudad imperial ocurrida el día anterior. El delegado del Comité Pro Derecho Indígena de Lima, «señor Don Carlos Vera», había sido su organizador, según el redactor, quien confesaría desconocer que anduviesen «nuestros indígenas tan adelantados en esto de hacer y confeccionar bulladas manifestaciones». Registraría, asimismo, el discurso pronunciado por el indígena Miguel Quispe «pidiendo amparo al Prefecto para sus vidas y sus propiedades». Portando «banderas nacionales y retratos del presidente Leguía», Quispe encabezaba la manifestación.[52] «El Inca» era su apodo, acaso reflejando —como señala Marisol de la Cadena— los «miedos coloniales» que la movilización indígena llegaba a suscitar.[53] A través de sus conversaciones con él Valcárcel determinaría que no solamente «no pretendía convertirse en Inca» sino que «era simplemente un indio de Paucartambo que reclamaba la devolución de tierras usurpadas a los suyos».[54]

Un ángulo, hasta entonces desconocido de la supuestamente adormecida indianidad, descubrirían los indigenistas cusqueños en las sesiones del

---

Roca y del parlamentario José Antonio Encinas. Actas publicadas por el diario *La Crónica* de Lima). A Rafael Tapia debo haber podido consultar una transcripción del documento citado.

50. De la Cadena 2004: cap. I y II.

51. Rénique 1991: 73.

52. Calvo 2002: 82.

53. De la Cadena 2004: 323.

54. Valcárcel 1981: 237.

Patronato, cuya junta directiva incluía a Luis F. Aguilar, los hermanos Félix y José Gabriel Cosio, el médico Antonio Lorena además de Valcárcel. Nítida memoria conservaría este del extraordinario «carácter oratorio» y la «precisión» de puntos de vista con que los delegados de la hacienda Lauramarca, de la vecina provincia de Quispicanchis, habían expuesto sus reclamos laborales. Habían dejado claro ante la audiencia de que no eran, en absoluto, «los pobres indios de que se hablaba», sino «hombres inteligentes, capaces de pedir, no la protección sino el auxilio de sus semejantes».[55] Son también representativas las reflexiones de Félix Cosio a raíz de ese aleccionador encuentro. Aunque se habían pasado toda una década estudiando los distintos aspectos del problema del indio —manifestaría—, él y sus colegas no fueron capaces de prever «el fermento sordo de próximas reivindicaciones» que acunaba la sociedad rural. Al desplegar aquella masa que se creía inerte toda su vitalidad, quedaba demostrado que los lineamientos del «régimen social agrario» por venir habrían de surgir de su propio seno y no de la «mente de los pensadores y de los legisladores».[56]

Era un momento excepcional para hablar del indio como actor del drama contemporáneo antes que pieza de museo. Su movilización ponía en cuestión todo lo dicho hasta ese entonces sobre un tema ampliamente reconocido como clave principalísima de la construcción nacional. Acaso desde 1780, pensaban algunos, no se producía en los Andes peruanos una coyuntura similar. ¿Cómo incorporar al discurso cusqueñista a este inesperadamente activado protagonista rural?

—V—

Tras una década de frustraciones políticas, con sus sueños de industrialización crecientemente debilitados, en la representación del indio encontraría el cusqueñismo el medio para erigirse la voz legítima del «verdadero Perú». Dentro de la prolongada y variopinta historia del indigenismo peruano —que hasta Bartolomé de las Casas se remonta para algunos autores[57]— como una singular *fuga hacia adelante* aparecía dicha irrupción. Esgrimiendo evidentes credenciales históricas emerge el *indigenismo cusqueño* en la escena intelectual de los años 20. Para el Cusco reclaman sus voceros una posición de liderazgo en el debate nacional.

---

55. Rénique 1991: 89.
56. Cosio 1922: 12.
57. Marzal 1981.

Convertir a San Antonio Abad en efectivo «laboratorio del nacionalismo» invocaba, en ese contexto, el catedrático Cosio. Puntualizaba que sin «más prestigio que el recuerdo de su pasado milenario», contar ahora con una «institución de alta cultura» significaba una verdadera «compensación histórica». A traducir década y media de investigaciones en políticas concretas de «transfusión de los valores históricos sobre la realidad presente» —para lograr la «readaptación» al país contemporáneo de una «raza aborigen», inmovilizada en el estado en que «la había sorprendido la conquista»— debía abocarse la universidad. Ninguna otra podía ser su misión sino oír las «voces interiores y remotas» que de ella procedían. Ahí, el imprescindible punto de partida. Y nadie como los cusqueños para tal ejercicio por el hecho mismo de «residir en el centro de la tradición indígena», comprender el idioma nativo y conocer la cultura local. Se accedería así a «las causas verdaderas de la actual condición de los indios y de los conflictos que se producen en su convivencia con los mestizos».[58]

Sobre esa base, sus investigadores pretenderían dar al sentimiento regionalista un estatus científico. Proyectarían, a partir de entonces, una respuesta práctica a tres variantes complementarias de la política centralista: a) el Comité Pro Derecho Indígena que, desde Lima y bajo el amparo del régimen, pretendía aplicar un enfoque sindicalista a la problemática del «pequeño propietario rural», empujando a las masas indígenas, dentro de esa temeraria lógica, a peligrosas aventuras de insensata orientación socialista; b) el «desmedido desarrollo» de una «política absorsionista» que pretende «nivelar todo para hacer del Perú una triste máquina que se maneja con un solo resorte en el sentido de las conveniencias de los grupos centralistas»; y c) el gamonalismo latifundista y esclavizador, vinculado al nefasto «trabajo gratuito» de la población indígena.[59]

Este triple problema comprometía centrar esfuerzos en la solución inmediata de la crisis social en curso y demostrar no solamente capacidad científica sino un ejercicio efectivo de «tutela moral sobre la raza indígena». El advenimiento de una «nueva era de renovación nacional», en la que correspondía al Cusco «volver a tomar la dirección, si no política por lo menos espiritual» de los destinos de la patria, debía ser el gran horizonte de la cruzada indianista.[60]

No desde la cátedra, sino desde el corazón mismo del conflicto rural, esbozaría el abogado Luis Felipe Aguilar,[61] reconocido, por cierto, como el más agudo conocedor del «problema indígena» en el medio local —según le constaba a

58. Cosio 1922: 21.

59. Ibíd., p. 41.

60. Loc. cit.

61. Aguilar 1922: 12.

Luis E. Valcárcel, quien lo había tenido como secretario durante sus años como inspector departamental de Educación—. Juntos recorrieron varias provincias cusqueñas. Y más tarde, Valcárcel había sido testigo de su decisión de dedicarse exclusivamente a la defensa de indígenas.

En lo que José Gabriel Cosio calificaría como el trabajo «más original, más sincero, más valiente y atrevido» sobre el tema del indio —*Cuestiones indígenas* (1922)— registraría Aguilar su testimonio. En un debate en que tanta «pretensión, banalidad y charlatanería» se había desplegado, celebraba Cosio que fuese este el «menos académico» y el «menos erudito» de todos los hasta entonces aparecidos en el medio cusqueño.[62] Contra los irresponsables «indófilos» (cuyo romanticismo les impedía ver los vicios y las «primitivas pasiones» inherentes a la condición indígena que podían llegar hasta la práctica del canibalismo); contra los académicos incaístas (que insistían en presentar al despótico Imperio como una era benevolente y feliz); contra las inútiles comisiones (encargadas siempre a algún «abogado o coronel de la capital, ignorante de las condiciones del medio en que ha de actuar»); contra los «falsos redentores de la raza» del Comité Tawantinsuyo (que eran «peores que los gamonales»); contra los «cínicos y desvergonzados» gamonales (cuyas ignominias contra la población indígena superaban las más tétricas fantasías) y, por supuesto, contra los «intelectuales limeños» (que, «por diletantismo o esnobismo», se ocupaban de un asunto sobre el que no conocían nada); contra todos ellos arremetía sin miramientos el abogado Aguilar. ¿Podía contradecir alguien, entre todos ellos, apreciaciones como las suyas que eran el resultado de veinte años de «paciente observación de hechos reales»?[63]

¿Cuán eficaz podía ser a largo plazo la respuesta represiva contra los alzamientos cuando eran indios también los soldados encargados de hacerlo? «Los blancos de la nación» debían tomar nota, más bien, de cuán afortunados eran de que no hubiesen logrado los indios transformar sus «sublevaciones parciales» en una «verdadera campaña de reivindicación política, social y económica». «Gigantescas proporciones» —advertía Aguilar— hubiera alcanzado en ese caso la movilización rural. Sin embargo, nada excepcional había en sus recomendaciones: legislación tutelar, instrucción obligatoria, preceptores e internados indígenas, «facilidades a la propaganda evangélica» para contribuir a una educación indígena «que desarraigue el alcoholismo y el cocainismo», como se había observado en Puno.[64] Esto acaso porque creía que más que pensar en

62. José Gabriel Cosio, «Cuestiones indígenas por Luis Felipe Aguilar» (15 de abril de 1922). Ibíd., pp. 135-141.

63. Ibíd., p. 22 y ss.

64. Ibíd., p. 26.

leyes o políticas específicas, lo fundamental era un cambio de actitud. Se debía comprender, para comenzar, que «el indio era una fuerza ciega y casi inconsciente» a la que había que «encauzar y orientar en el sentido de su propio bien, que casi siempre ignora y desconoce». Requería «conocer íntimamente» sus «virtudes y capacidades espirituales» tanto como sus «taras y lacerías». De hecho, recurriendo al expediente de subrayar sus perversiones, sus vicios, su ferocidad y sus bajas pasiones, amén de su condición de «retrasado», reforzaba Aguilar el papel imprescindible de quienes, en virtud de su «íntimo conocimiento del indio», serían capaces de aprovechar esa «gran energía dúctil que se pierde para el progreso nacional por la indiferencia, por el desdén o por la ignorancia de los más llamados a impulsar su pujante dinamismo».[65]

Valcárcel era la contraparte de esa línea reflexiva que derivaba en recomendaciones «prácticas» que no pasaban de la mera reiteración de viejos e idiosincráticos lugares comunes del «cuzqueñismo» conservador. Desde la perspectiva de una historia medida en siglos o milenios —activada por un todavía indefinido «avatar» andino que eventualmente definirá como un portentoso «resurgimiento»— apreciará este la movilización rural.

En «A ti, Kosko» (1913), un poético texto escrito «bajo la impresión del grandioso *Himno al Sol*» de Daniel Alomía Robles, insinuaba ya su alejamiento de la erudición de corte rivagüerino como del frío empirismo de la exploración arqueológica. Aprehender la «preñez de pasado» acumulada en los muros cusqueños es, ahora, su aspiración. Como «un libro abierto pero ininteligible» se figura a la vieja capital incaica.[66] El «hálito vital», la fuerza telúrica de la creación imperial explora, posteriormente, en «Los hombres de piedra».[67] Y a la ficción recurrirá en «Kusipuma», ávido de capturar las emociones colectivas, las fuerzas motrices, el impulso religioso que al «inkario» había dado vida.[68]

En «Glosario» (1922) y «Ars Inka» (1924) buscará esclarecer Valcárcel los «lineamientos esenciales» de ese «vigoroso organismo selectivo» que había logrado generar orden en un mundo marcado por la heterogeneidad. En el agrarismo encuentra la clave. En la capacidad de los gobernantes incas para traducir el colectivismo del ayllu en un orden universal —sostiene— radicaba la «gran verdad» de la civilización andina. Ni «falseamientos» ni «referencias equivocadas» lo distraen ahora. Ha descubierto una metodología propia en que la «intuición» y el «espiritualismo» desplazan al énfasis en lo material, haciendo posible explorar a fondo el «íntimo enlace» del individuo con la tierra.

65. Ibíd., p. 31.

66. Valcárcel 1925b.

67. Valcárcel 1925c.

68. Valcárcel 1925d.

Bergson, antes que Marx, era la vía para «revivir lo extinto», explicará a sus alumnos del curso de Historia Nacional. Les enseñará, asimismo, en su trabajo de campo en diversas comunidades del departamento, a recopilar tradiciones, mitos y supervivencias incaicas; un material que permitiera avanzar en «la revelación de las peculiaridades psicológicas de nuestra nacionalidad».[69]

Largamente justificable era, para Valcárcel, una búsqueda de esta naturaleza en el trágico momento por el que pasaba el mundo. Ante el lúgubre espectáculo de destrucción y muerte suscitado por la guerra europea, un conjunto de «actividades renascentes [sic]» tendrían que advenir. ¿Y no era acaso todo renacimiento, en cierta medida, un salto hacia atrás? Del viaje al pasado remoto surgía entonces, para el país contemporáneo, un derrotero salvador: «solo volviendo a la tierra, podemos purificarnos de los vicios de nuestra falsa democracia [...] rieguen nuestro huerto espiritual las tonificantes linfas andinas, no las aguas pútridas de la moribunda civilización europea».[70]

No en la selva (con su «vegetación hiperbólica») ni en la costa («dantesca desolación de quemantes arenas») sino en las cumbres serranas («reservadas a los dioses, defendidas por el rayo») podría haber fructificado «el germen de la humanidad y de la civilización». Solamente en la cordillera un poderoso elemento telúrico —aquel diálogo inmemorial entre hombre y ambiente— podría haber desplegado a plenitud toda su enorme capacidad creativa. Cantan y danzan sus gentes mientras levantan las fortalezas de la ciudad imperial en la medida en que el trabajo no es para ellos una maldición. Guarda el granito en sus entrañas una «música de eternidad y de victoria». De ahí que «mejor que todos los eruditos» o que «toda la ciencia arqueológica», el «arte inkaico» fuese el indicado para preservar el espíritu de la civilización perdida. Por ello, conjurando las «voces del pasado» que llegan hasta nosotros «como notas desprendidas de una orquesta invisible» era posible «despertarla de su encantamiento». En tal empeño, coincidiendo plenamente con sus colegas Cosio y Aguilar, al Cusco le correspondía un papel directriz.[71]

Corría el año 1925 cuando los antes citados textos aparecieron en un pequeño volumen publicado en Lima bajo el título *De la vida inkaika (algunas captaciones del espíritu que la animó)*. Había perdido impulso para ese entonces el «indigenismo oficial» y tras el inicial remezón de la «patria nueva» y la ola de movilizaciones, el régimen fue reconciliándose con los poderes locales de la región sur. Crecientemente autoritario, el régimen leguiista procedía a deportar a numerosos elementos de la oposición. Entre ellos, por cierto, Hildebrando

---

69. Valcárcel 1925e.

70. Valcárcel 1925a: 71-86.

71. Ibíd., p. 74 y ss.

Castro Pozo, arquitecto del «indigenismo oficial» y antiguo jefe de la Sección de Asuntos Indígenas.

Tras el efecto combinado del remezón leguiista y el repliegue de los «novecentistas» surgían nuevos esfuerzos por articular visiones de país. Esfuerzos muy críticos de la democracia liberal e identificados, recientemente, con el ímpetu revolucionario que recorría el mundo. A la obra de Prada recurrían estos en pos de inspiración y munición retórica. Con su proyecto de Universidades Populares, Víctor Raúl Haya de la Torre había contribuido, en ese marco, a crear un fundamental espacio de convergencia y reflexión multiclasista. A esa dinámica se sumaría Valcárcel con la esperanza de contribuir a enlazar, «por encima del murallón andino», las luchas locales con las «que agitan a vuestros hermanos del proletariado universal».[72]

De regreso de Europa, José Carlos Mariátegui propugnaba su proyecto de interpretación marxista de la realidad peruana. En torno a él y al exilado Haya de la Torre una autodenominada «vanguardia» iría articulándose en el espacio abierto por la «universidad popular». Nacía un «frente intelectual» que del rechazo al leguiismo iría pasando al anhelo de una «gran transformación», no ya como gesto literario sino como un explícito llamado a la acción: una gesta revolucionaria que, dadas las características del país, tendría que tomar la forma de una «larga marcha» hacia el «verdadero Perú». Lo que equivalía a plantearse cómo movilizar a aquellas masas indígenas que constituían, a decir de Mariátegui, tres cuartas partes de la población nacional. ¿Dormidos, degenerados, simplemente oprimidos?, ¿cómo caracterizar su condición? ¿Qué vehículos construir para llegar hasta ellos? ¿Cómo incorporarlos a la lucha por una «gran transformación»? Nuevas y excitantes lecturas merecerían los textos de Luis E. Valcárcel en circunstancias tales.

—VI—

Una reseña de *De la vida inkaika* firmada por José Carlos Mariátegui y publicada en la revista *Mundial* a pocas semanas de su aparición, marcaría el destino de la obra «cuzqueñista-serranista-telúrica» de Luis E. Valcárcel. A dos años y medio de su retorno de Europa y en ausencia de Haya de la Torre era ya el futuro Amauta la principal figura de la oposición de izquierda al régimen leguiista. Por ende, era el mejor introductor al medio intelectual capitalino para un emergente escritor provinciano. Compatibilizar marxismo y tradición andina era el gran desafío intelectual que, en el marco de la formulación del programa y la estrategia de la revolución socialista en el Perú, inquietaba al «fundador

72. Citado en Lynch 1979.

del socialismo peruano» por aquel entonces. De diversas fuentes —Spengler y Ortega y Gasset hasta el francés Georges Sorel— provenía su aprestamiento para valorar el potencial de una obra que otros desdeñaban por sus tonalidades líricas y pasadistas. No en «su ciencia», sino en «su fe, en su pasión, en su voluntad» residía la verdadera «fuerza de los revolucionarios», había escrito José Carlos unos meses antes de leer *De la vida inkaica.*[73]

Pese a pensar que Valcárcel iba «demasiado lejos» en proclamar el agotamiento de la civilización occidental, valoraba Mariátegui con entusiasmo sus aportes a una visión alternativa —antirracionalista y antipositivista— del proceso histórico andino. En tres puntos básicos, a su juicio, podían sintetizarse sus contribuciones: a) una «interpretación total del espíritu de la civilización incaica» que permitía inscribir a los Andes en el marco de aquella poderosa corriente de renovación que destrozaba «los cauces del evolucionismo» y desacreditaba la «razón burguesa»; b) la negación del valor de la supuesta historia objetiva que no servía sino para «acopiar, pacientemente, amarillos folios»; y c) la demostración de que una «lírica exaltación» lograba acercarnos, mucho más que la «gélida crítica del observador ecuánime», a la «íntima verdad» de la vida indígena. «La ciencia —sentenciaría Mariátegui— mata la leyenda, destruye el símbolo». Y si la tarea era movilizar al pueblo indígena en pos de la revolución soñada, el lirismo valcarceliano estaba llamado a cumplir un papel fundamental en la formulación de los «mitos movilizadores» de la población indígena.[74]

No bien se entera de la aparición del comentario, se pone en contacto Valcárcel con su reseñador. Tras el agradecimiento de rigor («encuentro exacto cuanto usted dice de mi obrita») en floridos términos reconoce su liderazgo intelectual («en el desierto de inteligencias que es la actual prensa del Perú» salva usted «el honor de la intelectualidad peruana») y reafirma (vía el descrédito de quienes, como el arequipeño Augusto Aguirre Morales, escribían sobre el tema sin «conocer al indio, ni al medio serrano» y con «desconocimiento absoluto» de la «vida inkaika»[75]) la legitimidad que le confería su propia condición de «cuzqueño» para hablar de la cuestión indígena.[76]

De hecho, nada podía halagar más a Valcárcel que su distinguido interlocutor reconociera la singularidad de su posición en medio de la nutrida

---

73. Mariátegui 1925h.

74. Mariátegui 1925j.

75. En su novela *El Pueblo del Sol* (1927), Augusto Aguirre Morales, quien se preciaba de descender de curacas y haber realizado una exhaustiva investigación histórica, desdeñaba a quienes hablaban de una supuesta «paternal benevolencia incaica», sosteniendo más bien el carácter «tiránico» del Imperio Incaico. Véase sobre el tema Arroyo 1995.

76. De Luis E. Valcárcel a José Carlos Mariátegui, 21 de septiembre de 1925, en Mariátegui 1994b: tomo I, 1752-1753.

proliferación indigenista de aquel entonces. Reconocía, por ejemplo —como afirma en su carta— que podían hacer más por la «adivinación» del Perú precolombino quienes como él eran capaces «de un gran amor por el indio y por las sierras» y que, frente al «infecundo eruditismo» o la «miopía de los huaqueadores al estilo Max Uhle», optaban por «la presbicia spengleriana». En ese marco, según refería Valcárcel, *De la vida inkaika* marcaba el inicio de «una segunda fase» en su «carrera de historiador». Una fase marcada por lecturas de filósofos de la historia como Spengler, Worringer, Uexküll y Frobenius. Quienes habían «tonificado» su espíritu, impulsándolo hacia el doble objetivo de demostrar: a) «el altísimo valor de la cultura inkaika» junto a las grandes culturas del globo, y b) «la supervivencia del inkario sin el inka». Con este trasfondo histórico, «agitar el llamado problema indígena» era su siguiente paso. A ello dedicaba un nuevo texto en proceso de redacción que llevaría por título *Tempestad en los Andes*. No dudó Mariátegui en ofrecerle publicarlo en la Editorial Minerva de su propiedad.

A comienzos de julio de 1926 anunciaba Luis el envío de su manuscrito. En términos minimalistas explicaría su obra a su editor. Su objetivo no es otro —le dice— que «exhibir lo que ocurre detrás de las montañas», en una suerte de «película serrana que ofrezco en cuadros conexos».[77] Insiste, por ello, que se cuide la separación entre los textos; los «blancos —subraya— juegan un papel importantísimo en este estilo mío de cortos periodos y breves artículos». Y ante sus propias dudas por las «muchas imperfecciones» de su obra, se consuela diciéndose que «todo puede serme perdonado en gracia a la emoción que pongo con ella». Recuerda, también, que es su «contacto con la raza» lo que le permite percibir aquello que «en su alma crepuscular va emergiendo». A la vez, buscando justificarse, deja sentado que tiene «en germen», bajo el título de *Filosofía de la cultura andina*, la «parte doctrinaria» de *Tempestad*. Refiere al mismo tiempo que, aunque «la Vida y la Pasión» de la raza estaban aún «por escribirse», contenía su manuscrito en su estado actual algunos «fragmentos» «precursores».

Le pide a José Carlos que «apadrine» su obra escribiendo un prólogo que explique la tesis de su peculiar «película serrana». A su «habilidad exegética», le dice, «entrego mi obra completamente», mientras le anuncia que ha solicitado a Luis Alberto Sánchez «unas apostillas finales».[78] Cumplirán ambos a cabalidad. Prólogo y colofón, contribuyen a sellar el destino de *Tempestad*, al presentarlo el primero como el anuncio del «advenimiento del nuevo indio», y

---

77. De Luis E. Valcárcel a José Carlos Mariátegui, 7 de julio de 1926. Ibíd., tomo I, 1791-1792.

78. De Luis E. Valcárcel a José Carlos Mariátegui, 5 de agosto de 1926. Ibíd., tomo I, 1794-1795.

el segundo a caracterizar a su autor como un «vehemente profesor de idealismo» devenido «predicador iluminado».

En tono de revelación estaba escrito el opúsculo de Valcárcel. El anuncio del tempestuoso destino que al Perú le esperaba a partir del «resurgimiento» de lo que Prada había descrito como el «verdadero Perú». Prácticamente inevitable entonces, que el epígrafe elegido fuese la célebre cita del discurso pradiano del Politeama referida al tema. Un «resurgimiento», por cierto, avalado por las cifras. Por la imagen de esos diez millones de «keswas» —de la sierra ecuatoriana al norte argentino— que «con las conquistas de la ciencia occidental y la sabiduría de los maestros del oriente» han enriquecido su acervo tradicional.

A veinte días del litoral, un prístino mundo de *apus* y *aukis* mora feliz «en la comunidad de la tierra y en la universalidad del trabajo». Remoto y primitivo, marcado por la resistencia al invasor, se halla vastamente preparado para asimilar la técnica del hombre moderno. En la tradición estaba la clave de su florecimiento, merodeado, sin embargo, por «la carcoma» que fluye de aquellos «pudrideros» que eran los «poblachos mestizos». A través de una serie de anécdotas describe Valcárcel el áspero alumbramiento de un orden nuevo.[79] Un duelo sordo y desgarrador encarnado en una variedad de protagonistas. Alguno son indios, como el «sargento Waman», que encuentran en el cuartel los instrumentos de su empoderamiento. Otros, como Indalecio Mamani, el preceptor juliaqueño, hacen de las escuelas indias altiplánicas «almácigos de la Raza resurgida», de la mano del adventista Miller, «rubicundo hijo de Yanquilandia». Mientras otros cientos o miles de pastores de puna se convierten en «apóstoles trashumantes», nativos anunciadores de la «existencia nueva» y del «santoral andino», «médicos espirituales», «psiquiatras intuitivos» que van derecho a buscar el mal y desarraigarlo».[80]

De Puno, de las zonas en que Ferdinand Stahl y sus seguidores habían ejercido su ministerio, extraería Valcárcel su imagen del porvenir: los indios-soldados que, además de trabajar los campos, devienen pilares del orden estatal; los indios-electores, que convertidos en ciudadanos pueden elegir ahora a un diputado de entre los suyos; los indios-artistas que «indianizan» lo que «sus manos tocan». Ahí, con la obra adventista en el altiplano, Luis había percibido por primera vez el «avatar». Era el Kollao, el «teatro del nuevo indio». De ahí estaba surgiendo —con esos «hermanos Ayar de la literatura andina» que eran Alejandro y Arturo Peralta [Gamaliel Churata] y «cien fervorosos indianistas más»— «el núcleo de la intelectualidad india», la verdadera «clase directora»

79. Valcárcel 1927: 47-49 y 71-74.

80. Ibíd., p. 90.

de la «indianidad lacustre» llamada a jugar «un gran papel en el futuro no remoto».[81]

En la formulación de una «doctrina de mística unción» —el andinismo— culminaba el recorrido de Valcárcel por la resurgente geografía serrana. Más que una «bandera política» era el andinismo entonces. Era la afirmación de una inexorable verdad: que de los Andes procederían «las corrientes de renovación» que habrían de transformar al Perú. «Promesa de moralidad colectiva» que proveería el impulso para reaccionar contra «todos los vicios que van perdiendo a nuestro país». Contadas naciones podían jactarse de ser herederas de una «cultura original». Y como no habían perdido los indios su «engarce telúrico», seguían siendo los Andes insuperable «fuente de vitalidad». Absurdo, entonces, alentar mestizajes deformadores cuando seguía viva «la raza madre». Había que aseverar, más bien, que de una «gran cruzada indianizante» dependía la posibilidad de suturar el «divorcio nacional» que nos afligía. El Perú, de tal suerte, debía seguir siendo «un país de indios».[82]

Este «país de indios», por un infortunio de su evolución colonial y republicana, había caído en manos de «una minoría extravagante», sin afinidad alguna con la raza que en un «esfuerzo milenario» había creado la cultura andina. Así, la condena de vivir «fuera de sí, extraña a su ser íntimo» significaba para la sierra su supeditación a la costa. Situación revertida cuando, culminando su ciclo resurgente, como «huestes tamerlánicas», descendieran de las alturas los hombres andinos para efectuar «la necesaria evulsión».[83]

Una «gran cruzada indianizante» proponía Valcárcel para la movilización: la convergencia, en buena cuenta, de elementos «racial o espiritualmente afines al indio» con esa «indiada resurgente» que germinaba a través del altiplano, en particular. En cuya capacidad para «resistir la europeanización» y no perderse «en el laberinto de las ideologías» residía su legitimidad; para constituirse en la vanguardia que guiase a ese «monstruo ciego» en cuyas movilizaciones «incubaba» un «nuevo estado social».[84] Un nuevo *covenant* del que Arequipa debía ser la sede simbólica para ser refrendado en Lima (en tanto centro de las corrientes europeizantes) y en el Cusco (en tanto «centro de la indianidad»).[85] Era la respuesta de la «escuela cuzqueña» al «más grave problema» confrontado por el Perú desde su fundación: el «despertar de millares de conciencias indias», en una corriente que trascendía los Andes peruanos a partir del impulso del

81. Valcárcel 1928: 21.

82. Valcárcel 1927: 114-115.

83. Ibíd., p. 120.

84. Ibíd., pp. 114 y 131.

85. Ibíd., pp. 123-135.

«Sudperú». Sesenta y cinco millones de indios, del Altiplano al Río de la Plata, eran su audiencia potencial.

Retórica de lado, determinar la proyección de aquel «avatar» que recorría el Ande era el problema de fondo. ¿Conllevaba, como decía Valcárcel, un afán por «restablecer las instituciones cardinales del inkario»? ¿Persistiría el campesinado indio en su actitud «gandhiana» o era esta, simplemente, el preludio de una gran eclosión que podría derivar en «lucha de razas»? ¿Surgiría de los propios «silenciosos labriegos» el futuro «Espartaco andino» o andaba, más bien, «la dictadura indígena» a la búsqueda de su Lenin? Finalmente, ¿qué tan realista era, a esas alturas, imaginar a la «escuela cuzqueña» confluyendo con la «vanguardia nativa» en pos de darle una salida política a la «tempestad» en curso?

—VII—

El interés de Mariátegui por la obra de Valcárcel era parte de su propio «descubrimiento del mundo andino».[86] Proceso tenuemente iniciado durante su exilio europeo y que toma cuerpo en los meses que siguen a su retorno al país. Como el puente de esa realidad que él está impedido de conocer por sí mismo, aparece la obra de los indigenistas. Por esa razón, en principio, una doble dimensión tiene su intercambio con ellos: a) la defensa de la trascendencia de sus obras ante quienes no calibran su potencial ideológico y b) una operación de deslinde y convergencia orientada a atraer hacia el socialismo a sus integrantes. Objetivos claramente presentes en el prólogo a *Tempestad en los Andes*, donde la presenta como una obra profética presta a ser valorada como tal solamente por quienes eran capaces de creer en el real advenimiento del «movimiento histórico en gestación» que anunciaba. Y, donde, de otro lado, buscaba encuadrar la «profecía» valcarceliana dentro de su agenda de militante de la Comintern.

Así, a ver al indigenismo como la versión local del «mujikismo de la Rusia prerrevolucionaria» invitaba a quienes recelaban del excesivo lirismo de *Tempestad*. ¿Acaso, les dice, con sus versiones estilizadas de los campesinos rusos no había contribuido la literatura mujikista a suscitar la agitación que había incubado a la Revolución rusa? Cierto era que, por tratarse «todavía» de «una literatura de mestizos», no podía dar el indigenismo una «versión rigurosamente verista del indio», tendiendo, por ello, a «idealizarlo». Pero no podía perderse de vista su papel como punta de lanza en la disputa con el criollismo por la «representación de la nacionalidad». Tampoco ignorarse el gran paso

86. Flores Galindo 1988: cap. II.

que significaba el proceso de confluencia de la «idea socialista» con la reivindicación del indio. En otras palabras, al calor de la ciencia marxista culminaría el proceso de purga del «colonialismo intelectual y estético» que la pluma de Valcárcel —como la de Antenor Orrego o César Vallejo, o el pincel de José Sabogal y Camilo Blas— había echado a andar.[87] Dentro de esa perspectiva, empujando hasta el límite el mensaje de *Tempestad*, la inexorable confluencia del indigenismo de Valcárcel con su propia posición sustentaba Mariátegui. ¿O no era acaso la mención de Lenin en *Tempestad*, a pesar de la raíz «tradicionalista» de su aproximación, prueba suficiente de filiación marxista?[88]

Valcárcel no solamente había subrayado su distancia del marxismo sino que su referencia a Lenin —«la dictadura indígena busca su Lenin» y no «el proletariado indígena espera su Lenin» como lo citaba Mariátegui— no iba, necesariamente, en la dirección sugerida por su prologuista. No era, para comenzar, una proposición debidamente sistematizada. Más bien, sus alusiones a diversos personajes históricos a través de las páginas de *Tempestad* obedecían a subrayar el tono épico de su mensaje. Sostenía, por ejemplo, que la táctica adoptada por el movimiento indígena le había sido transmitida por Gandhi «desde el Himalaya» o que acaso, perdido en algún «páramo puneño», vivía ya el «Espartaco andino» que lideraría la gran «evulsión». Ello no impediría, por cierto, que buscara responder Valcárcel al llamado a la acción de su camarada y llegara a plantearse, en consecuencia, la necesidad de aproximarse a esa «organización de avanzado socialismo» que era el ayllu, no solamente con «espíritu arqueológico, sino con espíritu pragmático», adoptando al «mundo indio» como «maestro de reformas sociales».[89]

De aquella voluntad pragmática quedaría como efímero testimonio la formación del grupo Resurgimiento. Liderado por Valcárcel, un puñado de intelectuales cusqueños (J. Uriel García, Luis F. Paredes, Casiano Rado, Roberto la Torre, entre otros) suscribieron su manifiesto inicial. Una serie de patrocinadores honorarios les proveían apoyo distante: Francisco Choquehuanca Ayulo, Dora Mayer de Zulen, Manuel Quiroga, Julio C. Tello, Francisco Mostajo, José Sabogal y el propio José Carlos Mariátegui, quien no dudaría en señalar que se trataba de un nuevo comienzo de la «cruzada indigenista»: el fin del «antiguo método pro indígena, de fondo humanitario y filantrópico» y el inicio de la solidaridad práctica con las tres cuartas partes de la población nacional. Aun así, entendía que mientras se despejaban los aspectos ideológicos y organizativos,

---

87. Las citas anteriores proceden de los siguientes artículos de José Carlos Mariátegui: «El indigenismo y la literatura nacional I»; «El indigenismo y la literatura nacional III» y «La nueva cruzada pro indígena». En Aquézolo 1987: 31-33, 36-39 y 52-55.

88. Mariátegui 1927a: 10-11.

89. Cox 1927.

el «resurgimiento indígena» asumiera «fines inmediatos de defensa, educación y confraternidad». Para apoyar dicha transición anunciaba la aparición de un suplemento de *Amauta*, el «*Boletín de Defensa Indígena*», cuyo fin sería nada menos que iniciar «el proceso del gamonalismo».

Exageraba Mariátegui por cierto. En el afán de trascender el «lacrimoso filantropismo» de sus antecesores, muy lejos quedaba una entidad que consideraba a los indios como «hermanos menores en desgracia». En la práctica, más aun, no llegaría Resurgimiento a tener funcionamiento efectivo.[90] Su propia detención, asimismo —a raíz del llamado que hiciera en su conferencia mistiana a unificar al «Sudeperú»—, había truncado su desarrollo según Valcárcel. Nació como una «clarinada bélica» —comentaría— para «sucumbir» ante una «conflagaración de intereses».[91] Si la «sede lógica» de la Asociación Pro Indígena había sido Lima, la «sede natural» del grupo Resurgimiento debía ser el Cusco, había observado Mariátegui. No se equiparaban, sin embargo, los indigenistas académicos de la ciudad imperial con la fervorosa «indianidad lacustre» que había inspirado *Tempestad*. En términos prácticos, acaso el altiplano era, por ese entonces, el más propicio terreno para impulsar una efectiva organización indígena.

Entre el debate generado por los alzamientos indígenas y las posturas individuales frente al régimen, se hacía, de otro lado, crecientemente difícil postular la idea de un «movimiento indianista» cohesionado. No solo porque, con respecto al régimen leguiista o al proyecto amautista, sus principales figuras (Valcárcel, José Ángel Escalante, Luis F. Aguilar) tenían posiciones encontradas sino por los nuevos conflictos suscitados por la huelga universitaria de 1927. Muy distinto era el tono de la nueva dirigencia estudiantil: contrastaba su retórica radical al *élan* académico de la generación de 1909, de cuya postura «literaria» hacían un duro enjuiciamiento. Los rebeldes de entonces aparecían ahora, a ojos de la juventud, como defensores del statu quo y se hacían objeto de crítica de un movimiento contagiado del espíritu «clasista» de esa época. A Valcárcel, en particular, lo acusaban de haberse «apoltronado en el profesorado», mendigando puestos «como cualquier pelafustán», divorciado de aquellos «nuevos indios» que más que «loas», requerían «brazos y fusiles» urgentemente.[92]

Hacia 1928 muchos de esos juveniles críticos de la «escuela cuzqueña» aspiraban a pasar a la acción, bien fuese vinculándose con la Internacional Comunista o con el aprismo, perfilado como una alternativa de izquierda

---

90. Véase Tamayo Herrera 1981: 249; y Rénique 1991: 110-111.
91. Valcárcel 1928.
92. Lynch 1979: 36.

indoamericana por aquel entonces.[93] Valcárcel, entretanto, pesaba cada vez menos en el medio cusqueño. Lo registraría J. F. Tamayo en una reseña de *De la vida inkaika* de mediados de 1926. Esperaba quebrar con su comentario el silencio con que solía acogerse «cada una de las producciones de Luis E. Valcárcel», diría ahí. «Me duele —prosigue Tamayo— la indiferencia de nuestros intelectuales, me duele que la juventud no se entusiasme hasta el delirio y contemple con él, la aurora que va a alumbrarnos con la luz del sol de los Incas».[94] Un nuevo lenguaje reclamaban los tiempos.

Por otras latitudes volaba ya, en ese entonces, la imaginación de Valcárcel. De hecho, receptivo al llamado de Mariátegui de darle «estilo» e «individualidad» al «socialismo indoamericano», exploraba Valcárcel las resonancias de la civilización andina. Estudiaba la vigencia del «keswa», por ejemplo, que lejos de ser un «idioma muerto» era usado por «diez millones de hombres» de Colombia a Santiago del Estero.[95] La ubicación del Perú, a la par con México, como avanzada de la «resurrección» autóctona investigaba también.[96] Y, en ese empeño, en filósofos como Ortega y Gasset encontraba Valcárcel el gran marco para pensar, con sentido de presente y de futuro, el pasado andino, para cuestionar, por ejemplo, el concepto excesivamente formalizado de «orden occidental». Descubrió por esa vía que ni margen ni periferia tenía que ser Latinoamérica necesariamente. También podía ser «centro». Y qué tan «coloniaje» podía haber sido la dominación española cuando la realidad era que, de los millones de hombres que había gobernado, tan solo «en una proporción ínfima» había conseguido incorporarlos a la cultura europea; que «keswas y aymaras», en realidad, habían conservado su «espíritu inalterable».[97]

Entusiasta su reacción, en ese marco, ante los descubrimientos de Julio C. Tello en Chavín de Huántar. Hallazgos que significaban un verdadero espaldarazo para quienes «contra la gran mayoría de arqueólogos partidarios del origen costeño de toda civilización en el Perú» habían sostenido por muchos años exactamente lo contrario. No solo valor arqueológico tenían las exploraciones de Tello. Servían también para demostrar en qué medida vivíamos «descentrados» los habitantes del Perú. Y puesto que no era de las «costas paupérrimas» que había emanado la cultura, «volver a las montañas» equivalía a «volver a la madre».[98] Quedaba superada en ese punto su etapa estrictamente regionalista.

93. Gutiérrez 1986 y Cuadros 1990.

94. Tamayo 1926.

95. Cox 1927.

96. Valcárcel 1929b.

97. Valcárcel 1929c.

98. Valcárcel 1929d.

«Somos hoy más radicales», podía declarar entonces Valcárcel, en la medida que «al proclamarnos serranistas, indigenistas, indiófilos, anhelamos un cambio más profundo»; un verdadero cambio de centro de gravedad en la vida nacional.[99]

—VIII—

Mediados de 1930. En el vacío dejado por la caída de Leguía, insurgen apristas y comunistas. Toman distancia los primeros de la «cuestión indígena» al enfocarse en sus bases urbano-costeñas y en la escena electoral. Se impone, entre los segundos, tras la desaparición de Mariátegui, una línea dogmática que, a la par de desterrar el «mariateguismo», rechaza el «valcarcelismo», entendidos como desviaciones románticas y campesinistas.[100] Desligado de ambos grupos, la marea impulsada por el fin de la «patria nueva» arroja al autor de *Tempestad en los Andes* a playas capitalinas.

Cuarenta años después de su llegada al Cusco, Valcárcel se trasladaba a Lima. Un viejo conocido suyo era el responsable de haber liquidado el Oncenio y se había constituido en nuevo caudillo nacional. Originario de Piura, largos años había servido Luis M. Sánchez Cerro en la región sur. Se entiende entonces que hubiese elegido a Arequipa como escenario para su levantamiento y que recurriese a sus amigos sureños al asumir el mando de la nación. Una larga carrera como funcionario estatal iniciaba Valcárcel con su nombramiento, en 1930, en la dirección del Museo Bolivariano. Las penurias económicas como docente de una «universidad menor», tanto como sus propios deseos de realización profesional, pesaban en su decisión de partir. A esa dimensión de su vida se había referido algunos años atrás en una carta dirigida a su viejo mentor, Alberto Giesecke. De sus premuras económicas le haría partícipe en aquella oportunidad. Abrumado por sus responsabilidades familiares, se enfrentaba a una situación definitiva: o lograba que sus estudios recibieran «alguna recompensa» o los abandonaba «para ganarse la vida». La universidad o la chacra eran sus opciones, en una tierra en que, al parecer, «los hombres de estudio» parecían estar condenados «al hambre».[101]

En el aire quedaba la «gran cruzada indianista». En el olvido quedaban sus denuestos a la miopía de los arqueólogos —credencial poco propicia para

99. Valcárcel 1929e.

100. Davies 1971; y «La situación revolucionaria del Perú y las tareas revolucionarias del PCP», en Kapsoli 1978: 52-53. Véase también Arroyo Posadas 1980a.

101. De Luis E. Valcárcel a Albert A. Giesecke, Biblioteca Nacional del Perú, Sala de Investigaciones.

quien comenzaba una carrera como director de museos— o aquella alegórica mención a Lenin que lo había revestido con una aureola de comunista contra su voluntad. Y si desde las canteras comunistas se le veía como un pasadista redomado, publicaciones como *El Nuevo Indio* de José Uriel García, celebratorias del «cholo» y el «mestizo», ponían en entredicho el purismo incaísta proclamado en *Tempestad*. De búsqueda de orden y no de anuncios milenaristas era la época por venir. De hecho, el propio Valcárcel iría flexibilizando su punto de vista «indianista». «No son indios todos los étnicamente tales», observó. Por ello podían llamarse con ese nombre a «muchos en cuya sangre no se ha mezclado una gota de la que circuló por las venas de Manko». Visto así —concluiría— del «plano puramente racial o biológico» transitaba el indianismo para desplegar todo su valor «en el mundo psíquico» más bien. Lo que obligaba a refinar la mirada para percibir que «tan poderoso» era «el influjo del indio en el Perú», que de él no podían librarse «cuatro quintos de la población total».[102]

No quedaría ahí por cierto la historia del «amauta» indigenista que de la mano de Mariátegui había entrado a los anales de la tradición radical peruana. Se reinventaría como antropólogo y habría de redondear, en el ámbito académico, una prolongada y fructífera carrera. En perspectiva, sin embargo, aquella desafiante declaración de mediados de los años 20, de que el Perú era nada más ni nada menos que «un pueblo de indios», quedaría inscrita, para siempre, como su momento estelar.

102. Valcárcel 1929a.

Capítulo 8

El camino del Amauta

Por mucho tiempo, el descubrimiento del mundo nuevo
será un viaje para el cual habrá que partir de un puerto
del Viejo Continente.

José Carlos Mariátegui[1]

Partimos al extranjero en busca no del secreto
de los otros sino en busca del secreto de nosotros mismos.
Yo cuento mi viaje en un libro de política;
Spelucín cuenta el suyo en un libro de poesías.

José Carlos Mariátegui[2]

He de seguir imaginándome a Mariátegui en su coche de paralítico [...] ese coche que remontó el Ande y viajó por todos los caminos de América, batiendo récords de kilometraje y velocidad. Ese coche que dejó atrás el Bolis y el Packard del gamonal y el tirano y ha de aparecerse todavía, entre las nieblas de la sierra, como el carro de un nuevo profeta que dirá a la América las verdades que cercenó su marcha.

Francisco Ichaso[3]

Octubre de 1919 a marzo de 1923: años de exilio europeo para José Carlos Mariátegui. Capítulo decisivo de su maduración como ideólogo y escritor. Como «Juan Croniqueur», festivo redactor de revistas como *Lulú, El Turf* o *Mundo Limeño*, había sido conocido hasta poco antes de partir. En el preludio de su crucial reinvención como Amauta se encontraba ahora. Más que mero desplazamiento geográfico, un viaje a un tiempo distinto le había significado la experiencia de ultramar: el viaje de la periferia al centro de una

1. Mariátegui 1925a.
2. Mariátegui 1926a: 34.
3. Ichaso 1939.

época excepcional en cuyo núcleo se vislumbraba el ocaso de la vieja Europa y la resurrección del «mundo oriental». Punto de mira idóneo para descubrirse a sí mismo como para comprender el drama del Perú: su condición de «feudalizada» periferia semicolonial del capitalismo mundial; para auscultar en la ecuación «ocaso de Occidente»/«despertar del Oriente», las fuerzas para su transformación. De hecho, a su juicio, más cerca del segundo que del primero aparecía Indoamérica en esa coyuntura singular. El Perú, tanto o más que Japón o Turquía, tenía su propia «alma milenaria» que debía ser reanimada. Una formidable eclosión de energías humanas que hacia la fundación de un nuevo orden mundial gravitaría conducido por la Internacional Comunista o Comintern. Un nuevo significado adquiriría la palabra *amauta* dentro de ese «cuadrante» mundial, constituyéndose en el emblema de una larga marcha hacia el «verdadero Perú». Europa produciría al Amauta socialista pero a partir de las preguntas del literato Croniqueur.

En diversas claves —lindando muchas veces con lo hagiográfico— esta historia ha sido narrada una y otra vez: el devenir de un hombre que, sobreponiéndose al infortunio, extendería a su generación una «invitación a la vida heroica»; la gesta «agónica» —«agoniza el que combate» diría José Carlos recordando a Unamuno[4]— de un «pensador» autodidacta que, desde su frágil condición física y en lucha con el acoso policial, delinearía la ruta de una larga marcha hacia el interior andino del Perú. De aquella paradigmática travesía, cual soberbio «cuaderno de bitácora», quedarían sus célebres *7 ensayos*. Ironía de ironías: al autor del más influyente mapa sociohistórico del «verdadero Perú» no le había sido dado conocer por sí mismo el gran escenario de su «especulación política e ideológica».[5] Reto notable para su imaginación y su capacidad analítica escribir, entonces, lo que vendría a ser la hoja de ruta del radicalismo peruano: el viaje letrado en su máxima expresión.

Como un intento de «peruanización» de la propuesta cominterniana surge *el camino del Amauta* de 1924 en adelante. Una «aventura intelectual» que en tres principales soportes habría de sustentarse: a) una revista —*Amauta*— orientada a consolidar una voluntad colectiva de alcance nacional; b) una interpretación marxista de la «realidad peruana» sintetizada en los *7 ensayos*; y, c) una organización —el Partido Socialista del Perú fundado en octubre de 1928— consagrada a dirigir la lucha del proletariado «por la realización de sus ideales de clase».[6] Un esfuerzo por insertar al Perú en el «cuadrante» internacionalista de la contienda mundial; una creativa respuesta local, en esa medida,

---

4. Ramos 1926.
5. Mariátegui [1928] 1996: 11-12.
6. Mariátegui 1925b.

al accionar de una Internacional Comunista o Comintern que recién iniciaba su «descubrimiento de América».[7]

Bautizado José del Carmen Eliseo Mariátegui La Chira —de alcurnia el primer apellido, de «profundas raíces vernáculas» el segundo— opta por ser José Carlos a una edad temprana. Nacido, circunstancialmente, en la sureña ciudad de Moquegua, en 1894, entre Sayán y Huacho —a unos 130 kilómetros al norte de la capital— transcurre su primera infancia. Tras un accidente que afecta su pierna izquierda, debido al cual «cojeará de por vida», arriba a Lima a inicios de siglo. Hijo de un padre desaprensivo, criado por la madre, marca su vida la incertidumbre: un niño humilde de rasgos mestizos y con distinguido apellido, expuesto al escrutinio de un medio suspicaz. Un chico taciturno y «con una exagerada propensión al ensueño» harían de él sus largas temporadas de hospitalización. Impedido de asistir a la escuela, de las monjas francesas de la clínica Maison de Santé recibe su educación inicial.[8]

Una viñeta sugiere los inicios de su legendaria imagen de autodidacta: frustrada por problemas de salud su educación escolar, acompaña a su madre a las casas particulares en que presta servicios como costurera. «Libros y revistas para leer» suele pedir a los patrones en circunstancia tal. En una «vieja biblioteca paterna» descubrirá, eventualmente, «elementos decisivos para su formación espiritual». A Alighieri, Gracián, Darío, Baudelaire, Chocano, Nervo, entre otros, conocía ya cuando ingresa, siendo un adolescente, al diario *La Prensa*. Su sorprendente paso de «alcanzarrejones» a corrector de pruebas y luego, a los diecisiete años, a redactor, es otro de los grandes temas de la épica mariateguista.[9]

Al igual que Valdelomar, para Mariátegui, según Basadre, el «periodismo diario» habría de ser su gran «patria intelectual»,[10] en tanto medio de vida como de construcción de sí mismo como personaje público. Las redacciones serían el origen de ese manejo de la palabra que habría de exhibir en su ya referido roce literario nada menos que con José de la Riva-Agüero y Osma. Cuando, con la sardónica fórmula aritmética —3 horas + 46 páginas + 51 años = 0 ideas = 1.000 yerros— resumiría la disertación del historiador sobre el Inca Garcilaso de la Vega.[11]

Abril de 1916. Entra el orden civilista en el Perú en su etapa final mientras del otro lado del mundo se fragua la revolución que impulsaría al joven

---

7. Caballero 1987: cap. 4.
8. Rouillón 1975: 55 y 51.
9. Ibíd., pp. 57-58.
10. Basadre 1994: 189.
11. Mariátegui 1916a.

Croniqueur de la bohemia al socialismo. Gracias a las «ondas hertzianas» que permitían que «toda la gran emoción humana» recorriera el mundo «instantáneamente»,[12] podía seguir desde Lima, un joven humilde sin educación formal, el drama europeo. Época excepcional, observaría José Carlos una década después, inaugurada con la primera derrota, en 1904, de una nación occidental (Rusia) ante un adversario no europeo (Japón). Anuncio, a su entender, de la reversión del «imperialismo blanco» en favor del «tempestuoso advenimiento de un orden nuevo».[13] La civilización le había dado al mundo «un nuevo sistema nervioso».[14] Notable oportunidad de asaltar desde la periferia el gran arsenal de la técnica y la sabiduría europeas. De construir, por esa vía, «un Perú nuevo dentro de un mundo nuevo».[15] Tiempo de «tramonto» y «exasperación» que, por cortesía del régimen leguiista, tendría Mariátegui la oportunidad de experimentar de primera mano.

A sus años de *Croniqueur* se remonta la forja del *camino del Amauta*. Etapa que, designándola como su «edad de piedra», procuraría él mismo inicialmente sepultar. Para conceder posteriormente que había «madurado más que cambiado», que «lo que existe en mí ahora, existía embrionaria y larvadamente cuando yo tenía veinte años».[16] Una transgresora «adolescencia literaria» que marcaría a fuego su mirada de aquel Viejo Mundo europeo que, además de una esposa y un hijo, habría de darle una convicción y una fe.

—I[17]—

«Éramos entonces más jóvenes. Había más candidez en nuestro corazón y más optimismo en nuestros labios. No habíamos tenido ninguna tangencia con la política ni con sus hombres. Estábamos todavía en la ingenua edad de los versos y el romanticismo». Así veía el Mariátegui de julio de 1918 al «Juan Croniqueur» de 1916.[18] Para ese entonces, tras «dos años comentando a nuestro antojo la política criolla», se había convertido José Carlos en «periodista de oposición». Como tal, «quemar el organismo político del país» era su objetivo

12. Mariátegui 1924b.
13. Mariátegui 1929a.
14. Mariátegui 1924b.
15. Mariátegui 1926b.
16. Ramos 1939: 1394-1395.
17. La sección que prosigue es una versión reducida de mi trabajo «De *literati* a socialista: el caso de Juan Croniqueur». Rénique 2002.
18. Mariátegui 1918a.

principal.[19] Situado en el diarismo, «casi desde la niñez» los periódicos habían sido para él, en sus propias palabras, «magníficos puntos de apreciación del siniestro panorama peruano»; una oportunidad para manifestar el «desdén» y el «asco» que sus «hombres figurativos» le suscitaban.[20] Duras palabras de quien, bajo el seudónimo de «Juan Croniqueur», había ganado fama como «cronista ameno y sin trascendencia» y autor de versos «finos y aristocráticos como para damas», según Raúl Porras Barrenechea.[21]

Son los años de esplendor del dandismo y del Palais Concert, de la desafiante *Colónida* de Valdelomar; tiempos en que, el «réclame» y la figuración eran imprescindibles, diría Croniqueur, «para abrirse camino a latigazos» en la «feria vertiginosa» impuesta por ese «siglo intenso» que comenzaba.[22] Celebrando su propia exquisitez, confronta el bohemio el mal gusto del burgués. Porque es «aristocrática» ama la noche Croniqueur, también el invierno por ser «sombrío, doloroso y turbio». Porque la «tristeza es siempre bella» y «la alegría es vulgar».[23] Y puesto que «le sugestionan las nieves», descubre que tiene «el alma un tanto escandinava» a pesar de su «prosapia criolla» y de su «genealogía tropical».[24] Exquisitez que se ve acechada por una rampante vulgaridad popular. Celebra, en consecuencia, el enrejamiento de la Alameda de los Descalzos, porque previene la invasión de vivanderas y dulceros ambulantes que merman «su prestigio» y «su poesía». Porque, si «algún sello aristocrático» lograba conservarse allí era gracias a ese «poco comprendido límite» —entre el recato orgulloso y el tráfico «tumultuoso, grosero, bastardo, incesante, vil y plebeyo» de la gente común—[25] que aquella reja podía garantizar.

Incuba, tras la pose, una visión crítica —todavía instintiva— del *establishment* local. El «escándalo Rouskaya» aparece, en ese contexto, como un instante liminar: la pacata reacción, sobre todo, que suscita la invitación de un grupo de jóvenes *literati* a una *ballerina* rusa a ejecutar —bajo la luz de la luna—, en el cementerio de Lima, la danza fúnebre de Chopin. La hipocresía de sus críticos deplora entonces Croniqueur. Sin dejar de explicitar, por cierto, su escasa simpatía por lo popular. ¿Por qué se negaba a «artistas y escritores» —que «ansiosos de sensaciones exquisitas y preciosas» deseaban realizar una «aventura tan alejada de la vulgaridad cotidiana»— la tolerancia que se concedía a esos

---

19. Mariátegui 1918b.
20. Mariátegui 1918c.
21. Citado en Rouillón 1975: 128.
22. Mariátegui 1916b.
23. Mariátegui 1916c.
24. Ibíd., p. 111.
25. Citado en Rouillón 1975: 153-154.

«zambos palurdos y libidinosos» que con «los sones, ebrios de pisco y chicha, de la marinera» perturbaban «el reposo de los muertos» el Día de Todos los Santos o a esos indios de la sierra que «no conciben el sepelio sin el huaynito y la libación»?[26] Importante reparar en la fecha del incidente: 7 de noviembre de 1917. En San Petersburgo, al día siguiente, tomaban los bolcheviques el Palacio de Invierno. Vive el acontecimiento Croniqueur a través del cable. Socialista habría de declararse menos de un año después.

Entre la apreciación estética y la experimentación literaria, eventualmente dirige su mirada José Carlos hacia la «realidad nacional». Registra en su columna «Voces» —aparecida entre 1916 y 1919 en el diario *El Tiempo*— el desmoronamiento del Partido Civil. Asignado a cubrir los debates del Congreso de la República descubre que, si bien no le «sugestiona la política», sí le gustan los políticos; porque «tan entretenidos» como una función de cine podían llegar a ser. Hacer un «teatro guiñol» para sus lectores decide a partir de entonces. ¿Qué mejor que mirar el Parlamento, tinglado, marco y decoración de la jocosa «democracia mestiza» peruana, en una ciudad tan necesitada de entretenimiento?[27]

Como una cortina de humo para cubrir el drama del interior del país se le aparece ese juego parlamentario que, por obligación laboral, tiene que cubrir. Drama que alcanza, eventualmente, primeras planas, obligándole a prestar atención. Como lo confirman los titulares de *El Tiempo* del segundo semestre del año 16: «Graves sucesos en Huancavelica: bandas armadas encabezadas por el subprefecto asaltan el municipio y secuestran al alcalde provincial»; «Levantamiento popular en Huanta»; «Lo que está ocurriendo en Huánuco: las constantes fechorías de los bandoleros y la última fuga de presos»; «Lo que ocurre en Chiquián: ¿Una montonera en Bolognesi?»; «Huelgas de Salaverry y Trujillo: sangriento encuentro con los huelgistas, universitarios y obreros de Trujillo; preparan movimiento de protesta»; «El bandolerismo en los departamentos: Piura y Huánuco, doce asesinatos en quince días»; «Sangrientos sucesos en Huacho: combate entre gendarmes y huelguistas, 2.500 obreros hacen manifestaciones violentas»; «La agitación obrera en el norte: ecos de la huelga de Laredo»; «Las huelgas de Talara, Negritos y Lobitos»; «Y sigue el bandolerismo; graves sucesos en el valle de Chicama»; «Las elecciones municipales en la República: graves sucesos en Cutervo y en Huancayo, intervención de las autoridades en Yauyos y Huancavelica». Había que remontarse a la «época inmediatamente posterior a la guerra con Chile» —sostendría un editorial de

26. Citado en Carnero 1980: 128.
27. Mariátegui 1917a.

noviembre de 1916— para encontrar en otra, con tan «pavorosa amplitud», el fenómeno del bandolerismo.

Como coronando la agitación, de las andanzas del «general Rumimaqui» llegan noticias en enero del año siguiente. Entre nosotros, observará Croniqueur, «era solo el mayor Teodomiro Gutiérrez». Pero «entre los indios es el inca, el restaurador y otras cosas tremendas y trascendentales». Y si a todos en Lima les parecía «muy malo» ese intento de «restauración de la dinastía incásica», especialmente amenazante debía serlo para esa «otra dinastía» —la de los Pardo, por supuesto— que gobernaba el país. Dinastía reinstalada en el poder desde agosto de 1915 vía el hijo del fundador del Partido Civil. Distante y pasadista una, «colgada del sueño de ser algún día como las dinastías europeas» vivía la otra. Con el remezón del interior —apuntaba Croniqueur— «repentinamente nos hemos acordado de que en las faldas y en las cumbres de la cordillera de los Andes» vivían individuos «que son nuestros padres y nuestros hermanos».[28] Y nos hemos puesto tan contentos, refrenda sardónico, como «si nos hubiéramos encontrado una nacionalidad que fuese la nuestra». Pues con lo antiguo y lo pretérito vivían embelesados los peruanos; «que es para nosotros un egregio pasado de huacos y huacas, de momias, fortalezas, de quipus y amuletos». ¡Todo un país viviendo «de cara al pasado»! Y, «puesto que hemos tenido un pasado muy hermoso, qué nos importa que tengamos un presente tan feo». Así, frente a quienes inspirados por el arqueólogo Tello, creían que «el ideal de este momento» era «la audición permanente de un huaynito o de un solo de quena», opta Croniqueur por mirar la actualidad de esas sierras en estado de agitación.[29]

Apreciaría, por ejemplo, cómo se teñían de sangre los parajes andinos con ocasión de dos agresiones fatales. La del diputado Rafael Grau, que buscaba revalidar su representación por la provincia de Cotabambas (Apurímac), y del candidato Arnaldo Bazán, que en Cutervo (Cajamarca) intentaba desplazar a un protegido del poderoso senador Rafael Villanueva. No eran los únicos casos. En diversos puntos del país la «imposición electoral» recurría al argumento de las balas. Un «grito seco, duro y fuerte de la realidad»[30] obligaba a agudizar la mirada, para ver «a lo lejos, correr gendarmería y montoneras armadas con rifles del Estado» como parte inevitable del espectáculo electoral.[31] Porque en el Perú, las verdaderas elecciones no tenían lugar el día del sufragio, sino cuando se formaban las asambleas de contribuyentes. Ellas definían el curso del voto

---

28. Mariátegui 1917b.
29. Mariátegui 1917c, 1917d, 1917e.
30. Mariátegui 1917f.
31. Mariátegui 1917g.

provincial. Tal vez en Lima no podía una asamblea de contribuyentes otorgar a su antojo una credencial de diputado, pero en ese amplio país que el columnista desconoce, pero imagina, saben los ciudadanos «que sus votos no eligen» y que las elecciones «están hechas antes de que los ciudadanos sufraguen».[32]

No retornaría la tranquilidad. De la «entraña del momento histórico», observa Croniqueur, emanan «inquietudes y desazones», no solo en la lejana sierra sino en las calles mismas de la capital. Al compás del alza del costo de vida, surgen las voces soterradas de aquellos que ni se «deslumbran con la majestad del mandatario» ni se avienen «con el señorío del apellido Pardo y Barreda». «Tarde o temprano vendrá el ocaso», observa en agosto del 17, y tal vez con ello el momento final de un estilo de gobernar. «Hombres de latifundio» más que «hombres de Estado», Pardo y los suyos gobernaban al país como solían mandar en las haciendas de su propiedad. Cual si fuera una sucesión dinástica, pretendía el mandatario imponer a su sucesor: Antero Aspíllaga, «galante y melifluo Señor de Cayaltí».[33] ¿Podrían estos políticos del latifundio sintonizarse con la emergente política de masas?

En esas circunstancias, con algo menos de arrogancia y un poco más de interés, vuelve a mirar el cronista a la multitud. Reconoce ahora la «fuerza irresistible» del misticismo colectivo que, con ocasión de la procesión del Señor de los Milagros, emana la pasión de las «gentes del pueblo». Su registro de lo social, sin embargo, no se traduce en un reconocimiento automático del "pueblo" como protagonista de la historia. Al influjo de la procesión resucitan la fe y la tradición. Lima es, por ello, una urbe «pecadora» y «asentimental» cuyos pobladores creen más por miedo que por convicción. «Pueblo dúctil y gazmoño, que se asusta de las revoluciones y se resiste a las reformas» y se limita a «encogerse de hombros, jocundo y risueño, sin vibración» frente a la privación de sus derechos. Pueblo que aún suspira, sin embargo, cuando recuerda la revolución del 95; pueblo capaz de lanzar, de vez en cuando, un nostálgico «¡viva Piérola!» grito «que ponía frenética a la gente de pelo ensortijado» y que tantas veces había significado «una protesta, una aspiración y una esperanza».[34]

¿Sentía nostalgia, el cronista, por el fenecido caudillismo romántico? ¿Echaba de menos su sentido popular? Si exmontoneros como Durand habían cambiado la «cabalgadura trashumante» por la «*limousine* metropolitana»; si el Partido Constitucional, heredero de la gloria de la Campaña de la Breña, se había convertido en un «sindicato de militares y empleados públicos», ¿quién entonces organizaría las pachamancas y los mítines en la Alameda de los

32. Mariátegui 1917h.
33. Mariátegui 1917i.
34. Mariátegui 1917j.

Descalzos? ¿Quién iría al encuentro del «alma bulliciosa de la zambocracia» o supliría con modelos e inspiración al «ímpetu» y la «locura» de la juventud? Más complicado aun: ¿quién extraería de su mutismo a aquellos «tres millones de indios embrutecidos y esclavizados», «masa aborigen inconsciente», carente de «noción de patria», los montoneros o los activistas de la política nueva? Poco aportaban, en ese sentido, el fervoroso idealismo o la pulcra ortografía de los manifiestos del Partido Nacional Democrático. Tampoco significaba mucho que fuese un partido joven si, al mismo tiempo, no era capaz de «avanzar hasta el sacrificio y la heroicidad». No podía ser, de ningún modo, si su voluntad de salir a las calles para «anatematizar el caciquismo, la antigualla y la tradición» estaba encabezada por «un apellido —Riva-Agüero y Osma— de sonoros timbres históricos y de viejos atributos aristocráticos».[35]

Por ese entonces, el término «bolchevique», aparece en su columna «Voces» por primera vez. Bolcheviques serán para Croniqueur Alfredo Piedra —el primo de Leguía que en 1919 tramitaría su salida a Europa— y Jorge Prado y Ugarteche, además de los médicos Sebastián Patrón y Lorente y Lauro Curletti —dirigentes del Partido Liberal—, sus colegas de *La Prensa* y *El Tiempo* Luis Ulloa y Alberto Secada respectivamente, sus amigos Félix del Valle y César Falcón o Víctor Maúrtua, cuyo recorrido iniciado en la Unión Nacional culminaría en el Partido Civil. El socialismo era la modernidad y la revolución, no aquella, «inculta y varonil», experiencia de montoneros y tiroteo que se había practicado en el Perú. A la lucha doctrinaria, a la solvencia para proponer políticas económicas capaces de «distribuir equitativamente el bienestar, de mejorar la mesa del pobre y de proveer la mesa vacía» se remitía. El nombramiento de Maúrtua como ministro de Hacienda en abril de 1918 significaba, en ese sentido, un instante trascendental —según Mariátegui— para el país. Y un estímulo, en lo personal, para saldar cuentas con Croniqueur. Con la voz del analista que tras la actitud «literaria» se había ido forjando buscaría «hablarle al país» de ahí en adelante.

A 18 meses escasos de la partida a Europa, la revista *Nuestra Época*, que Mariátegui funda en colaboración con César Falcón y Félix del Valle, aparece como bisagra entre la bohemia y la autodefinición socialista. Liberarse de la opresión del periodismo noticioso, practicar un «periodismo de ideas» conectado a esa «nueva época» es su gran anhelo de entonces. En dos palabras, dice, podría sintetizarse el «programa» de su publicación: decir la verdad. Lo que resultaba suficiente para marcar distancias con «esos apellidos sociales y esas reputaciones falsas que decoran este teatro criollo y estúpido de la política nacional», para profundizar en «el conocimiento de la realidad nacional

---

35. Mariátegui 1918d, 1918e, 1918f.

que hemos adquirido durante nuestra labor en la prensa». Una «advertencia tranquilizadora» para concluir: no dejaría de ser *Nuestra Época* «un periódico literario». Pero si bien «somos literatos, no haremos literatura en la política ni haremos política en la literatura».[36] Juan Croniqueur podía descansar en paz. En una nota sin firma, en el número inaugural, realiza el anuncio, pidiendo perdón al público por «los muchos pecados» cometidos tras aquel nombre. Es el inicio, dirán sus biógrafos, de la «metamorfosis política» del futuro Amauta.[37] ¿Significaba la muerte de Croniqueur el fin de «lo literario» como método de investigación de la realidad?

No pasa *Nuestra Época* de su segundo número. Con creciente intensidad se sienten en el Perú los efectos de la conmoción mundial. Conflicto obrero se respira en Lima mientras en Versalles, Francia, comienza a discutirse la paz. Presionan los anarquistas sobre los viejos dirigentes mutualistas en favor de la acción directa y se involucran los estudiantes estimulados por el Manifiesto de Córdoba. Surge el trujillano Haya de la Torre como vocero de la singular alianza obrero-estudiantil. Estimulan las concesiones del régimen pardista. Es el curso que lleva al paro general de enero de 1919 en que *El Tiempo* jugaría un papel muy activo.

Insurge el socialismo, en esas circunstancias, en el plano local como una suerte de sucedáneo modernizado del pierolismo, acaso compatible con el emergente leguiismo, con visos de populismo radical. «Todo este noble y romántico pueblo que viva a Piérola es socialista como yo», habría comentado, según José Carlos, Víctor Maúrtua en septiembre de 1918 ante el espectáculo de un renaciente Partido Demócrata desfilando por las calles de Lima con Isaías de Piérola a la cabeza, cabalgando «con bizarro aire de caudillo a la cabeza de las muchedumbres». Si para algunos los socialistas eran el ala izquierda de la oposición leguiista, para el futuro Amauta el civilista Maúrtua era el «líder por antonomasia del socialismo peruano».[38]

La exitosa lucha por la jornada de ocho horas y el oportunismo de los «bolcheviques» locales incentivan al trío Mariátegui-Falcón-Del Valle a persistir en la búsqueda del «camino propio».[39] Alejarse de *El Tiempo*, convertido ya en vocero oficioso de la campaña del expresidente Leguía, sería el paso inicial. Entre junio de 1918, en que había aparecido *Nuestra Época*, y la concreción, en mayo de 1919, de su nuevo proyecto periodístico, *La Razón*, se ha ido configurando un nuevo contexto: a) tras su victoria en la lucha por la jornada de ocho

36. Mariátegui 1918c.

37. Carnero 1980: 404.

38. Mariátegui 1920a.

39. Mariátegui 1919a.

horas aparece el movimiento obrero como actor colectivo con peso propio; b) el desprestigio del civilismo parecía haber llegado a un punto sin retorno; c) aparecía el expresidente Leguía como nuevo caudillo civil, a contramano del desmoronamiento de su viejo partido; y, d) una variopinta corriente mesocrática —de la reforma universitaria a la «subversión de las provincias»[40]— irrumpía en la escena interactuando con la luchas laborales, impulsada por un creciente sentimiento nacionalista. Podía identificarse en ella una suerte de versión ampliada del gonzalezpradismo.

Inician Mariátegui y sus amigos, por ese entonces, su experimento de periodismo independiente. Marcan distancias con los «dilentantismos literarios» y comprometidos con la difusión de «las ideas y doctrinas que preparan la edad futura de la humanidad» aspiran a contribuir con el «advenimiento de esa era de democracia que tanto ansía nuestro pueblo».[41]

En el umbral de una nueva jornada de la lucha obrera aparece *La Razón*. Entre el 28 y el 31 de mayo tiene lugar el paro general convocado por el Comité Pro Abaratamiento de las Subsistencias. En violencia y saqueo termina la protesta. Lo lejos que estaba aún el sindicalismo local de protagonizar la movilización «roja» —«radical, sustantiva, renovadora de las organizaciones nacionales»[42]— que la hora precisaba reconoce el diario de Mariátegui. La «blanca psicología» del proletariado limeño —un tipo de movilización que no trascendía la «lucha pacífica entre la organización del Estado y la organización de la sociedad»[43]— quedaba demostrada, más bien, con ese traspiés. Movilización roja y movilización blanca: eran los términos del socialista español Luis Araquistáin cuya revista *España* había sido el modelo de *Nuestra Época*. Ni los socialistas de Luis Ulloa ni los anarquistas liderados por Nicolás Gutarra y Carlos Barba lograrían resistir el influjo de la «Patria Nueva». Para el 4 de julio, cuando Leguía tome *manu militari* el poder, sus agentes habían reclutado ya a buena parte de los protoizquierdistas limeños. Grabada en la memoria de José Carlos aquella vergonzosa deserción. No restaba sino hacer frente a los hechos consumados. Lo haría en una breve nota publicada al día siguiente del golpe. Expresaba ahí su satisfacción por la liquidación de un régimen «débil y egoísta» y carente de «autoridad moral». Estaba por verse, no obstante, si —como proclamaban sus partidarios—constituía el nuevo régimen una verdadera

40. Basadre 1994: cap. 10.

41. Mariátegui 1919c.

42. Mariátegui 1919b.

43. Bizcarrondo 1974: 19-20.

revolución. Asumir «un rol de crítica serena, racional y elevada» era, en todo caso, su deber ante el nuevo poder.[44]

Se desata la tormenta política en las semanas venideras. Tras ordenar el desbande del Congreso, se despliegan las fuerzas leguiistas a través del país, liquidando viejas redes clientelares; persuadiendo, cooptando o simplemente intimidando en nombre de la construcción de una «Patria Nueva». Apuesta *La Razón* por una oposición dentro de las nuevas reglas. El próximo Parlamento, alega, no debe ser como los anteriores: ni cuerpo burocrático ni academia de declamación. Como «laboratorio de la vida nacional» debía actuar más bien. Propone para ello —ante la convocatoria, a fines de julio, a elegir una Asamblea Nacional Constituyente— una lista constituida por cuatro «hombres de estudio» —José Matías Manzanilla, Luis Miró Quesada, Víctor Maúrtua y Manuel Augusto Olaechea— llamados a darle un «carácter científico» a la nueva Constitución.[45]

Dudas sobre la limpieza del proceso emergen, sin embargo, al conocerse la reglamentación electoral. Que se había transitado «de la elección al nombramiento» comenta *La Razón* ante la eliminación de la vigilancia de la Corte Suprema sobre los organismos de sufragio. Porque si, anteriormente, mal que bien los contribuyentes habían jugado un papel, el Ejecutivo se imponía ahora como el gran elector.[46] Imposible en ese punto atenuar la crítica: en curso de colisión con Leguía se había ubicado *La Razón*. Se quedaría sin imprenta a tan solo un mes de inaugurado el régimen. Sus propios redactores distribuyen su editorial del 3 de agosto de 1919 en hojas volantes. Manifiestan ahí que la «patria nueva» era una «resurrección» de hombres que debían estar «políticamente inhumados» y cuyas acciones suscitarían tarde o temprano «la verdadera revolución del pueblo».[47]

No habría tiempo para más. Llegaba a su fin la breve vida —tres meses— de *La Razón*. Por esos días, Alfredo Piedra buscaría a Mariátegui y sus amigos para ofrecerles cargos como «agentes de propaganda del Perú en el exterior».[48] Aceptan los tres. El 24 de septiembre se instalaba la Asamblea Nacional que aprobaría las reformas constitucionales prometidas por Leguía. 29 de septiembre es la fecha de emisión del pasaporte de Mariátegui. El 8 de octubre partía con ruta al norte.

---

44. Mariátegui 1919b.
45. Mariátegui 1919d.
46. Mariátegui 1919e.
47. Loc. cit.
48. La resolución sobre su nombramiento ha sido reproducida en Rouillón 1975: 309.

La «patria nueva», entretanto, continuaría desplegándose a través del país. Deviene *La Prensa* de Lima, bajo coerción, órgano oficialista. Sucumbía, a la par con ello, la vibrante esfera pública que ese diario había contribuido a forjar. Innecesario, no obstante, recurrir a una represión extrema. La «pretendida dictadura» de Leguía —según el dirigente estudiantil Felipe Chueca— «no consistió en otra cosa que en haber atado los brazos de la oposición con cordones de seda» mientras se manejaba «los resortes de la política interna con tal sagacidad que por sí mismas se desbarataban las maniobras de sus enemigos». En condiciones tales ¿podría haber rechazado el futuro Amauta aquella «invitación» con sabor a deportación? Comprensible, en todo caso, su entusiasmo al llegar a Nueva York. «Sin prevención, sin prejuicios y sin reticencia» acogía al desconocido la gran ciudad. No había ahí quien espíe ni quien vigile, ni quien controle ni quien envidie. Podía sentirse uno «libre, totalmente libre, ilimitadamente libre». Inmenso el contraste con el Perú, donde el talento causaba temor, donde ser «absolutamente mediocre» era condición para no ser detestado.[49]

—II—

¿A qué aspiraba el joven de 25 años que partía a Europa? ¿Cuál era, para ese entonces, su perspectiva política? Entre poses y sarcasmos, su propia visión de país había delineado Croniqueur. Fundamentalmente limeña, por cierto, pero no carente de sentido nacional: la imagen de una república decorativa levemente articulada a un país todavía ignoto. Articulación que, entre el ritualismo cortesano y la violencia solía fluctuar. Era la «república de la mentira» de Prada en clave satírica. Orden que, al calor de la movilización popular de fines de 1918 e inicios de 1919, una súbita radicalización habría de experimentar.

Tres lecciones al menos había aprendido Mariátegui de aquel agitado proceso: a) más que buscar reformas el conjunto de la «república criolla» debía desecharse si se pretendía lograr una real transformación del Perú; b) que no provendría del «socialismo» local —apresuradamente surgido entre 1918 y 1919— el liderazgo requerido para lograr dicha transformación; c) que de la comunidad universal de pensadores, escritores y artistas surgida del caos bélico europeo emergían las ideas que permitirían profundizar la ya iniciada búsqueda del «camino propio». Certezas que definían el doble sentido de su travesía: un imperativo de aprendizaje ideológico y la posibilidad —como periodista nato que era— de madurar como comunicador. Suponía lo primero entregarse «sin reservas» y «hasta la última célula» a comprender la tragedia de

---

49. Mariátegui 1920b.

Europa;[50] extrayendo del debate de posguerra los grandes lineamientos teóricos de la marcha hacia la construcción del nuevo orden mundial; la oportunidad de mirar el mundo desde el centro mismo de la «escena contemporánea» en el momento crítico, por si fuera poco, de una «época» excepcional.[51]

Excepcional, en ese sentido, el horizonte que se le abría como escritor: pasar —en sus propias palabras— del diarismo cotidiano en tanto «prueba de velocidad» a la posibilidad de la experimentación;[52] de enriquecer aquella «panorámica y fugaz visión del aviador» adquirida en la redacción, introduciendo elementos teóricos, refinando la capacidad de síntesis. Sin matar, por cierto, aquel estilo «inquieto, nervioso y avizor» al que debía su temprana fama.[53] De la crónica al ensayo, aspirando el frescor de la libertad creativa y la abundancia de estímulos; elementos que confluirían en la forja de aquel estilo sintético, comparativo y especulador —vertido en frases rápidas y variadas, fáciles y atrayentes— de su madurez. Una suerte de «periodismo filosófico» según Martín Bergel.[54] Y más allá de la técnica o del oficio, lo equipa la distancia con aquella perspectiva relativista en que se fundaría su crítica de la cultura local. Aquella certeza de que «los personajes de la historia o de la fantasía, como los estilos y las escuelas artísticas y literarias», no tenían «el mismo valor en todas las épocas». Que el pasado, en suma, «muere y renace con cada generación» y «los valores de la historia, como los del comercio, altas y bajas» experimentaban.[55] Para todo efecto práctico, como una excepcional beca de estudios funcionaría aquel singular destierro con subvención oficial.

Además de consolidación familiar —vía su feliz encuentro, en el verano de 1920, de la compañera de su vida— una singular oportunidad de aprendizaje político le ofrecería Italia: su primer encuentro directo con la «concepción maximalista del socialismo». De lo que derivaba un aprendizaje fundamental: que hablar de revolución era en ese momento hablar de «revolución mundial». Y que carecía de sentido esto fuera del ámbito de la Tercera Internacional —fundada en 1919 en la ciudad de Moscú—, estado mayor de la revolución mundial que, a diferencia de sus eurocéntricas antecesoras, abría sus puertas a un mundo oriental del cual estaba más cerca el Perú de lo que hasta entonces podía haberse supuesto.

---

50. Mariátegui 1929b.
51. Mariátegui 1920c.
52. Mariátegui 1925a: 612.
53. Ulloa 1930.
54. Bergel 2012a.
55. Mariátegui 1926c.

Por la vía de la crónica o la entrevista, explorando la dimensión «espiritual» de la «tragedia europea» iría apreciando Mariátegui la excepcionalidad de la coyuntura internacional. Su encuentro con Máximo Gorki es buen ejemplo de ello. Hasta un sanatorio ubicado en la pequeña localidad de Saarow Ost, en las afueras de Berlín, se desplaza el cronista con el fin de entrevistarlo. Comprender su vínculo con la Revolución de Octubre es su principal inquietud. Siendo el gran novelista de la plebe rusa no había participado en ella. Pero no había dejado de vivirla con gran intensidad, sin que le fuese fácil, posteriormente, convivir con el régimen soviético. Como «enemigo latente» lo habían tratado. Siente este, por su parte, que tan explosivo evento irrumpe en su vida turbando «sus sueños y sus investigaciones». ¿Podría Gorki haber sido un bolchevique? A los intelectuales y a los artistas —recuerda José Carlos— «les falta la fe necesaria para enrolarse facciosa, disciplinada, sectariamente, en los rangos de un partido». Se relaja la tensión, no obstante, cuando le encargan las autoridades colaborar en la lucha contra el hambre en una Rusia apabullada por el bloqueo y la guerra civil. «Conmover y emocionar a la humanidad» con la «tragedia inmensa» que vivía su patria es, entonces, la tarea que se propone. Lo hace así hasta que un viejo mal lo obliga a recluirse en aquel sanatorio alemán. Decepcionado con la reacción de Europa ante su grito de auxilio lo encuentra el periodista peruano. La «caridad y la filantropía», comenta este, no encuentran recepción propicia en un Occidente cargado de «rencor y enojo» contra la patria de Lenin. Ante la impavidez reinante «una interna voz subconsciente» escucha Gorki que le anuncia el «fin de Europa», la muerte de su civilización.

La conversación es posible por deferencia de María Feodorovna, la políglota esposa del escritor. Podrá preguntarle por su intermedio si es cierto lo que se dice sobre su ruptura con el régimen soviético. Responde Gorki negativamente anunciándole, más bien, su pronto retorno al terruño. A sus «manos rústicas» y sus «bigotes tártaros» hará referencia Mariátegui en su párrafo final; atreviéndose a leer en sus «ojos enfermos y videntes» el conflicto que agita su alma: su amor por la técnica y la ciencia occidental y la angustia que le suscita «el tramonto y la muerte de una civilización maravillosa».[56] Habla de Gorki pero acaso de sí mismo también.

Volverá Mariátegui al tema del «fin de Europa». Habría de servirle para introducir a uno de los grandes referentes de su flamante perspectiva internacional: Oswald Spengler, autor de *La decadencia de Occidente*, el primer gran *best seller* político-filosófico de la era de posguerra. Un criterio básico para orientarse en el gran escenario mundial tomaría de él: «el nacer, florecer, declinar y morir de las culturas» es «el fenómeno más importante de la

---

56. Mariátegui 1925m.

historia humana». El «ineluctable» ocaso de «nuestra civilización» concluye a partir de ahí. La imagen —que asegura haber visto con sus propios ojos— de una «mujer consumida, espectral» que, de pura inanición, desfallece en una calle de Viena, fija en su mente la «miseria apocalíptica» que castiga a la otrora fulgurante Europa.[57] Y en una «vieja casona» en plena campiña romana alcanza a observar el cotidiano recuerdo de la tragedia vivida: una «legión de gloriosos inválidos, orgullosos de sus condecoraciones, contentos de su sacrificio, resignados con su desventura», víctimas de una «guerra tremenda». Son el testimonio vivo de una hecatombe de la que, generalmente, «las gentes no conocen sino la optimista versión confeccionada para uso y consumo universal por la manía retórica de la humanidad».[58] A fines de 1922, a tres meses de emprender el retorno, un tono catastrofista se advierte en su reflexión. Augura que a una «era oscura y caótica» se precipitaría, antes que una «sociedad nueva» llegara, finalmente, a nacer. Berlín, París y Londres irían «apagándose» progresivamente siguiendo el destino de Viena. Hasta que le tocará el turno a Nueva York, «el último y grande foco» de la civilización de «los rascacielos, de los trusts y del *jazz band*».[59]

Liberada de la noticia cotidiana vuela su pluma por los confines del mundo, escudriñando el «tramonto» del viejo orden, percibiendo los síntomas del advenimiento del nuevo. Con Henri Barbusse y su grupo Clarté evalúa el reto del porvenir: puesto que quedaba claro que «los gérmenes de la guerra» estaban «alojados en el organismo de la sociedad capitalista», la consecución de la paz mundial pasaba por la revolución. De ahí que coloque al fenómeno revolucionario al centro de su reflexión. Su comprensión, dice, tratándose de una pasión, tiende a desbordar cualquier marco «fríamente conceptual». De ahí que se requiriese de una «espontánea actitud espiritual» tanto como de una «especial capacidad psicológica». Puesto que no se trataba de un asunto de «inteligencia» pura, para aquella tarea no estaba el intelectual en mejor disposición que un «idiota» cualquiera. Reacios a la disciplina, proclives a lo heterodoxo, desdeñaban los intelectuales las demandas de la acción política, sin llegar a comprender que, por encima de todo, «un grande y vasto interés humano» representaba la revolución.

En ese contexto, Clarté señalaba el camino a seguir: de la Internacional del Pensamiento a la Internacional de la Revolución, con la persistencia del «núcleo de intelectuales de vanguardia» pero explícitamente adherido al comunismo y enfocado en la forja de una verdadera cultura proletaria. Crecerá

57. Mariátegui 1921e.

58. Mariátegui 1921d.

59. Mariátegui 1921e: 599.

su proselitismo, augura Mariátegui, en la medida en que surja una nueva generación que lejos de «simpatizar en teoría» acepte como propia —deponiendo «reservas mentales»— la «idea revolucionaria». Era el rumbo hacia una política nueva, que lejos de apuntar a una mera toma del poder a «la mentalidad y el espíritu de la humanidad» aprendiera a proyectar su acción.[60]

El grupo L'Ordine Nuovo —encabezado por Antonio Gramsci, Angelo Tasca y Palmiro Togliatti— era, al respecto, un caso ejemplar: por su valor para preguntarse —en un contexto de creciente rigidez ideológica estimulado por los momentos iniciales de la lucha antifascista— por la singularidad de la tradición obrera italiana. Preguntarse, en otras palabras, si contenía esta algún elemento comparable con la experiencia del Sóviet, que tuviera «algo de su naturaleza»; que pudiese servir, por tanto, como herramienta para impulsar «la adaptación del modelo bolchevique al medio local»,[61] dando pie de esa manera a una perspectiva que reivindicara la acción humana y la voluntad.[62] Propiciando, asimismo, una dinámica política de la investigación y el análisis —así como la reflexión sobre la «impronta cultural»—, tuviesen apropiada consideración.[63]

El mejor rostro del bolchevismo ruso rescataría de ese debate el futuro Amauta.[64] Inevitable acaso, en ese cargado ambiente ideológico, un gesto de voluntarismo puro: la fundación en la ciudad de Génova, en abril de 1922, de un «comité de acción comunista» adherido a la III Internacional. El cónsul peruano en Génova Palmiro Machiavello, el médico Carlos Roe y César Falcón, además del propio Mariátegui, conformaban dicho comité. Un quijotesco cuarteto que se comprometía a impulsar la creación de un partido comunista en el Perú.[65] ¿Cómo explicar, en esas circunstancias, que no haya encontrado Mariátegui la forma de extender hasta Rusia su aprendizaje europeo? Un ardiente deseo para lo cual, según dijo, su mujer y su hijo habían sido «impedimento» insalvable.[66]

Allende la política, el exilio mismo, el efecto mismo de la distancia, ayuda a definir al hombre. Al confrontarlo con un destino para cuyo cumplimiento se sentía, en sus propias palabras, «un poco predestinado».[67] Incitándole,

---

60. Mariátegui 1925n.
61. «El programa de L'Ordine Nuovo». Disponible en <http://www.gramsci.org.ar/>.
62. Aricó 1978: I-LV.
63. Beigel 2006: 113-118.
64. Paris 1981: 90. Véase también Núñez 1978.
65. De César Falcón a José Carlos Mariátegui, Madrid, 15 de septiembre de 1923. En Mariátegui 1994b: 1709-1721. Véase también Martínez Riaza 2004.
66. De José Carlos Mariátegui a Samuel Glusberg, Lima, 10 de enero de 1928. Ibíd. 1875-1876.
67. Mariátegui 1925o.

asimismo, a confrontar aquella «tensión étnica» que desde siempre lo habitaba. Soy «una mezcla de raza española y de raza india, tengo pues algo de occidental y de latino», aunque tenga «mucho más de oriental», reflexiona ante el imponente espectáculo de una civilización que lo seduce y lo intimida,[68] lo tienta a confrontar el «peligro» del «desarraigo y la desnacionalización», y lo enfrenta, en consecuencia, con la súbita conciencia de haber vivido «casi extraño y ausente» en su propio terruño. Para ir adquiriendo una «conciencia clara» de «hasta qué punto pertenecía» a ese «mundo primitivo y caótico» del que procedía.[69]

En la experiencia de Waldo Frank vería reflejada, años después, su propia experiencia transatlántica. «Hemos hecho el mismo camino», comentaría resaltando su identificación con el proceso de desencantamiento europeísta y conciencia de lo propio del intelectual norteamericano. Con «encantada nostalgia de Europa» había crecido Frank en su nativa Nueva York. Apenas le había sido posible había fugado a París. Por un tiempo se sentiría colmado. Hasta que comienza a descubrir que aunque era feliz, no se sentía necesario ahí. Ni a su «fuerza creadora» ni a su «equilibrio sentimental» les bastaba el «goce fácil» de la capital francesa. Era un sentir perfectamente entendible para quien, como en su propio caso, ningún caudal de cultura o refinamiento era suficiente para alcanzar aquella plenitud que procede de «sentirse necesario». «Cuanto más intensamente posea a Europa», con mayor hondura sentirá el americano —observaría Mariátegui— la necesidad de «cumplir en el caos, en la germinación del Nuevo Mundo» su propia misión.[70] Eventualmente, el abrumador efecto del «exceso de pasado» —que revestía con una cierta «teatralidad» a la vieja Europa[71]— comienza a sentir el peruano. Y a experimentar también el afán viejomundista de disciplinar al «creador extranjero» imponiéndole su propia agenda.[72] Como un arsenal de experiencias que revisitaría a través de los años, al calor de nuevos retos y nuevos estímulos, quedaría para el viajero aquel irrepetible periplo transatlántico.

En el umbral del retorno, de las antinomias que se agolpaban en su mente, algo sugiere un comentario sobre la obra del escultor cusqueño radicado en Roma, Benjamín Mendizábal Vizcarra.[73] Con una doble justificación responde a quienes critican el aspecto más bien helénico de los héroes andinos

68. Mariátegui 1950 y Tapia 1995.

69. Mariátegui 1925a: 609.

70. Loc. cit.

71. Mariátegui 1925c.

72. Mariátegui 1925a: 611.

73. Mariátegui 1969.

esculpidos por su compatriota: a) la dificultad de no sucumbir al influjo del ambiente clásico de la «ciudad eterna», y b) lo comprensible de que tratándose de «símbolos» y no de «documentos históricos» hubiese buscado el artista imprimir a su Cahuide, por ejemplo, «el destello final» de la grandeza incaica.

«Inverosímilmente estúpido» hubiese sido, observa Mariátegui, representar a un pueblo como el quechua, «conquistador, aventurero y atrevido», con la imagen del indio que «nuestros metropolitanos ojos limeños ven consuetudinariamente en la estación de Desamparados»: seres «anémicos, miserables y piojosos» descendiendo penosamente del último tren de la sierra; o la del «lamentable cholito que nos sirve el café donde Péndola». Menos conveniente aun hubiese sido usar la imagen del «pongo que se hinoja ante el teniente gobernador» o la del «triste pastor» de nuestros días que «semeja una llama de su propia recua, la más vieja, la más cansada, la última». Queda plenamente justificado entonces que un artista «enamorado de la perfección» y amante de los «días épicos de la raza» optara por volver su mirada «al más remoto pasado». ¿Había derecho de lamentarse de que no tuviese el Cahuide de Mendizábal el aspecto del indio realmente existente? ¿Y si, a la sombra del Coliseo y del Palatino era posible evocar al derrotado Cahuide como un victorioso Julio César, no sería también posible —preguntamos— imaginar como Amauta al joven bohemio del «escándalo Rouskaya»? Una paradoja más de un destierro que, habiendo comenzado como un apasionado afán por entender «la tragedia de Europa», terminaba delineando el itinerario del «mejor y más tremendo descubrimiento de América».[74]

—III—

«Piensan todos que la situación política es complicada y difícil [...]. Pero a mí, precisamente, me atraen las situaciones difíciles y complicadas». Con esas palabras, en carta dirigida al propietario del diario *El Tiempo*, dejaba constancia Mariátegui del ánimo de lucha con que retornaba al país. Para entrar en la lisa política, proseguía, había decidido publicar un diario y que, por tal razón —y por contar con «los capitalistas necesarios para esta empresa»— quería extenderle una oferta de compra. Le daba garantías, por lo demás, de que la «independencia de *El Tiempo* no solo sería mantenida sino acentuada» porque «esta sería, justamente, para nosotros la base esencial del negocio».[75] Siete meses después ya no sería un periódico, sino una revista, y no de tono independiente,

74. Mariátegui 1929b.

75. De José Carlos Mariátegui a Pedro Ruiz Bravo, Lima 9 de junio de 1923. En Mariátegui 1994b: 1709.

sino «de renovación ideológica». Así, en enero de 1924, podía anunciar —en un aviso publicado en la revista *Claridad*— la próxima aparición de *Vanguardia: Voz de los Nuevos Tiempos*. Dos años y medio más tendría que esperar para que su proyecto se hiciese realidad: con la salida de la revista *Amauta*, cuyo número inaugural aparece en septiembre de 1926.

Son los fragmentos de un proceso mayor: la búsqueda de una vía para concretar el plan concebido en Génova: emprender la construcción de un Partido Comunista en el Perú. De hecho, los comentarios de César Falcón —uno de los miembros de aquella pionera célula genovesa—, en reacción a un desconocido informe del propio Mariátegui, ofrecen una instantánea de su propio reajuste a la realidad peruana a medio año de su retorno al país.[76]

Entre lo planeado y lo actuado, observa Falcón, hay una sustancial diferencia. Inaceptable, para comenzar, que so pretexto de las «características peculiares del medio» se introdujera modificaciones ideológicas de fondo al proyecto original. Las «representaciones físicas de la idea» —tomar latifundios en lugar de fábricas por ejemplo— podían ser modificadas debido al «ambiente», pero en ningún caso la cuestión central referida a la obligación de transplantar «íntegra y disciplinadamente» la «idea básica comunista», incluyendo la conquista revolucionaria del poder, dictadura proletaria, etc. Una «majadería o una traición» —subraya— sería cualquier intento de someter, a «restricciones y reservas» el planteamiento original. Porque, a «licuarlo» con el capitalismo o diluirlo en la constelación nacionalista llevaría la aplicación de una visión evolucionista o etapista. Fundamental recordar, en ese sentido, que el afán de adaptar las tácticas socialistas a un país de masas «analfabetas y sin principios rectores», carente de un «mínimum de respeto y libertades electorales», bien podía terminar en una inescapable «charca política». Exenta de «ilusiones democráticas», constantemente enfocada hacia la conquista del poder, la táctica comunista aparecía, en cambio, como mucho «más apta para sugestionar a un pueblo como el nuestro tan aficionado al motín político».

Si el problema era, continuaba Falcón, cómo ganar la adhesión de una pequeña burguesía poco afecta al combate revolucionario —garantizando también que, tras la victoria, el poder permaneciera «en manos del proletariado»—, la única alternativa era agrupar, desde un inicio, bajo la «implacable disciplina comunista, a todos los explotados, desde el pequeño industrial hasta el indio» en el marco de una dinámica fundada en la acción «íntegra y violenta» del partido «contra el capitalismo, los terratenientes y las bandas partidistas».[77]

---

76. De César Falcón a José Carlos Mariátegui, Madrid, 15 de septiembre de 1923. Ibíd., pp. 1709-1721.
77. Ibíd., p. 1713.

Desde esa perspectiva, «estúpido» además de «inocuo» le parecía a César Falcón «formar un grupo de intelectuales»: impulsar un «grupito académico» en lugar de consagrarse a la creación de una célula organizada en torno a la «adhesión inquebrantable a los principios de la Tercera Internacional» resultaba un desperdicio cuando la finalidad debía ser estructurar un partido capaz de actuar públicamente, con el fin de «combatir y valorizarnos como una fuerza nueva».[78] Peor aun parecía la propuesta en momentos de agudización de «las condiciones revolucionarias» a nivel mundial. Objetable, asimismo, la idea de «alianza o entente alguna» con grupos como la Federación Obrera Regional del Perú, la Universidad Popular o una embrionaria versión local de Clarté. En evidente alusión a los 21 puntos de la Comintern, opinaba que «o esos grupos son comunistas y deben, por tanto, fundirse con nuestro comité, o no lo son y nosotros no podemos tener contacto con ellos; al contrario, debemos combatirlos». La revista *Claridad* —«unas cuantas hojas desorientadas e insustanciales» que, encima, rendía homenaje a la «deleznable» figura de González Prada a juicio de Falcón—, por ejemplo, debía desaparecer apenas quedara sometida la Universidad Popular a la dirección de «nuestro» Comité. Sentenciaba Falcón, para concluir, «que ningún grupo o partido puede hacer fortuna en el Perú, si no se impone el objetivo primordial de apoderarse revolucionariamente del gobierno».[79]

La historia del *camino del Amauta* sería, precisamente, la del distanciamiento de la posición que nuestro personaje había asumido en Génova, bajo la impresión del debate del congreso de Livorno.

A contramano de la impaciente crítica de Falcón, todo un descubrimiento sería la Universidad Popular para el recién llegado. El principal biógrafo de José Carlos lo muestra, en sus primeras semanas en Lima, reconociendo, de la mano del obrero Fausto Posadas, el panorama político capitalino tras cuatro años de «patria nueva».[80] Identificó, de inmediato, el potencial político de aquella entidad. Aquel rebelde fermento obrero-estudiantil que entre diciembre de 1918 y mayo de 1919 había sacudido Lima se cobijaba ahí. No duda, por lo tanto, en aceptar la invitación de su líder —Víctor Raúl Haya de la Torre— para dictar un curso en dicha entidad.

Historia de la crisis mundial, acuerda con Haya, sería el curso a dictar.[81] No es un encuentro sin problemas. Corren rumores de que, tras su ciclo como «agente del régimen» en Europa, Mariátegui podría ser nombrado director del

78. Ibíd., p. 1714.
79. Ibíd., p. 1729.
80. Rouillón 1975.
81. Mariátegui 1994b: tomo I, 834-919.

ahora oficialista diario *La Prensa*. Allanadas las suspicacias, quedan no obstante marcadas sus diferencias con Víctor Raúl cuando se rehúsa José Carlos a participar en la protesta que aquel organiza contra la «consagración de Lima al corazón de Jesús». Que se trataba de una acción meramente «demoliberal» aduciría el fenecido Croniqueur. A sus propios compañeros, de simpatías anarquistas en su mayoría, tendrá que aquietar Haya cuando reciban al nuevo conferencista con una silbatina como gesto de repudio a su posición comunista. Aprovechará el «compañero rector» para dejar claramente establecido el carácter apolítico de la Universidad Popular. No hubo tiempo para más. A raíz de la célebre protesta del 23 de mayo, en hombre perseguido se convierte el futuro líder aprista.

En julio de 1923 inicia José Carlos su labor docente. Más que a enseñar, afirma querer estudiar con su audiencia una crisis de la cual saldrían ellos mismos como constructores de una nueva civilización. Fundamental, al respecto, conocer la escena mundial; pero no a partir de las «episódicas y homeopáticas» informaciones difundidas por «agencias reaccionarias» —«encargadas de desacreditar a los partidos, a las organizaciones y a los hombres de la Revolución»— sino basándose en el testimonio vivencial y libre de «sectarismos» que estaba él en condiciones de ofrecer: la visión *desde dentro* de un mundo a punto de estallar. Un mundo transido por la contradicción existente entre la «agonía de una sociedad caduca, senil y decrépita» y la «lenta, persistente e inquieta» gestación de la «sociedad nueva». Situación que abarcaba, por cierto, al «mundo oriental».

Particularmente importante, subraya Mariátegui, se presenta la perspectiva asiática para pensar el carácter mundial de la crisis en curso. Acaso se jugaba ahí —como explicaría en su decimotercera conferencia en la Universidad Popular— el futuro del capitalismo occidental. Ante la resistencia de su propio proletariado, intensificando la explotación colonial, intentaba Europa «reconstruir su riqueza». Con la esclavización de mil quinientos millones, en otras palabras, esperaba Europa sofocar la resistencia de 300 millones de ciudadanos blancos. La guerra, sin embargo, no solo había destruido la «autoridad moral» europea sino que había acelerado el proceso de apropiación de sus valores por parte de los pueblos colonizados que ahora los esgrimían para legitimar su causa, generándose así condiciones excepcionales para una revolución mundial. Imprescindible, entonces, una mayor comprensión de las insurrecciones nacionalistas del «mundo oriental», tradicionalmente desdeñadas por los socialistas europeos debido su contenido burgués.[82]

82. Mariátegui 1923b. Véase también Melgar Bao 1995 y Bergel 2012a.

Forjar una vanguardia cohesionada por el «credo clasista», preparada para actuar cuando la crisis golpeara directamente al Perú, era la gran tarea local. Proceso al que la Universidad Popular coadyuvaría alentando el espíritu investigativo del trabajador; en el marco de una acción pedagógica que proscribiera el «léxico oscuro» y «erudición», admitiendo inclusive el «lenguaje vulgar» si eso contribuía a facilitar la comprensión;[83] demandándole a la «intelectualidad de avanzada» romper con el «apego enfermizo» a la tradición, para «hundir la mirada» en «la entraña cálida y sangrienta» de la realidad presente».[84] Esperaba Mariátegui por esa vía redefinir el sentido de la Universidad Popular: de mera «escuela nocturna para obreros» a espacio de «conquista de la cultura» y de forja de los «instrumentos morales e ideológicos» de la emergente «civilización proletaria».[85]

Importante subrayar la fecha de publicación de esta última declaración: fines de octubre de 1923. Tres semanas antes, en medio de fuertes protestas de sus compañeros, había sido deportado Haya de la Torre. Varios más de sus «compañeros-catedráticos» seguirían sus pasos en los meses por venir. Como gran animador de la Universidad Popular y su órgano de prensa, la revista *Claridad*, quedaba entonces el futuro Amauta. Crear una empresa editorial en conjunción con la Federación Obrera Regional, además del lanzamiento de su propia revista, era parte de su proyecto de forja vanguardista, aprovechando los resquicios que permitía el régimen. En ese trance se encontraba José Carlos cuando, en mayo de 1924, lo pone al borde la muerte un serio quebranto de su salud. Sobrevive al costo de perder su pierna sana. Rodeado de camaradas, yacente y famélico, lo muestra una fotografía aparecida en *Claridad*. «Convalecencia de Mariátegui», reza la leyenda. Al pie de la imagen, un mensaje suyo contrapone al abatimiento físico la fuerza de su voluntad. En esas circunstancias, diría, que lo que más anhelaba era que «ni en mi pensamiento ni en mi corazón» dejara la enfermedad «germen» alguno de «amargura» o «desesperanza». «Más que nunca», por lo tanto, se reafirmaba en la certeza de que «el porvenir pertenece a la revolución», en su fe de que tendría la fuerza suficiente «para ocupar su puesto en la historia».[86] Recién hacia fines de año volvería a la acción. Y un año y medio más le tomaría publicar la ansiada revista cuyo cambio de nombre —de *Vanguardia* a *Amauta*— expresaría un giro crucial en el proceso de «aclimatación» a la realidad peruana de la propuesta de la Comintern.

83. Mariátegui 1923c.

84. Mariátegui 1923d.

85. Mariátegui 1923a.

86. Mariátegui 1924a.

—IV—

Retrospectivamente, al local de la Federación de Estudiantes nos remite la cuestión del cambio de nombre de la revista. Ahí, en febrero de 1923, tendría lugar el tercero de los «congresos indígenas» auspiciados por la Sección de Asuntos Indígenas del Ministerio de Fomento. Escueta referencia dejaría Mariátegui del evento mismo: el estrado y las primeras bancas de la sala ocupadas por «una policroma multitud indígena» y más atrás, «los dos únicos espectadores de la Asamblea: Zulen y yo». A nadie más, concluiría, «había atraído» aquel debate.[87] Conocería ahí a dirigentes campesinos como Carlos Condorena, Ezequiel Urviola, Hipólito Pérez, María de la Paz Chanini, Nicasia Yábar e Hipólito Salazar.

De diciembre de 1924 procede otro fragmento de aquella historia paradigmática. Tras la celebración del cuarto «congreso indígena», es testigo José Carlos, en su casa de la calle Washington, del «emocionado encuentro» de Pedro S. Zulen (profesor sanmarquino y fundador de la Asociación Pro Indígena) y Ezequiel Urviola («organizador y delegado de las federaciones indígenas del Cuzco»). El «intelectual erudito» y «el agitador oscuro»: símbolo —para José Carlos— de una confluencia por venir.[88] Quizá fue también en esos días que se produjo el encuentro que décadas después narraría el huancaneño Mariano Larico Yujra: una notable memoria en que Urviola aparece como el puente entre sus paisanos altiplánicos y Mariátegui. Y este, a su vez, es descrito como un *yatiri* o sacerdote indígena a quien le bastaba tocar los libros para asimilar su contenido. Fuente de fe y orientación tras la destrucción de Wancho Lima ocurrida el año anterior.[89] Larico, precisamente, era parte del grupo de delegados llegado desde Puno para denunciar aquel atropello. Por boca de ellos conocería Mariátegui los detalles del incidente aquel. Mariano Paqo, según Larico, había llegado a mostrarle las marcas dejadas en su cuerpo por la represión. «Tienen que seguir luchando por su raza, prepararse para hacer una revolución, ya no hay Comité Tawantinsuyo, ahora van a ser socialistas, como Ezequiel Urviola», les habría dicho José Carlos en aquella ocasión. Recordaría Larico que, tras escucharlo, mientras algunos de sus compañeros decían «tenemos que caminar por el camino del Incanato», «vamos a caminar por el camino de Mariátegui» comentaban otros.[90]

Ni con Zulen ni Urviola volvería a verse más. Ambos mueren el mismo día de enero de 1925. Acaso tenían, anotaría el Amauta, un sino común. Y no

87. Mariátegui 1925d.

88. Ibíd., p. 294.

89. Véase al respecto Ayala 1989 y Rénique 2004: 99-101.

90. Ayala 1990: 146.

dudará en utilizar su pluma para convertirlos en símbolos de su nuevo derrotero político-intelectual. No había permitido Zulen que una generación tradicionalista, como la del 900, depositara «su polilla» en su «mentalidad» de «hombre bueno e inquieto» ni había caído seducido por el «decadentismo y el esteticismo de la generación colónida». Había escogido, por el contrario, consagrarse a la defensa del indígena,[91] sin eludir el hecho, por cierto, de que su Asociación Pro Indígena había sido un «experimento negativo», útil en el mejor de los casos para «medir la insensibilidad moral de la conciencia criolla». La constatación, vale decir, de la «imposibilidad de resolver el problema del indio mediante patronatos o ligas filantrópicas».[92] Como un «imprevisto e impresionante tipo de agitador» —«la más fuerte sorpresa que me reservó el Perú a mi regreso de Europa»— reaparecería Urviola, por otro lado, en un texto mariateguista de 1927: «tuberculoso y jorobado», encarnación del «nuevo indio», socialista y revolucionario, «la primera chispa de un incendio por venir».[93]

Entre Zulen y Urviola, en esos congresos indígenas que habían rasgado su mirada «europeísta», una dinámica inédita percibía Mariátegui: la posibilidad de centralizar las dispersas luchas indígenas. Bajo la vaga «nebulosa humana» producida por el encuentro entre las dirigencias indígenas y la vanguardia capitalina —se animaría a advertir— se agitaban «los gérmenes» de la nacionalidad en proceso de concreción.[94] Entre ese momento —postrimerías de 1924— y la instauración de Urviola como símbolo de un «proletariado indígena» en espera de «su Lenin» —mediados de 1927—, el proyecto mariateguista habría de pasar, en palabras de Óscar Terán, por una verdadera «mutación teórico-política».[95] Y en ese curso a la revista *Amauta* correspondería un papel esencial. Desafiante reto para quien —recordando su texto sobre el escultor Mendizábal— seguía mirando al indio con «metropolitanos ojos limeños» aparte de que —salvo una breve estancia vacacional en Huancayo, en 1918[96]— su salud le había impedido obtener un directo conocimiento del interior del país. El contexto, por si fuera poco, era de repliegue de la movilización rural.

Así, una «teoría en busca de sujeto» era todavía, hacia fines de 1924, el proyecto mariateguista a juicio de Óscar Terán.[97] ¿Cómo entroncar la cuestión indígena con una visión maximalista, de la transformación del Perú? En

---

91. Mariátegui 1925d: 294.

92. Loc. cit.

93. Mariátegui 1927a: 10. Véase también Ramos Zambrano 1994 y Leibner 1999.

94. Loc. cit.

95. Terán 1985: 82.

96. Bejarano 1990: 89-102.

97. Terán 1985: 82.

oposición al pragmatismo revolucionario de Falcón, Mariátegui se proponía desarrollar —en palabras de Antonio Melis— «una fuerza socialista dentro del tejido mismo de la sociedad». Vinculando directamente el «problema del indio» al «problema de la nación» como plataforma estratégica para tal fin. Como los fragmentos de esa búsqueda pueden leerse sus textos sobre el tema publicados a lo largo del año y medio que precede a la aparición de *Amauta*.

A abrir el debate sobre la nación, desbancando la ficción de una «peruanidad» oleada y sacramentada, y justificando de paso el papel de las «ideas extranjeras» en dicho intercambio, apunta Mariátegui en «Lo exótico y lo nacional». A contracorriente de cualquier definición suprahistórica de la nación el Perú es todavía —asevera ahí— «una nacionalidad en formación». Incorpora la perspectiva futura en el debate sobre el pasado nacional. Y acepta que, no obstante las «raíces milenarias» del país, será una ideología occidental la que inspire su renovación. Evoca, para tal efecto, a la Turquía de Kemal Atatürk. ¿No podía ser ese el caso del Perú? Sometidas ambas a un mismo patrón universal: el impacto de sucesivos «aluviones de la civilización occidental» era lo que iba creando la nación. Así, en el caso andino, sobre los «vestigios muertos» de la civilización «incásica», los descendientes del conquistador habían echado a andar «el cimiento del Perú actual».[98]

El tono de denuncia, la centralidad de la cuestión indígena en el debate sobre la nación y el esbozo del indio como actor de su liberación aparecerán recién en «El problema primario del Perú». Atribuirá a la «pereza mental» y, sobre todo, a la «insensibilidad moral» de «la gente criolla» la negación de un problema que involucraba a «las tres cuartas partes de la población del Perú». En el reparto de responsabilidades, encuentra menos culpable al Virreinato que a la República. Porque peor que el encomendero hidalgo hispano había sido el encomendero plebeyo criollo en instaurar la imagen del indio como un ser desvalorizado y carente de voluntad de lucha. Tres aserciones fundamentales derivaban de ese análisis retrospectivo: a) en el marco del encuentro indios/vanguardia el espíritu de la resistencia indígena podía revivir; b) sin el indio no había «peruanidad posible» y negarlo imposibilitaba la concepción de la nación peruana; y, c) la solución del problema del indio solo podía tener en los «propios indios» a los «realizadores».[99] Tesis escritas en el aire por el momento, que la «nueva generación» —cuya singularidad consistía en conjugar «las ideas y las emociones mundiales» y el examen de «la realidad profunda del Perú»— habría de concretar. Qué mejor ejemplo de ello que Valdelomar, por su capacidad para extraer «sus temas y sus emociones más delicadas de la humilde y

98. Mariátegui 1924c.

99. Mariátegui 1924d.

rústica tierra natal». Negación rotunda de la infértil erudición de generaciones previas, cuyos «intereses de casta» delimitaban su imaginación. El reto era, entonces, traducir en «investigación metódica» el fermento proveniente de una condición excepcional, que mucho mejor que «muchos nacionalistas» sentía «el internacionalista»: «lo indígena, lo peruano».[100]

En noviembre de 1925, a casi dos años de su asistencia al tercer Congreso Indígena, había completado Mariátegui su labor de reformulación político-ideológica. La reivindicación del indio, podía proclamar ahora, era el tema fundamental del vanguardismo, cuyo correlato práctico no era otro que resolver el problema de la inclusión a la nacionalidad peruana de las cuartas quintas partes de la población del Perú. Ahí, la diferenciación con el concepto conservador: reconocer el papel del Incario en contraposición a una noción de peruanidad formada «en los moldes de España y Roma». Así, en oposición a un espíritu que «con los frágiles recuerdos galantes del virreinato» se contentaba, una reconstrucción peruana sobre la base del indio propugnaba la vanguardia. Sin caer, por cierto, en «utópicas restauraciones» y en diálogo con las corrientes nacionalistas que en los países explotados por algún imperialismo adoptaban, crecientemente, un curso revolucionario.[101]

Muchas preguntas quedaban por responder: ¿cómo transferir a los confines rurales el «espíritu revolucionario» acunado en la urbe? ¿Era suficiente una versión ligeramente andinizada de la alianza obrero-campesina para salvar las profundas brechas socioculturales de la sociedad peruana? ¿Cómo podría llegar a implantarse el socialismo en un medio «feudalizado»? ¿De qué manera específica podría insertarse el socialismo, dada la ineptitud de la burguesía peruana, en la tradición popular andina? De este crucial viraje teórico-político provendría el interés por el cambio de nombre de la revista que, hacia fines de noviembre de 1925, seguía titulándose aún *Vanguardia: Voz de los Nuevos Tiempos.*

—V—

En un libro publicado en 1924, *Nuestra comunidad indígena*, encontraría Mariátegui las pruebas que requería para enraizar el socialismo en la tradición. Aventurero, autodidacta, largamente identificado con causas proletarias, a la insaciable curiosidad del piurano Hildebrando Castro Pozo debemos esa obra fundacional de la antropología andina. Tras un largo periplo que había incluido ser obrero en la construcción del canal de Panamá, como maestro de escuela

100. Mariátegui 1926d.

101. Mariátegui 1925e y 1925f.

«en un pueblecito del departamento de Junín» se desempeñaba Hildebrando hacia mediados de la segunda década del siglo. Anima entonces a sus alumnos a escribir, «como ejercicio de castellano», sobre las costumbres de su localidad. Es el modesto inicio de su carrera como analista de la poco conocida realidad comunal.[102]

Con el ascenso de Leguía se abren para Castro Pozo las puertas del aparato estatal. Una anécdota de sus años en la Sección del Trabajo del Ministerio de Fomento lo pinta de cuerpo entero. Asignado a investigar un reclamo contra las principales casas productoras de calzado, convierte su oficina «en un taller improvisado», en el cual «se elabora calzado de todas las categorías y dimensiones» con el fin de determinar «los justos salarios que debían percibir los reclamantes». Con similar rigor asume su labor en la flamante Sección de Asuntos Indígenas del mismo ministerio. Ahí, a la par con la organización de los primeros congresos indígenas, vinculados a la formación del Comité Pro Derecho Indígena Tawantinsuyo, tendrá la oportunidad de ahondar sus pesquisas sobre la problemática rural.

De su convicción socialista derivaba la tesis central de su libro: que la comunidad indígena andina, con su cultura «milenaria» y su adaptabilidad a «las normas del progreso» podía convertirse en la base de una estructura cooperativa de crédito, producción y consumo; fórmula capaz de «pulverizar a los grandes latifundios» abriendo el camino hacia la solución del problema agrario de la región serrana. De que el Estado impulsara un «amplio programa de vialidad» dependía, por cierto, el éxito de la propuesta: vincular costa y sierra «por todas las arterias posibles», abriendo «nuevos caminos a la civilización», fomentando el surgimiento de «innumerables mercados». Era el camino de una eficaz modernización andina que despejaría, por sobre todo, la idea del indio como obstáculo del progreso nacional; que demostraría, por el contrario, que se trataba de nuestro «mejor elemento de producción»; la «única base posible» para «la construcción de la nacionalidad».[103]

De no incurrir en romanticismos se cuida Castro Pozo con especial esmero. Reconoce, por ejemplo, las limitaciones de su base de datos —fundada en observaciones directas de áreas específicas de la sierra norte además de información solamente indirecta del altiplano sur— tanto como el problema que plantean las barreras idiomáticas y la tradicional «reserva» del poblador indígena. Rehúye, de tal suerte, la generalización excesiva tanto como la tentación «telúrica». Sin dejar de señalar lo que a sus ojos aparece como atávico o primitivo: el bandolerismo, por ejemplo, cuya «fiereza y amoralidad»

---

102. Meza 1924.

103. Ibíd., p. 11.

ilustra con el relato de «crímenes incalificables» que recuerdan las narraciones de su paisano Enrique López Albújar. A los conflictos intercomunales —de cuya confusa narrativa emerge la voz quejumbrosa del indio: exagerando, suplicando, describiendo hasta «los más espeluznantes detalles» o falseando los hechos con el fin de «interesar a los otros» en su propio drama— no deja de aludir tampoco.[104]

De ese matizado mosaico seleccionaría Mariátegui las pruebas de la fuerza colectiva del antiguo ayllu:[105] la comprobación —avalada por «los métodos de la investigación de la sociología y la economía modernas»— de que aquella «célula del Estado incaico» preservaba «vitalidad bastante» para convertirse en «célula de un Estado socialista moderno».[106]

Al menos un par de obstáculos debía superar el esfuerzo por convertir en épica la fragmentaria historia de la supervivencia comunal: a) la escasa calidad de «nuestros estudios históricos» —trabajos carentes de visión sintética, «inertes o falsos, fríos o retóricos casi en su totalidad»— y b) la vocación pasadista de los lánguidos e hipocondriacos criollos que los compelía a gravitar hacia el Virreinato, a desdeñar al periodo incaico, «demasiado autóctono» para despertar su emoción.[107] Rescatar el pasado de forma sintética, movilizadora —tendiendo puentes entre memoria indígena y programa socialista, superando ese «respeto supersticioso por la idea del progreso» propio de la era de hegemonía positivista—[108] era lo que se requería. Exhumar, en otras palabras, por la vía del estudio de la realidad andina, aunque sin renunciar a la imaginación, aquella vibrante y subterránea historia de la preservación del «espíritu colectivista».

No bastaba con declararlo, había que justificarlo teóricamente. En esa línea, de 1925 en adelante, compondría Mariátegui —en palabras de César Germaná— una visión de «asombrosa originalidad» e «irreductible a las diversas fuentes que le sirvieron de inspiración». Una visión cuyos puntos fundamentales serían: a) el carácter provisional de toda verdad, en la medida en que el conocimiento es producto de una determinada práctica social; b) la revaloración del papel de la imaginación en el conocimiento, al punto de que no constituía una paradoja sostener que la fantasía era superior al realismo en la captación de la «esencia viviente» de la realidad;[109] c) énfasis del papel de la voluntad en la

104. Castro Pozo 1924: 34-71.

105. Mariátegui [1928] 1996: 38.

106. Mariátegui 1927g.

107. Mariátegui 1924e.

108. Mariátegui 1925g.

109. Mariátegui 1926e.

actividad social; y d) la ausencia de una filosofía de la historia o teoría general capaz de determinar a priori el sentido y la dirección de la historia.[110]

No era, por cierto, un planteamiento académico. Era la respuesta de un intelectual de combate, de un agitador intelectual, a una excepcional oportunidad histórica. Porque era la naturaleza de la «época», en última instancia, lo que hacía factible resolver revolucionariamente la ecuación *despertar del Oriente-ocaso de Europa*. Uno de esos singulares momentos románticos en que —subrayaba Mariátegui— se enervaba la «potencia creadora» de la humanidad y sentían los hombres la necesidad de un mito y una fe, del ímpetu de rebelarse ante el nihilismo y la general chatura de la existencia. Como solía ocurrir «cada dos, tres o más siglos», reaparecía la ilusión de la «lucha final».[111] En ocasiones tales como nunca trascendía el papel del intelectual: esbozando utopías posibles, perfilando mitos movilizadores, propulsando dinámicas que, con la conducción correcta, podrían derivar en una praxis revolucionaria.[112]

Si en Castro Pozo encontraba Mariátegui la información estadística, el dato etnográfico, Valcárcel proporcionaba el mito, el puente imprescindible —como observaría José Aricó— hacia «ese mundo andino para él vedado».[113] En *De la vida inkaika* encontraría la visión sintética que reclamaba. De ahí su celebratoria reseña de aquel opúsculo, futuro texto canónico del indigenismo mariateguista.[114] Su interpretación total del espíritu de la civilización incaica era su logro fundamental; el como premio —subrayaba— a sus esfuerzos por traducir el pasado en símbolo y en alegoría. Porque ¿qué podía importar cuántos habían sido los Incas o los detalles de la vida erótica de Huayna Cápac cuando por la vía de la poetización podíamos acercarnos mucho más que con la «gélida crítica del historiador ecuánime» a la «íntima verdad indígena», al «espíritu del Tawantinsuyo»? ¿Aparte de «matar la leyenda y destruir al símbolo», qué podía aportar, por ejemplo, una ciencia que aplicaba la «teoría del animismo» al estudio del indígena peruano, cuando lo fundamental era aprehender el «sentimiento cósmico» de su ignota mentalidad? ¿De qué podía servir, asimismo, la obra de los «sedicentes historiadores objetivos» que se pasaban la vida «expurgando amarillos folios», sino para suministrar los «datos y elementos» que el «genio literario» se encargaría de transformar en épica? ¿Qué era el «suceso», a fin de cuentas, sino un mero «síndrome» que «traduce» fuerzas que operan «fuera de sus propios límites de espacio y tiempo», que «circulan por cauces

110. Germaná 1995: 18.

111. Mariátegui 1925h y 1925i.

112. Mariátegui 1924f.

113. Aricó 1978: XLVIII.

114. Mariátegui 1925j.

que se hunden en el subsuelo» y que la arrogante objetividad racionalista era incapaz de capturar?[115] «Yo no me fío demasiado del dato. Lo empleo como material. Me esfuerzo por llegar a la interpretación» diría al respecto Mariátegui.[116] Y en ese sentido, a juicio suyo, mucho más lejos que cualquiera de sus coetáneos llegaba Valcárcel en comprender el conflicto contemporáneo entre «sentimiento indígena» y Perú criollo. Loor entonces a la «muerte del viejo realismo», ya que al contribuir al cuestionamiento del «prejuicio de lo verosímil» Valcárcel había facilitado el *real* conocimiento de la realidad.[117]

De algunos excesos románticos, sin embargo, debía prevenirse quien, como el autor de *De la vida inkaika*, optaba por el camino del lirismo y la imaginación. Porque no era posible pretender renunciar místicamente a los aportes de la «civilización occidental». De hecho, al calor del debate, matizaba José Carlos sus lapidarios juicios sobre el «fin de Europa» de 1922. Pese a su crisis, sostendría ahora, «ningún indicio existe aún de que resulte próxima a caer en definitivo colapso». No obstante la guerra y la posguerra conservaba intacto Occidente su «poder de reacción» ante el infortunio. No se podía descartar, por ello, «la posibilidad de que Europa se renueve y se transforme una vez más».[118] Consciente de todas estas fuerzas de carácter cósmico, de lo que se trataba era de canalizar hacia la revolución el acumulado furor del milenario indio. La tarea solo podía lograrse abrazando la idea socialista, apropiándose —para hundirlo en la realidad andina— del más moderno horizonte ideológico producido por la vieja Europa. Y en esa perspectiva, la confluencia Castro Pozo-Valcárcel representaba un aporte fundamental.

—VI—

Con la opción de *Amauta*, en lugar de *Vanguardia*, sugerida al parecer por el pintor José Sabogal —creador, asimismo, de la célebre carátula de su número inaugural—, se perseguía enviar un mensaje de «adhesión a la raza» y de «homenaje al Incaísmo», en palabras de su director. Ampliar el concepto de vanguardia, extrayéndolo de la «torre de marfil» capitalina, era su pretensión. Apelaría, para ello, a los nuevos núcleos provincianos con los que había comenzado a establecer relación epistolar. Ahí descansaba la posibilidad de convertir a Amauta en revista verdaderamente nacional. Era, entonces, más

115. Mariátegui 1929c.

116. Ramos 1926: 1395.

117. Mariátegui 1926f.

118. Mariátegui 1925k.

que una cuestión «espiritual». La viabilidad misma de su proyecto dependía de convertir a los «hombres nuevos» provincianos en agentes de la revista.[119]

En términos políticos, dadas las limitaciones existentes para aplicar una estrategia como la delineada por la célula genovesa, «la desavenencia entre la urbe y la provincia» o «entre la ciudad y el campo» brindaba interesantes oportunidades de politización. Si en Europa, en más de un caso, el campo se había alineado con la reacción,[120] el Perú, con sus protosocialistas comuneros indígenas, ofrecía una excepcional oportunidad para la revolución. La «conquista de la cultura», la apropiación de la «tradición», la crítica del arte «agnóstico», todo ello debía entrar en el radar de *Amauta*: ser una suerte de ariete letrado que desbrozaría el camino hacia la política. No como captura del Estado sino como un proceso abierto, sin tiempos predeterminados. Proceso que Mariátegui describiría como «un fenómeno de polarización y concentración».

Aquello que había comenzado como un proyecto personal —recordaría Mariátegui en su número inaugural—, en la voz de un «movimiento», en un «espíritu» grupal, había devenido tres años después. No nacía *Amauta* de tal suerte, «por determinación exclusivamente mía», sino como producto de una dinámica colectiva a cuyos protagonistas («vanguardistas, socialistas, revolucionarios, etc.»), «la historia» todavía no los había «bautizado definitivamente». Núcleo mancomunado —más allá de «discrepancias formales» o «diferencias psicológicas»— por la «voluntad de crear un Perú nuevo dentro de un mundo nuevo». Aportar a su gradual «organicidad» era, precisamente, el cometido de la publicación. No podía ser, por ello, una mera «tribuna libre». Tras la solidaridad y la concordancia, un ejercicio de criba y selección debía definirla también. Partía rechazando, por lo tanto, «todo lo que es contrario a su ideología, así como todo lo que no traduce ideología alguna», en una conjunción, sin embargo, que no requería programa. Bastaba con que tuviese «un destino» y «un objeto». Porque tan obvia era su pertinencia que «muy poco perspicaz» habría que ser para no darse cuenta que al Perú le estaba naciendo «una revista histórica».[121]

En su condición de puente letrado en función de la larga marcha generacional hacia el «verdadero Perú» de amautas y comuneros residía, seguramente, aquel proclamado carácter «histórico». Un puente construido de seductoras percepciones diseñadas para nutrir la esperanza y la voluntad de los protagonistas. Vertidas en un estilo que fusionaba lo «científico», lo «literario» y

119. Melgar Bao y Gutiérrez Santayana 2007.

120. Mariátegui 1924g.

121. Mariátegui 1926b.

lo «propagandístico», que como fragmentos del proceso de invención de la llamada «nueva generación» pueden ser leídas.

Inspirado en el mexicano José Vasconcelos, Mariátegui alentaba a cultivar el «pesimismo de la realidad» a la par con el «optimismo del ideal». Era la naturaleza misma de «todos los grandes ideales humanos»: partir de una negación para arribar a una afirmación.[122] De Waldo Frank había tomado otra percepción clave para definir el «nuevo espíritu» generacional»: su aspiración a concretar una obra en que «el sentido de la realidad no perjudica al lirismo».[123] Ahí la vía para registrar «aquellas utopías que nacen de la entraña misma de la realidad», haciéndose posible, por lo tanto, actuar en el plano de una «realidad potencial, una realidad superior, una realidad imaginaria».[124]

Toda esta perspectiva pondría en juego Mariátegui para leer la producción de los indigenistas; de Luis E. Valcárcel en particular. De ahí que un artículo suyo encabezara el primer número de la esperada revista *Amauta*. Era un adelanto de *Tempestad en los Andes*, texto fundamental del llamado «indigenismo de vanguardia», celebrado por Mariátegui como verdadero manifiesto contra la «crítica objetiva y el análisis neutral» —inservibles para percibir el «renacimiento indígena» que anunciaba el autor— en un prólogo destinado a encuadrar a esa supuestamente novedosa corriente dentro de la agenda socialista amautista. Dejando sentado para tal efecto que si bien Valcárcel no llegaba a aportar «los principios de la revolución que restituirá a la raza indígena su sitio en la historia nacional», sí presentaba sus mitos.[125]

Captar los mitos movilizadores de la vida indígena, las pruebas proféticas del advenimiento del «nuevo indio», arrebatándoles a los «tradicionalistas» el control de la tradición, para «renovarla y enriquecerla», para «meter en ella» el espíritu y la sangre de la vanguardia:[126] esa era, en breve, la convocatoria del indigenismo amautista, en la perspectiva de producir una mirada del país profundo «purgada del colonialismo intelectual y estético».[127] Una mirada capaz de aprehender esa gesta subterránea del «alma matinal» que, desbordando la mediocridad positivista, se manifestaba en un cuadro, en un poema, en una narración. En lucha dialéctica con el «alma decadente» que en la propia conciencia del creador tenía su ramificación final. Lucha de contrarios que solo

122. Mariátegui 1925l.

123. Mariátegui 1925a.

124. Mariátegui 1924f: 505.

125. Mariátegui 1927a.

126. Mariátegui 1927h.

127. Mariátegui 1927i.

podía culminar cuando «uno de los dos espíritus prevalece», y el otro queda «estrangulado en la arena».[128]

Pero si Mariátegui *inventaba* a la «nueva generación», esta respondería *reinventándolo* como Amauta. No podía ser demasiado sorprendente si de la gestación de aquella se sentía *él* mismo como un «síntoma». «Muchas señales» veía —afirmaría José Carlos— de una «renovación espiritual e ideológica» («en Lima, en el Cuzco, en Trujillo, en la ciudad y en la aldea, existen hombres que trabajan con la mirada puesta en el porvenir») de la que «yo mismo no soy sino un síntoma». Así había declarado en una entrevista concedida poco antes de la aparición de *Amauta*.[129]

Portentosa transformación teniendo en cuenta las limitaciones que constreñían su accionar intelectual. Las cartas —pese a que se declara «perezoso para la correspondencia»— eran uno de sus principales medios de información sobre el acontecer provincial.[130] Desarrolla, asimismo, el arte de la conversación. Y en la brillantez de su pluma residía su arma principal. No era solo lo que decía sino *cómo* lo decía. Pulimento obtenido en casi dos décadas de entrenamiento periodístico; ese «laboratorio», a decir suyo, de «facultades críticas» que, de otra suerte, habrían permanecido «tal vez embotadas».[131] La «contundencia y seducción» de su estilo, capaz de encubrir sus «profundas limitaciones conceptuales», resaltaría Alberto Ulloa Sotomayor, que había conocido muy de cerca su desarrollo como escritor. Pocos había en el medio por aquel entonces que pudieran discutir de política o cultura europea a su nivel, con la insuperable ventaja de la fluidez. Eso le facultaba a revelar libros, escritores, artistas de avanzada, bajo «la luz unilateral» de su propia «linterna ideológica». A ello se añadía un singular sentido de «suficiencia» que le permitía discutir con gran solvencia temas «desproporcionados con su preparación» y «lanzar al público tesis, pensamientos, a veces frases, para atraerlo, inquietarlo y empujarlo a la palingenesia económica y política».[132]

Cualidades tales generaban una admiración que, a la vista de su propia lucha contra la adversidad, iría adquiriendo dimensiones míticas. El nombre de Amauta, de tal suerte, terminaría extendiéndose también a él. Y en él se reconocerían los diversos núcleos regionales como parte de un todo mayor, particularmente complacidos de que una figura de la intelectualidad capitalina se dirigiese a ellos con un «acento nuevo». En su correspondencia pueden

---

128. Mariátegui 1926g.
129. Ramos 1926: 1396.
130. Ibíd., p. 1395.
131. Mariátegui 1925a: 612.
132. Ulloa 1930: 273 y 266.

encontrarse algunas huellas de ese proceso de entronización de José Carlos como Amauta moderno.

Ya en septiembre de 1925, Valcárcel le escribía que, en la «desorientación» reinante, salvaba su figura «el honor de la intelectualidad peruana».[133] A la invitación a colaborar con *Amauta*, respondía, por su parte, el cusqueño Uriel García expresando su gratitud por tener la «ocasión para colmar un deseo vehemente de ser su amigo» aunque, «en espíritu ya dialogaba cordialmente con sus pensamientos, idealidades y orientaciones».[134] Y si García ve en *Amauta* una «obra de alta cultura nacional», desde Arequipa Alberto Cuentas Zavala la recibe como una «voz de alerta» que sacude las «conciencias adormiladas» de esas «comarcas andinas» alejadas «de los triunfos de la capital y «recogidas en silencio secular».[135] Desde Ilave, Puno, Emilio Vázquez le dice a Mariátegui que «por considerarse un maestro de indios» se cree «con derecho de ser compañero suyo», comunicándole que «pugna» por esos días «por hacer entender» a sus discípulos «la doctrina de su excelente libro *7 ensayos*».[136] Igualmente impresionado con la nueva revista, otro puneño, el escritor Gamaliel Churata, parece retarlo más bien, al decirle que, mientras Mariátegui «se nutría de selecta literatura» —lo que le había procurado «esa admirable pureza y agilidad de expresión—, «yo vomitaba toda la dinamita que la esclavitud del indio producía en mis nervios», y desafiaba, con solo quince años, a duelo a un gamonal.[137] Después de leer *La escena contemporánea*, el poeta arequipeño César Atahualpa Rodríguez, entretanto, le manifiesta que, «sin temor a equivocarme, después de la obra de González Prada, es lo que más vale en la literatura nacional».[138] Y desde Buenos Aires, por su parte, tras leer sus «estupendos *7 ensayos*», Alberto Hidalgo le manifiesta que, a su parecer, dicho trabajo lo «consagra» como «el más grande crítico hispánico de nuestro tiempo».[139]

Con ese libro, además de su revista, Mariátegui había logrado asociarse, personalmente, a la tradición andina. Y si Mariano Larico Yujra lo recordaría como un verdadero *yatiri*, para el cusqueño Luis Velazco Aragón había sido, entre tantos «simuladores», el «primer intelectual limeño liberado del

---

133. De Luis E. Valcárcel a José Carlos Mariátegui, Cusco, 21 de septiembre de 1925. En Mariátegui 1994b: tomo I, 1752-1753.

134. De J. Uriel García a José Carlos Mariátegui, Cusco, 2 de septiembre de 1926. Ibíd., pp. 1795-1786.

135. De J. Alberto Cuentas Zavala a José Carlos Mariátegui, Arequipa, 11 de diciembre de 1926. Ibíd., pp. 1822-1823.

136. De Emilio Vázquez a José Carlos Mariátegui, Ilave, 27 de enero de 1929. Ibíd., pp. 1965-1966.

137. De Gamaliel Churata a José Carlos Mariátegui, Puno, 27 de noviembre de 1926. Ibíd., p. 1812.

138. De César A. Rodríguez a José Carlos Mariátegui, Arequipa, 5 de abril de 1926. Ibíd., pp. 1782-1783.

139. De Alberto Hidalgo a José Carlos Mariátegui, Buenos Aires, 1927. Ibíd., pp. 1872-1873.

nacionalismo colonial» y quizá el único capaz de perfilarse «en la alborada de un Perú integral».[140] Para Valcárcel, entretanto, era «admirable» el «poder intuitivo» de quien, sin conocer la sierra del Perú, entendía «como muy pocos indigenistas» «el problema indígena».[141] Y, como si su obra no hubiese sido suficiente, recordaría el trujillano Alcides Spelucín al hombre que «abandona la fácil ruta de Sibaris, y se hunde, íntegramente, absolutamente, en la selva de los grandes dolores y de las grandes anunciaciones humanas».[142]

Además de los laudatorios juicios de sus pares, finalmente aparecen en su correspondencia los mensajes de aquellos peruanos comunes y corrientes que le envían poemas o narraciones que anhelaban ver publicados en su «prestigiosa revista» o que solicitan su apoyo para actividades de diverso tipo. De una pequeña localidad del departamento de Huánuco, el Club Sport La Sierra, por ejemplo, apela a su «personalidad intelectual» y de «entusiasta *sportsman*» para que acepte ser su delegado ante la Federación Peruana de Fútbol. Del mismo departamento le comunican la fundación del club de básquetbol Amauta solicitándole, a propósito, la aparición en su revista de una fotografía del *team*.[143]

De quien habría de convertirse en líder histórico del comunismo peruano —Jorge del Prado— nos ha quedado un sentido testimonio de la seducción que el Amauta ejercía entre la juventud provinciana que llena de ideales y aspiraciones llegaba a la capital. Del Prado había llegado a Lima desde la ciudad de Arequipa después de fundar, siendo aún adolescente, el Grupo Revolución. Apabullante había sido el primer encuentro con aquella ciudad: con esa «garúa constante en vez de aguacero franco», con ese polvo que cubría todo y que daba la sensación de ser portador «de raquitismo, de debilidad y de tuberculosis». Además del «rostro anémico» de las personas y las plantas, la manera «aterciopelada» del modo de hablar limeño y, por cierto, su chocante «frivolidad», eran motivos suficientes para pensar en volver atrás. Su identificación con José Carlos —su incorporación al núcleo de su «rincón rojo» de la calle Washington en que se hablaba de conquistar el cielo— lo llevaría a permanecer. Dieciséis años su mayor, no era difícil, sin embargo, identificarse con Mariátegui en el plano espiritual. Todo comenzaría a adquirir entonces «otro sentido, realmente humano, realmente positivo», pudiendo entonces proseguir

---

140. Ayala 2009: 183.

141. Valcárcel 1929e: 84.

142. Citado en Vásquez 2010: 6.

143. Del Club Sport La Sierra a José Carlos Mariátegui, Marías, 1 de enero de 1928, y del Amauta Basket-Ball a José Carlos Mariátegui, Huánuco, 11 de agosto de 1928. En Mariátegui 1994b: 1873 y 1917.

la vida en la capital.[144] Como organizador sindical, en el asiento minero de Morococha, encontraremos a Jorge del Prado un par de años después.

Dispersos fragmentos, en suma, de un proceso de invención multidimensional, trozos supérstites de la variopinta respuesta a una irresistible invitación: hacer de la revista *Amauta*, como le confía José Carlos a un corresponsal de Juliaca, «nuestro mensaje al Perú y al mundo».[145] En el horizonte está la voluntad de sumarse, en palabras de Alberto Flores Galindo, a la realización de una «tarea colectiva». La pregunta era qué tan sólido era ese puente letrado en tanto vía para la acción.

—VII—

Viabilizar la «aleación» vanguardismo-indigenismo era, definitivamente, la tarea prioritaria de la revista *Amauta*. Tarea cuyo sentido último era contribuir a la «preparación espiritual» de la insurgencia indígena por venir. Dos comentarios sugieren el sentido de ese breve, vertiginoso y, a fin de cuentas, fallido proceso de tránsito hacia la praxis: a) *Amauta* como punto de confluencia de un «torbellino de perspectivas artísticas y politicas» (Óscar Terán) y b) *Amauta* como «una pluralidad de voces en los límites de la disonancia» (Fernanda Beigel).[146]

De la narrativa realista provendría el volumen mayor del material indigenista publicado. La bien conocida imagen de una sierra en ebullición, sumida en la polarización y en el olvido, delinean, reiteradamente, las plumas regionales. Del sur andino viene el aporte mayoritario.[147] «El gamonal» del puneño Gamaliel Churata representa el modelo de una situación eminentemente altiplánica que terminaría generalizándose al conjunto de la región serrana. El ambiente idílico de los ayllus destruido por la arremetida terrateniente que «sin una flauta ni un huaynito» deja a sus antes libres habitantes esclavizados por un «miserable salario», obligados a vivir «sin fraternidad ni sociedad». Los comuneros prefieren morir antes que soportar aquella vida de colonos. Como un ser nacido para el engaño aparece, de otro lado, el gamonal, siempre rodeado de compadres, experto en comprar autoridades y plumíferos. Sostener un diario en la capital provincial, escrito por «infelices del subsuelo», que con sus intrigas pone a «toda la basura empleómana a sus pies» es parte esencial de su despótico poder. Ayudado por la «impenetrable malla del centralismo

144. Del Prado 1983: 50-51.

145. De José Carlos Mariátegui a Luis Rodrigo, Lima 6 de febrero de 1927. Ibíd., p. 1807.

146. Beigel 2006: 39 y Terán 2010.

147. Escajadillo 1999 y Veres 2001.

limeño» impone su voluntad mientras el indio, «superior en mucho al mestizo politiquero y banal», perece «sin esperanza de regeneración».[148]

En ese bastidor «realista» se insertan una variedad de interpretaciones. Está el positivo balance de Dora Mayer sobre la Asociación Pro Indígena,[149] epítome del «viejo indigenismo», descartado ya un par de años antes por el propio Mariátegui como un «experimento negativo».[150] Se cuenta, asimismo, con el examen de la psicología del indio de Enrique López Albújar, que muchos recibirían como una recuento de prejuicios antiindígenas, o la propuesta del puneño Francisco Pastor de establecer un sistema de «tutelaje efectivo» del indio, superior al defectuoso Patronato de la Raza Indígena leguiista.[151] La polémica sobre el tema no tardaría en surgir. La suscitan, en particular, las observaciones de Luis Alberto Sánchez.[152]

La exageración e impostura de su «indigenismo de rótulo» criticará Sánchez en sucesivos artículos, planteando interrogantes que quedarían, en su mayoría, sin resolver. ¿Cómo explicar que, de un lado, se convierta al indio en «soldado de una nueva causa» mientras, de otro lado, se da cabida a quienes vierten sobre él «las taras más dolorosas e irremediables del mundo»? ¿Por qué exalta «solo» al elemento indígena serrano, olvidando al cholo y al criollo? ¿Por qué no contrasta el supuesto horizonte revolucionario del indigenismo con las raíces coloniales del mismo? ¿Por qué compara al indio con el *mujik*, en lugar de profundizar en el estudio del «hombre de nuestra sierra»? ¿Era posible creer que en la oposición costa/sierra y en la comunidad indígena, esa ineficiente «parodia de una organización autóctona», había solución alguna?[153]

Capoteando a quienes reclaman «absoluta coherencia» y «rigurosa unidad» en un debate que recién comienza y desdeñando las críticas de quienes puntualizan la «ambigüedad» de *Amauta* entra José Carlos a la discusión. Que lejos de ser «una prueba contra su espíritu», la presencia en sus páginas de «un intelectual sin posición combatiente» podía ser un útil factor «reactivo» —pues no eran los «accidentales compañeros de viaje» sino «los vanguardistas, los revolucionarios» los que darían a la revista «tonalidad, fisonomía y orientación»— manifiesta en relación con las críticas a López Albújar. El sentido «histórico» del indigenismo frente a la levedad del criollismo defiende, asimismo, el renombrado Amauta; la legitimidad, asimismo, de apuntar a la

148. Churata 1927.

149. Mayer de Zulen 1926.

150. Mariátegui 1924d: 292.

151. López Albújar 1926 y Pastor 1927.

152. Para una síntesis de dicho debate, véase Chang 2009.

153. Sánchez 1927a, 1927b, 1927c y 1927d.

«confluencia» con el socialismo en un país en que cuatro quintas partes de la clase trabajadora son de raíz indígena.[154] «Yo no lo veo debatiendo sino guiando», replica Sánchez, llegando a acusarlo de haberse tornado «dogmático».[155] Replica Mariátegui reiterando que elaborar un programa con el aporte de «todos los hombres dignos de participar en esta empresa», y no imponer un cierto criterio, era el objetivo de su publicación.[156]

De hecho, con la fundación del Grupo Resurgimiento en el Cusco, en noviembre de 1926, daba inicio el amautismo a su «cruzada pro indígena», secundada desde Lima, ciertamente, por la pluma militante de José Carlos. Se aplicaría a fondo el Amauta para presentar a dicha entidad a) como expresión del «espíritu de la vanguardia» —resaltando su afinidad medular con «la pintura de Sabogal, la poesía de Vallejo, la especulación filosófica de Orrego, los «apóstrofes» de Haya de la Torre y de Gamaliel Churata», etcétera[157]— y b) exaltando su carácter de ruptura con respecto al «viejo indigenismo».

No avalarían los hechos, sin embargo, la expectativa mariateguista. Ni la propuesta de Resurgimiento, que consideraba a los indios como «hermanos menores en desgracia», a quienes debía extenderse «todos los privilegios y garantías de la vida en el seno de una sociedad culta», ni el flamante *Boletín de Defensa Indígena*, publicado como suplemento de *Amauta*, marcarían la proclamada diferenciación con el «indigenismo filantrópico» de la etapa anterior. La presencia de Dora Mayer en la «cruzada» amautista simbolizaba la continuidad. A ella «y los buenos supérstites de la extinta Asociación Pro Indígena» había convocado Mariátegui para impulsar el «proceso del gamonalismo». Ellos se encargarían de procesar las denuncias rurales a condición de que se tratara de acusaciones debidamente documentadas y respaldadas «por la firmas de los interesados, legalizadas notarialmente de ser posible», advirtiendo que «no nos encargaremos absolutamente de gestiones ante las oficinas públicas».[158]

No muy lejos podían llegar ante la defección de Resurgimiento que, para cuando *Amauta* publique sus estatutos, cinco o seis semanas después de su fundación, había prácticamente dejado de existir. Y si muy notorio énfasis había puesto Mariátegui en resaltar su origen cusqueño, el propio Valcárcel insistiría en subrayar que era Puno y no el Cusco el centro neurálgico del «resurgimiento» indio.[159] De este fenómeno, más aun, la expresión culminante

154. Mariátegui 1927d y 1927e.

155. Sánchez 1927b: 79.

156. Mariátegui 1927c: 29.

157. Mariátegui 1927i.

158. Mayer de Zulen 1927.

159. Valcárcel 1928: 21.

no sería otra que la impulsada por los misioneros adventistas del altiplano. Activistas cuyo secreto no había sido otro que hablarle al indio, no como amo sino como simple camarada. De lo cual no dejaba dudas el propio texto de Valcárcel, para quien bastaba ver a aquellos «rubios misioneros de Yanquilandia» «tragando leguas» de altiplanicie a bordo de sus motocicletas llevando libros y folletos «a los lectores vírgenes, figuras y juguetes a los niños, herramientas al trabajador», para comprender la envergadura de su trabajo, para comprender que era el adventista quien de verdad estaba «ayudando al alumbramiento del nuevo indio».[160]

Evidente la brecha existente entre tales apreciaciones y la pretensión del propio Amauta de trasladar la discusión «del plano doctrinal al plano político militante».[161] En sus proyectos, había comentado Mariátegui en alguna oportunidad, «los plazos, el tiempo, han contado siempre poco».[162] Para ese entonces, sin embargo, aumentaba la presión por definiciones claras.

En una carta dirigida al grupo Resurgimiento, uno de los miembros exilados de la vanguardia, el dirigente estudiantil Manuel Seoane, demandaba acción. Aludía a la rebeldía provinciana, que no se cruzaba de brazos «ante el dolor del Perú» a diferencia de la «muelle ciudad de los virreyes temporales y los presidentes vitalicios». Una definición no debía temer caer en el dogmatismo. Porque quien creía en su verdad debía ser intransigente y hasta doctrinario en su defensa. Un giro explícito hacia la izquierda era lo que se necesitaba. Porque —subrayaba Seoane citando a Haya de la Torre—, en cuestiones de principio, «la rendición del enemigo» era la «única transacción» que cabía. Ya antes, en una contribución publicada en *Amauta*, había contrapuesto Seoane a la noción de un «internacionalismo absoluto», carente de «base sentimental en la realidad», la de un «nacionalismo continental» como horizonte realista para «los buenos y auténticos nacionalistas» locales. Luego, al calor de las durezas del exilio, que «nos había hecho hombres sin haber sido niños», había entendido que el sino de su generación no era otro que convertirse en «soldados de una guerra santa» de proporciones incalculables.[163] Seoane se hacía eco, por cierto, de la prédica de Haya de la Torre, a quien había reemplazado, a raíz de su deportación, en la presidencia de la Federación de Estudiantes. Él mismo sería deportado algunos meses después.

---

160. Valcárcel, «El problema indígena». Conferencia leída en la Universidad de Arequipa el 22 de enero de 1927. En Valcárcel 1927: 123-135.

161. Mariátegui 1927f.

162. De Mariátegui a Eudocio Ravines, 31 de diciembre de 1928. En Mariátegui 1994b: 1959-1960.

163. Seoane 1926.

Una vertiginosa y paradigmática carrera política había desarrollado Haya en el exilio. A la Alianza Popular Revolucionaria Americana que fundara en México, en mayo de 1924, había aceptado, formalmente, integrarse Mariátegui. A la distancia, Haya había seguido su encumbramiento en el espacio por él abierto. Había ahí, sin duda, una tensión por resolver, manifiesta en los textos en *Amauta* de quienes, eventualmente, se identificarían con el aprismo: aparte de Sánchez y Seoane, Luis Heysen, Carlos Manuel Cox, Antenor Orrego. Nunca había ocultado Mariátegui su filiación ideológica. Y mientras Haya había definido su accionar —aunque ambiguamente— dentro de la órbita de la Comintern, hayismo y mariateguismo habían coexistido en sus órbitas propias manteniendo un marco común. El uno se había ubicado a la cabeza del llamado «grupo de Lima», el otro había alentado la organización celular de los deportados. A contener las diferencias había contribuido la inicial simpatía «rusófila» de este último tanto como la voluntad del primero de trabajar en tándem con el nacionalismo revolucionario. La brecha, sin embargo, iría profundizándose. Mientras José Carlos seguía funcionando dentro de la lógica del APRA-frente, ya hablaba Víctor Raúl del APRA como «partido de frente único» en octubre de 1926. Argumentando, en esa lógica, la necesidad de ir preparando una «revolución nacionalista indigenista», «militarmente dispuesta» y «bajo el control de nuestro núcleo».[164] En enero de 1928, a raíz del llamado «Plan de México», aquella largamente macerada tensión saldría a la superficie finalmente.

—VIII—

¿Qué quedó, a final de cuentas, del *camino del Amauta*? ¿Qué tan lejos había llegado su convocatoria de una larga marcha hacia el «verdadero Perú»? Definitivamente, ni la voluntad, ni el sentido de propósito, ni la relativa inocencia de los inicios habrían de reaparecer. Menos aun si consideramos los golpes que recibiría el proyecto amautista de mediados de 1927 en adelante. El zarpazo represivo que afrontaría, en particular, cuando tras haber «ganado la batalla» de su iniciación, entraba *Amauta* en una etapa de desarrollo y estabilización.[165] Al cierre de la revista —incluyendo la detención de su director— prosigue un remezón aun mayor a raíz de la controvertida aparición de un Partido Nacionalista Peruano, propugnando la candidatura de Haya de la Torre a la Presidencia de la República. Era el punto de inicio de una amarga pugna por el corazón de

164. De Víctor Raúl Haya de la Torre a Eudocio Ravines, Londres, 17 de octubre de 1926. En Flores Galindo 1994.

165. De José Carlos Mariátegui a Esteban Pavletich, 8 de marzo de 1927. En Mariátegui 1994b: 1839.

la vanguardia. En el marco, por si fuera poco, de una aparente fase de estabilización del capitalismo mundial.

Un gran desafío que requeriría una compleja respuesta, la reformulación del proyecto mariateguista, en cuyo marco la larga marcha habría de adquirir matices definitivos. De una propuesta capaz de integrar a los diversos elementos comprometidos con el «problema indígena» —de las dirigencias comuneras a las capas urbanas regionales anticentralistas— a una visión depuradamente clasista en que las diferentes facetas del complejo problema del colonialismo interno quedaban supeditados a una medida fundamental: la liquidación del latifundio.

Dos piezas de la correspondencia mariateguiana pueden servir para delinear el escenario en que esta operación de redefinición tendría lugar: la carta enviada al Amauta por la célula comunista del Cusco y una nota de condolencias enviada a su viuda Ana Chiappe por la indigenista Dora Mayer.[166]

La gran familiaridad que había llegado a tener con José Carlos, recuerda Mayer en esta última. Se siente obligada a explicar su «ausencia desde hace largo tiempo» de esa casa en que tan «amable acogida» había encontrado siempre. Recuerda que a pesar del mutuo respeto existente entre ella y el finado, una «honda diferencia de ideas nos separaba cada vez más, y a mi sentir, quitaba objeto a la continuación de pláticas entre nosotros». ¿Qué podía ganarse del «acercamiento» entre «dos propósitos completamente definidos», incapaces de influir mutuamente en sus respectivos rumbos? Tres años y medio antes, en el número inicial de *Amauta*, Mayer había publicado un notable balance de la Asociación Pro Indígena. A la labor de hormiga realizada por esta entidad se había referido ahí, relatando cómo, articulando «gente amiga», apelando a la opinión pública, a la agitación entre artistas y escritores, habían logrado convertirse en un «agente positivo de educación cívica». Se había constituido, así, una voz que, lejos de recurrir a «lirismos» o fantasías de campañas agitadoras o subversivas», se había concentrado en desarrollar «un continuo llamado a la conciencia de los gobernantes y un incansable estímulo a la fe de los defraudados por el abuso y la anarquía feudal». Tan fuertes raíces había echado su Asociación que, después de su disolución, seguía oyéndose hablar de ella en los sitios más inesperados. Esos rezagos, eventualmente, «dieron su flor en el Comité Pro Derecho Indígena» y, por cierto, en los «congresos indígenas» celebrados en Lima desde 1921. En uno de ellos, precisamente, un grupo de indios se había aproximado a Mayer para saludarla denominándola como «su Mama Ocllo». Aparte de sentirse halagada, recordaría Mayer, había reflexionado en el

166. De la Célula Comunista del Cusco a José Carlos Mariátegui, Cusco, 1 de enero de 1930, y de Dora Mayer de Zulen a Ana Chiappe de Mariátegui, Callao, 7 de abril de 1930. Ibíd., pp. 2068-2009 y 2089, respectivamente.

poder de la leyenda fundacional: Manco Cápac y Mama Ocllo en el Perú andino como Guillermo Tell en Suiza o Rómulo y Remo para los latinos.[167]

El hecho de que Mayer aceptara participar meses después en «el proceso al gamonalismo», lanzado a través del *Boletín de Defensa Indígena*, sugiere la existencia de un acuerdo en sostener y ampliar esa continuidad. Era el momento cumbre del indigenismo mariateguista, el momento más promisorio del *camino del Amauta*. A esos días se remontaba el vínculo de amistad al que Dora aludiría en su carta a Anna Chiappe. Algo se rompería en el trayecto, sin embargo. De ello no dejaba dudas el artero comentario que Mayer incluiría en su agudo balance del oncenio leguiista, escrito pocos meses después del fallecimiento del Amauta: «José Carlos Mariátegui, pariente de Leguía, entretenía, a cobijo de su lema "Peruanicemos el Perú" el designio de sovietizar el Perú, dándonos un triste comunismo ruso por el valioso comunismo de nuestros primeros padres sudamericanos».[168]

Otra dimensión de los límites del *camino del Amauta* revelaba la misiva de la autodenominada célula comunista cusqueña. Se advierten ahí las dificultades del propio Mariátegui para seguir los detalles de las dinámicas locales que aspiraba a centralizar. Limitaciones ya evidenciadas en su caracterización de Ezequiel Urviola como delegado de *las comunidades indígenas del Cusco* cuando Urviola era en realidad de Azángaro, Puno; y como *indígena* cuando se trataba más bien de un hombre mestizo.[169] Y en el caso de los comunistas cusqueños, el tema era el de una «organización celular» que, tras desechar tanto la opción aprista como la «literaria», representada por sus maestros Valcárcel y García, había derivado en el comunismo. «Clasistas» y «proletarios» se sentían, a pesar de su origen «pequeño burgués». Desde esa perspectiva, lanzarían, como ya hemos visto, duras críticas contra el autor de *Tempestad en los Andes*, a través de la revista *Kuntur* en particular.[170] En mayo de 1929, la célula cusqueña se había dirigido a la Internacional Comunista —vía su recién abierta oficina de Buenos Aires— con el fin de solicitar su afiliación. Los remitieron a Mariátegui en Lima dado que no podían afiliar células independientes del resto del país. ¿Por qué no lo habían hecho antes? Tres razones darían los cusqueños en su carta al Amauta: a) ignoraban que existiese una «organización clasista» en Lima, hasta el Congreso Comunista Latinoamericano celebrado en Montevideo en mayo de 1929; b) habían tenido el «prejuicio» de que «en criterio suyo

167. Mayer de Zulen 1926 y 1927. Véase también Jancsó 2012. Consúltese asimismo Mayer de Zulen y Boccolini 1992, Chocano 1988 y Zegarra 2009.

168. Mayer de Zulen s/f: 80.

169. Mariátegui 1925d: 294.

170. Citado en Lynch 1979. Véase también Cuadros 1990 y Gutiérrez 1986.

valía más la personalidad literaria de Valcárcel que nuestra voluntad de principiantes e inexpertos»; y, c) no se había presentado hasta entonces la ocasión de establecer una comunicación segura con la capital. Entre líneas expresaban lo que años después revelaría uno de los miembros de aquella célula: no llegaban a confiar ni en Mariátegui ni en su cercano colaborador de aquel entonces, Eudocio Ravines. No les parecía suficientemente «clasista», para comenzar, el Partido Socialista fundado por el Amauta en octubre de 1928.[171]

Mucho menos inteligible era lo que contenía la carta de los cusqueños. Consignaba un farragoso reporte de conspiraciones locales en las que, entre otras figuras «que no tienen sino ambiente negativo en el pueblo», aparecía nada menos que Luis E. Valcárcel. Seguía un urgente listado de consultas: ¿Deberían «inculcar en las masas» desconfianza en los caudillos A o B o que «guarden, por el momento, una situación de expectativa con nosotros»? ¿A quién apoyar si se producía una confrontación entre el Ejército y la Guardia Civil? ¿Sabían que en el Norte había surgido un movimiento en favor de Billinghurst (¡quien había fallecido en 1915!)? Pedían, asimismo, enviar orientaciones sobre «la verdad de la situación política del país» y «el programa de acción y táctica revolucionaria que seguramente se han trazado ustedes frente a todo esto».

¿Era esta la «charca política» vaticinada por Falcón? Una pequeña muestra era, en todo caso, de lo que habría de ocurrir llegado el momento de llevar el proyecto de «convergencia o aleación de indigenismo y socialismo» del «plano doctrinal al plano político militante». Aquello tendría lugar ante el desafío «aprista», cuando el «plan de México» descarriló el proceso que el Amauta pensaba conducir como un deslinde teórico sin plazos definitivos. En esas circunstancias las amistades «letradas», el «espíritu de la vanguardia», cederían paso al vínculo desnudo con el país real. El resentimiento de Mayer como el eclipse de Valcárcel eran expresiones de ese momento, iniciado por la reacción de José Carlos ante la operación propagandística hayista, quien desde su ubicuo exilio comenzaba a pensar en un escenario tipo México 1910: un autócrata envejecido y una entreabierta puerta electoral que daba lugar a una tentativa insurreccional. Como una suerte de vejación personal viviría Mariátegui la propuesta hayista. Dada «la inteligencia y abnegación de los militantes» y «la altura y nobleza de su doctrina», como un inmerecido golpe contra un «movimiento ideológico» que había ganado «la conciencia de la mejor parte del país» la concebiría. Ahora, a raíz de «una vulgarísima agitación electoral», se corría el riesgo de que este «aborte miserablemente».[172]

---

171. Declaración de Julio C. Gutiérrez, citada en Lynch 1979: 40.

172. De José Carlos Mariátegui a la Célula Aprista de México, Lima, 16 de abril de 1928. En Mariátegui 1994b: tomo I, 1898-1899.

Sus peores fantasmas se desbordan ante el inaceptable desafío de Haya. Lo equipara con Mussolini, revelando los prejuicios que el líder aprista le había venido inspirando desde tiempo atrás. Del tufo a «vieja política» criolla que exudaba la maniobra hayista provendría el grueso de su indignación. De su repudiable recurso a la «declamación caudillesca, la retórica hueca y fanfarrona». Y —dado que entre sus «razones vitales» y sus «razones intelectuales» no había separación alguna— sentía legítimo referir la terrible angustia que dicha situación le causaba en su mensaje a la célula aprista de México: a desmedro de sonar «patético», les dice, «no puedo callarles que les escribo con fiebre, con ansiedad, con desesperación».[173] El tema de su salud aparece cada vez más en su correspondencia. Confiesa que afronta un volumen de trabajo superior a sus fuerzas por esos días y que sus limitaciones para mecanografiar afectaban más su productividad.[174] Y aquello ocurría justamente cuando el desafío hayista aceleraba la temporalidad de su proyecto político.

Imprescindible un reajuste en esas circunstancias. Lo anunciaría José Carlos en un editorial a propósito del segundo aniversario de *Amauta*, en septiembre de 1928. Dado que se han filtrado «gruesos contrabandos», inútil —dice— es seguir usando términos como «vanguardia» o «nueva generación» para identificar a la fuerza en construcción. Ni «diversión» ni «juego de intelectuales puros» podía seguir siendo su publicación: proclamarse «revista socialista» bastaba ahora para ser «fiel a la revolución». Dos libros —*7 ensayos* y *Defensa del marxismo: polémica revolucionaria*— expresan, asimismo, la necesidad de ordenar y sintetizar la desbordada conversación: deslinde con la «entonación mesiánica», spengleriana, utopista; énfasis crecientemente clasista; afán de distanciamiento de la postura «pequeñoburguesa» con la que se había coexistido.

Si a quienes lo suponen «europeizante y ajeno a las cuestiones de mi país» buscaba responder con los *7 ensayos*,[175] a quienes dudan de su coherencia ideológica se dirige en *Defensa del marxismo*. Diagnóstico de la «realidad peruana», de un lado, balance del debate teórico europeo, del otro, ni imparciales ni objetivos, por confesión del propio autor. Un ejercicio de justificación histórica del destino socialista del Perú era el primero: visión esquemática de las estructuras semicoloniales a suprimir, de los factores materiales y espirituales a desarrollar y de los debates ideológicos a resolver en el camino de llevar a su culminación el proceso de construcción de la nación en el Perú. Reafirmación del marxismo como un corpus de ideas en permanente renovación, de otro lado, deslindando con visiones deterministas y voluntaristas.[176]

---

173. Ibíd., p. 1899.

174. De José Carlos Mariátegui a Mario Nerval, 14 de marzo de 1928, y Mariátegui 1926b: 1392.

175. Mariátegui [1928] 1996: 6.

176. José Carlos Mariátegui, «El determinismo marxista» (Mariátegui 1994b: 1306-1308) y «Sentido heroico y creador del socialismo» (Ibíd., pp. 1308-1309).

Agotado el «mito de la nueva generación», una nueva tarea se abría paso, en «tiempos de crítica de la estabilización capitalista» y preparación de una «nueva ofensiva revolucionaria» más aun: construir «partidos revolucionarios», tarea que debía asumir la hasta ahora denominada «nueva generación» «sin los alibis [sic] de la juventud, con responsabilidad y capacidad de hombres».[177] Un proceso en que, para los marxistas, la noción de «dogma» tenía importancia crucial: como «brújula» o «carta geográfica» frente a la «loca pero inútil» gravitación «en torno a un punto fijo» del «libre pensador a ultranza».[178]

Supeditado a una visión clasista, proletaria, quedaba así el *camino del Amauta*. Quedaba descartada, de tal suerte, la visión de un movimiento ideológico que activaba desde abajo tradiciones comunitarias y protosocialistas mientras la vanguardia intelectual expropiaba la tradición y la ponía al servicio del pueblo. Por la asimilación de la «idea socialista» —que dotaría al indio «con una disciplina, una tenacidad y una fuerza» como la que «pocos proletarios de otros medios» podían exhibir— se apostaba ahora. Arduo habría de ser el proceso de generar una «conciencia de clase» dado el «hábito de desprecio por el indio», persistente aún en los núcleos obreros blanco-mestizos. Proceso que podría acortarse, sin embargo, mediante la «preparación sistemática» de «propagandistas indios», contingente clave en preparar el terreno para impulsar la revolución indígena que proseguiría a la liquidación del latifundio. En esas condiciones, pronosticaba Mariátegui, no sería capaz el «capitalismo urbano», representado por una burguesía mediocre, sin espíritu combativo y sin ascendencia intelectual, de resistir a la «creciente obrera».[179]

De la ciudad, de los obreros conscientes y de los intelectuales proletarizados debía venir la fuerza civilizadora que convertiría al indio socialista en protagonista de la construcción del Perú moderno. Tal cosa resultaba inevitable, a la vista del sombrío panorama que ofrecía la sociedad rural serrana. Porque solamente un hispanoamericano que hubiese conocido el «burgo francés, alemán o italiano», podía comprender «el vacío, la informidad, del burgo mestizo» cuyas miserias (el juez prevaricador e inmoral, el subprefecto analfabeto y matón, el hacendado sórdido y acaparador, el cacique provincial) tan eficazmente describía César Falcón, según Mariátegui, en su libro *Pueblo sin Dios*: «sin idealización, sin alegría, sin refinamiento», no albergaban el «fondo espiritual» de su «filiación española» en tanto que, solo «negativa y deformadamente», reaparecía en ellos el «perfil indígena». Por eso, más que «pueblos sin dios», merecerían

177. José Carlos Mariátegui, «El mito de la nueva generación». En Mariátegui 1994b: 1320-1322.

178. José Carlos Mariátegui, «El proceso a la literatura francesa contemporánea». Ibíd., pp. 1322-1326.

179. Mariátegui, «Tesis ideológicas. El problema de las razas en la América Latina». Ibíd., pp. 167-195.

llamarse «pueblos sin absoluto», a los que costaría «un esfuerzo terrible» «llegar a ser revolucionarios».[180] A ojos del Amauta, no existía ya a estas alturas diferencia alguna entre la realidad literaria y la realidad-realidad. Ese habría de ser el rasgo prominente del amautismo o mariateguismo de las décadas por venir. Incorporaría, a título de fe en el porvenir, el horizonte de una imaginada sierra depurada de colonialismo por el «indigenismo», como ícono deseable para concebir los caminos hacia la praxis.

Sin alternativas provenientes del interior de la sociedad rural, al Partido y a la Internacional Comunista había que mirar como fuente de estrategia y también de mito. Premonitoria había sido, en ese sentido, la traducción mariateguiana de Valcárcel: que los indios no *buscaban* sino que *esperaban* un Lenin.

—IX—

Como imagen final del antes descrito *aterrizaje forzoso* del proyecto amautista puede ser tomado un texto aparecido en *Hoz y Martillo*, órgano del Partido Comunista Peruano, un par de meses después del fallecimiento de José Carlos Mariátegui.

> Estamos cumpliendo la promesa que hiciéramos contigo en tu Rincón Rojo en que echáramos las bases del PC, el vacío que dejaste lo están llenando miles de proletarios y de indios, de tu silla de inválido hemos hecho tribuna y ella rueda por todos los rincones del Perú. La bandera roja que te sirvió de sudario es levantada en alto por millares de manos y tu nombre, tu enseñanza, tu memoria, flamea al tope bajo la hoz y el martillo, en la bandera de nuestras grandes batallas de clase. Hemos perdido algunas unidades de vanguardistas de izquierda, de intelectuales sin carácter, que se acercaron a ti en busca de prestigio, de renombre, del éxito que les aseguraba el amparo de tu amistad y de tu nombre. Los Orrego, los Sabogal, los Sánchez, los Basadre, los Valcárcel, los Spelucín y compañía militan hoy en el campo del adversario de clase, contra quien tu lucha fue implacable. Pero, en cambio, en tu partido, milita la flor del proletariado.[181]

Era la conclusión de un proceso de «definición teórica y organización práctica, indirectamente acelerado por la desviación aprista»,[182] que bajo su propia égida se había echado a andar hacia mediados de 1928. Al «amautismo» oponía este proceso el «clasismo» como medio de construcción del partido

---

180. Mariátegui 1929b.
181. En *Hoz y Martillo*, N.° 1, 27 de julio de 1931.
182. De José Carlos Mariátegui a Nicanor A. de la Fuente, Lima, 20 de junio de 1929. En Mariátegui 1994b: 2004-2005.

de la clase obrera. A esa tarea dedicaría José Carlos los 24 meses finales de su singular existencia. Concluida esta —paradójica e independientemente de su voluntad— él mismo —como atestiguaba el texto de Hoz y Martillo— se convertiría en el *mito*. El mito, vale decir, de la aspiración de la vanguardia urbana de establecer un vínculo real con el «verdadero Perú».

Décadas después, el historiador Alberto Flores Galindo buscaría reconstruir aquella «agonía final» mariateguista: ese derroche de voluntad en pugna con las presiones políticas, la represión y la enfermedad, merodeado por el dilema entre permanecer o marcharse del Perú.[183] En las sucesivas instancias de dicho derrotero —la fundación del Partido Socialista (octubre de 1928), la creación de *Labor* (noviembre de 1928), la fundación de la Confederación General de Trabajadores del Perú (mayo de 1929) y el inicio de su vínculo formal con la flamante sede latinoamericana de la Comintern (junio de 1929)— quedaría la huella de sus esfuerzos por preservar el sentido del proyecto amautista: la búsqueda de un modelo —a contrapelo con el modelo cominterniano— que permitiese «que nuestra obra cultural penetre en capas más extensas del público».[184]

Tras la frustración de Resurgimiento, con la fiebre «telúrica» en declive, otros escenarios hacia el «verdadero Perú» era necesario explorar. En la «cuestión agraria del norte», por ejemplo, fermentaban «evidentes posibilidades revolucionarias», a juicio de Mariátegui, en el contexto del conflicto capitalismo-feudalidad. Proponía, en consecuencia, al «grupo de Chiclayo» un plan de trabajo enfocado en la creación de un «centro de estudios marxistas» cuyas tareas habrían de ser: a) analizar «conforme al método marxista, la cuestión agraria regional»; b) «preparar doctrinariamente» los imprescindibles «cuadros socialistas» «en base preferentemente» al reclutamiento de «maestros»; y, c) propiciar la organización de los obreros y campesinos, buscando incorporar a comunidades y federaciones a la recientemente fundada Confederación General de Trabajadores del Perú (CGTP).[185] La sierra central emerge, finalmente, como más adecuado campo de pruebas para una estrategia de ese tipo. En la combinación minas-centros urbanos-comunidades residía la posibilidad de disponer de «militantes de la raza indígena» de distintiva movilidad, capaces de vincular el campo con el «movimiento sindical y político». En tanto los obreros de las minas, observaría el Amauta, continuaban siendo campesinos,

183. Flores Galindo 1980: cap. V.

184. «Editorial» (*Labor*, 10 de noviembre de 1928). En Mariátegui 1994b: tomo I, 263.

185. De José Carlos Mariátegui a Nicanor de la Fuente, Lima, 20 de junio de 1929. En Mariátegui 1994b: 2004-2005.

«el adherente que se gane entre ellos es un elemento ganado también en la clase campesina».[186]

De esa experiencia, Moisés Arroyo Posadas sería figura providencial. Arroyo era un estudiante sanmarquino nativo de la ciudad de Jauja a quien uno de sus profesores lo había llevado a conocer a Mariátegui. De retorno a Jauja, decide escribirle al Amauta informándole sobre la situación local.[187] Lo más «aprovechable», le dice, son las comunidades, cuyos dirigentes «entienden el gamonalismo» así como «su lugar en la nación» y «saben que descienden de una gloriosa raza», por lo que «tratan despectivamente a los blancos y gamonales». Muquiyauyo y Waripampa «son los pueblos más conscientes de su destino» y no le cabe duda de que «responderán al primer llamado», añade. Lanza Arroyo una sugerencia precisa para concluir: abrir en *Labor* una página especial para las comunidades.[188]

No tarda la respuesta de Mariátegui. Celebra, le dice, su «buena iniciativa» sobre una sección dedicada a los comuneros. Tiene la idea, incluso, de sacar un «pequeño periódico destinado expresamente al campesinado indígena» que se llamaría *El Ayllu*.[189] Entusiasmado por el hallazgo de su nuevo e inesperado corresponsal, circula su misiva entre sus más cercanos colaboradores: el periodista Ricardo Martínez de la Torre y el obrero ferroviario Avelino Navarro. Le propone este último enviarle a Arroyo Posadas 500 ejemplares de *Labor*, porque «ahora es la ocasión que saques el kilo a tu estadía en Jauja en favor de *Amauta* y *Labor*, como buen amautista». Las noticias recibidas indican que «es posible realizar una obra espectacular, con visos heroicos, durable, histórica».[190] Se reencontrará con José Carlos cuando viaje a la capital para participar en una reunión plenaria de la CGTP como «delegado de los campesinos de Conopa, Chuyas y Ulpaypuqio». Un dato marginal, aunque interesante, en la carta del Amauta a Moisés es que le pide colaborar, en la medida de lo posible, con la colecta que impulsa para financiar el retorno, desde Moscú, de Eudocio Ravines al Perú.

---

186. José Carlos Mariátegui, «Tesis ideológicas. El problema de las razas en la América Latina». Ibíd., p. 172.

187. Arroyo Posadas (1980b) y Víctor Ladera Prieta, «Moisés Arroyo Posadas y la relación con Mariátegui». Disponible en <http://victormazzihuaycucho.blogspot.com/ 2012/02/moises-arroyo-posada-y-jose-carlos.html>.

188. De Moisés Arroyo Posadas a José Carlos Mariátegui, Jauja, 26 de mayo de 1929. En Mariátegui 1994b: 1994-1995.

189. De José Carlos Mariátegui a Moisés Arroyo Posadas, Lima, 5 de junio de 1929. Ibíd., p. 1907.

190. De Avelino Navarro a Moisés Arroyo Posadas, Lima, 11 de junio de 1929. Archivo Arroyo Posadas, Cisepa, Pontificia Universidad Católica del Perú.

Simultáneamente, en La Oroya y Morococha avanza el trabajo del núcleo socialista en la organización de sindicatos mineros. Un serio accidente ocurrido en Morococha, a fines de 1928, abrió una posibilidad de penetración. Los despidos masivos a causa del «viernes negro» de Wall Street exacerban los ánimos al máximo. Concentra sus energías el partido en ese frente colaborando con el trabajo de dirigentes locales como el maestro Gamaliel Blanco y el minero Adrián Sovero. En octubre de 1929 impulsan en Morococha, en el contexto de un efectivo paro obrero, el Primer Congreso de Trabajadores Mineros y Metalúrgicos. Sería una gran victoria, recordaría uno de sus protagonistas: un primer paso hacia la centralización de las luchas sociales de la región central «en los dominios, hasta entonces extraterritoriales, de la Cerro de Pasco Copper Corporation».[191]

«Excelente y oportuno —le dice José Carlos a Arroyo en noviembre del 29— su volante solicitando la solidaridad de los mineros de Cerro de Pasco, La Oroya, etc., para sus compañeros de Morococha».[192] Para ese entonces los compañeros Martínez de la Torre, Navarro Madrid y Ravines le han «bajado línea» con respecto a sus veleidades campesinistas. Les agradece Arroyo tenerlo al corriente «del proceso de liquidación de todas las desviaciones oportunistas, serranistas y social traidoras de que todavía andan imbuidos algunos de nuestros más activos compañeros».[193] En el contexto de la línea insurreccional, de «clase contra clase», aprobada por el VI Congreso de la Comintern, menos espacio que nunca había para experimentos como los amautistas. El propio Ravines traía al Perú directamente de Moscú el mensaje de actuar ortodoxamente.[194]

Bajo su directiva, a menos de un mes del fallecimiento de Mariátegui, se formalizaría la transformación del Partido Socialista en Partido Comunista del Perú, Sección Peruana de la Internacional Comunista. Se acentuaría, por consiguiente, un proceso de «bolchevización». Proceso que conllevaba una operación de «desmariateguización». Justificable dentro del reinante ánimo ortodoxo pues por «mariateguismo» se entendía «una confusión de ideas procedentes de fuentes diversas», «no proletarias» en su mayoría. Ideas que habían contribuido a «grandes errores no solo teóricos sino prácticos». Adoptar, por ejemplo, el debate y la discusión como método de construcción partidaria. Por todo

---

191. Del Prado 2011: 49. Sobre el conflicto minero véase Flores Galindo 1982, Rénique 1990 y Víctor Mazzi, «José Carlos Mariátegui y los trabajadores mineros de Morococha», disponible en <http://victormazzihuaycucho.blogspot.com/2010/06/jose-carlos-mariategui-y-los.html>.

192. De José Carlos Mariátegui a Moisés Arroyo Posadas, Lima, 16 de noviembre de 1929. En Mariátegui 1994b: 2044-2045.

193. De Moisés Arroyo Posadas a Varios, Jauja, 29 de septiembre de 1929. En Arroyo Posadas 1980b: 67-70.

194. Ravines 1954: 158 y ss.

ello, concluía el flamante comité central comunista, «nuestra posición frente al mariateguismo es y tiene que ser de combate implacable e irreconciliable».[195] El reto era, en ese punto, como salir de esa «charca política» pronosticada por César Falcón en 1923 al enterarse que Mariátegui había optado por formar un «grupito intelectual» en lugar de lanzarse, directamente, a la construcción de un partido proletario. ¿Hasta dónde podría llegar la postura «clasista» en la sierra central?

No habría tiempo para debates. La «masacre de Malpaso», que dejaría catorce mineros muertos y el posterior fallecimiento del profesor Gamaliel Blanco en la prisión de El Frontón, quedaría como un trágico hito de aquella juvenil experiencia de *larga marcha* hacia el «verdadero Perú», definido para ese entonces como espacio proletario-campesino. Hacia julio de 1932, infructuoso parecía todo intento por restablecer la conexión con las bases mineras. Al «criterio burocrático» de la dirección se responsabilizaría por haber subestimado gravemente el trabajo político en el sector minero.[196]

Testimonio del nuevo curso posamautista serían los balances de la experiencia minera realizados por diversas instancias de la organización. Según uno de ellos, la decisión correcta ante la «situación revolucionaria» hubiese sido formar un Consejo de Obreros, Indios y Soldados. Este, a su vez, había debido apuntar a «tomar el gobierno de la zona bajo su absoluto control», procediendo a «repartir la tierra de los hacendados y gamonales entre las comunidades y los indios pobres».

Objetivo imposible de cumplir replicaba el Comité Regional con una organización partidaria constituida por «demasiados estudiantes y demasiados maestros». Se recomendaba por ello redoblar la proletarización, apuntando, particularmente, a erradicar la «herencia anarcosindicalista», enfatizando, asimismo, en la necesidad de incorporar a «numerosos contingentes de indios» y permitiendo tal vez la participación de algún intelectual, siempre que hubiese probado «abnegación y firmeza en las convicciones para luchar hasta el fin de la revolución». En este punto, citando a Stalin, hacía Ravines una precisión fundamental: que si bien los campesinos eran «la reserva fundamental y directa de la revolución,» de ello no podía concluirse que el Partido Comunista fuese un «partido de obreros y campesinos». Era, por si alguna duda quedaba, el «partido del proletariado». Así entonces —como enfatizaría un documento de la célula de Muquiyauyo—, dar una dura batalla contra el «intelectualismo» y «contra los vestigios mariateguistas y amautistas» era condición ineludible

195. Partido Comunista del Perú 1980.

196. Partido Comunista del Perú 1932.

de una efectiva «bolchevización»; porque las reivindicaciones indígenas por sí solas, a fin de cuentas, «no representaban históricamente nada».[197]

«Intelectuales» como el joven Jorge del Prado encontraban en aquellas serranías un enemigo tan desafiante como la represión. El frío, confiesa a su camarada Martínez de la Torre, es «el peor reaccionario en estos lugares», confiesa a su camarada Martínez de la Torre. Le responde este insistiendo en la necesidad de «limpiar» la organización de influencias pequeñoburguesas y chauvinistas, poniendo su dirección «en manos de los mineros auténticos». Replica Jorge reportando sobre la «gran radicalización» en curso capaz de impulsar al partido hasta «la lucha final». Pide algunas armas dado que los gerentes gringos y las autoridades locales andan diseñando una medida de fuerza contra el movimiento. Nada podrían hacer, llegado el momento, para impedir la «masacre de Malpaso». Tampoco podrían evitar, como consecuencia de ella, la «completa desvinculación» de las luchas mineras con las demandas de las «comunidades circundantes».[198]

Y en ese contexto, acaso lo más desmoralizante, era la decepción que había significado el líder —Ravines— recién llegado de Moscú, con el respaldo directo del propio José Carlos Mariátegui. Sus constantes «demostraciones de inconsistencia y cobardía» —ora abatido por el pánico o los efectos de la altura, ora triunfalista, proclamando «sóviets» bajo los efectos del alcohol— contrastaban con la abnegación de militantes locales como el profesor Gamaliel Blanco.[199] De su voz prematuramente apagada, un pequeño fragmento poético quedaría como legado: «Muy engañados vivimos / en esta triste existencia, / donde en lugar de armonía / hallamos solo pesares» (Cerro de Pasco, 15 de febrero de 1926).[200] Hasta ahí llegaba, por el momento, la larga marcha hacia el «verdadero Perú» que por *el camino del Amauta* había debido transcurrir.

---

197. Partido Comunista del Perú 1933.

198. Martinez de la Torre 1947.

199. Del Prado 2011: 97.

200. «Canto minero: Poesía de Gamaniel Blanco». Disponible en <http://bit.ly/1wWftVI>.

Capítulo 9

De Trujillo a Trujillo: el «jefe máximo» y la salvación del Perú

Pasó entre nosotros, rápido y luminoso, como un cóndor de fuego marchando hacia los cielos infinitos.

Julio Antonio Mella[1]

Del Cuzco salió el nuevo verbo y saldrá la nueva acción.

Víctor Raúl Haya de la Torre[2]

Hagamos del dolor ruta.

Víctor Raúl Haya de la Torre[3]

Como una «simpática idea» que había encontrado «pronta y unánime acogida en la prensa y en los círculos universitarios», describió una revista limeña, en marzo de 1920, la sugerencia de Víctor Raúl Haya de la Torre de erigir, en la histórica colina de Paccari-Tambo, un monumento a Manco Cápac, «fundador de la nacionalidad». Año y medio después retomaba el tema el futuro fundador del APRA en una carta personal a Albert Giesecke, rector de la Universidad de San Antonio Abad. Enterado de que «se ha agitado la cuestión del monumento a Manco Cápac» y ante la posibilidad de que su propuesta se materialice, le quiere hacer dos pedidos: «le ruego no olvidarme en el momento dado» y «que se dé al asunto el carácter universitario que tuvo en su origen».[4]

Veintiséis años tenía Víctor Raúl al momento de escribir aquella carta. Su afán por resaltar su conexión con el Cusco cobraba sentido en momentos

1. Mella [1923] 1990: 88.
2. Haya de la Torre 1928a: 55-59.
3. Haya de la Torre 1931a.
4. De Víctor Raúl Haya de la Torre a Albert Giesecke, Chorrillos, 25 de octubre de 1921. Archivo Pontificia Universidad Católica del Perú.

de gran fervor indigenista; cuando buscaba proyectarse al plano nacional. Del impulso que le había dado a la Federación de Estudiantes del Perú en un momento de «apatía y derrotismo» provenía su reputación como dirigente.[5] Gestión cuyo punto culminante sería la realización en la ciudad imperial —con el apoyo del gobierno y del rector Giesecke— del primer congreso nacional de dicha entidad. En ese marco había lanzado Haya su propuesta monumental. Eran vísperas del Centenario de la Independencia y se respiraban aires patrióticos. Acaso buscaba contraponer a una celebración centrada en Lima y en sus supuestos héroes criollos de 1821 la visión de una peruanidad más profunda e inmemorial, cuyo símbolo no podía ser otro que el fundador del legendario imperio.

A 1917 se remontaba su contacto con la capital imperial. Entonces, a raíz del nombramiento de un pariente suyo como prefecto del Cusco, el coronel César González Navarrete, de quien se desempeñaría como secretario, había aprovechado para incursionar en la sierra sur del Perú. «He visto indios con las carnes tajadas por las vergas con que los azotan», escribiría años después al maestro argentino Julio R. Barcos recordando aquella temporada.[6] Su deseo de contrastar el «limeñismo cobarde» de sus colegas explicaba su insistencia en llevar hasta el «lugar más difícil y más lejano» del país «la primera asamblea de la juventud peruana». Allí, donde el efecto depurador del telurismo andino se encargaría de barrer «todo lo que de reaccionario» subyacía en la «juventud peruana»; allí, donde «el trueno y el rayo» limpiarían «los oídos y los ojos de los ensordecidos y los miopes». Meses —añadió— les tomaría a los participantes «rehabituarse a la atmósfera de intrigas» de la capital. Como un «hombre nuevo» habría de volver en su propio caso. Sin haber sentido en carne propia «el dolor por la injusticia social» infligida al indio —diría— jamás se hubiese convertido en «soldado» de la causa por su reivindicación. De la certeza de que «solo del Ande» podría venir una verdadera «renovación» había surgido aquella propuesta monumental que tan afanosamente quería dejar asociada a su propio nombre y al de la Federación de Estudiantes del Perú.[7]

Volvería a cruzar los Andes en 1922 camino del Río de la Plata. La artificialidad de las fronteras nacionales le impresiona en esa oportunidad y, todavía más, la comprobación de que «el problema peruano» trascendía el espacio nacional, llegando «hasta los confines septentrionales de la Argentina en sus aspectos agrícolas y aun raciales». Que «en las cercanías de Jujuy» había oído «muchas palabras quechuas» —observaría— en tanto que «las quenas y

5. Basadre 1981: 207.

6. Haya de la Torre 1925a.

7. Haya de la Torre 1928a.

las danzas me denunciaron la continuidad del problema indígena» que, por el norte, debía llegar hasta tierras colombianas.[8] Era, por cierto, mucho más que un problema de exclusión sociocultural. Sobre la base de ese «crimen legalizado» que era el gamonalismo se edificaba un orden «feudalizado», como lo establecía el hecho de que el individuo que blandía el látigo contra el indio fuese, al mismo tiempo, «el diputado, el senador, el ministro» y hasta el presidente.[9]

Todo esto mientras en otras partes del mundo —en reconocimiento a la fuerza de su colectivismo— como modelo social se tomaba al viejo ayllu de los Andes. ¿Acaso no era la «nueva comuna rusa» el equivalente a «la vieja comunidad incaica modernizada»? ¿Y no era ese el rumbo inevitable para naciones como las andinas donde la «tradición comunista de la tierra» ofrecía la posibilidad de contar con «la célula» de «una vasta socialización»? ¿Podía acaso prescindirse, en la construcción del futuro, de «la fuerza poderosa» de una tradición forjada a través de cuatro siglos de lucha por la supervivencia? La «humanización» de «cuatro millones de hombres bestializados por un sistema económico criminal» era, en suma, «el problema fundamental» de la construcción nacional.[10]

De los confines andinos al centro de la revolución mundial lo llevaría su búsqueda político-existencial. Concluiría, eventualmente, que no era el «camino evolutivo» una opción realista para alcanzar sus objetivos. De ahí que a favor de una «revolución nacionalista indígena» —lo «más militarmente dispuesta y bajo el control y la autoridad de nuestro núcleo»— se pronunciara en 1926.[11] Como en Mariátegui, en el esbozo de una *larga marcha* hacia el «verdadero Perú» culminaría el periplo de Víctor Raúl. Concepciones similares aunque diferenciadas de «lo andino»: como efecto de la experiencia europea en el primero, como dato básico de su examen del Viejo Mundo en el segundo. Elemento decisivo, en perspectiva, de sus respectivos tránsitos del discurso literario al discurso doctrinario sobre el Perú.

En común acuerdo marcharían ambos por algún tiempo, para entrar, eventualmente, en curso de colisión. La imagen del incansable activista indoamericano —frente al «europeísta» Amauta confinado a su torre de marfil capitalina— subrayarían, posteriormente, sus seguidores: el «político» frente al «teórico»; la «crónica de una vida sin tregua» frente a «la agonía amautista».[12]

---

8. Haya de la Torre 1925b.
9. Haya de la Torre 1925a.
10. Haya de la Torre 1925b.
11. De Víctor Raúl Haya de la Torre a Eudocio Ravines, Londres, 17 de octubre de 1926. En Flores Galindo 1994.
12. Sánchez 1934 y Flores Galindo 1980.

Haya, en fin, como el viajero impenitente, como el agudo analista de los desafíos del espacio y el tiempo en la perspectiva de una teoría revolucionaria ad hoc para nuestras realidades.[13] Confrontado con un Mariátegui que, malgrado su talento y su visión, al *dictum* de la Comintern terminaría sometiéndose.

En Trujillo comienza y termina el periplo del Haya revolucionario. Con el joven visionario y precoz que entre los muros de la urbe preincaica de Chan Chan percibe la fuerza dormida de un «verdadero Perú» que pertenece a un espacio y a una época distinta, de un lado. Y, del otro, la acción insurgente que, en ese mismo lugar, en julio de 1932, sus seguidores propulsarían invocando el nombre de su «jefe máximo», por ese entonces en prisión. Entre ambos momentos acontecería un peregrinaje excepcional en busca de los medios que permitieran plantar en el corazón de los Andes la semilla de una «gran transformación».

—I—

En su transición de joven bohemio a dirigente universitario su encuentro con el ebanista Nicolás Gutarra sería un hito fundamental. A raíz de su defensa de un proyecto de «universidad popular» en una asamblea estudiantil, había notado Gutarra su presencia por primera vez. Volvería a encontrarlo semanas después con ocasión de una manifestación celebrando el fin de la guerra mundial. A «la sangre purificadora de un pueblo estupendo», cuya generosa entrega anunciaba «los pasos redentores de las democracias soberanas del mañana», había rendido homenaje Haya en una espontánea alocución ante la legación belga.[14] Lo tendría en mente Gutarra cuando, a fines de año, en los prolegómenos de lo que vendría a ser la mayor paralización laboral en la historia del país, merodeaba el fantasma de la represión. Se necesitaban aliados, se dijo, y pensó en el joven trujillano que tan buena impresión le había dejado.

En la Inca Cotton Rímac del barrio de Malambo se había iniciado la protesta. Bajo la bandera de la jornada de ocho horas iría expandiéndose más allá de los límites de la ciudad. El conjunto de la rama textil se había plegado 72 horas después. Del pueblo fabril de Vitarte vendría el impulso mayor. Motoristas y conductores, tipógrafos, albañiles, curtidores, cerveceros, zapateros y la histórica Federación de Obreros Panaderos «Estrella del Perú» se unirían a continuación. La suspensión de garantías individuales y la toma de Vitarte

13. Chang-Rodríguez, «La tesis del espacio-tiempo histórico de Haya de la Torre». Disponible en <http://bit.ly/2cwEjoh>.

14. «Discurso de Haya de la Torre frente a la legación de Bélgica celebrando el triunfo de los aliados en la I Guerra Mundial». En Haya de la Torre 1984b.

por las fuerzas del orden agravaron la tensión. En Huacho, el norte chico, y en Casapalca, en la ruta hacia la sierra central, confrontaciones con las fuerzas del orden dejaron víctimas fatales. El 12 de enero, finalmente, acuerdan los delegados ir al paro general.[15]

En el manifiesto respectivo queda impresa la singularidad del momento. La retórica libertaria de la dirigencia (el llamado a la «acción directa» en pos de «la conquista del pan») y la expectativa generada por el armisticio (aquella sensación de que la humanidad entraba a «una nueva senda de Justicia y Libertad») confluyen ahí. Compartimos los ideales «que la juventud invoca» —la fe en «las mismas reformas sociales y en una real efectividad de las normas democráticas»— afirma, por otro lado, la nota del comité de huelga solicitando «la directa intervención de los universitarios» en el conflicto que «con sus abusos y empecinamiento, los propios capitalistas han producido».

No es casual la alusión a la juventud. Una nueva generación representaban dirigentes como Gutarra —contemporáneo de Víctor Raúl—, a quien uno de sus compañeros describiría como un «joven inquieto, valiente, arrojado e inteligente, con gran poder de captación y convencimiento, que generalmente decía la última palabra en todas las cuestiones» en debate.[16] Habían crecido bajo el influjo del anarcosindicalismo de cuya visión antipolítica —la política como «una lepra moral» que destruía la «fraternidad y la armonía» de la familia laboral[17]— irían desprendiéndose en el contexto de las grandes movilizaciones de fines del decenio de 1910.

Al argumento de que en el gremio estudiantil estaban «los gobernantes del mañana», y que convenía involucrarlos en «nuestra lucha» para que fueran «palpando las necesidades del pueblo», recurriría Gutarra para convencer a sus compañeros renuentes a buscar alianzas con elementos del *establishment* como los estudiantes.[18] Del lado estudiantil, entretanto, el problema era la pasividad propiciada por un anticuado concepto de «extensión universitaria» y la adulación al candidato Leguía, recientemente nominado «maestro de la juventud». A ello opondría Haya como argumento cabal que la Reforma universitaria estaba «ya en marcha en Argentina» y que «pronto vendría al Perú» requiriéndose entonces del respaldo obrero para lograr su aprobación. El mismo día del inicio del paro quedaba nombrada la comisión universitaria encargada de

15. Portocarrero 1987; Barrientos 1958; Lévano 1967; y Cossío del Pomar, «Primera batalla por los obreros: la jornada de 8 horas», disponible en <http://bit.ly/1E940Sc>.

16. Barba 1971.

17. Lévano [1920] 2006: 308-310.

18. Testimonio de Arturo Sabroso en Pereda 1984: 69.

coordinar con el comité de huelga. Bruno Bueno de La Fuente y Valentín Quesada la conformaban, además del propio Víctor Raúl.

Paralizada amanece Lima el 13 de enero de 1919. Aparte de los piquetes obreros, nadie, sino el carro del Comité de Huelga, «un fordcito con su bandera roja que movilizaba a los delegados que estaban haciendo las gestiones», estaba autorizado a transitar.[19] Se agudiza el ambiente de confrontación hacia el mediodía. Adheridos al paro los encargados del alumbrado público, queda en tinieblas el centro de la ciudad. Multitudinariamente sería recibida la comisión estudiantil el día 14. «A luchar hasta la victoria o hasta la muerte», se había comprometido, ante la asamblea presidida por Gutarra, Víctor Raúl. Designándolo «representante del pueblo» responde esta. El «miedo tremendo» que nos tenían —anotaría el obrero Carlos Barba años después— empujó al ministro de Fomento, Manuel A. Vinelli, a solicitar una comisión para conferenciar. Desconfiados, a los universitarios recurren los huelguistas como garantía ante una posible celada.[20] La noche del 15 vuelve triunfante el trujillano portando el acta de compromiso que él mismo lee en medio de un «silencio sepulcral». Veinticuatro horas después de haber declarado la ley marcial, concedían las autoridades la largamente esperada demanda laboral.

Difícil narrar, observaría un testigo, «las escenas que se produjeron entre los obreros reunidos aquella noche memorable» en el local de la Federación de Estudiantes —donde se había establecido el comité de huelga— y «a todo lo ancho del parque Neptuno, alumbrado apenas por improvisados candiles». Hubo una explosión de alegría, «miles de gargantas» entonaron el Himno Nacional. Aun los soldados se sumaron a aquella «emoción de júbilo». Eventualmente, el dirigente Fausto Narvarte procedería a dar por concluido el paro «a nombre de la clase trabajadora del Perú».[21] Con el fin de la lucha se iniciaba la controversia. ¿Había intentado Haya de la Torre aprovecharse de una gesta en la que, como diría Barba, no había tenido «nada que ver»? ¿Cuál había sido la real extensión de la intervención del futuro líder aprista en aquella jornada paradigmática?

Más de dos décadas después publicaría Víctor Raúl su propia versión.[22] No podía ser una memoria neutral. Pieza fundamental de la mitología aprista era, para ese entonces, la lucha por las ocho horas. Entre la precaria disciplina de los huelguistas, siempre en riesgo de desbordarse, y la terca oposición de los empresarios, que ejercían «poderosa presión sobre el Presidente Pardo» —a su vez representante de intereses azucareros «en cuyas fábricas las jornadas eran

---

19. Portocarrero 1987: 61.
20. Barba 1971.
21. Pereda 1984: 51.
22. Haya de la Torre 1946.

de 14 y hasta 16 horas»— el propio Haya y el ministro Vinelli aparecían articulando la fórmula salvadora. Revela Vinelli al delegado universitario que había amenazado al mandatario con renunciar de no emitirse el decreto. Cuando finalmente obtiene un proyecto de resolución se lo lee «jubiloso», respondiendo a su demanda de «aclarar más» su contenido con una tersa declaración: «Pardo, amigo mío, no da para más...».

La oportunidad de mostrar su temple daría al líder estudiantil, de otro lado, la rudeza de un oficial. «O levantan el paro o hago fuego», brama el uniformado dando lugar a un intercambio en que Haya aparece revestido de coraje y sensatez. Es un instante definitivo de su naciente carrera política. «Con gran discreción y simpatía», aun a riesgo de su propia vida, prioriza la seguridad del Comité de Huelga al distraer al oficial permitiendo que sus miembros se pongan a buen recaudo. Salva así —supuestamente— el destino mismo del movimiento. Un roce fugaz, para terminar, con el ala más radical de la dirigencia: tras anunciar la buena nueva propone Haya levantar el paro general; Eulogio Otazú —representante del «grupo anarquista»— plantea aplazar la decisión hasta obtener la libertad de los 300 detenidos. «Pedí votación», recordaría Víctor Raúl. Respaldado por los textiles, «ganamos en proporción de 10 a 2», haciendo posible que Gutarra anunciara, de inmediato, el levantamiento de la paralización.[23]

Su vínculo con los textiles, vanguardia indiscutible del movimiento obrero, habría de ser, para el futuro fundador del aprismo, rédito político fundamental de aquella victoriosa jornada. Veinticuatro horas después propondría Haya a sus líderes constituir una federación. Él mismo redacta el acta de fundación de lo que vendría a ser «la más poderosa organización obrera del país». Se echaban así las bases del «gran frente obrero estudiantil» que, dos años después, se afirmaría «indestructiblemente» con la fundación de la primera Universidad Popular, eventualmente bautizada con «el glorioso nombre de González Prada». La historia toda del aprismo se sustentaría en ese relato paradigmático, en primera persona, del evento culminante de una historia que se remontaba, prácticamente, a fines del siglo anterior.[24]

—II—

La lucha por las ocho horas se convertiría en punto de inicio de la gran narrativa del aprismo, donde la trayectoria del movimiento y la vida de su fundador formaban una inseparable unidad. Era la historia, vale decir, de una erupción

23. Ibíd., p. 238.

24. Blanchard 1982.

colectiva adecuadamente moldeada por su fundador, quien, en virtud de «los valores perdurables» que había sido capaz de imprimirle a la acción popular, abriría «un rumbo nuevo» —«rectificable pero indestructible»— en la vida política nacional. Convirtiéndose el propio Haya en ese proceso en una singular combinación de «político» y «apóstol» cuya biografía sería imposible de narrar sin transcurrir por «los senderos de la epicidad». Del libro canónico del mito hayista, *Haya de la Torre o el político: Crónica de una vida sin tregua* de Luis Alberto Sánchez, escrito en 1934, proceden dichos conceptos enfervorizados. El relato básico de esa suerte de «destino manifiesto» hayista, piedra angular del aprismo, sería ahí articulado por primera vez. Mitología de cuya poderosa apelación el propio Sánchez podía ofrecer testimonio vivencial: su propia conversión bajo el sino hayista de «intelectual puro» —con la «cobardía y escepticismo bautismales» inherentes a dicha condición— en hombre «con una filiación y una fe».[25] Si José Carlos devenía Amauta, en «jefe máximo» devendría Víctor Raúl. A aquel texto de 1934 podemos recurrir para rastrear los orígenes de ese proceso de mitificación.

Llamando la atención sobre la fecha de nacimiento de Haya de la Torre —22 de febrero de 1895, días previos a la caída de Lima en manos de las fuerzas pierolistas— iniciaba Sánchez su narrativa. Momento fundacional del Perú moderno para algunos, instante desdichado de la patria para otros, a juicio del autor. «Si nace varón tendrá que ser revolucionario», habría dicho el padre. De origen cajamarquino, periodista incisivo, diputado por Trujillo durante el primer gobierno de José Pardo, poco había podido hacer Raúl Edmundo Haya y Cárdenas para preservar algo de su «antes apreciable hacienda». Quince años tenía Víctor Raúl cuando tuvo su padre que declararse en quiebra. Se hacía cada vez más evidente, por aquel entonces, tras la «paz aparente» del cambio de siglo, cuánto cedía el «orgullo abolengado de la nobilísima Trujillo» ante el avasallador avance latifundista.[26] La «latifundización de Trujillo» sería el telón de fondo de su maduración.

Dos grandes figuras rompían la monotonía: trágica una (Piérola), heroica la otra (González Prada). Al pasado vergonzante representaba el caudillo arequipeño: instrumento de una falsa liberación del militarismo, dueño de una popularidad «aguardientosa pero sincera». La «insurgencia de un tiempo nuevo», por el contrario, representaba el «austero» vate limeño. A llenar con el fuego de González Prada el espacio dejado por Piérola se propuso desde temprano Víctor Raúl. Un jovencito que en las abejas y los gusanos que criaba con sus amigos veía «repúblicas ordenadas y discretas, cooperativas y laboriosas» y que

25. Luis Alberto Sánchez, «Preámbulo que debe leerse». En Sánchez 1934: 11-16.

26. Ibíd., p. 23. Véase al respecto Klaren 1976.

arbitraba los conflictos entre sus pares o que, simplemente, fantaseaba diálogos con la historia antigua del Perú. Singular atención prestaría a ciertos personajes que, en un local vecino a su residencia trujillana, izaban una bandera roja cada primero de mayo. Desde entonces, según Sánchez, «ya estaba abierto su espíritu a una inquietud inédita».[27] No sería casual, por ello, que en 1931 como el sucesor de Prada y Piérola se viera Haya.[28] Mucha agua tendría que pasar bajo los puentes antes de que el fundador del aprismo llegara a equiparar su movimiento con el fenecido pierolismo.[29]

Con sus almas gemelas se encontraría en el claustro el predestinado Víctor Raúl de Luis Alberto Sánchez. Con Antenor Orrego, en particular, quien alentaba un proyecto de «extensión universitaria» que prefiguraba las «universidades populares» de 1920.[30] Grupo Norte se autodenominaba el núcleo que este encabezaba. César Vallejo —a quien en el verano de 1916 declararían «genio de la poesía americana» al grito de «¡Darío ha muerto, viva César Vallejo!»— se les uniría desde Santiago de Chuco. Entre los muros de Chan Chan —evocaría Orrego— fantaseaba aquel «grupo de mozos» con sus «futuras batallas por la concreción de sus ideales». Para que luego, con la guerra mundial y la Revolución de Octubre, viniese la súbita evaporación del «hechizo que Europa ejercía sobre nuestros pueblos» y la vuelta de América «sobre sí misma» en busca de las marcas de su propia originalidad.[31]

En 1917 vendría el traslado a Lima. Tiempo de «nebulosa» para Víctor Raúl, en palabras de Sánchez. De tironeo, vale decir, entre su origen patricio y su pasión por lo popular. Vicisitud que a la figura de González Prada habría de remitirlo. En «texto sagrado» del aprismo devendría el testimonio hayista, escrito en Londres en 1925, de su encuentro con don Manuel. En el marco de un diálogo reverencial coinciden ambos en un punto fundamental: tan malos como los civilistas eran los pierolistas, coludidos ambos en hundir al país. Un «pueblo desgraciado» le parece el Perú al «apóstol radical».[32] Entre la «frivolidad limeña» y la «universidad feudal», como un asidero aparece González Prada para el recién llegado. Pondrá en cuestión, bajo el influjo pradiano, su «respeto infinito» a los «sabios maestros» de la universidad. Se acrecentaría el punzón de la rebeldía cuando en el mes que siguió a la muerte de González

27. Sánchez 1934: 33 y ss.

28. Haya de la Torre 1931b.

29. Haya de la Torre 1931c.

30. Ramos Rau 1987: 77 y ss.

31. Citado en Rénique 2009: 42. Véase también Rivero-Ayllón 1997, 2004 y 2005.

32. Haya de la Torre 1925e.

Prada —22 de julio de 1918— habría de sentir hambre por primera vez. Vivirlo lo haría más sensible que nunca, según Sánchez, al dolor del prójimo.[33]

Es la versión en clave épica de su proceso de desclasamiento. Sus infantiles escapadas nocturnas a escuchar las charlas de los obreros anarcosindicalistas reviviría Haya al calor de sus diálogos con Prada. Con su experiencia cusqueña —en que «sació sus ojos con el dolor milenario de los indios»— se combinarían aquellas memorias para producir al «inobjetable líder de la juventud universitaria» que era cuando Nicolás Gutarra acudió en su búsqueda en diciembre del año 18.[34] A su sentir de aquellos tiempos dos testimonios epistolares —de mayo de 1917 y septiembre de 1919— nos acercan un poco más.

A su amigo Orrego transmite, en la primera carta, sus iniciales impresiones sobre el ambiente capitalino. Lo ayudan a sobrellevar la nostalgia, dice, la amistad de dos provincianos, el arequipeño Hidalgo y el iqueño Valdelomar. Ellos no habían dudado en extenderle «carta de ciudadanía como artista», incorporándolo como un miembro más del «cotarro intelectual». Andaban alborotados por ese entonces con la llegada de Anna Pávlova, la célebre *ballerina* rusa a cuyo arribo al puerto del Callao planean los compañeros acudir en masa. Queda claro, sin embargo, que la política es el foco principal de su interés. Dos encargos solicita al respecto Víctor Raúl: que «los amigos de allá» impulsen su nominación como representante de la Universidad de Trujillo ante la Federación de Estudiantes y que no cesen de «hacer campaña» en su favor a través de *La Libertad*, el periódico dirigido por su amigo Antenor. Queda registrado, para terminar, el pasmo que le suscita la capital: en vísperas de una jornada electoral, le sorprende al joven universitario el «raro aspecto» de las calles de la ciudad, «llenas de grupos de gente fea y que huele mal», gritando «con voces destempladas» lemas en que se entremezclan «palabras procaces» con los nombres de los candidatos.[35]

A su hermano Agustín va dirigida su segunda comunicación. Varios meses han pasado desde su primer encuentro con el movimiento laboral. Que no se imagina —le dice— «el cariño que he despertado entre el elemento obrero», a cuyo lado «en las trágicas noches del paro hemos expuesto la vida varias veces». Que trabaja «ardorosamente» —le revela— en la forja de «un gran partido de nuevos principios que saldrá de las universidades». Y que con tal fin se ha dirigido a colegas del Cusco y Arequipa, porque «nuestro partido tiene fines regionalistas y unificadores». Le solicita, en consecuencia, que difunda en la

33. Sánchez 1934: 59.

34. Ibíd., p. 59.

35. De Víctor Raúl Haya de la Torre a Antenor Orrego, Lima, 19 de mayo de 1917. En Villanueva 2009.

prensa trujillana lo que, de su intervención en la lucha por las ocho horas, ha dicho la prensa de la capital. Para su hermana Zoila, igualmente, va el pedido de que «siga recortando de los periódicos todo que a mí atañe». Una línea final llama la atención a la luz de los acontecimientos posteriores: «creo que me iré del todo pronto».[36] La gran perspectiva de su destino político pareciera más o menos definida ahí. En una escena mundial en ebullición distingue Víctor Raúl una frontera por conquistar. ¿Se planteaba ya por aquel entonces salir del país? ¿Percibía acaso, a tan solo dos meses de instalado el régimen leguiista, que el destierro sería la consecuencia inevitable del curso político al que se había lanzado? ¿Sabiendo eso, buscaba darle a dicho desenlace la mayor relevancia posible?

De hecho, entre la derrota, en mayo, del paro convocado por el Comité Pro Abaratamiento de las Subsistencias —punto de inicio de un largo repliegue proletario— y la consolidación del nuevo régimen, como el ámbito más adecuado para preservar lo acumulado en el medio obrero aparecía la política universitaria. Y la Universidad Popular, por cierto, como la fórmula idónea para seguir forjando el «gran partido de nuevos principios» que bulle en su imaginación. Del congreso del Cusco, en que consigue aprobar su proyecto (marzo de 1920), a su inauguración efectiva (enero de 1921), una ardua pugna tendrá que afrontar. Deberá deslindar, particularmente, con quienes pretendían mediatizar su concepto de «universidad popular».[37] Con Giesecke compartiría Haya las complicaciones que le rodean. En medio del «caos», le escribe, fracasado el Comité de Reforma como antes la Federación, acaso solamente una «voz orientadora» como la suya podría contribuir a reunificar a la juventud. «¿No querrá Ud. ayudarnos a los universitarios antipolíticos —le solicita— en nuestro empeño de reacción?».[38]

Asediado por el régimen y por el hambre, apenas sostenido por su mísero ingreso de profesor por horas en el Colegio Anglo-Peruano, presenta Sánchez al Víctor Raúl de 1921-1922. Un hombre, por sobre todo, que «no descansaba jamás».[39] Aprovecha el receso de San Marcos para concentrarse en impulsar su acariciado proyecto universitario. Crucial el rótulo antipolítico, como la adopción del nombre de Prada —a un año de su apertura— para captar el respaldo de la vanguardia libertaria. Como la perfecta continuidad de los centros de investigación y bibliotecas populares de inicios de siglo aparece, a sus ojos, la

36. De Víctor Raúl Haya de la Torre a Agustín Haya de la Torre, Lima, 27 de septiembre de 1919. Mi agradecimiento a Federico de Cárdenas por haberme proporcionado una copia de este documento.

37. Basadre 1981: 207-215.

38. De Víctor Raúl Haya de la Torre a Albert Giesecke, Lima, 2 de julio de 1921.

39. Sánchez 1934: 74.

Universidad Popular. Al respecto, resulta sustancioso su diálogo con el obrero textil Julio Portocarrero mientras recorren Vitarte en los días previos al inicio de actividades en esa localidad. «¿Cómo piensa usted que debe presentarse la universidad popular acá?», pregunta el visitante. «No tratando cuestiones políticas», enseñando «todo lo relacionado con la cultura, con el conocimiento», responde el trabajador.[40] Como parte de su «resistencia» ante la «indiferencia y la rutina» en un momento de «sufrimiento económico» —según un editorial de *El Obrero Textil*— veían los trabajadores su educación: una vía para nutrir sus «cerebros» y sus «corazones» con la «idea» de una «mejor vida», con la «preparación moral necesaria para nuestra próxima lucha». Porque con «simples panaceas reformistas» ya no se conformaba el proletariado sino que buscaba «una fórmula de cambio radical en la sociedad, abatiendo el régimen capitalista» para establecer «el régimen del trabajo libre y de la producción libre, organizados comunitariamente».[41] Haya, en esas circunstancias, aparecía como un aliado ideal.

Del mismo Portocarrero una sencilla anécdota sugiere el nivel de cotidiana camaradería que se suscita entre obreros y universitarios. Se refiere a doña Esther, una costurera local que, para que Víctor Raúl no maltratara el «terno negro» que a diario vestía, se había preocupado «de que le compraran un overol» y «zapatillas con suela de pita que se usaban en esa época». Con mucha satisfacción tomaría el «catedrático» el gesto de la «compañera». Las imágenes del archivo de Josefa Yarlequé de Marquina reflejan aquel ambiente de «natural acercamiento» al que alude Portocarrero.[42] En el local de la Universidad Popular en Vitarte, el concepto de las futuras «casa[s] del pueblo» apristas tendría una primera experiencia: una gran familia obrera confraternizando, más allá de las actividades lectivas, en actividades deportivas o celebraciones mutualistas como la Fiesta de la Planta o la Fiesta del Niño. Con Haya como eje, fomentando la práctica deportiva, organizando paseos o disertando sobre una diversidad de temas, desde astronomía hasta ciencias sociales, pasando por sexología.[43] Una comunidad de productores ajena a la «disolvente» política del momento. Porque, como decía Haya por aquel entonces, «no hay uno solo, ni en la oposición ni en el gobierno que yo juzgue digno del pueblo y de la época». De ahí que, respecto de los políticos de turno, la única real esperanza que

---

40. Portocarrero 1987: 88-89; y Stein 1980: 150 y ss.
41. «Clarinadas», en *El Obrero Textil*, N.° 13, julio 1920, p. 1.
42. Portocarrero 1987: 100. Se incluyen ahí las imágenes del archivo en mención.
43. Ibíd., p. 89 y ss., Tapia 1993 y Stein 1980: 77. Véase también Hirsch 2010, Klaiber 1975, Tejada 1985 y Melgar Bao 2011.

podía abrigarse era que «el tiempo se los lleve a todos», en tanto asomaba en el horizonte, «una menos pecadora generación».[44]

Tras los fines culturales y educativos columbraba —tal como se lo había revelado a su hermano Agustín— un propósito mayor. Como lo había expresado en el discurso inaugural de la Universidad Popular, «probarnos, calibrar nuestra voluntad, nuestra tenacidad, nuestra fe en ideales superiores» con el fin de «despertar en nosotros» a ese «héroe dormido» que «lleva todo hombre dentro de sí». La labor requería «una voluntad indesmayable, una modestia genuina, un entusiasmo profundo y una paciencia inteligente y serena». Se empezaba una «cruzada» «contra todos los males morales, contra todas las debilidades de la mente y del carácter, inherentes de nuestras deficiencias educacionales». Nada menos que a refundar la cultura política, como antesala para la producción de un nuevo actor colectivo, aspiraba el idolatrado «compañero-rector».

Una verdadera conmoción familiar suscitaría su «proletarización», como quedaría inscrito en la correspondencia familiar. Lo «denuncia» ante su padre un tío materno, Agustín de la Torre González. Que ha adoptado ideas bolcheviques informa desde la capital (16 de abril de 1921). Tanto es así, dice, que «ser el Lenine [sic] peruano» parecería ser su «gran aspiración». Y que ha iniciado ya el proceso de llevar a la práctica sus «peligrosas convicciones», «enteramente dedicado a la difusión de estas ideas en el bajo pueblo», a punto tal que «no ve a los Del Solar, porque —según dice— no puede visitar gente rica». No tarda Raúl Edmundo (Trujillo, 16 de mayo de 1921) en dirigirse a su vástago con «tremenda tristeza». Lamenta que haya sido atacado por ese «mal de la novelería tan común en la juventud peruana», que en su caso, conociéndolo, lo atribuye a un acto de «vanidad» porque al «hombre humilde y modesto no se le ofusca la inteligencia jamás».

Al bisabuelo don Gerónimo alude en su réplica Víctor Raúl (Lima, 16 de mayo de 1921), un antepasado que, como él, se había levantado contra las ideas de su casta al abrazar la causa de la libertad, traicionando al rey, su señor. Siendo «tan orgulloso de su ascendencia», mejor que nadie debía tener presente aquel legado el tío Agustín. Porque «de ser vano» —continúa— «buscaría para encumbrarme el camino fácil de la política que estoy seguro me ofrecería triunfos inmediatos». A sus ideales había llegado, dice, «después de haber sufrido, siempre solo, el dolor antes insospechado para mí, de no comer» y al recordar que «muchos hombres sufren siempre» lo que él había sufrido tan solo «por un breve periodo». Se refiere a continuación a su compromiso con la «propagación de la cultura», como instrumento para «elevar el nivel espiritual de todos los hombres», para «dignificar todas las funciones de la vida». Y para

---

44. Ramos Rau 1987: 149.

terminar, una nueva alusión a su destino inmediato: que seguía en pie su anhelo de volver a verlos antes de «separarme siguiendo mi destino y quién sabe por cuánto tiempo más».[45]

Como una suerte de ensayo general del peregrinaje por venir aparecen dos viajes que emprenderá en los siguientes meses. Su primer retorno a Trujillo un lustro después de su traslado a la capital. Convertido en un «nuevo tribuno» —sostendría Sánchez— vuelve al terruño Víctor Raúl. En «rápida visita a los valles vecinos» comprenderá el visitante «el trágico sino de su ciudad nativa», la profunda «amargura» que acunaba una región que se sabía avasallada. ¿Quién sino el pueblo —reflexiona Haya— podría detener aquel «cataclismo» que el «apetito de lucro» había lanzado sobre el departamento de La Libertad? Como un «viaje meditativo» a través del «cuadro vergonzoso de la realidad peruana», describe Sánchez la primera de las conferencias que ofrece en su patria chica. Un nuevo encuentro debe programarse por demanda popular. Se interpondrá el prefecto cuando intente una tercera presentación en la plaza de toros local. Tendrá que despedirse desde su alma máter, aprovechando para presentar su propuesta de frente único de trabajadores manuales e intelectuales contra la «autocracia» y los «intereses imperialistas». Estalla la huelga en los valles de Chicama y Santa Catalina a pocos días de su partida. «La siembra había sido fructífera», comenta Sánchez como colofón.[46]

Hasta Buenos Aires se desplaza en su condición de líder estudiantil. Que le adjuntaba un par de ejemplares del *Boletín de la Federación Universitaria Argentina*, «en donde figura algo de mi labor de acercamiento internacional», informa al rector Giesecke. Tenía ya la mirada puesta allende las fronteras del país. A la visita del argentino Alfredo Palacios, en mayo de 1919, se remontaba la inserción del Perú en el mapa del reformismo universitario latinoamericano. Recién entonces podría conocer Haya, directamente, a los líderes históricos del populismo temprano (José Batlle y Ordoñez, Hipólito Irigoyen y Arturo Alessandri) por supuesto tanto como a los ideólogos en boga (José Ingenieros y Ricardo Rojas además del propio Palacios) y a las figuras de su propia generación (Gabriela Mistral, Santiago Labarca y Gabriel del Mazo). Todo un descubrimiento será para el trujillano el «altísimo papel espiritual» desempeñado en el cono sur por la juventud letrada. Venciendo la «demagogia antiperuana», observa Sánchez, arranca vivas al Perú de quienes lo escuchan en la capital chilena. Se levantan los estudiantes del claustro universitario santiaguino procediendo a expulsar al rector poco después de su visita. A la presencia del peruano atribuye el biógrafo

45. Reitero mi agradecimiento a Federico de Cárdenas por haberme proporcionado copias de las cartas aquí citadas.

46. Sánchez 1934: 80-81 y Díaz 1974: 82 y ss.

aquel despliegue de rebeldía. A los 27 años, dice, estaba listo su personaje para emprender la fase más audaz de su «vida sin tregua».[47]

Su propia politización marcha, a esas alturas, por delante que la del movimiento estudiantil. Cada vez más concentrada en sus manos se encuentra la administración de la Universidad Popular, secundada desde mediados de 1923 por la revista *Claridad: Órgano de la Juventud Libre del Perú*, émulo peruano, por cierto, de la *Clarté* de Henri Barbusse, ejemplo paradigmático de politización intelectual.[48]

Al contraste con Mariátegui recurre Sánchez para delinear al Víctor Raúl de ese año liminar de 1923. En una calle del centro de Lima se cruzan sus caminos a mediados de abril. Abocado a la organización de la protesta contra la «consagración oficial de la nación al culto de la efigie del Corazón de Jesús» se encuentra por aquellos días el futuro líder aprista. «Contagiado de ideas europeas, desconectado de la realidad peruana», el recién llegado Mariátegui vería aquel evento como un «movimiento demoliberal» que no merecía ser respaldado. Por ello, de poco valía detenerse a considerar «definiciones» en un medio en que «no hay aún conciencia revolucionaria», cuando «la realidad está indicando el único camino» posible, le habría respondido su interlocutor.[49] Ejemplo de convicción como de pragmatismo será la protesta del 23 de mayo de 1923.

«Ninguna ayuda» sería «desperdiciada» en el esfuerzo por movilizar —recuerda Sánchez— «la maquinaria en defensa de la libertad de conciencia que capitaneaba Víctor Raúl»: de los núcleos masónicos a la revista *Variedades* cuyo director, Clemente Palma, estaba vinculado al régimen. Se jugaba, según rezaba la convocatoria, «la soberanía popular y la dignidad de la República», en circunstancias que, «con estupor y sin reservas», contemplaban «América y el mundo» cómo «la conciencia de un pueblo» era entregada, públicamente, a la «devoción rendida» de una mera «efigie».[50] Demasiado «criollismo» para el circunspecto Mariátegui concluiría Sánchez.

«Dar una lección práctica», demostrando que «nuestra pedagogía» era «algo vital» y no una mera entelequia habría sido el objetivo hayista. Una «batalla cívica» en la que había que jugarse el todo por el todo en momentos en que se hacía ya casi imposible sostener un espacio de acción oposicionista. En el contexto de un marcado repliegue popular tendría que emplearse Haya para sacar adelante la movilización. A Vigil y a González Prada tanto como a la «figura histórica de Jesucristo» —cuya pureza doctrinaria y la elevación de sus ideales de justicia y humanidad compararía con los dogmáticos métodos

47. Sánchez 1934: 77-78.

48. Portocarrero 1994: 7-18.

49. Sánchez 1934: 83-84.

50. Reproducido en Portocarrero 1987: 110.

puestos en práctica por el catolicismo criollo para «mantener su predominio sobre las masas ignaras»— apelaría con ese fin.[51]

Hasta ahí llegaba lo que el análisis y la razón podían prever. Del resto se encargaría la contingencia: la violencia de la represión, el espíritu combativo de los manifestantes, la muerte, por demás simbólica, de un estudiante y de un trabajador tranviario y, al día siguiente, la masiva marcha en homenaje a las víctimas. En las calles, el segundo gran hito de la épica aprista quedaba escrito con sangre: el bautizo de fuego del «frente de trabajadores manuales e intelectuales» del que el aprismo sería expresión partidaria. Con su futuro «jefe máximo» a la cabeza, agitando a «grito herido» a la encabritada masa, haciendo retroceder a las tropas con la «audacia magnética» de su propio brío, protegido por un contingente de «ciento cincuenta obreros y estudiantes». Una suerte de Piérola redivivo, por la audacia de sus tácticas, y la encarnación, al mismo tiempo, de la profecía de don Manuel.[52]

No volvería a la normalidad. Cuatro meses de acoso preceden a su legendaria deportación: momento culminante de la narrativa de Sánchez. En medio de un paro en su apoyo, tras varios días de huelga de hambre es conducido al vapor que lo lleva al destierro. Vestido como de luto, casi incapaz de mantenerse en pie, perfil quechua de indio blanco: así lo describe el biógrafo. Tan vago como fervoroso es su mensaje de despedida. «Muy lejos de la podredumbre nacional» se ubicaba su «credo revolucionario», evidentemente, por definir: «bandera de juventud», «revolución de las conciencias», «cruzada libertadora por la justicia social» serían algunos de los términos que emitiría. Y su célebre rúbrica profética para concluir: «retornaré a mi tiempo, cuando sea llegada la hora de la gran transformación».[53]

Importante especificar la visión que tenía al momento de partir, en el umbral de su conversión, en la dura escuela del exilio, en político profesional. Una confluencia de elementos entre los cuales podría distinguirse: a) el legado radical «gonzalezpradista» del que, además de la crítica antioligárquica, heredaba la identificación con las luchas populares; b) la idea de una «élite intelectual» a la cabeza de una movilización por la «regeneración social» acuñada por figuras como Henri Barbusse y Romain Rolland; c) el modelo del «intelectual de campaña» de John A. Mackay cuya palabra, más que «deleitar», buscaba «convencer»;[54] d) del mismo autor, la noción de la «revolución de los espíritus» como paso previo a la «revolución social» en tanto etapa de preparación moral

51. Citado en Klaiber 1977.

52. Sánchez 1934: 87-89.

53. Ibíd., pp. 100-101.

54. Mackay 1923: 17

esencial para la construcción de una sociedad nueva;[55] e) el enfoque neoarielista de Ingenieros, Ugarte, Vasconcelos y Palacios, menos apegado al tono aristocrático de la original versión de Rodó y crecientemente consciente del «peligro norteamericano»;[56] f) el estilo y la estrategia del populismo temprano conosureño de Alessandri e Irigoyen; g) el discurso de reivindicación indigenista o serranista incentivado con el inicio de la «patria nueva»; y, h) un marcado sentido de protagonismo y una retórica salvífica de corte religioso salpicada de frecuentes referencias al sentido purificador del dolor y del sufrimiento.[57]

Desde esta perspectiva, guiado por un sentido «práctico» y «realista» de la política, leería Haya la situación mundial. Atrás quedaba el capital acumulado en un lustro de intensa actividad, sus redes de paisanaje norteño y fraternidad universitaria[58] pero, sobre todo, una estrecha ligazón con la vanguardia obrera. Un vínculo que ni la represión ni el tiempo —según una redactora de *El Obrero Textil*— podrían diluir; porque ante la posibilidad de «perderlo para siempre preferimos sufrir su separación temporal, convencidos de que, aunque lejos, su pensamiento y su nobleza de alma seguirá a nuestro lado».[59]

—III—

Por algún tiempo había estado preparando Haya su salida del Perú. Pensando en cómo insertarse en ese entramado internacional que, en torno al arielismo primero, y a la Revolución mexicana o la reforma universitaria posteriormente, había ido tomando forma a través del hemisferio. Redes hechas de tinta y de papel que las dictaduras de la época —con su uso recurrente del destierro como arma defensiva— se encargarían de nutrir.[60] Afincadas ahí donde, en medio de los vaivenes políticos, surgiese un espacio de refugio y sobrevivencia. El México de los años 20, por ejemplo, donde su ministro de Educación, José Vasconcelos, destacaría como protector de exilados del continente entero.[61] En esa constelación, en ciudadano distinguido habría de convertirse Haya de la Torre a partir de octubre de 1923.

---

55. Ibíd., pp. 8 y 10.
56. García Calderón 2001a: 292-293; y Planas 1985: 20 y ss.
57. Delgado 1985: 25-34.
58. Melgar Bao 2003a.
59. Lucía Podio, «Respondiendo al camarada Haya de la Torre», en *El Obrero Textil*, N.° 75, enero 1925, p. 5.
60. Melgar Bao 2003b y Bergel y Martínez Mazzola 2008.
61. Carr 2010.

Vía Gabriela Mistral y Carlos Pellicer, hacia fines de 1922, se había conectado con Vasconcelos. Como parte de su *staff*, participa año y medio después en el homenaje a Emiliano Zapata en el cuarto aniversario de su desaparición. Llenan los campesinos hasta los techos de los trenes en que se desplaza la comitiva oficial. Van armados «con el fusil que les guarda la tierra»; en su interacción con las autoridades prevalece una «absoluta fraternidad» que desafía su imaginación. Una multitud de «hombres sencillos», pacíficos en apariencia, cuya fuerza colectiva había sido capaz de erradicar el «militarismo profesional». Flamea por todas partes el pabellón rojo y negro de los agraristas y la congregación de coronas de flores «dan al cortejo un aspecto vistoso». Conmovedor pensar que de la «maravillosa intuición de justicia» de un campesino casi analfabeto hubiese surgido un proceso de transformación social tan vasto como el mexicano.[62]

¿Podía haber sido Túpac Amaru el Zapata del Perú? Imposible imaginar, en todo caso, celebración similar en el caso peruano —reflexiona Haya—, al menos mientras «no resurja» la raza por cuya libertad el rebelde cusqueño había entregado su vida. Mero «gesto de opereta» sería que quienes representaban «la institución legal» de la «esclavitud del indio» pretendieran «saludar su memoria». Se le profanaría «levantándole una estatua» en la pro hispánica Lima. Para levantar estatuas al fraile Valverde, al virrey Conde de Lemos o a Torre Tagle —aristocrático protagonista de la meliflua independencia criolla— estaba el Perú, más bien. Ya vendría más adelante «el homenaje del pueblo libre» a «los pocos rebeldes» de la historia nacional. Y quizá entonces, el más «grandioso monumento a la rebeldía del indio, de la sierra y de la costa» debiera ser elevado a «la memoria de los millares de víctimas indígenas del dominio colonial» y no menos del «dominio republicano».[63]

Haciendo suyas las tesis básicas del indigenismo vanguardista, irá esbozando desde la distancia un posible escenario revolucionario para su país. Descalifica, al respecto, a ese puñado de «plañideras» que pretendían fungir de «movimiento intelectual del Perú»:[64] aquellos Belaunde, Miró Quesada, Riva-Agüero y otros «señoritos aristocráticos», «serviles al pasado, afeminados y ventrales», la reciente camada de una «vieja casta» explotadora del indio. Eran los «pensadores» de una élite que tenía en la agitación chauvinista —el fomento del odio a Chile, en particular— su único horizonte histórico.[65] Incapaces de percibir hasta qué punto lo indígena podía ser la base de una

62. Haya de la Torre 1924a.

63. Haya de la Torre 1924b.

64. Haya de la Torre 1925a: 66.

65. Haya de la Torre 1925c.

revolución que, con una dirección idónea, podría extenderse a través del continente indoamericano.[66]

Si sus desplazamientos al oriente y al sur de su tierra natal le habían mostrado la importancia de la cuestión indígena, en el norte del continente comprendería la «realidad dolorosa del avance imperialista» en «toda su amenazadora magnitud»: el «espectáculo de opresión» que bajo la «diplomacia del dólar» se cernía a través del conjunto de Mesoamérica.[67] «El imperialismo yanqui, máquina siniestra del capitalismo opresor, avanza tentacularmente sobre nosotros» escribe en mayo de 1924. Responde así a una noticia perturbadora: la posible realización de un plebiscito en Panamá para decidir si pasaba esa república a «manos del conquistador anglo» o «quedaba semilibre, como está hoy».[68]

«Hechas al sentido histórico de la conquista agresiva militar» no alcanzan a percibir las mentes latinoamericanas —puntualiza Haya— el *modus operandi* de una política expansiva de «relativa originalidad»: aquello que como «imperio por invitación» definiría la academia décadas después,[69] un «plan de sumisión» que solo gracias a la «unánime complicidad» de «gobiernos y diplomacias de nuestros pueblos» era capaz de subsistir. Un modalidad cuya derrota requería «una acción conjunta de los pueblos» contra la opresión «de fuera y dentro». Propone como salida una versión continental del «frente único de trabajadores manuales e intelectuales» forjado en el Perú entre 1919 y 1923. Una organización formada por secciones nacionales sujetas a «una disciplina internacional» bajo cuya égida convergerían la «revolución indígena» y la «acción antiimperialista» y cuya estrategia básica sería concentrar fuerzas donde fuese «más fácil tomar el poder» como punto de inicio de su acción indoamericana. Al vaivén de su azaroso exilio, desplegando un insólito voluntarismo, cautivando a muchos, enervando a otros con sus caprichosas interpretaciones de la ortodoxia revolucionaria, iría Víctor Raúl revistiendo este esquema básico hasta producir una alternativa propia confrontada al internacionalismo cominterniano tanto como al panamericanismo promovido desde Washington desde fines del siglo anterior: el aprismo. Aunque, sin programa ni organización alguna, desde septiembre de 1924 existía una Alianza Popular Revolucionaria Americana a la manera de marco virtual de una propuesta por definir.[70]

66. Haya de la Torre 1923a.

67. Haya de la Torre 1923b.

68. Haya de la Torre 1924c.

69. Knight 2008.

70. Haya de la Torre 1925: 86; y 1925c.

Si en los momentos iniciales de su destierro el cubano Julio Antonio Mella[71] había visto a Haya como el «sueño de Rodó hecho realidad», como un ardiente leninista aparecería Víctor Raúl un par de años después. Era un reflejo de sus desplazamientos a través del mapa revolucionario de entreguerra. De México había partido a Rusia como miembro de una delegación de «estudiantes presbiterianos» a la que se había sumado gracias al apoyo de la activista norteamericana Anna Melissa Graves, avalado también por el Partido Comunista Mexicano. En momentos en que iniciaba la Comintern su «descubrimiento de América» Haya aparecía, para los soviéticos, como un promisorio interlocutor. De ahí el nutrido programa con que lo reciben; incluyendo su asistencia a una serie de eventos oficiales —el IV Congreso de la Internacional de las Juventudes Comunistas, el III Congreso de la Internacional Sindical Roja y el V Congreso Mundial de la Comintern— y un viaje por el interior del país acompañado por Bertram D. Wolfe, un judío neoyorquino, fundador del Partido Comunista norteamericano e integrante de la dirección del Partido Comunista Mexicano.[72] Se genera entre ellos una relación más intensa que lo que la «historia oficial» aprista habría de registrar.[73]

Un diálogo en cuyo marco habría buscado el peruano recabar apoyo para su movimiento dentro del respeto a la «autonomía» de «nuestros procedimientos» y del proceso de adaptación del programa cominterniano a la realidad latinoamericana. A partir de un programa cuyos puntos básicos eran a) nacionalización de industrias; b) un programa de distribución de tierra basado en las tradiciones incaicas; c) gobierno «obrero-campesino» incluyendo la «sustitución de parlamentos por Sóviets o comunas»; d) nacionalización de propiedad de la Iglesia y su uso para sustentar las campañas contra el analfabetismo y el desarrollo de la cultura; y, e) cooperación con la Unión Soviética. Un modelo superior, argumentaría Haya, al de los partidos comunistas cominternianos a la luz de los fracasados intentos verificados en Chile, Argentina o México de «americanización» de la táctica de la Internacional. Una propuesta, de otro lado, cuyas posibilidades eran prácticamente nulas en el marco del creciente rigor de la política soviética.[74] ¿Astuto señuelo para absorber todas las enseñanzas posibles de la patria de Lenin? ¿Reflejo de una pasajera fascinación con el modelo soviético? ¿Calculada maniobra para dar a su proyecto visibilidad? Más allá de su propia palabra, poco tenía Haya que exhibir, en 1924, como

71. Mella [1923] 1990: 88.

72. Lazar Jeifets y Víctor Jeifets 2013.

73. Véase, por ejemplo, Soto Rivera 2002: 82-83.

74. Loc. cit.

evidencia de la real existencia de su movimiento. Para su formación política, no obstante, de gran significación sería aquella visita a la nación soviética.

«Conocer integralmente la Revolución Rusa» se propone, más allá de lo que informaba la «prensa burguesa» o del afán esnobista o exotizante, en la medida que se trataba de «una de las más profundas transformaciones de la humanidad».[75] Subraya que «le obsede la idea de poder formarse una opinión clara y justa para poder decir a la juventud de nuestra América lo que Rusia es o lo que yo vi en Rusia». Desea acercarse, dice, todo lo que le fuera posible a la conciencia y el alma rusas.[76] De aquel excepcional capítulo del periplo hayista un estudio detallado de la realidad soviética —que nunca tendría tiempo de reconstruir— le sería decomisado, según dijo, por la policía suiza. Su interés por la materia prima revolucionaria, por la confección misma de una política de masas enrumbada hacia la construcción de un orden diametralmente nuevo, ha quedado registrado, sin embargo, en las escasas crónicas de aquella experiencia que vieron la luz.

Una mirada cuyo eje no podía ser otro que la gran devoción por el entonces recientemente desaparecido Lenin. De él emanaba, a su criterio, aquella «disciplina consciente» en que se apoyaba el conjunto del orden revolucionario. Bien apuntalada por un sistema propagandístico que «ha aprovechado eficientemente la psicología del pueblo ruso» y que Haya, al parecer, no se cansa de admirar.[77] Su más cautivador efecto queda testimoniado en la conducta de la juventud, que es «lo más interesante y significativo» de todas sus observaciones.[78] En un estadio moscovita encuentra la imagen que ilustra su aprecio por la «nueva juventud rusa». A coros musicales le resuenan sus «largas ovaciones». Y a Isadora Duncan le recuerdan sus movimientos ondulantes. Valora la música, el uso de los altoparlantes, el efecto coreográfico de conjunto. Es una juventud, dice, «purificada de la animalidad» que se observa en los estadios norteamericanos o de los pueblos «deportivamente *ayanquizados* por desgracia» de nuestra América. Hay un entusiasmo, prosigue, «tan vivo, tan inagotable en esta juventud, que no falta quienes —como Bertrand Russell— afirmen que se trata de una especie de nueva religión». Curioso, entonces, que se ataque al bolchevismo «por su falta de fe».[79] ¿Eran suficientes siete años de revolución, cuatro de ellos de guerra civil, para producir tan decisivo corte con el pasado de los Romanov? Imposible entenderlo sin prestar atención a la propaganda,

75. Haya de la Torre 1925d.
76. Ibíd., pp. 18-19.
77. Haya de la Torre, 1932c: 436-38.
78. Ibíd., pp. 428-432.
79. Ibíd., pp. 429 y 431.

«una de las grandes defensas del sistema soviético», a cuyo cargo, por cierto, están los más jóvenes. «Ellos son la garantía, disciplinada, militarizada, inflexible, del poder de la revolución».[80] «Pedagógica, metodizada, dirigida a cada clase, a cada grado de cultura, a cada zona del país», la propaganda soviética tenía un fenómeno de «efectos decisivos». Por ello, en la medida que Haya gana familiaridad con la realidad soviética, le parece que las «grandes deficiencias y vacíos» que todavía se perciben en la nueva organización quedan «compensados con la técnica estupenda de su propaganda». La especial psicología del pueblo ruso era, sin embargo, su necesaria contraparte. ¿Podría funcionar igual esta técnica en Occidente? Duda el viajero por el momento.[81] Pero tendrá en cuenta cada una de estas imágenes cuando, siete años más tarde, llegue el momento de lanzar su propio movimiento de masas.

Su mirada a los líderes complementa su examen de la revolución como emoción colectiva. A muchos de ellos los ha visto de cerca. Le impresiona la inteligencia y la vivacidad de Anatoly Lunacharsky, el comisario del pueblo para la educación y cultura. Destaca su crónica sobre Trotsky, sin embargo, porque trasluce su pasión por el arte de la política de masas. Toda la épica del proceso revolucionario parece condensarse en su estilo y su palabra. Se desborda en halagos Víctor Raúl hacia el brillante comandante del Ejército Rojo en vísperas de caer en desgracia. Singularmente atractivo, electrizante y juvenil; ningún otro líder había logrado como él llegar tan hondo, observaría Haya, al «corazón de la juventud rusa».

Acude a escucharlo a fines de julio de 1924 en el Teatro de la Revolución de Moscú. Ilusorio sería, puntualiza Haya, tratar de entenderlo con su ruso que no pasaba de las cien palabras. Para «uno del oficio», sin embargo, ello no era óbice para captar el «arte y la técnica del orador». Literalmente subyugado quedará el peruano. «Gesto, manos, elocución —relata—, todo se une en gran armonía de sinceridad y de soltura, de dominio y de certidumbre». La reacción del público es simplemente espectacular: «algunas aparatosas crisis nerviosas» femeninas, «exclamaciones insólitas ahogadas por la emoción», múltiples lágrimas, «vítores rotundos» premiando a ese «gran conductor de muchedumbres».[82]

Y de boca del «último ruso de mi viaje», ¡hispanoparlante por notable coincidencia!, escucha el mensaje que confirma su propia percepción: que todo aquel proceso que había observado era un fenómeno sustancialmente ruso, impensable fuera del «misticismo eslavo», del «orgullo reprimido» de una raza

---

80. Haya de la Torre 1934.

81. Ibíd., p. 30.

82. Haya de la Torre 1924e.

que había soportado diversos yugos «sin abatir jamás su cólera y su sed de universo».[83] Tras la eclosión internacionalista, en síntesis, advierte el trujillano la médula profundamente nacionalista del proceso soviético.

Tras la excepcional oportunidad de presenciar un fenómeno «más grande que la gran revolución francesa»,[84] podía Haya sentirse autorizado para hablar de «ciencia revolucionaria». Que su ausencia, en el caso de la Revolución mexicana —dice—explicaba su confinamiento nacional cuando hubiese podido cumplir para Latinoamérica una misión tan grande como la de Rusia para el mundo mediante la construcción de un «gran partido internacional sostenido y alentado» por su régimen revolucionario. Su carácter instintivo, que tanto le había impresionado en una primera aproximación, no era suficiente —concluye ahora— para salvarla del riesgo de la «estagnación» o, inclusive, del «retroceso».[85] Su nacionalismo, igualmente, «exaltado por su aislamiento», había conspirado contra la brillante posibilidad de su irradiación.

Era lo que, para cumplir sus objetivos, el APRA debía superar. Para tal efecto, debía trabajar en una triple y complementaria dirección: a) configurar una vanguardia de elementos «capaces, disciplinados, estudiosos, conscientes y dispuestos a todo sacrificio por la causa común»; b) desarrollar una «división del trabajo» en virtud de la cual «nos hagamos especialistas», desarrollando capacidad técnica en «alguna rama cualquiera de la acción revolucionaria»; c) realizar un análisis dinámico de la situación presente, un plan en permanente modificación, con miras a «su aplicación futura». El objetivo era crear una estructura flexible, que lejos de concentrar su atención en configurar «programas inmensos», se enfoque, leninistamente hablando, en la «cuestión del poder». El tema era cómo engendrar «entusiasmos duraderos» o canalizar correctamente la energía generada por el uso de «apotegmas, palabras de orden o lemas de lucha» adecuados para la situación. Preparándose, asimismo, para ejercer violencia contra la violencia, como acción quirúrgica, no en su versión «anárquica, loca y demagógica». Con el «gran Illich» como paradigma, en tanto equilibrada combinación de «técnico revolucionario» y «conocedor de la realidad». Ahí el gran reto de la dirección, que involucraba un trabajo fino de manejo de tiempos (entre el plano de la «preparación revolucionaria» y la «acción futura») y de intensidades (entre la búsqueda de la cohesión máxima y la responsabilidad de la especialización individual).[86]

83. Haya de la Torre 1924f.

84. Haya de la Torre 1932c: 432-36.

85. Haya de la Torre 1925b: vol I, 84 y 86.

86. Ibíd., pp. 88-89.

Ahí, en síntesis, el trasfondo metodológico de la praxis aprista: pasar, en el plano de la formación política, de la «simple literatura de lamento derrotista» o del «optimismo romántico» a «mirar de frente el problema», caracterizándolo correctamente, pensándolo en términos estratégicos. Era la única forma de desarrollar una extendida «conciencia antiimperialista» capaz de traducirse «en un vasto ejército continental de pueblos». He ahí el sustento de un «vasto y completo organismo» como el APRA, cuya fundación, según Haya, se había producido en mayo de 1924,[87] durante un simbólico acto promovido por la Federación de Estudiantes de México. Evento que la mitogénesis hayista caracterizaría como el momento inaugural de aquello que, en realidad, tendría su partida de bautizo doctrinal recién a fines de 1926.

Aprovechando la relativa calma de la Universidad de Oxford, precisamente, articularía en un breve texto, las ideas que había venido madurando a lo largo de su destierro. La síntesis y ampliación de la experiencia del frente de trabajadores manuales e intelectuales peruano convertido —como ya se ha dicho—en plataforma continental. En torno a sus célebres cinco puntos llamados a activar una gran movilización en pos de la unidad continental: a) acción contra el imperialismo yanqui; b) unidad política de la América Latina; c) nacionalización de tierras e industrias; d) internacionalización del Canal de Panamá; y, e) solidaridad con todos los pueblos y clases oprimidas del mundo.[88]

Era una respuesta, asimismo, a la pretensión «antimarxista» de pretender implantar tácticas europeas en la lucha social americana.[89] Respuesta avalada por el crecimiento de un movimiento que contaba ya con «una vasta sección en el Perú y células en México, la República Argentina, América Central, etcétera», amén de una sección en Europa, con sede en París, además de «subsecciones» en Alemania, España e Inglaterra», donde, sostenía Haya, su «Comité Ejecutivo interino» había «residido hasta hoy».[90]

En la «política de la fantasía» tan propia de aquella época incursionaba el líder aprista como parte de su esfuerzo por confrontar, en el Congreso Antiimperialista a celebrarse en Bruselas en febrero de 1927, a sus otrora amigos de la Comintern. Confrontando su esquema de Ligas Antiimperialistas y partidos comunistas nacionales propondría una alternativa de corte leninista encaminada a la formación de un verdadero «partido revolucionario antimperialista latinoamericano». El modesto deportado de 1923 era, para ese entonces, un político profesional que, como bien se encargaría de hacerlo notar, se codeaba

87. Haya de la Torre 1926a.

88. Haya de la Torre 1926b.

89. Sánchez 1934: 123-124.

90. Haya de la Torre 1926b.

con las lumbreras de la intelectualidad europea desde su privilegiado estatus de estudiante de la Universidad de Oxford.

—IV—

Él mismo, por supuesto, era el «comité ejecutivo interino» del APRA provisoriamente instalado en Londres. A su propia voluntad apostaba Víctor Raúl para salvar el desfase entre propaganda y realidad. Rememorando la estrategia pradiana de «propaganda y ataque», no cesa de producir «lemas» y «apotegmas» con los que inunda las redes letradas latinoamericanas. Reincide *ad infinitum* en la narrativa autojustificatoria que se remontaba a la gesta de las ocho horas; calibra su retórica, asimismo, a las diversas audiencias conformantes de «nuestro» —por aquel entonces virtual— «frente de acción». Transformar el destierro en terreno de acción política será su gran logro de los años 1926 a 1928. Contando con la involuntaria colaboración, por cierto, del régimen leguiista que con cada desterrado contribuía a engrosar el contingente de potenciales revolucionarios.[91]

A tres fragmentos podemos recurrir para explorar aquella fase de la configuración del aprismo. Buscando, para comenzar, la voz del conductor en ciernes en su aparentemente cándido «Mensaje para la revista *Amauta*» de noviembre de 1926. Como a) un «soldado y obrero de una causa de reivindicación social» a cuyo programa ha entregado su vida, y b) como un «estudioso de cuestiones políticas y económicas» que, en sus «cansancios de estudio» o en sus «fatigas de lucha» busca «reposo en la literatura». Es una *modesta* introducción para emitir un también *modesto* «juicio político» sobre literatura. Sin buscar «invadir planos» ajenos, por cierto, se pronuncia sobre aquellos «muchísimos libros literarios» que, en sus momentos de ocio, había llegado a consultar. Asumiendo que «los trabajadores intelectuales de vanguardia que se agrupan en el movimiento de *Amauta*», forman parte de «nuestro frente de acción renovadora en el Perú y América que representa el A.P.R.A», una definición de la «misión de *Amauta*» se atreve a lanzar. En el combate contra el «civilismo intelectual» enmarca Haya la misión colectiva. Rescata a figuras como Prada o Palma de la «chauvinista» interpretación civilista del pasado peruano. Reivindica, obviamente, al «Perú incásico» de los escritores y artistas de «las sierras olvidadas». Entre un exuberante despliegue de autores —unas tres decenas de nombres, de Aristófanes a George Bernard Shaw pasando por Gorki, Dostoyevski y Gogol— se avizora la médula del mensaje: la subordinación de los intelectuales a la disciplina de una organización enrumbada hacia la toma del poder. «Cansados

91. Bergel 2007, 2009 y 2006; Melgar Bao 2008; Taracena Arriola 1989.

estamos —dice— de ver poetas opinando de política en nuestra América, y cayendo por ignorancia, en un confusionismo cretino y torpe». Acabar con el «diletantismo» y «hacer obra de especialización» es la irrevocable tarea del momento. ¿Adónde se hallaba «lo eterno» de la tragedia del Quijote sino en la carencia de una «técnica de aplicación» para un planteamiento que, en esencia, era «el programa de la aventura humana»? No en sus «fines de justicia» sino en el exceso de «indisciplina, de individualismo», y en la consiguiente «falta de realismo», había que buscar la médula de la tragedia cervantina: ejemplo supremo de las desdichas que aguardaban a quienes no eran capaces de resolver la «inconexión entre el intelectual y el hombre de acción». No había mejor perspectiva para el frente de trabajadores manuales e intelectuales del Perú que apreciar los logros del periodo reciente: «una vanguardia juvenil de obreros e intelectuales, de campesinos y estudiantes proscritos» que había sido capaz de llevar la «buena nueva desde 1923» «a veinte pueblos hermanos».[92] No podía ser más claro el «mensaje» hayista. De un líder dinámico y realista tenía necesidad el amautismo para ser una fuerza eficaz.

A otra dimensión del personaje, el agitador propiamente dicho, nos acerca una carta suya a Eudocio Ravines. Le pide este «orientación». Responde Víctor Raúl con un texto de fuerte retórica maximalista: «formar cuadros proletarios, constituir el ejército rojo», como instancia conductora de una «revolución nacionalista indígena», es la orden de combate. Desde el momento en que «tenemos un programa, planeado un partido y esbozado un plan de táctica» el trabajo de agitación pasaba a ser lo fundamental, teniendo siempre en mente el ejemplo de los exilados rusos pre-1917. Si cinco rusos habían logrado «remover el mundo», ¿cómo nosotros, que somos veinte, no íbamos a lograr «remover a América Latina»? Un año de «trabajo armonizado», argumentaría, sería suficiente para conquistar «un prestigio internacional muy vasto», fundamental, por cierto, de producirse una «agresión yanqui». Testimonio de su afán tutorial serían sus constantes alusiones a superar «histerismos» o aquella «abominable pereza tropical y freudiana» que frustraba todos los proyectos. Lo hacen también sus detalladas instrucciones con respecto a la manera en que debía plantear la célula sus «puntos de vista en comunicaciones concretas»: «necesito que la célula me diga "hemos hecho esto y esto y estamos trabajando así, etc., etc., no como individuos sino como célula"». Porque yo los quiero mucho como amigos, enfatiza, «pero más me interesan como revolucionarios». Como tales, no se tienen nombres sino números; meras «fichas de juego, al servicio de una causa común».

92. Haya de la Torre 1926c.

No era un mensaje nuevo. Ya en su primer mensaje desde el destierro había declarado que había muerto el individualismo. Todo individualismo, subrayaría, «es burgués o reaccionario». ¿O acaso no era «por su formidable organización» que habían triunfado los rusos?[93] Así cohesionado, el naciente aprismo debía funcionar como una eficaz maquinaria de emisión de mensajes: denunciando, conmoviendo, vulgarizando, justificando la revolución, haciendo referencia, por cierto, al «problema indígena peruano», sin dejar de mencionar a la Universidad Popular. Apelaría asimismo al «recuerdo constante del heroísmo de la juventud peruana» tanto como al hecho de que había sido esta «la primera tribuna antiimperialista de América Latina»; primera en definir dicho fenómeno en un sentido económico.[94] Del mencionado afán tutorial del futuro «jefe máximo» del aprismo, la poetisa Magda Portal dejaría un singular testimonio. Al encontrarla en su exilio mexicano, en 1927, le propone Haya que desista de su labor literaria con el fin de estudiar Economía Política.[95]

A remarcar una visión «aprocentrista» de la historia reciente, según la cual todo lo anterior a octubre del 23 pasaba a ser un mero preludio de la emergencia aprista, apunta la pluma de Haya. Así, a inicios de 1927 se dirigía al adalid del movimiento latinoamericano por la Reforma Universitaria, el argentino Alfredo Palacios, para requerirle que la Unión Latino Americana que él presidía adhiriese a los «postulados» del APRA. Ello redundaría, insiste Haya, en darle a su movimiento «un definido carácter latinoamericano, autónomo, popular y fuerte». Se articularía una organización singularmente adaptable a la realidad continental que, mientras en el Perú, como también en Bolivia, Venezuela, Colombia o Centroamérica, «sería partido, como el Kuomintang, para conquistar el poder y derribar a los imperialistas», en Argentina y Chile podía ser «simplemente frente único o alianza popular de fuerzas» capaz de aglutinar a «todos los elementos dispersos». Un espaldarazo le significaría la aquiescencia de Palacios. Representaría, diría Haya, la posibilidad de constituir «una fuerza política internacional verdaderamente latinoamericana» «por primera vez en la historia de América».[96]

Así fortalecido, sintiéndose más leninista que nunca, emprende Haya, en septiembre de 1927, el retorno a Latinoamérica. «El Frente Único antiimperialista es ya una verdad» declara poco antes de partir. Y como en el Kuomintang, «estudiantes, obreros, soldados, marineros, campesinos, intelectuales,

---

93. Haya de la Torre 1923c.

94. De Víctor Raúl Haya de la Torre a Eudocio Ravines, Londres, 17 de octubre de 1926. En Flores Galindo 1994.

95. Reedy 2000: 82.

96. Citado en Bergel 2007. Véase también Bergel 2011 y 2012b; Melgar Bao 2008a; Yankelevich 1996; Tejada 2004; Betancourt 2013 y Pita González 2009.

todos se agrupan bajo nuestras banderas y proclaman las palabras de orden de nuestro partido». Su propósito último no podía ser otro que consagrar sus vidas «a la gran causa de la liberación americana».[97] No hablaba de socialismo, pero la índole anticapitalista de su prédica permitía suponer que apuntaba en esa dirección. Como explicaría en un artículo publicado por *Amauta* en abril de 1927, lejos de ser «un fenómeno económico producido a voluntad por un hombre o un grupo de hombres», el imperialismo estaba «DETERMINADO por la arquitectura misma del sistema capitalista» (en mayúsculas en el original). El fenómeno conducía necesariamente a la «sujeción» de los pueblos del mundo. Inevitable devenir colonia si se permanecía «dentro de la lógica capitalista». No habría independencia «de las garras de Wall Street» mientras Latinoamérica no organizara su producción bajo bases distintas, como resultado de una larga lucha evidentemente. De hecho, solo por las armas podía ser arrojado el imperialismo, en el marco de una «rebelión organizada» basada en una «acción integral». Así pues, todos los países latinoamericanos deberían nacionalizar la producción simultáneamente tras haber pactado su unidad política. El programa de cinco puntos de lo que todavía denominaba como «el APRA» era, en ese derrotero, un instrumento idóneo.[98]

Con la lucha de Augusto César Sandino contra el invasor yanqui en mente e informado de que, en su propia patria, subía la «temperatura política», decide Haya —según Sánchez—, lanzarse a la acción. Había que probarle al mundo —a la Comintern en particular— de lo que era capaz de hacer un liderazgo decidido, premunido de un programa realista y eficazmente movilizador. A bordo de la nave que lo llevaba de retorno a América —continuaría su complaciente biógrafo— nadie hubiera podido imaginar que su imagen de muchacho bromista, experto en *tennis-deck* y *ping-pong*, encubría a un agitador de tan grande envergadura.[99]

—V—

¿Cuánto había cambiado media década de exilio al «estudiante peregrino» de 1922? ¿Era todavía «el «hombrachón jamás triste», siempre sencillo, que describe Sánchez? ¿O era, más bien, el sinuoso individuo, según escribiría Luis Eduardo Enríquez, que mientras hablaba de «pobreza franciscana» con el fin de «mantener vivo el mito del sacrificado», se daba la gran vida en el Hotel Saint Michel de París? De Eudocio Ravines, a quien Haya designa como responsable

97. Haya de la Torre 1927a.

98. Haya de la Torre 1927b.

99. Sánchez 1934: 146.

del flamante Centro de Estudios Antiimperialistas del APRA en París a inicios de 1927, procede una versión más matizada. Es la de un hombre al que las durezas del destierro no le habían quitado la «alegría juvenil» y que, dotado de un especial talento para «descubrir los pequeños problemas inmediatos» de quienes lo rodeaban, se interesa por ellos con genuino compañerismo. También la de un hombre cuya capacidad de «enamorarse enloquecidamente de sus ideas» era proporcional a su «capacidad para odiar a los hombres», para dejarse invadir por una «súbita y vindicativa cólera» cuando «se discordaba de su opinión» o «se le discutía algún plan».[100] Un hombre que se sentía un «predestinado», «indicado por los dioses para la ejecución de un gran designio». Capaz de generar, por ende, grandes lealtades tanto como furibundas enemistades. Rasgos exacerbados por la urgencia de forjar —usualmente contra la corriente— una gran disciplina y una gran voluntad. Desarrollando un estilo, más aun, en que la manipulación de la verdad era un asunto «técnico» o un mero gaje del oficio de revolucionario profesional.

Acaso porque ponía el dedo en la llaga en su estilo, precisamente, el panfleto «¿Qué es el ARPA?» de Julio Antonio Mella llamaría particular atención. Se habían conocido en La Habana en los primeros momentos del exilio hayista. Encarnación del «sueño de Rodó», como ya se dijo, lo había llamado el cubano en señal de admiración, para luego proceder a aplicar en su tierra el modelo de la Universidad Popular peruana. Caminos divergentes seguirían, no obstante, posteriormente. Mella abrazaría la línea de la Comintern, participando, consecuentemente, en la fundación de la Liga Antiimperialista de las Américas y del Partido Comunista cubano. Con su deliberado trastocamiento del nombre del APRA el reprobable «método bluffista» —esa tendencia a «levantar organizaciones fantásticas» desde un «confortable estudio» universitario de los «arpistas»— buscaba resaltar Mella. Porque solo un maestro en el arte del *camouflage* como Haya podía pretender replicar la organización de la Comintern, a partir de un grupo que no llegaba a las «tres docenas de personas, estudiantes y poetas en su casi totalidad». Pretendiendo pasar como ideas nuevas, más aun, propuestas de vieja data como la «nacionalización de las industrias» o el carácter económico de la lucha antiimperialista. A fin de cuentas, de ser un mero «populista» no podía pasar quien —además de proponer un «frente único contra el imperialismo» (sin decir «nada concreto sobre el papel específico de las clases» constituyentes del mismo)— negaba el carácter «universal» del capitalismo y del imperialismo. Valiéndose de una serie de «inventos» —«juventud» o «trabajador intelectual» o a la «glorificación» del

100. Ravines 1954: 125.

«comunismo incaico autóctono»— con el fin de hurtarle al proletariado su papel histórico.[101]

De «vómito de bilis» calificaría Haya la crítica de Mella. La tomaría, al mismo tiempo, como un acicate para darle al aprismo una mayor solidez doctrinaria. Tarea urgida por eventos como la quiebra del Kuomintang, el más caro «ejemplo práctico» de «partido de frente único» que Haya de la Torre había sido capaz de suministrar.

Así, entre abril y mayo de 1928, en una habitación de un hotel de la capital mexicana —sin contar con los medios bibliográficos adecuados según él mismo subrayaría—, se abocaría Víctor Raúl a responder la «desorbitada» y «violenta palabrería tropical» que comenzaba a circular en los medios letrados de la región.[102] De ello resultaría lo que vendría a ser la «única exposición sistemática del programa aprista»: *El antiimperialismo y el APRA*, el «punto más alto de la elaboración doctrinal del joven Haya» a criterio de Pedro Planas y Hugo Vallenas. Con respecto a «¿Que es el APRA?», reproducido como primer capítulo del nuevo trabajo, este constituía una «explicación procesal e institucional de su programa de cambios sociales». Contenía, consecuentemente, el diseño de un modelo de «capitalismo de Estado» derivado de la «nueva política económica» leninista y sustentado en una «base cooperativa» a partir de las organizaciones obreras y campesinas.[103] El texto, no obstante, solo tendría un relativo impacto en el desarrollo propiamente doctrinario del llamado aprismo, en parte por los muchos años que tardaría en publicarse por primera vez: 1936. Sus páginas reflejarían, sin embargo, elementos esenciales del *ethos* del movimiento que tomaría las calles limeñas un par de años después de su redacción.

Ahí estaban, en ese sentido, algunas de las «verdades» del ahora denominado aprismo, afirmaciones que miles de apristas defenderían como artículos de fe en gremios obreros, universidades y plazas públicas en los años por venir. Se definía el aprismo, por ejemplo, como una «síntesis» científica de las grandes experiencias revolucionarias de su época (Rusia, China, México). Y se le perfilaba como una solución «realista» al problema de la transformación de una realidad en extremo compleja debido a su endiablada fragmentación como por la superposición de «tiempos históricos» que la integraban. Era una respuesta eficaz, asimismo, a quienes desde la sideral distancia de las estepas rusas pretendían imponer inefectivas fórmulas revolucionarias al resto del mundo.

101. Mella 1928.

102. Haya de la Torre 1935a.

103. Planas y Vallenas 2010: 43-44. Véase también Manrique 2009: cap. 1.

¿Quién sino Haya podía dar autorizado testimonio de la supina ignorancia que sobre esta parte del orbe tenían los líderes del Comintern? ¿Quién sino él, podía reclamar haber escuchado de labios del propio dirigente máximo de la Internacional Comunista, el camarada Zinoviev, la tersa admisión de que «poco o nada» sabía sobre América Latina? Engrandecida quedaba su propia figura, más aun, con la imagen que proponía de un joven peruano que, cual realista Quijote, se había confrontado con Anatoly Lunacharsky, Mihail Frunze, León Trotsky «y otros dirigentes rusos» durante su, al decir de Sánchez, «serena y muy minuciosa visita al gran país de los Sóviets». Circunstancias en que por sí mismo había comprobado que no podía ser la III Internacional la llamada a «resolver los graves y complicadísimos problemas de Indoamérica»; además de demostrarle, por cierto, que dada la irrenunciable autonomía del APRA, en ningún caso podía convertirse en «instrumento» de Moscú.[104] Haya contra los jerarcas del comunismo mundial, bebiendo de sus experiencias y, a la vez, rehusándose a someterse a sus dictámenes: imagen paradigmática de la narrativa aprista, fundamental para dotar de identidad a un movimiento de existencia cuasi virtual, con mayor motivo en momentos en que sus adversarios comunistas llamaban a romper cualquier asomo de fraternidad o amiguismo con sus, hasta hacía poco, compañeros de trinchera.

Fundamental, asimismo, resulta el colofón del célebre texto hayista. ¿Qué tan trascendente —interrogaba Haya— podía ser «detenernos demasiado en casuismos teóricos» cuando «la hora de nuestros pueblos es la hora de la acción»? La «urgencia de acción» era, en realidad, el «imperativo fundador del APRA». En la acción «hecha lucha, dolor y victoria» era que se forjaría «la verdadera línea teórica que queremos ver clara y vigorosa» y no «anticipada excesivamente a los hechos», los cuales debían «determinar su verdadero ritmo». ¿Habían servido aquellas páginas, a fin de cuentas, para «aclarar el programa aprista y delinear su doctrina»? Al respecto, mal harían los verdaderos apristas, advertiría Haya, en olvidar lo siguiente: a) habían sido escritas «en el mínimum de tiempo y con el mínimum de elementos de que un hombre» podía disponer para la tarea; b) su intención no había sido otra que delinear las bases para «otro libro, más extenso» a ser escrito «bajo condiciones de mayor tranquilidad y con mejores elementos y materiales»; y, c) limitaciones aparte, aquella sumaria síntesis era suficiente para refutar, «desde un plano superior y doctrinario», a aquellos «profesionales del verbalismo» que calificaban al APRA con una serie de «vocablos de exótico significado político» («oportunismo», «reformismo», «movimiento pequeñoburgués»). Esa gente había consagrado su «devoción intelectual al uso y el abuso de las palabras vanas». En contraste, «la nueva

---

104. Haya de la Torre 1935b.

generación indoamericana», de la que el APRA era producto, se caracterizaba por su «mentalidad realista, concisa y clara».[105]

Si los hechos debían hablar antes que la teoría, Nicaragua ofrecía una excepcional oportunidad de probar la proclamada superioridad del APRA frente a las Ligas Antiimperialistas cominternianas en cuanto a desplegar una consecuente lucha contra el «coloso del norte».

En el clímax de la agresividad washingtoniana, evidenciada en el envío de cuatro mil marines a Nicaragua, el llamado «general de los hombres libres», Augusto César Sandino, aparecía, según Haya, como «el mejor propagandista por la unidad latinoamericana». Se trataba de la «figura más gloriosa» producida por la patria de Ruben Darío.[106] Con el ofrecimiento de «los desterrados del Perú», constituidos en «soldados del APRA», de entregar su «contribución de sangre» al Ejército Libertador Nicaragüense, comenzaba ese capítulo de la construcción del aprismo.[107]

Cumpliendo con «nuestra consigna de acción, de realismo», «todos, uno por uno de nosotros, llegaremos al lado del héroe tan pronto como él lo ordene», porque ante la agresión a Nicaragua no había sino «una sola posibilidad: ayudarle con brazos y armas».[108] Semanas después, en carta a Ravines, en la que aprovecha para mencionar la «formidable» noticia del «fracaso» de la Liga Antiimperialista en el escenario nicaragüense, Haya hace saber que a través del periodista yanqui Carleton Beals se ha enterado que Sandino ha aceptado su ofrecimiento.[109] Afirmaría posteriormente que, por ese entonces, el aprismo había llegado a contar, solamente en Centroamérica, con «unos diez mil militantes entre hombres y mujeres contando las organizaciones adheridas».[110]

Es una oportunidad de oro para marcar la diferencia y declarar culminada la «etapa lírica», refrendando el liderazgo de una «generación de acción». Mientras «los gordos profesionales de la revolución» y los «centros del jacobinismo antiimperialista de la vieja guardia» se limitaban a «fundar comités y a enviar gasas y yodo», los «enviados del APRA» luchaban «pecho a pecho con los yanquis».[111]

---

105. Ibíd., p. 213 y ss.
106. Haya de la Torre 1928e: 9-12.
107. Haya de la Torre, «Carta a Froylán Turcios», citada en Cerdas 1986: 215.
108. Haya de la Torre 1928b.
109. De Víctor Raúl Haya de la Torre a Eudocio Ravines, 4 de abril de 1928. En Flores Galindo 1994: 69-72.
110. De Víctor Raúl Haya de la Torre a Eudocio Ravines, 30 de marzo de 1929. Ibíd., pp. 84-87.
111. De Víctor Raúl Haya de la Torre a Salomón Wipnir, 26 de abril de 1928. En Haya de la Torre 1984a: 329-333.

Simultáneamente, el propio Haya emprendía una gira que, tras tocar Guatemala, El Salvador y Costa Rica, debía culminar en Nicaragua. ¿Su intención era distraer la atención de las autoridades norteamericanas para posibilitar la llegada de los «soldados del aprismo»? ¿Contaba de veras su organización con aquel personal? No pasarían desapercibidas, en todo caso, sus concurridas conferencias para las embajadas estadounidenses, que se preocuparon en suscitar la expulsión de Haya tanto de Guatemala como de El Salvador.[112] Todo ello, sin embargo, no había pasado de ser una bulliciosa campaña individual. A la larga, Esteban Pavletich, un joven desterrado peruano de veintiún años que se desempeñaba como secretario general de la célula aprista mexicana, sería el único aprista peruano que llegaría a visitar el cuartel general de Sandino. Lo que había comenzado con un anuncio de tono épico terminaba con una tenue explicación hayista: al llegar al puerto nicaraguense de Corinto, el jefe aprista había declinado desembarcar por «falta de garantías».[113] La travesía, contra sus deseos de retornar a México, terminaría en el puerto alemán de Bremen al ser impedido de tocar tierra en Panamá con el fin de tomar una conexión a Veracruz. Era, en la práctica, el inicio de un nuevo destierro.[114]

Los inicios del año final de la atribulada década del 20 sorprenderían a Haya de la Torre entregado, en la capital alemana, a una febril campaña epistolar de control de daños. Mucho humo había que lanzar para encubrir el fiasco centroamericano. Anuncia un libro sobre el tema el líder aprista que incluiría «documentos, referencias, testimonios y pruebas».[115] Una serie de cartas públicas y «mensajes» es lo que quedaría en realidad. Mensajes como el dirigido «a las mujeres de Panamá» en que desplegaba aquel estilo suyo que enfervorizaba a unos e irritaba a otros. «Cinco mil millas de mar», decía, habían sido necesarias para «ahogar» sus palabras de rebeldía. Y, sin embargo ¿qué podía importar un «nuevo destierro» ante el «caudal inmenso de optimismo para nuestra causa», ante las voces de protesta que demostraban que «la bandera del APRA» no era ya «una mera oriflama» y que el aprismo «crece y se agiganta», «cunde y arraiga» en la medida que «nuevos soldados se suman cada día a nuestras filas»?[116]

Arengas aparte, aquella frustrada gira marcaba el final de la etapa «continental» del aprismo. En el Perú se concentraría, a partir de entonces, la atención de Haya. De hecho, antes de su partida a Guatemala, a inicios de julio de

---

112. Salisbury 1983: 1-15.
113. Haya de la Torre 1928e.
114. Haya de la Torre 1928f.
115. Haya de la Torre 1928c.
116. Haya de la Torre 1929a.

1928 el líder aprista había puesto en marcha un plan insurreccional centrado en su tierra natal. Recién se enteraría al desembarcar en Alemania que la acción se había visto truncada con la detención de su principal operador militar, el capitán del Ejército Peruano Felipe Iparraguirre, víctima de una anónima delación.[117] Para el conjunto de la vanguardia, importantes consecuencias acarrearía aquel inicial ensayo de praxis insurreccional.

—VI—

En un «barco secreto» debía haber llegado Haya de la Torre al Ecuador. Ahí debía esperar el «alzamiento de Talara» para «entrar al Perú en plena acción revolucionaria aprista».[118] Tal debió haber sido la culminación del llamado «plan de México», acordado por el líder aprista y sus compañeros desterrados en la capital azteca en enero de 1928. El plan condensaba, según Hugo Vallenas, la «fase más audaz» de la trayectoria hayista: combinaba plan insurreccional y una campaña política en torno a la simbólica candidatura de Víctor Raúl, destinada a preparar el terreno para un efectivo boicot a la segunda reelección de Augusto B. Leguía a inicios del año siguiente. La derrota de la operación había tenido como factores determinantes no solo la «inexperiencia» de sus protagonistas sino la «falta de colaboración del grupo mariateguista», en pleno giro hacia la línea cominterniana, y opuesto por lo tanto a una acción «insurreccional» carente de contenido clasista.[119] Ese sería el punto de vista aprista sobre el desenlace de un acontecimiento nunca esclarecido a cabalidad.

Por casi cinco años, en el marco de su política de «polarización y concentración», el núcleo amautista había coexistido con los planteamientos apristas. Ni sus conflictos con la Internacional, ni sus posturas sobre el papel de las clases medias en la lucha revolucionaria, ni siquiera la propuesta del APRA como «partido de frente único», expuesto en el último artículo de Haya publicado por *Amauta*, en mayo de 1927,[120] habían merecido crítica explícita. No sería hasta el momento en que, súbitamente, se enteraron los mariateguistas de la proclamación de la candidatura del líder aprista —auspiciada por un enigmático Partido Nacionalista Libertador afincado, nada menos, que en la ciudad de Abancay— que las soterradas discrepancias saldrían a la superficie. Acaso ese embalse de discrepancias explique la intensidad del estallido: esa incontenible polarización, agudizada por la diversidad de temperamentos de

117. Sánchez 1934: 164.

118. Ibíd., p. 163.

119. Vallenas 1992.

120. Haya de la Torre 1927c.

los ampliamente reconocidos capitanes generacionales. ¿De no haber ocurrido lo que ocurrió —la ruptura de 1928 y la temprana desaparición de Mariátegui— hasta qué punto hubiesen podido amalgamarse esas poderosas y dispares personalidades? Lo cierto es que, a partir del sentimiento de vejación de José Carlos y la altanera respuesta de Víctor Raúl —en las cartas que ambos intercambiaron entre marzo y abril de 1928— la grieta se haría insalvable hasta convertirse en enemistad.

Tiempo después, alegaría Haya haber enviado a Mariátegui una «larga carta» (que este sostendría no haber recibido) explicándole el conjunto del plan.[121] Aun así, mucho más allá de las anécdotas iban sus divergencias. El Amauta buscaba la transformación del «frente intelectual» en el estado mayor de una acción revolucionaria construida desde la clase obrera y el campesinado indígena y enmarcada en el curso de la revolución mundial liderada por la Internacional Comunista. El líder aprista gravitaba hacia una salida insurreccional que incorporaba a sectores medios y populares y empleaba una diversidad de medios —de la agitación electoral a la alianza con figuras militares— con el fin de lanzar un proyecto revolucionario todavía por definir. Se enfrentaban una paciente acción «sin plazos» contra una acción inmediata con ímpetu hiperactivista, «desmesura revolucionaria» en palabras de Martín Bergel.

De haber incumplido su misión de desplegar una «campaña neutralizadora electoral» acusaría Haya al «grupo de Lima». Tal cobertura tenía carácter imprescindible, según él, para que prosiguiera el capitán Iparraguirre con su labor de construcción de un «ejército revolucionario» que, conforme a un último reporte previo a su detención, contaba ya con 2.500 efectivos reclutados entre los trabajadores de los campos petroleros de Talara.[122] Usaría la situación el líder aprista para cuestionar el liderazgo «intelectual» de Mariátegui y, por extensión, lanzarse contra todos aquellos «literatos y poetas súbitamente convertidos en teorizantes y adoctrinadores políticos y económicos» que habitaban la «inteligencia» aprista.[123] Era imposible avanzar, diría, con revolucionarios de «papel satinado» que, embebidos en sus «juegos metafísicos», eran incapaces de entender un «juego de alta política y de alta estrategia» y que no comprendían que en un movimiento que apuntaba hacia el poder «o hay fe en los jefes o hay anarquía». Ante lo cual «acallar comentarios u oposiciones», «extirparlos de raíz», tomando «todas las medidas que la sagacidad o la severidad aconsejen para mantener nuestra unidad», era el único remedio posible.[124]

---

121. Haya de la Torre 1933b: 250-256.

122. Ibíd., p. 254.

123. De Víctor Raúl Haya de la Torre a Eudocio Ravines, 12 de febrero de 1929. En Flores Galindo 1994: 74-80.

124. De Víctor Raúl Haya de la Torre a Eudocio Ravines, 4 de abril de 1928. Ibíd., p. 69 y ss.

Nada menos que una reiteración de dichos argumentos contiene la respuesta hayista a la carta del Amauta demandándole explicaciones: el *activista* retando al *intelectual* a actuar con realismo y efectividad. Lamenta la «precipitación» y la «vehemencia», el ánimo «infectado de demagogia tropical» y «sentimentalismo absurdo» de José Carlos. Le demanda superar esa «suspicacia escondida» que lo impulsa a tomarlo como «blanco» de su intemperancia, algo que acaso se remontaba a aquel 23 de mayo de 1923, cuando «me reí cordialmente» de su negativa a creer que la protesta contra la consagración de Lima al Corazón de Jesús fuese «un movimiento prácticamente aprovechable». No era diferente ahora, en que Mariátegui no lograba apreciar que la candidatura de Haya era una oportunidad valiosa. «¡Qué distinto efecto ha producido Europa en Ud y en mí!», le enrostra Haya, subrayando así las diferencias entre ser un «revolucionario» y ser un «literato de la revolución». ¿Era imposible que el APRA sea partido, alianza y frente? Tal «incredulidad» solo evidenciaba el «europeísmo» de Mariátegui. «Los mismos diplomáticos del Sóviet», que «conocen las líneas centrales» de *El antiimperialismo y el APRA*, admitían que este significaba «toda una revolución ideológica». Ciertamente era fácil oponerse para quien estaba enclaustrado en el mundo de las palabras: «¡*Words, words and words*! He ahí la característica nuestra». No necesitaba él «mencionar el socialismo», como el Amauta le había reclamado, para hacer revolución «repartiendo las tierras y luchando contra el imperialismo», increpa Víctor Raúl. Un gesto de desplante («quisiera tener tiempo para escribirle más pero estoy muy ocupado») y una tosca invocación postrera («póngase en la realidad y trate de disciplinarse no con Europa revolucionaria sino con América revolucionaria») llevan la discrepancia a su punto más alto de irritación,[125] suficiente para transformarla en una ruptura. No habría respuesta amautista. El revolucionario realista versus el teórico europeísta: una poderosa imagen de perturbadora permanencia en la historia por venir.

Como sal sobre una herida abierta, haría hincapié otra carta de Haya en otro aspecto del «europeísmo» de Mariátegui, que él mismo se encargaría de hacer público a través de la revista *Repertorio Americano,* algunas semanas después. Allí refería que la estadía de José Carlos en el Viejo Continente había sido posible gracias al apoyo oficial. Este recuerdo tenía el objetivo de contrastar sus respectivas trayectorias en momentos en que se ponía en duda la veracidad de Víctor Raúl. Contraponía el oportunismo del idolatrado Amauta con la dignidad de un joven a quien, dadas sus conexiones familiares, muy fácil le hubiese sido llegar al despacho presidencial. Tanto así que su propio hermano Agustín había aceptado un cargo en la Dirección de Trabajo. Por lo que no le hubiese

---

125. De Víctor Raúl Haya de la Torre a José Carlos Mariátegui, México D. F., 11 de mayo de 1928. En Mariátegui 1994b: tomo I, 1901-1902.

sido difícil «venderse» en «un periodo vergonzoso de subasta general» que vería a «centenares de jóvenes, especialmente a intelectuales y estudiantes» ser enviados por Leguía a Europa, incluido José Carlos Mariátegui. «Pensionado y protegido», sin embargo, este aprendería «todo lo necesario para luchar desde el campo contrario». Él, en cambio, «a pesar de mi hambre», a pesar de que le hubiese bastado pedir para «obtener lo que hubiera deseado», nunca había caído en la tentación.[126]

Así, para hacer la ruptura más amarga aun, a las razones políticas se añadía aquel estilo artero de zanjar las diferencias que el propio Víctor Raúl había repudiado en la antes citada comunicación con Ravines: ese sentimiento de «inferioridad y primitivismo» transformado en agresividad, esa «crueldad» y ese «sadismo político de campesinos suspicaces» que solamente seríamos capaces de enmendar «a fuerza de sacrificios».[127] De hecho, algún esfuerzo haría Ravines por propiciar una reconciliación. El empeño encontraría su obstáculo principal, según dijo, en el cambiante ánimo de Haya, ora amable, ora cáustico; una semana persuasivo, la siguiente colérico e insolente. Al francés Barbusse apelaría Ravines en busca de apoyo. «Estás asistiendo —le dice este— a un naufragio espiritual».[128] Las agrias respuestas de Haya a sus insistencias parecían confirmarlo. De fines de marzo de 1929 es la última de ellas. En esta disculpa y hasta justifica «su posición al lado de Mariátegui», le dice, dada la lejanía de la realidad peruana y americana de que ambos adolecían, «el uno en una silla de ruedas y tú en otra». Europa, más aun, «es una silla de ruedas más peligrosa porque lo arroja a uno por los planos inclinados de la falsa visión de nuestros medios».[129] «La disolución del APRA», comunicaría Ravines a José Carlos poco después, era «un hecho definitivo».[130] Que Haya no fuera invitado al II Congreso Antiimperialista celebrado en Fráncfort, medio año después, vendría a comprobar la exclusión —por si alguna vez hubiese habido alguna duda— del aprismo del campo del comunismo internacional.

«Duro año de 1929», observaría Sánchez. Habría instantes en que a su amigo desterrado simplemente «todo se le vino encima». Víctor Raúl se quedaría prácticamente solo, con el aprismo completo, en sus propias palabras, pudiendo caber en un simple sofá. Abrumado por las circunstancias, comunica

---

126. Haya de la Torre 1928d.

127. De Víctor Raúl Haya de la Torre a Eudocio Ravines, 4 de abril de 1928. En Flores Galindo 1994: 73.

128. Ravines 1954: 147.

129. De Víctor Raúl Haya de la Torre a Eudocio Ravines, 30 de marzo de 1929. En Flores Galindo 1994: 51-89.

130. De Eudocio Ravines a José Carlos Mariátegui, París, 3 de abril de 1929. Mariátegui 1994b: tomo I ,1982.

su renuncia a la secretaría del APRA su fundador. Una frase de Nietzsche —usada por Sánchez como título del capítulo correspondiente en su *Crónica de una vida sin tregua*— capta adecuadamente el sentido de dicho periodo para la mitología aprista: «Mis discípulos son los que me niegan».[131] Se podía hablar de un camino de Damasco para el hayismo, un tiempo de prueba para los verdaderos creyentes. No era, al parecer, una mera casualidad. Muy presente estaba la Biblia en las reflexiones de Haya en aquellos tiempos de aflicción. De hecho, a fines del 29, le invita a observar a su viejo amigo, el pastor John A. Mackay, de paso por Berlín, «cuán marcado está» su ejemplar de las Escrituras revelándole, asimismo, que escribe un «nuevo libro sobre América Latina» que «estará lleno de citas de la Biblia».[132]

De aquel «año terrible» un testimonio propio inserta Sánchez en su narrativa. A una consulta suya, le había respondido Haya que, a pesar de todo, «no abandonaría la pelea jamás». «Yo sentí —dice el biógrafo— que mi fraternidad con Víctor quedaba sellada, más allá de toda coincidencia ideológica, en el plano humano y definitivo del afecto y la admiración hacia él».[133] Movilizar ese capital afectivo parecía ser el blanco de las líneas finales de una carta a Joaquín García Montes, donde en respuesta a una acusación de Alberto Guillén de haber sido leguiista, reafirmaba el líder aprista la limpieza de su trayectoria. De ella, diría Haya, eran testigos quienes conocían de cerca el ambiente que lo había rodeado desde su niñez. Ellos sabían que había escogido su camino «deliberadamente» y que «jamás había sido un despechado bilioso». «El mejor síntoma de mi fortaleza», por el contrario, era que «a través de tantas amarguras» nunca había perdido la risa.[134] Así, desde el plano del afecto y la lealtad personal, Haya sumaría gradualmente a quienes disentían del giro comunista del amautismo e iría consolidando aquel núcleo duro del aprismo a partir del cual el movimiento, que cabía completo en un sofá, devendría partido multitudinario algunos años después.

—VII—

El Berlín de los años finales de la República de Weimar sería el «espacio-tiempo histórico» desde el cual Haya de la Torre emprendería la lucha cuesta arriba por «recomponer el Partido y su propia vida»[135]. Empleado en el Instituto Wirschaft,

---

131. Ibíd., p. 166.
132. Ibíd., p. 168.
133. Loc. cit.
134. Haya de la Torre 1928d: 99.
135. Sánchez 1934: 166.

gracias al apoyo del economista marxista Alfons Goldschmidt, trabajaba, recordaría Sánchez, de 9 a 9 en la Biblioteca de Berlín, para escribir luego hasta bien entrada la madrugada.[136] Y como trasfondo: el espectáculo de las huestes hitlerianas asediando a una Berlín de tradición «roja», adormecida aún por su propia gloria cultural. Desde el epicentro mismo de aquella gran eclosión política, a través del lente de las desbordadas pasiones viejomundistas, pensaría Víctor Raúl los posibles derroteros para la implantación del aprismo en su tierra natal.

Fascinado con el experimento nacional-socialista diría Ravines haberlo encontrado en julio de 1929. Frente al «criollismo despreciable» de la política latinoamericana, le habría dicho, «lo que acontece aquí es algo organizado, científico, hijo de la poderosa mentalidad alemana».[137] Al reverendo Mackay, de otro lado, le refiere por esos días una anécdota reveladora, acontecida en una cena en Ciudad de México. Siendo el «modelo soviético» la «solución ideal para el problema latinoamericano», habría comentado un diplomático ruso en aquella oportunidad, el reto era cómo «extirpar» el «misticismo innato del pueblo», principal obstáculo para su «implantación». ¡Cómo un mero «transeúnte» en la región —habría respondido el peruano— podía sugerir que «eliminemos» aquello que venía a ser «nuestra más grande ayuda para el futuro»![138] Como una combinación de mística y ciencia, efectivamente, concebía Haya el tipo de acción a emprender en el Perú. Liberado de «todos esos mariateguismos y revolucionarismos de revista intelectual»,[139] podía abocarse a plenitud, ahora sí, a pensar en las cruciales cuestiones tácticas.

De esa «aventura del pensamiento» han quedado interesantes rastros en sus textos de aquellos meses en Berlín. Sus reflexiones, por ejemplo, sobre el papel imprescindible del «*bluff* sistematizado» en la vida política. Es un «auxiliar poderoso de la acción», dice, dada su capacidad para transmitir la fuerza de «lo mágico» y fomentar un «optimismo contextural que acicatea la energía». Advirtiendo, de otro lado, acerca de los riesgos de no «saber distinguir el porcentaje de realidad, del halo de propaganda» en la configuración de un movimiento social. Así, tanto al manejo de la imagen como a la cuestión del lenguaje era crucial atender. Se hacía necesario encontrar el tono adecuado para aglutinar a sectores nuevos, en los que muy poco impacto podría tener aquel «vocabulario tremebundo de revolucionarismo adjetival mariateguista» hasta entonces prevaleciente. Mucho más sensibles a un léxico de «palabras

---

136. Haya de la Torre 1929c: 241-244.

137. Ravines 1954: 153.

138. Sánchez 1934: 169.

139. De Víctor Raúl Haya de la Torre a Eudocio Ravines, 30 de marzo de 1929. En Flores Galindo 1994: 84-85.

comunes, realistas y fraternales» eran esos jóvenes «pacíficos y sentimentales», típicos exponentes de nuestra «psicología campesina latinoamericana», que la prédica aprista requería captar.[140] De haber podido leer el cubano Mella aquellas líneas hayistas de seguro se habría sentido validado en su aseveración de que el lider aprista era, nada menos, que un maestro del *bluff*.

No menos importante, de otro lado, era manejar ese elemento de «sadismo político» característico de la vida pública nacional. En tono de parábola, aludiendo a un supuesto diálogo con un anónimo «sabio alemán», se refiere al tema Víctor Raúl. Como «uno de los pueblos más crueles de la tierra» describe a los latinoamericanos su interlocutor. Lo son en el sentido de «falta de generosidad, de falta de respeto entre los unos y los otros» y por su apego al uso «cínico» y «cobarde» del «rumor malévolo», conducta capaz de mermar incluso a los «hombres superiores» de la región. Ese rasgo es reflejo directo, según el incógnito estudioso, de una «debilidad» organizativa e institucional que solo el advenimiento de una «generación más experimentada y más seria» podrá revertir. Además del cultivo de la mística, según se ve, una misión civilizadora se le imponía al aprismo: el compromiso de facilitar el tránsito «de la media cultura actual a los planos de la cultura verdadera».[141] No se trataba, desde luego, de la «cultura» de los «poetitas» mariateguianos sino aquella proveniente de una verdadera «educación política».

«Diciendo educación —subrayaba Haya— digo disciplina»; «disciplina integral, de mente, sobre todo tratándose de intelectuales», capaz de «desarraigar totalmente el individualismo característicamente agrario» típico de nuestros movimientos, particularmente enraizado en sus «más intelectualizados» elementos. De sus mentes, «ricas en toxinas incendiarias», podía provenir tanto la «luz que alumbra» como el «fuego que destruye».[142] De una «educación política científicamente fundamentada», precisamente, debía derivarse el lenguaje que reemplazaría la «fantasmagoría» revolucionaria de la «*intelligentsia*». Resaltaba Haya, al respecto, el llamado del mandatario mexicano Pascual Ortiz Rubio a hacer de la labor gubernativa un ejercicio sistemático y coordinado. Era, subrayó, la señal de una crucial transición del régimen personalista a la verdadera labor de Estado. Inauguraba, en breve, el gobierno de los «técnicos» como sustituto del típico «autodidacta latinoamericano», sin ideas propias, incapaz de atreverse a pensar por sí mismo, que había hecho de la tarea de gobierno un ensayo interminable de dudoso rendimiento.[143]

---

140. Haya de la Torre 1929b.

141. Haya de la Torre 1929c: 243

142. De Víctor Raúl Haya de la Torre a los compañeros de la Célula de París, 18 de febrero de 1929. En Flores Galindo 1994: 74-80.

143. Haya de la Torre 1930a: 191-196.

Eran las reflexiones de quien se preparaba para gobernar. La posibilidad se hacía más real al cabo del «martes negro» de Wall Street (29 de octubre de 1929). Tras él, a la luz de la sucesión de golpes de Estado ocurridos en la región la pregunta era cuánto sobreviviría el Perú, el más dependiente de la inversión norteamericana de todos los gobiernos del sur. El fallecimiento del Amauta (16 de abril de 1930), por si fuera poco, reafirmaba la posición de Haya de la Torre como cabeza visible de la oposición de izquierda al Oncenio. Una entrevista con el excanciller leguiista Alberto Salomón (12 de junio de 1930), en este contexto, abría la perspectiva de una remoción pacífica del autócrata. Haya habría condicionado que se le permitiera entrar al país por el norte como jefe del Partido Aprista y con las garantías necesarias para desarrollar su organización.[144] El golpe de Sánchez Cerro (22 de agosto de 1930) dejaba en nada cualquier salida alternativa.

Con la llamada «revolución de Arequipa», la construcción del aprismo entraba en su fase final. Lo que el momento demandaba era enfocarse en la «ciencia de la aplicación». Se entraba al proceso, como había explicado Haya, de aplicar «los grandes fundamentos de la ciencia revolucionaria» a una «determinada realidad». Pues si bien cualquiera podía acceder a dichos fundamentos, determinar «científicamente», frente a un «vasto campo inconocido», los «postulados y principios que normen nuestra actividad futura» era una tarea especializada. Era la función que destruía o legitimaba al líder, y a la larga decidía el destino del movimiento. He ahí, precisamente, la novedad del aprismo: su capacidad para escapar al sino de experiencias anteriores, cuando, al momento de «realizar el trasplante» doctrinario a «las condiciones objetivas», se terminaba matando al propio organismo. En el pasado, la razón había sido, principalmente, una incapacidad para lograr percibir «la ley de intensidad diversa» que determinaba la complejidad del movimiento social en que se pretendía actuar.[145] De ahí su afán en subrayar que —además de la disciplina y la unidad— la fe en el líder fuese el gran pilar de la organización por construir. La aceptación de sí mismo, en otras palabras, como «jefe máximo» del aprismo.

Una necesaria y hasta saludable «crisis de gestación» había sido, en ese sentido, la situación generada por la ruptura con el mariateguismo. Una experiencia imprescindible «para probar la solidez mental de algunos, el oportunismo de otros, la vaguedad de muchos y la afirmación de tantos que estaban indecisos». Una experiencia en que el papel del jefe había sido «enfriar y ordenar» los elementos «primitivos y caóticos» de esa «nebulosa» que todavía era el naciente aprismo. Conteniendo así, la ansiedad de quienes demandaban que

---

144. Entrevista de Steve Stein a Víctor Raúl Haya de la Torre, 15 de diciembre de 1970. Citada en Stein 1980: 149.

145. De Víctor Raúl Haya de la Torre a los compañeros de la Célula de París. En Flores Galindo 1994: 77-78.

el APRA fuese «una cosa hecha, acabada, burilada y perfecta», con «tradición y victorias» incluidas. De barrer los últimos residuos de ese «personalismo irritante y faccioso» de los compañeros intelectuales se encargaría, a fin de cuentas, la acción. La exposición al «instinto vital de las masas» en particular.[146]

—VIII—

Tras haber reconstruido las filas apristas a partir de sus «más leales adeptos»,[147] apelando a la dialéctica y «la ley de intensidad diversa», subrayando que el marxismo era un «camino abierto» y el aprismo una «síntesis realista», emprendería el «jefe máximo» el proceso de construcción del Partido Aprista Peruano. No ya el romántico movimiento radical capaz de capitalizar la «reacción democrática» que se pensaba habría de surgir a la caída de Leguía sino una organización preparada para contender con un régimen militar «asesorado o tutelado por un grupo de elementos de la fracción más reaccionaria del civilismo».[148] Un movimiento aglutinante que, con el fin de llegar «a las distintas realidades sociales, económicas y políticas, unidas a los diversos factores étnicos, geográficos e históricos»[149] a un amplio rango de tonalidades discursivas requería apelar. Que mientras se allanaba a conversar con el «civilismo de la emigración»,[150] con el fin de dividir al enemigo principal, al mismo tiempo debía ser capaz de aparecer como sucedáneo mejorado del leguiismo a la par que mantenía vivo el fuego radical buscando poner de su lado a los núcleos vanguardistas de la capital y del interior. Por ello, mientras que de un lado recalcaba su vocación democrática a otros les aseguraba que no importaba las palabras que se usara cuando lo realmente importante era de qué manera «las ideas hechas acción» despertaban la «rebeldía de los oprimidos» sin alarmar «inútil y prematuramente a los opresores». A diferencia de los que creían que «la guerra debe ser siempre en campo abierto», la «técnica moderna» demostraba que una confrontación de esa naturaleza representaba una derrota segura. «Por el camino de las trincheras» era «por donde anda a gatas la victoria».[151]

---

146. Ibíd., p. 77.
147. Planas y Vallenas 2010: 83.
148. Haya de la Torre 1930b: 204-209.
149. De Víctor Raúl Haya de la Torre a la célula del APRA del Cusco, Berlín, 25 de febrero de 1930. En Haya de la Torre 1984a: vol. 5, 259-268.
150. Sánchez 1934: 190.
151. De Víctor Raúl Haya de la Torre a la célula del APRA del Cusco, Berlín, 25 de febrero de 1930. En Haya de la Torre 1984a: vol 5, 267.

Escasa cabida podía tener en ese contexto el modelo «leninista» de 1928 presentado en *El antiimperialismo y el APRA*. De una versión «más propia, más ad hoc del marxismo requería Haya —según Planas y Vallenas— para completar su viaje hacia la fragmentaria realidad social del Perú. Ni «debate abierto» ni «contienda teórica» era lo que se necesitaba sino un «verdadero instrumento en manos del líder». De ahí que ni en la propaganda electoral ni en los folletos doctrinarios del periodo apareciera alusión alguna al «estado antiimperialista» o cosa parecida.[152] Tampoco existiría reiteración alguna del planteamiento de una revolución de base indígena andina. En el marco de una visión de corte evolutivo, Haya tendería más bien a equiparar lo «indígena» y lo «campesino» con atraso u obstáculo. En ese «vacío doctrinal», planteamientos enteramente nuevos e incluso extraños a la tradición radical habrían de aparecer. Ahí estaba su ya mencionada propuesta de amalgamar el «pensamiento magnífico» de Manuel González Prada, del que Haya se declaraba heredero, junto con la obra política de Nicolás de Piérola, cuyo desplazamiento por los civilistas, según el «jefe máximo», dejaba valiosas lecciones para el momento actual.[153]

En esas circunstancias, a reintroducir el tema de su candidatura podía proceder Haya. No sería ya como mero acto de rebeldía, a semejanza de 1928, sino con «todas las características de una candidatura formal». Porque frente al giro multitudinario de la opción civilista, sus propias fuerzas resultaban demasiado débiles «sin el aliento de un candidato al gobierno». Si había alguien que como los mariateguistas en 1928 se oponía a su candidatura en nombre de una «revolución purísima», podía ir contando con su deserción porque ningún interés tenía Haya en «seguir dirigiendo un partido de fracaso». ¿Acaso no había venido anunciando él «uno a uno todos los sucesos que se han producido», ratificando su derecho así «a optar por una actitud que «creo conveniente a nuestra causa»?

No tendría que llegar a tal extremo. Sus detalladas instrucciones preelectorales serían seguidas a cabalidad por quien vendría a ser el primer secretario general del flamante Partido Aprista Peruano, fundado el 20 de septiembre de 1930, el cusqueño Luis Eduardo Enríquez. El objetivo era darle a su lanzamiento «el carácter de una candidatura popular nacional», una candidatura de «salvación» ante el doble peligro representado por «la anarquía militarista» y las «ambiciones civilistas». ¡Cuánto se hubiera ganado —podría exclamar ahora— de haberse hecho esto desde 1928![154]

152. Planas y Vallenas 2010: 81.

153. Haya de la Torre 1931c: 81.

154. Enríquez 1951: 82 y ss.

Con todo un movimiento, hasta con himno propio (la célebre «Marsellesa Aprista»), se encontraría Víctor Raúl en el puerto de Talara el 12 de julio de 1931. Con el notable espectáculo, vale decir, de un grupo de «muchachos inexpertos y exaltados» que, de manera asombrosa, habían logrado penetrar a las «masas neutras» de un país inficionado de «apatía y canibalismo». Un verdadero mito viviente —«musculoso», «atlético», «incansable» según Sánchez— era el «jefe máximo» cuando «15.000 almas enloquecidas», ondeando pañuelos blancos, vitoreando rítmicamente el nombre de su líder, lo reciben en el Estadio de Mansiche de su ciudad natal unos días después. Con todo, serían una mera fracción de los 80.000 que lo esperarían a su llegada en Lima, a inicios de agosto.

«Muchedumbres» se titula el capítulo correspondiente del gran breviario de la épica hayista escrito por Sánchez.[155] Diversas investigaciones revelarían, años después, los mecanismos de dicha operación.[156] El curso de la forja simultánea del «jefe máximo» y del «pueblo aprista». De ese fenómeno multivalente que el propio Haya describiría como la creación de una «poderosa y creadora locura colectiva». Una fuerza inédita, más que un movimiento político, «un nuevo estado psíquico y biológico de nuestros pueblos», una «poderosa docencia militante».[157] A la cual —tal como había vaticinado Víctor Raúl— no solamente se sumaban aquellos que tenían «la capacidad cultural para entender en sus detalles teóricos los alcances totales de nuestra obra» sino también aquellos alcanzados por la «fuerza formidable de nuestra fe». De una fe que «hacía vibrar todas las conciencias» y que permitía reemplazar «con el sentimiento auténtico y con la maravillosa intuición», aquello que «la conciencia refinada a veces no alcanza a vislumbrar».[158] De cualquier modo, Trujillo era tan solo un «alto en el áspero camino interminable del apostolado y la batalla».[159]

«Apostolado» y «batalla»: no podían ser más precisos los términos usados por Sánchez en un texto escrito al intenso fragor de los acontecimientos. A esa singular dialéctica entre acción *militar* y retórica, de tono *evangélico,* había debido su supervivencia el movimiento aprista. Dualidad —o manejo de las diversas intensidades de la realidad según la «ciencia de la aplicación» hayista— que, de otro lado, irritaba al máximo a sus adversarios. Un estilo terco y tenaz —«fanático» o «sectario» para quienes lo aborrecían— bien sintetizado en eslóganes como «a más calumnias más aprismo» o «solo el APRA salvará al Perú».

155. Sánchez 1934: 187.

156. Stein 1980: 158 y ss., Pike 1986 y Drinot 2012.

157. Spelucín 1933.

158. Haya de la Torre 1933a.

159. Sánchez 1934: 190.

Una modalidad de política de masas que en las calles de Lima demostraría su efectividad frente a un movimiento como el sanchecerrista igualmente multitudinario, nucleado en torno a otra figura «salvadora» y «paternal», entretejido en torno a la instrumentalización de una serie de relaciones «familiares, eclesiásticas y laborales» caracterizadas por su verticalidad.[160]

Clubes electorales sanchecerristas versus comités apristas: una dinámica cuyas reverberaciones se extenderían mucho más allá de la capital, produciendo un fenómeno nacional.[161] El sanchecerrismo como populismo multitudinar conservador, al que el aprismo contrapone una remozada visión de la «gran transformación»: la oferta de un Estado efectivo, verdaderamente enraizado en el «problema mismo de la nacionalidad», con funcionarios justos trabajando por el bienestar de la población. Este es un objetivo posible en virtud de la acción, desde arriba, de los técnicos del partido y, desde abajo, de la «fuerza moral» del aprismo. Ahí el punto de partida de la larga marcha hayista. No ya la poco realista «tempestad en los Andes» valcarceliano-mariateguista sino la disciplinada insurgencia de un «ejército civil» representado por el impresionante despliegue de miles de apristas blandiendo sus libretas electorales por las calles de Lima.

Poderosa imagen que a sus contendores transmitía un mensaje fundamental: que no podrían hacerle al aprismo lo que al triunfante pierolismo de un cuarto de siglo atrás. Someterlo, vale decir, por la vía combinada del control del aparato electoral y el recurso al despotismo gamonal. Un nuevo tipo de insurgencia popular que la propia presencia del líder aprista —de Vitarte a Cajamarca, de la sierra central a Iquitos tanto como en el sur andino, a través de pueblos que jamás habían visto a un candidato presidencial— se encargaría de dinamizar. Y que una «aparente transformación radical del sistema electoral»,[162] al establecer el voto obligatorio y secreto por primera vez, hacía —dependiendo del ángulo de mira— más esperanzador o amenazante que nunca. Un ejército de individuos conscientes de pie frente al país de las bandas gamonales y la emboscada artera.

Irresistible la polarización. Un intento de candidatura de centro —apoyada por los viejos arielistas— sucumbió a las fuerzas desatadas por el «caudillismo demagógico» y el «caudillismo militar». Sánchez Cerro, en esas circunstancias, concentró el voto de aquellos que lo vieron como un mal menor. Con ello pudo alzarse con el 50,75% de la votación dejando a Haya de la

160. Molinari 2006: 19.

161. Nugent 1997: cap. 7; Heilman 2006; Taylor 2000 y Rincón 2005.

162. Basadre 1980: 141 y ss.

Torre con 35,38%. Resultado que, al no ser aceptado por el perdedor, agudizaría aun más el nivel de la confrontación.

Mutuas serían las acusaciones. «El que pierda en esta lucha irá contra la pared» habría advertido Sánchez Cerro durante la campaña electoral. «No venimos a agitar sino a construir» manifestaba, por su parte, Víctor Raúl.[163] Y si Sánchez esgrimiría la abrumadora lista de las agresiones sanchecerristas, diversas fuentes revelarían la transición, del lado del aprismo, de la *defensa* al *insurreccionalismo*.[164] Reacción natural, alegarían los voceros apristas, al gradual cierre de espacios para la acción política legal: de las denuncias del PAP ante el supuesto fraude electoral (noviembre de 1931) a la aprobación de una drástica Ley de Emergencia (9 de enero de 1932) y la subsecuente expatriación de más de 20 parlamentarios apristas (20 de febrero de 1932). Entre el atentado contra el Presidente Sánchez Cerro —a manos de un joven militante aprista— a la sublevación de los marineros apristas —que culminaría con la sumarísima ejecución de varios de ellos (7-11 de mayo de 1932)— el país se deslizaba hacia la guerra civil.

Armonizando corrientes, eligiendo los puntos más convenientes para golpear, administrando las limitadas energías del movimiento, Haya —«todo fuego y a la par serenidad» en descripción de Sánchez— proseguía con su misión de aplicador científico de la singular estrategia inicialmente concebida en sus días en Berlín. Esfuerzo cuyo núcleo central debía ser la construcción de una identidad partidaria capaz de sobrevivir el diluvio represivo que se les venía encima. Ganando tiempo para dividir al enemigo y al Ejército, en la perspectiva de construir no ya una fuerza montonera para capturar Lima sino una fuerza «nacional» capaz de destruir los pilares locales del orden oligárquico-gamonal. Una operación apoyada en última instancia en la capacidad del liderazgo hayista para hacer del aprismo —reitero— una identidad indestructible. Una voluntad de resistir, en las catacumbas, como los primeros cristianos, el vendaval represivo desatado al cabo de su derrota electoral. La definición del aprismo —en palabras de Hugo Neira— como una «comunidad emocional» fuertemente entretejida en torno a la figura del «compañero-jefe».[165]

De esa dinámica singular, el llamado «Discurso-Profético» pronunciado por Haya de la Torre en el local partidario de su ciudad natal, el 8 de diciembre de 1932 es, sin duda, un testimonio clave. A 24 horas de la juramentación de Sánchez Cerro como presidente constitucional —resumando indignación por el supuesto fraude y ante las primeras evidencias de persecución— de

163. Sánchez 1934: 195 y 188.

164. Chanduví 1988.

165. Neira 1997: 415.

«admonición y afianzamiento» es el mensaje del líder.[166] A partir de la definición del aprismo, por cierto, como una causa superior a la política. Cuyo destino lejos de ser Palacio de Gobierno era la conciencia del pueblo. Adonde ni con los fusiles ni con el oro podía llegarse sino «educando, organizando y dando el ejemplo».

Ahí lo medular del aprismo: su capacidad para gobernar desde abajo, desde el corazón del pueblo. Una «religión de justicia», un «credo de libertad» puesto a prueba por el «imperio del despotismo» que venía a truncar las «vacaciones semidemocráticas» que «nuestra fuerza» había sido capaz de imponer. Como una prueba de su fe y de su voluntad, de la «consistencia de nuestra organización», vivirían los verdaderos apristas la noche represiva que se aproximaba. Como una oportunidad, para escribir, «con sangre o con lodo», las páginas de «gloria o de vergüenza» de un «nuevo capítulo de la historia del PAP». Se había perdido temporalmente pero el perfil de una «gran victoria» destellaba en el horizonte, allende los «días siniestros» que se venían. «Duro examen» en el que, ni para claudicantes ni oportunistas, lugar alguno podía haber. Porque a quien quiera que se «amedrente», jefe o militante, «le llamaremos cobarde» —puntualizaba el «jefe máximo»— y a «quien quiera que claudique, jefe o militante, le llamaremos traidor». En el propio ejemplo de Haya —aquellos ocho años de destierro en que no había desmayado nunca—, en suma, estaba la clave de la supervivencia del aprismo: la convicción de que «la voluntad y solo la voluntad es el timón de nuestro destino»; la convicción, a fin de cuentas, de que «solo el aprismo» salvaría al Perú».[167]

—IX—

No a levantar montoneras sino a buscar alianzas con oficiales nacionalistas que tomaban distancia de un «cerrismo» crecientemente controlado por la élite civilista apuntaba la estrategia aprista. Era su manera «realista» de neutralizar una rearticulación de los poderes locales bajo conducción civilista. Era preciso hilar muy fino, hacer política «científica», para no promover tampoco un nuevo ciclo militarista. Frente a los altos mandos «pro oligárquicos» surgían oficiales de rango medio abiertos a una acción conjunta con el aprismo. Personajes como el comandante Genaro Matos quien, sin llegar al extremo de un Teodomiro Gutiérrez Cuevas «Rumimaqui», habían desarrollado una visión crítica del papel meramente represivo de su institución.[168] Entre sombras permanecería la

166. Ibíd., p. 203.

167. Haya de la Torre 1931d.

168. Matos 1968 y 1951.

«pequeña historia» de esas acciones, desdeñadas como «contraproducentes» por una historiografía aprista preocupada por enfatizar el «orden» y la «disciplina» con que el PAP había respondido a la violencia desatada por el sanchecerrismo.[169] La historiografía izquierdista las explotaría, en cambio, para hacer notar los «virajes» y las «inconsecuencias» del aprismo.[170]

Muchos años pasarían antes que los detalles de esta historia salieran plenamente a la luz gracias a textos como los de Luis Chanduví Torres y Margarita Giesecke.[171] El testimonio de un militante que, entre 1931 y 1948 —cuando experimentó una crisis de fe que lo alejó del PAP—, habría estado vinculado a las acciones insurreccionales del aprismo, en el primer caso. Y, en el segundo, una detallada investigación que exhumaría el patrón básico de ese activismo armado basado en la coordinación Ejército-Partido que por largos años mantendría al Perú en estado de zozobra. Con nombre propio aparecen ahí los actores del levantamiento «aprista» de Ayacucho (24 de agosto de 1931), por ejemplo, los capitanes Colfer y González, los tenientes Risco, Escalante y Meyer así como los subtenientes Vargas, Salgado, Flores y Juárez. Oficiales que, «sugestionados en demasía» —según un documento de los archivos del Ministerio de Gobierno— por los discursos del Dr. Juan Ortega, médico de la localidad y miembro del PAP, habían decidido «apresar al prefecto», quien «advertido oportunamente» había procedido a ocultarse en una casa particular.

De esa historia, elementos de larga trayectoria conspirativa, como el coronel Aurelio García Godos y el comandante Gustavo «el Zorro» Jiménez, serían protagonistas fundamentales. Un plan general de insurrección delinearía el primero, hacia fines de 1931, en coordinación con Haya y con el coronel César Pardo, secretario nacional de Defensa del PAP.[172] El segundo, entretanto, tras una frustrada reunión con el jefe aprista (17 de febrero de 1932) discutirá con Luis Alberto Sánchez los términos de una colaboración con el fin de «llevar al aprismo a las posiciones conductoras de Estado» (abril de 1933). Negociación en que buscaría asegurarse Jiménez que, una vez en el poder, el PAP no adoptaría una conducta «exclusivista» adjudicándose, en consecuencia, «la exclusividad de los métodos y de las personas que salvarían al país».[173] El modelo insurreccional aprista-militar —concluiría Giesecke— caía entre dos

169. Murillo 1976: 128 y Soto 2002: 133.

170. Valderrama 1980.

171. Chanduví 1988 y Giesecke 2010.

172. Giesecke 2010: 190-191.

173. De Gustavo Jiménez a Luis Alberto Sánchez, Arica, 15 de abril de 1932. En Bazán Vera 2003: 44-48.

extremos: ni era el «golpe de Estado convencional» ni tampoco «una revolución social» respaldada por trabajadores y campesinos.[174]

A fondo se emplearía el líder aprista para darle coherencia a la posición de su partido con respecto al tema insurreccional. Somos revolucionarios —diría en febrero de 1932—pero no en el «sentido catastrófico de cuartelazo, motín o anarquía» sino en «su profunda significación histórica y constructiva». ¿Era acaso inevitable recurrir a la violencia para ser revolucionario? No, respondía el líder. Ahí estaban para demostrarlo, Jesucristo, Tolstói o Gandhi. Negaba, de tal suerte, el «absurdo principio de la violencia por la violencia misma o el simplismo de la revolución solo para tener el poder. El aprismo, por el contrario, aspiraba a «llegar al poder para operar desde él la revolución, en un sentido de evolución, de renovación», sujeta siempre «a los imperativos de la realidad».[175]

A expensas de su propio instinto radical dejaría al partido, sin embargo, la detención del «jefe máximo» a inicios de mayo de 1932. Un singular cosmos revolucionario comenzaría a configurarse en Trujillo en circunstancias tales. Y en ese marco, una vanguardia de neto origen popular, intensamente expuesta al *ethos* partidario, terminaría lanzándose a la acción, desbordando, en la práctica, el modelo insurreccional oficialmente sancionado por la jefatura. Manuel Barreto, apodado «Búfalo», encarnaría, por esos días, esa corriente rebelde. Originario del Callao, de 18 años había arribado a tierra trujillana. Como un «individuo de instintos sanguinarios y vida escabrosa» lo describiría su ficha policial. Era una distorsionada alusión, por cierto, a su temperamente combativo y a la diversidad de oficios —de lustrabotas a chofer pasando por mozo de restaurante y mecánico automotriz— que habría de desempeñar. Del anarcosindicalismo al aprismo, en el meollo del «defensismo» partidario, había recibido su educación política. A inicios de 1932, Barreto era el nexo entre una brigada de choque conocida como «los tigres de Laredo» —una centena de trabajadores provenientes de la hacienda cañera del mismo nombre—y los compañeros de la Secretaría de Defensa del PAP trujillano en momentos en que se discutía la organización de una acción insurreccional. Tras haber vivido algunos de los más violentos conflictos laborales ocurridos en el país, particularmente castigada por la represión sanchecerrista había sido la región liberteña.[176] En ese cargado ambiente, vox pópuli era que se esperaba la llegada del comandante Jiménez desde su exilio chileno para dar inicio a la insurrección. La detención de Haya, ciertamente, colmaría la paciencia de los revolucionarios.

---

174. Sánchez 1987a: 53-54.

175. Haya de la Torre 1932a.

176. Díaz 1974 e Hidalgo 2011: 144 y ss.

El testimonio del profesor Alfredo Tello Salavarría retrata la intensidad del momento. Su tenso diálogo, para comenzar, con un Barreto que no creía necesaria la presencia de un militar —«¡para qué tenemos que traer a Jiménez si yo soy tan hombre como él!»— para pasar a la acción. Que no era una cuestión de «hombría» le responde Tello sino que Jiménez tenía conexiones imprescindibles dentro del Ejército. Pasando a explicarle que no había habido «revolución en el mundo que se hiciese contra los militares»; que, en todos los casos, las victorias revolucionarias habían sido resultado de la acción concertada del «pueblo uniformado y el pueblo civil». Irreducible, sin embargo, la impaciencia de su interlocutor, a quien Tello terminaría secundando en el asalto al cuartel O'Donovan, acción inicial de la insurrección. La muerte del legendario «Búfalo», en los primeros momentos del combate, dejaría al movimiento sin conducción popular. Circunstancias en que los cabecillas del ataque al cuartel dejarían en manos del capitán Leoncio Rodríguez Manfur y de Agustín Haya de la Torre —nombrado como «prefecto revolucionario»— la jefatura formal de la insurrección.[177]

La precariedad de dicho liderazgo rememoraría Tello décadas después. Carente de «experiencia revolucionaria» —dijo—, había cometido el gran error de entregar la ciudad a las nuevas autoridades procediendo a volver a su hogar con el fin de tomarse «un merecido descanso de varias horas de duración». Dándose, al volver, con la desagradable sorpresa de que se había dado la orden de proceder a excavar trincheras. Produciéndose, entonces, el diálogo siguiente con el capitán Rodríguez Manfur: «¿Para qué trincheras si lo que necesitamos es avanzar, ir hacia otros pueblos?». Que él tenía que «defender Trujillo aunque sea a pedradas» sería su respuesta. A lo que Tello optó por responderle «con una grosería», y precedió a «hacer mi propio cuartel en el centro escolar 241» con toda la gente que no había entregado sus armas, para, recién entonces, enviar gente a Pacasmayo, a Casagrande y a otros sitios.[178] «No había plan —observaría Luis Alberto Sánchez— pero sobraba el entusiasmo».[179]

De una orgía de sangre sería testigo, en las siguientes 72 horas, la capital liberteña: el espectacular despliegue represivo por aire, mar y tierra, inédito en la historia del Perú; la vesánica cacería de los revolucionarios; las fosas comunes en la ciudadela de Chan Chan. Y, en medio de la confusión, una nunca plenamente esclarecida masacre de indefensos oficiales en la cárcel de la ciudad que marcaría a fuego la memoria política del país.

---

177. León 1985.

178. Ibíd., p. 891.

179. Sánchez 1934: 220.

Con la ciudad prácticamente rodeada, el «prefecto revolucionario» y un grupo de seguidores emprenderían la huida hacia la sierra de La Libertad con la esperanza de establecer contacto con compañeros suyos que pugnaban por tomar control de la ciudad de Huamachuco. Fracasado ese plan e impedidos de desplazarse hacia Cajamarca debido al acoso de una escuadrilla aérea, decidirían los revolucionarios dirigirse hacia el vecino departamento de Áncash. Ahí, bajo el mando del líder aprista Carlos A. Phillips y el mayor del Ejército Raúl López Mindreau, una fuerza —mayormente integrada por efectivos policiales— había logrado tomar la ciudad de Huaraz. Confrontados por los gamonales locales, secundados por sus peones indígenas, esperaban la llegada de refuerzos procedentes de Trujillo para consolidarse. Hasta que, a través de los volantes arrojados por las naves de la Fuerza Aérea, se enteraron de la caída de la ciudad de Trujillo. En su fuga hacia el callejón de Conchucos, los revolucionarios trujillanos se encontrarían con la dramática realidad de que una «gran cantidad de indígenas» —licenciados del ejército muchos de ellos—se habían ofrecido «para restablecer el orden».[180]

Como símbolo de la crudeza de la lucha quedaría la muerte del militante aprista Juvencio Núñez de Recuay quien —según el relato del profesor Claudio Alba Herrera— al aproximarse con el fin de parlamentar a un destacamento militar sería obligado —por un mayor de apellido Lazo— a dar vivas a Sánchez Cerro y mueras a su organización. En el sitio sería fusilado ante su negativa. Como lo serían, asimismo, Phillips y Lopez Mindreau. La «forma encomiable» en que la «indiada» local había servido, como arrieros y guías, a las fuerzas del orden resaltaría en su reporte el teniente Alfonso Llosa González Pavón.[181] Casi sin alternativas optan por dispersarse los sobrevientes. Tras cruzar los Andes, por varias semanas deambula a través de por parajes amazónicos el hermano menor del líder aprista, sin lograr cumplir con su objetivo de alcanzar la frontera con Brasil. Hasta que una fiebre palúdica lo obliga a volver a la altura y buscar refugio en la hacienda de unos familiares en la localidad de Sartimbamba. Recién en septiembre de 1933 —en que, tras la muerte del presidente Sánchez Cerro a manos de un militante aprista, promulga el general Óscar R. Benavides una Ley de Amnistía— podría Agustín volver a Trujillo.[182] Ahí, recién hacia fines de año, se reencontraría con Víctor Raúl. De entonces, recordaría Alfredo Tello los tres días que su líder lo había interrogando «día y noche» sobre los acontecimientos de julio del 32. «Si Jiménez logra entrar

180. Alba 2006: 170.

181. Ibíd., pp. 72-73.

182. Soto 2002: 220.

a Trujillo —observaría, entonces, Víctor Raúl— triunfábamos. Porque había altos jefes de Piura, de Chiclayo, de Huaraz, Lima y Arequipa conectados con nuestros jefes».[183]

Semanas después, con sensible tardanza, llegaría Jiménez a la región. Siendo imposible actuar en Trujillo, centraría su afán insurgente en en la zona andina del vecino departamento de Cajamarca. Acorralado por las fuerzas del orden, el 14 de marzo de 1933, optaría por terminar con su vida con un disparo en la sien.[184] Hasta ahí llegaba la larga marcha —en su versión apromilitar— hacia el «verdadero Perú».

—X—

Cinco mil cadáveres apristas era el costo, según Luis Alberto Sánchez, de la trágica época que fenecía.[185] ¿Habían sido derrotados? ¿Adónde ir después de tan larga noche? ¿Había destino para el aprismo después de la barbarie sufrida? ¿Cómo quitarse de encima la marca de la violencia? Más sangre requeriría llegar a una tregua. Dieciocho años tenía el joven aprista José Melgar Márquez cuando disparó, en la puerta de la Iglesia Matriz de Miraflores, contra el mandatario dejándole malherido. A Abelardo Mendoza Leyva —un «hombre del pueblo», según la prensa aprista, que, aunque había elegido un «medio equivocado», había sido capaz de «sacrificar su vida para salvar al país» de un desastre más espantoso—[186] le correspondería completar dicho cometido poco más de un año después. Una acción que, según la misma fuente, a pesar de todo, no dejaba de tener legitimidad. Porque «también estaban fuera de la ley todos los crímenes monstruosos de la tiranía» y porque «la vida del tirano» no tenía por qué ser más preciada que la de los millares de víctimas que se hubieran producido de haber continuado Sánchez Cerro en el poder.[187] Podía venir, entonces, para el aprismo un nuevo amanecer, la oportunidad de que saliera nuevamente a la luz esa isla de fraternidad y resistencia que había surcado un océano de «barbarie» promovido por una «casta enferma de odio, de envidia, de vejez y de incultura», que veía con «despecho» el surgimiento de «una fuerza superada, austera, unida y joven».[188]

---

183. León 1985: 891.

184. Murillo Garaycochea 1976: 264.

185. Sánchez 1934: 231.

186. «Abelardo Mendoza Leyva ante la consideración nacional», en *La Antorcha*, 21 de noviembre de 1933, p. 2.

187. Loc. cit.

188. Haya de la Torre 1932b.

Con el nuevo mandatario, el general Óscar R. Benavides, pacta el «jefe máximo» una frágil tregua. Sea como Hindenburg —«el viejo mariscal monárquico» que «por el interés de Alemania» había aceptado la Presidencia de la República— le dice el jefe de Estado; «ahórrenos más sangre, más luto, más vergüenzas», le habría respondido Víctor Raúl.[189]

Reviviría en los meses siguientes esu organización. «Todos los locales apristas» estaban en funcionamiento para octubre de 1933.[190] Y el 12 de noviembre, en la plaza de Acho, tendría lugar el reencuentro público del «pueblo aprista» con su «jefe máximo». A negar el desahucio del aprismo estaba dirigida la espectacular coreografía de aquella tarde rimense: 40.000 afiliados había reunido el «aprismo moribundo», quedando unos 10.000 sin haber podido ingresar al coso.[191] Frente al micrófono, con los brazos extendidos, como alcanzando a cada uno de los asistentes con su voz, muestra a Haya de la Torre la fotografía icónica de aquella jornada. Era el momento de aplicar todo aquello aprendido en el exilio y encarar, dicho esto en calculado tono de falsa modestia, a «los catedráticos de extrema izquierda y de extrema derecha» que insistían aún en clasificarlos de bolcheviques o fascistas. Ellos no entendían su condición excepcional, el «sentimiento auténtico», la «maravillosa intuición», la «poderosa y creadora locura colectiva» que era el aprismo.[192]

En Trujillo, unas semanas después, vendría el encuentro íntimo, verdaderamente personal. Es un momento fundamental del mito hayista. El «jefe máximo», escribe Sánchez, recorre «pálido y contraído» los «campos de fusilamientos», tomando «entre sus manos las osamentas fraternas, trozos de vestidos, cinturones, todo a flor de tierra, porque no hubo sepultura para los mártires de la libertad». Pudo entonces, el «compañero jefe», más allá del gran acto de masas, dirigirse al corazón del aprismo, intentar suturar sus heridas, respondiendo las preguntas que lo merodeaban.

Fragmentos del discurso que en aquella visita pronunciara en el Teatro Popular de la capital liberteña han quedado para la posteridad. A su atmósfera excepcional nos introduce Sánchez con un especial derroche de épica:

> Caían las palabras encendidas en un silencio religioso. Mujeres enlutadas levantaban a los hijos pequeños al grito de «aquí tengo otro hijo para darlo por el Aprismo». Y eran viudas, eran madres quienes les habían matado a sus hijos mayores. Fue la apoteosis de la perduración. El dolor sellaba y fecundaba.[193]

---

189. Sánchez 1934: 231.

190. Ibíd., p. 232.

191. Loc. cit.

192. Loc. cit.

193. Ibíd., p. 237.

Citando a José Martí sentaba Haya el tono de su alocución: «con palabras no puedo». Proseguía luego —como había hecho dos años antes en su llamado «discurso-profético» pronunciado en esa misma ciudad— con aquello que, más que un discurso político semejaba una oración, una apelación mística al alma del partido, elemento fundamental de su reconstrucción. «Yo solo puedo hablar así en Trujillo» —subrayaría—, «en este hogar materno, entibiado por el calor de tantos recuerdos, por la dulzura de tantas nostalgias, por la esperanza de tantos días mejores».[194]

En dos años, los apristas habían hecho lo a que a otros partidos les había tomado cincuenta: haberle dado «a este pueblo» aquello que le faltaba para ser tal, el «soplo de lo cósmico, de lo eterno, de lo alto, de lo puro». El aprismo era ahora no solo quienes lo escuchaban, sino también sus muertos. Y ellos, los ausentes, decían a coro que el aprismo no había perdido, que ahora tenía gloria y quien tenía gloria seguía vivo a pesar de la muerte. Si hasta entonces Trujillo había sido cuna, desde julio del 32 era tumba también. Origen de una tradición que rumbos históricos estaba llamada a fijar. Una suerte de lugar sagrado al cual, para recabar las voces de los mártires, era preciso acudir. Para recibir sus energías, para elevarse a partir de su magistral orientación: «haz de tu partido una religión, haz de tu partido una huella eterna a través de la historia». Punto de inicio de un nuevo capítulo de la historia partidaria: «nos empujan los muertos y los que quedamos vivos tenemos la consigna de cumplir el mandato de los muertos».[195]

Ahí la deuda con ellos: hacernos gigantes, hacer obra inmortal. Todo esto a condición de que aprendieran los apristas a extraer un nuevo derrotero de la experiencia del dolor. A transformarlo, vale decir, en energía para alzarse a un nuevo plano moral: sentir no el «dolor de la bestia» sino «el dolor del hombre superior». ¿Cómo? Aprendiendo a crecer en la lucha, viviendo enhiestos nuestro Gólgota, comprendiendo «nuestra condición» de «instrumentos» de una historia que había determinado que a Trujillo le había tocado el destino de ser «el salvador del Perú». Admitiendo, en suma —con coraje y humildad— que con «nuestra sangre» sería regado el «árbol sagrado de la Libertad». ¿Que faltaba tinta para escribir esta historia nueva? Ahí estaba «nuestra sangre» para anotarla. Para seguir escribiendo lo que ya para ese entonces era «la más intensa, la más sorprendente, la más dolorosa» experiencia colectiva «de toda la historia del Perú republicano».

---

194. Haya de la Torre 1931a: 332 y 334.

195. Ibíd., p. 334.

Como mucho más que un partido —como una «gran fraternidad»— emergía el aprismo de la experiencia de julio del 32. Con la certeza de que ser aprista significaba ser parte de «una nueva raza espiritual y física» capaz de refundar el Perú y no «la ingenua y momentánea inquietud por un caudillo». Inédita, sin duda, la hondura del compromiso: forjar un militante capaz de «luchar y morir» por una causa y, al mismo tiempo, de convertir el «ímpetu heroico» en capacidad de acción. Porque si el «magnífico impulso del sacrificio» había dado a los apristas «conciencia directriz», desarrollar sentido científico y capacidad técnica se requerían para darle al Perú el Estado —eficaz, sin politiquería ni «tarjetas de recomendación»— que reclamaba para ser una verdadera nación.[196]

Cuna y tumba gloriosa del aprismo, en Trujillo nacía por lo tanto un «modelo inmortal» cuya verdad última no podía ser otra que darle un nuevo valor al acto mismo del morir. Porque morir se tornaba en un motivo trascendente cuando acaecía en la defensa de un credo, de un ideal, de una causa; orientada, en este caso, a buscar «regeneración y justicia para el Perú». No a una vulgar veleidad politiquera sino a la «sublime realización de una epopeya» —cuyos episodios iban «engarzándose, uno a uno, con hilos de sangre, como alambres conductores de luz»— era que convocaba el aprismo. A caminar llevando «sobre nuestras espaldas la cruz que ha de redimir al Perú viejo, de sus pecados». Dispuestos, por ende, a resistir caídas, azotes y mofas, con la conciencia de que para «crear algo grande» habíamos sido llamados.

Y al centro del discurso, por supuesto, la figura cuasi mesiánica del «compañero jefe». Porque si la muerte no se había interpuesto era porque «el destino» le tenía reservada la histórica misión de «culminar la obra». Porque si alguna inquietud le había atormentado durante su cautiverio era pensar que la «muerte prematura» del Partido podría significar su propia desaparición. Como un anuncio aparecía, en suma, su propia supervivencia. Como el anuncio de que había pasado la noche, de que venía «la aurora», finalmente. Y que el momento llegaba con ella de impulsar a la juventud, de forjar a «los hombres nuevos» que «los realizadores de nuestros ensueños» vendrían a ser».[197]

Iniciado y culminado en Trujillo, en el alma del emergente aprismo remataba el periplo hayista. En el ubicuo territorio, vale decir, de una «comunidad sentimental».[198] Sustento de aquella «gran falange política y social»[199] cuya filiación «auténticamente peruana» —no solo por su ideario o su organización

---

196. Haya de la Torre 1931c.

197. Haya de la Torre 1931a: 341.

198. Neira 1997: 415.

199. Haya de la Torre 1931a: 342

sino por su «origen indoamericano, popular, criollo y mestizo»— ardorosamente defendería su fundador.[200] Una identidad política fundamentalmente articulada en torno a su propia figura. Sustento práctico y emocional de un «simulacro de nación»[201] —con su propia simbología y sus propias tradiciones— cuya misión no podía ser otra que alcanzar la «salvación del Perú».

Casa de José de la Riva-Agüero, Lima.
© Archivo El Peruano

200. Haya de la Torre 1931b.

201. Sanders 1997: 414.

Epílogo

Me propongo analizar con ustedes una idea, en apariencia clara, que, sin embargo, se presta a los más peligrosos equívocos.

Ernest Renan, "¿Qué es una nación?", 1882

La soledad de González Prada en el cerro El Pino o su apabullante tristeza al entrar a una Lima sembrada de banderas foráneas, las «penas patrióticas» del juez-escritor López Albújar, aireadas en la ambigüedad de sus tenebrosos personajes indios, la destruida imprenta de Clorinda Matto en la antesala de un exilio interminable: imágenes de un tiempo de quebranto y disolución. ¿Cómo, desde dónde, con qué términos, escribir sobre *nosotros* en una era en que había colapsado todo marco referencial para pensar la nación? ¿Cómo narrar la nación desde una herida abierta? De la tesis sobre el «verdadero Perú» a aquella otra sobre la nación como un rosario de nidos, pasando por la descripción del patriotismo, tan intenso como primitivo, del poblador andino surge el primer contorno de una salvación posible. Tensionada por la violencia, marcada por el desgarro, lucha la pluma por abrirse paso a través de la bruma de la guerra, por otear un horizonte que trascienda la desesperanza.

Los dilemas de la reconstrucción nacional aparecen como trasfondo del tiempo que prosigue. Pese a todos sus beneficios profundiza la marginalidad serrana el auge agrominero exportador. Consolidada la dominación costeña, como nostálgico traspatio, como territorio por «civilizar», «integrar» o «salvar», más que como «verdadero Perú», comenzaría a verse al «país profundo». Como historia (Riva-Agüero) o como ficción (Valdelomar), al Perú serrano remite la reflexión sobre la sierra. ¿Qué significaban en ese contexto los cóndores vengativos de Ventura García Calderón: perentoria advertencia para intrusos, un llamado a «pacificar» por la razón o por la fuerza esas regiones indómitas? ¿Qué futuro podría reservarles el destino a esos parajes poscoloniales en un mundo crecientemente dominado por la lógica del capital? ¿Sobre qué bases construir, de otro lado, una identidad capaz de resistir el embate modernizante? ¿Ante el sangriento espectáculo de la Primera Guerra Mundial como tierra de promisión no aparecía acaso esa ignota frontera de Occidente? De la disciplinada erudición del limeño (Riva-Agüero) a la excéntrica creatividad del iqueño (Valdelomar), pasando por el profesionalismo literario del expatriado parisino García Calderón: un mismo afán de identidad impulsa sus incursiones en el país profundo. Sus conceptos se ven superados por sus personalísimos retratos del paisaje interior. Un gallo iqueño o una llama blanca, quejumbrosas quenas como sempiterna banda de sonido, simbolizan, desde la literatura, el seductor enigma de la vida provinciana, sus secretos poderes, su potencial regenerador. Desde su atalaya hispanista, tras recorrer la región sur a lomo de mula, en *Paisajes peruanos* busca Riva-Agüero incorporar al país andino en su visión de nación. Es —concluye— la «cuna de la nacionalidad». Aunque domeñada y empobrecida, singular desafío estético e intelectual seguiría siendo la serranía para la ciudad letrada nacional. Una imagen de irreductibilidad que la muerte en Ayacucho de Valdelomar parece refrendar.

Como espacio de grandes desenlaces aparece la sierra en los textos de Valcárcel, Mariátegui y Haya. Con el lente del Oriente que resucita o de la Comintern que inicia su marcha releen la experiencia indígena vinculándola —por la vía del «sentimiento» o la «adivinación»—con tiempos precolombinos. En abierta rebelión antipositivista fluye libre la ficcionalización. De doctrina e ideología se impregna la palabra del escritor al contacto con movimientos sociales que demandan estrategia, liderazgo y visión. De la experiencia universal derivan discursos insurgentes que encuentran justificación en históricas narrativas de insondable duración. De la mano de la «ciencia marxista» el mito y la fe advienen como ideas-fuerza ante la tarea de perfilar a la sierra como reducto de la lucha contra el colonizador y su sucedáneo republicano. ¿Cómo transformar en revolución ese carácter «inmemorial»? Retomando al apóstol Prada, en herramienta movilizadora se transforma el verbo: de «tempestades», «indios rebeldes» y «resurgimientos» se repletan las narrativas; como un adelanto del socialismo aparece el viejo ayllu bajo el lente radical. Como Amauta o como «jefe máximo», deviene activista o militante el escritor. Bajo formato «vanguardista», se entroncan teoría revolucionaria y voluntad. Para todo efecto práctico, sin embargo, al país urbano quedan confinadas sus grandiosas propuestas. Con la derrota o contención de la «larga marcha» va perdiendo su atractivo la narrativa de la sierra rebelde.

Vuelve al ámbito literario, tras el éxtasis serranista de los años 20, la exploración del Ande. Denuncia, testimonio, historia e invención convergen en las páginas de la narrativa «indigenista»: un entramado literario que fluye de la tradición local a la gran narrativa. *El mundo es ancho y ajeno* (1941) de Ciro Alegría, *Los ríos profundos* (1958) de José María Arguedas y *Redoble por Rancas* (1970) de Manuel Scorza serán los grandes productos de esa etapa nueva. De su tono testimonial procede la fuerza de su apelación. Si la interacción con la peonada en los fundos a cargo de su padre le había permitido a Alegría «conocer a fondo la manera de ser india y chola», la indiscutible autenticidad de sus personajes reclamaría Arguedas.[1] Luchadores sociales reales eran, entretanto, los personajes de Scorza. Lejos del mero y rutinario «indigenismo», «con todos sus elementos, en su inquieta y confusa realidad humana»[2] presentan estas novelas al «Perú andino». Como libros «atemporales», producto de «viajes en el inconsciente, en lo onírico», en que «los acontecimientos retroceden hasta 1705, a 1520, o avanzan hacia el futuro, hacia el año 2000, 2030, 2040», describiría los suyos Manuel Scorza.[3]

Sueños convertidos en amenazante realidad, en todo caso, en virtud del efecto combinado de la insurgencia campesina sur andina y los ecos de la Revolución cubana. ¿Buscaban a los émulos de Rosendo Maqui o del «Nictálope» Héctor Chacón los militantes campesinistas de aquel entonces? ¿Subyacía un viejo guión literario a los manifiestos marxistas de los guerrilleros del 65? A los días previos de la ocupación chilena recordaba, según Sebastián Salazar Bondy, la angustia que había llegado a sentirse en Lima ante la presencia de aquellos «nuevos sitiadores» perfilados por Arguedas. Un indescifrable alud humano para una ciudad letrada transida de pasadismo, capaz de hacer «del capitalismo un castillo medieval» o de «una muchacha que lee a Sartre o viaja en *jet* una tapada sin mantón». ¿Sería la «feble Lima» de los 60 capaz de descifrar las claves del «sólido Perú» del interior? A Mariátegui terminaría invocando Sebastián Salazar Bondy en su afán de conjurar fuerzas para superar el muro constrictor de la «arcadia colonial».[4] En la literatura buscarían las ciencias sociales, a mediados de los años 60, ese conocimiento «intuitivo» para comprender a los protagonistas de la «gran transformación» rural que comenzaba a desbordarse hacia las urbes costeñas.[5] La mesa redonda sobre *Todas las sangres* —aquella célebre novela de Arguedas que según el economista Jorge Bravo Bresani ofrecía «una pintura más orgánica de la problemática rural que la presentada por muchos estudios "técnicamente" realizados»—[6] quedaría como prueba de ello.

Cómo frontera viva de una nacionalidad aún por concretar aparecía la sierra —y su «banda oriental» por extensión— hacia mediados del XX. De las guerrillas del 65 a la «guerra popular» senderista, pasando por el velasquismo, nuevas y vastas fuerzas, políticas y militares, aspirarían a capitalizar los réditos de su marginalidad y de su resistencia, con trágicos resultados mayormente. De la brecha entre «ficciones orientadoras» (*Shumway*) y realidad dejarían amplia y dolorosa evidencia dichas experiencias.

---

1. Alegría 1976: 123-124; Alegría y otros 1969: 106.
2. Arguedas 1950.
3. Perlado 1979.
4. Salazar Bondy 1974.
5. Caballero 1981; y Matos Mar 2004
6. Pinilla 2003: 24.

Crecimiento estatal, mercado, migración —el llamado «desborde popular» (Matos Mar) en suma— alterarían para siempre, a lo largo de las últimas tres o cuatro décadas, el escenario en que González Prada, Riva-Agüero o Mariátegui concibieron a la sierra, desde sus propias perspectivas, como el «otro» de una historia del Perú narrada, exclusivamente, desde la costa. Sin embargo, acaso porque siguen en pie muchas o algunas de las preguntas que los inquietaron siguen sus palabras resonando entre nosotros. En el año 2015 muchas de sus obras han desaparecido de los programas escolares o universitarios. En su mayoría, ciertamente, han perdido su apelación. Hablan de un mundo, verdaderamente, desaparecido. Leyéndolas en clave histórica, no obstante, considerando su trayectoria en su conjunto, transmiten, a mi juicio, un mensaje plenamente vigente: una invitación a pensar la nación. A seguir imaginándola más allá de su «objetividad». Más allá de la relativa «objetividad» que engendran sus leyes, sus políticas públicas, sus obras de infraestructura o sus desfiles militares. La nación —recordando a Ernest Renan— como «alma» (que emana de «la posesión en común de un rico legado de recuerdos») y como «principio espiritual» (que alimenta el «deseo de vivir juntos, la voluntad de continuar haciendo valer la herencia que se ha recibido»). Esa suma de interacciones, vale decir, que crean esa «gran solidaridad», ese «plebiscito cotidiano», en que se sustenta la existencia de una nación viable. He ahí el valor de estas trayectorias, la razón de su trascendencia, la pertinencia de releerlas: su afán por aprehender el curso mismo de la manufactura del Perú como una verdadera nación. E imaginar, desde ese tráfago, sus posibles caminos futuros.

Cerro El Pino en la actualidad.

Bibliografía

I. Diarios y revistas

Amauta, 1927

Colónida, 1915

El Comercio, 1886-1895

El Obrero Textil, 1920-1920

El Tiempo, 1916-1919

Germinal, 1889-1901

Hoz y Martillo, 1931

La Antorcha, 1933

La Integridad, 1891-1904

La Razón, 1919

La Revista Social. Semanario de Historia, Crítica y Literatura, 1985-1889

II. Libros y artículos

Abril de Vivero, Pablo
1916 *Las voces múltiples*. Lima: Librería E. Rosay.

Aguilar, Luis Felipe
1922 *Cuestiones indígenas*. Cusco: Biblioteca de El Comercio.

Aguirre Morales, Augusto
1927 *El Pueblo del Sol*. Lima: Imprenta Torres Aguirre.

Alba Herrera, Claudio A.
2006 *La revolución aprista de 1932*. Lima: Ediciones Instituto de Desarrollo Gerencial.

Alegría, Ciro
1963 «Prólogo». En López Albújar, Enrique. *Memorias*. Lima: P. L. Villanueva, pp. 58-61.

1976 *Mucha suerte con harto palo. Memorias*. Buenos Aires: Editorial Losada.

Alegría, Ciro y otros
1969 *Primer encuentro de narradores peruanos. Arequipa, 1965*. Lima: Casa de la Cultura del Perú.

Ángeles Caballero, César A.
1962 *Valdelomar, conferenciante*. Ica: Universidad Nacional San Luis Gonzaga de Ica.

Aparicio Vega, Manuel Jesús
2012 *Centenario de la generación de La Sierra*. Lima: Fondo Editorial de la Asamblea Nacional de Rectores.

Aquézolo, Manuel (comp.)
1987 *La polémica del Indigenismo*. Lima: Mosca Azul Editores.

Arce, Mario Rommel
2010 «Breve historia del diario *La Bolsa* de Arequipa». Disponible en <http://www.mariorommelarce.com/portal/breve-historia-del-diario-la-bolsa-de-arequipa/>.

Arguedas, José María
1950 «La novela y el problema de la expresión». En *Mar del Sur*, N.° 9, pp. 66-72.

Aricó, José (ed.)
1978 *Mariátegui y los orígenes del marxismo latinoamericano*. México D. F.: Ediciones Pasado y Presente.

1980 «Mariátegui y la formación del Partido Socialista del Perú». En *Socialismo y Participación*, N.° 11, septiembre, pp. 139-167.

Arroyo Posadas, Moisés
1980a «A propósito del artículo "El populismo en el Perú" de V. Miroshevski». En Aricó 1978, pp. 93-115.

1980b «La correspondencia de José Carlos Mariátegui a Jauja». En *Allpanchis*, N.º 16, pp. 61-74.

Arroyo Reyes, Carlos

1995 *El incaísmo modernista. El caso de Augusto Aguirre Morales*. Lima: Mosca Azul Editores.

2004 «La experiencia del Comité Central Pro Derecho Indígena Tawantinsuyo». En *Estudios Interdisciplinarios de América Latina*, vol. 15, N.º 1.

2005 *Nuestros años diez*. Buenos Aires: LibrosEnRed.

Ayala, José Luis

1989 *Wancho Lima (cronivela)*. Lima: Kollao Editorial Periodística.

1990 *Yo fui canillita de José Carlos Mariátegui. (Auto) Biografía de Mariano Larico Yujra*. Lima: Kollao Editorial Periodística.

2005 *Carlos Condorena Yujra y Wancho Lima (Cronivela)*. Lima: Editorial San Marcos.

2006 *Presidente Carlos Condorena Yujra*. Lima: Editorial San Marcos.

2009 *Mariátegui y la inteligencia andina perú-boliviana*. Lima: Grupo Editorial Arteidea.

Ayllón, Ezequiel S.

2003 «Prólogo a *Cuentos andinos*» (Huánuco, 13 de febrero de 1920). Reproducido en Vega Billani, Rodolfo, *Enrique López Albújar: juez reformador del derecho penal*. Huánuco: Universidad Nacional Hermilio Valdizán, pp. 236-250.

Baptista, Selma

2006 *Una concepción trágica de la cultura*. Lima: Pontificia Universidad Católica del Perú.

Baquedano González, Manuel Jesús

1881 *Partes oficiales de las batallas de Chorrillos i Miraflores, libradas por el Ejército Chileno contra el Peruano en los días 13 y 15 de Enero de 1881*. Santiago de Chile: Imprenta Nacional.

BARBA, Carlos
1971 «Memorias de un anarcosindicalista: Carlos Barba». Entrevista realizada en 1971. Disponible en <http://www.laprotesta.freeservers.com/no3/p6art1.htm>.

BARRIENTOS, Luis Felipe
1958 «Primer Congreso de la Federación Obrera Local y la conquista de la jornada de las ocho horas». En Barrientos, Luis F., *Los tres sindicalismos.* Lima: Ediciones Continente, pp. 151-158.

BASADRE, Jorge
1929 «Los hombres de traje negro». En *Letras,* I, pp. 29-59.

1940 «Piérola». En *Mercurio Peruano,* vol. 15, N.º 162, agosto, pp. 481-494.

1980 *Eleecciones y centralismo en el Perú. Apuntes para un esquema histórico.* Lima: Centro de Investigación de la Universidad del Pacífico.

1981 *La vida y la Historia,* segunda edición. Lima: Industrial Gráfica.

1994 *Perú: Problema y posibilidad,* cuarta edición. Lima: Fundación M. J. Bustamante de la Fuente.

BASADRE, Jorge y Pablo MACERA
1974 *Conversaciones.* Lima: Mosca Azul Editores.

BAZÁN VERA, Blasco
2003 *La Revolución de Trujillo (Asalto al cuartel O'Donovan en 1932. Primera insurgencia civil del siglo* XX*).* Trujillo: ABC Publicidad.

BEIGEL, Fernanda
2006 *La epopeya de una generación y una revista: las redes editoriales de José Carlos Mariátegui en América Latina.* Buenos Aires: Editorial Biblos.

BEJARANO, Temístocles
1990 «Mariátegui en Huancayo». En *Anuario Mariateguiano,* vol. II, N.º 2, pp. 89-102.

BELAUNDE, Víctor Andrés
[1908] 1987 «El Perú Antiguo y los modernos sociólogos y otros ensayos». En *Obras completas de Víctor Andrés Belaunde,* vol. 1. Lima: Edición de la Comisión Nacional del Centenario.

1967 *Trayectoria y destino. Memorias.* Lima: Ediciones de Ediventas.

Berg, Mary G.

1997 «Clorinda Matto de Turner: periodista y crítica (Perú, 1852-1909)». En Osorio, Betty y María Mercedes Jaramillo (eds.), *Las desobedientes: Mujeres de nuestra América*. Bogotá: Panamericana Editorial, pp. 147-159. Disponible en <http://bit.ly/1C22phP>.

s/f «Pasión y nación en Hima-Sumac de Clorinda Matto de Turner». Disponible en <http://www.fas.harvard.edu/~icop/maryberg.html>.

Bergel, Martín

2006 «Manuel Seoane y Luis Heysen: el entrelugar de los exiliados apristas en la Argentina de los veintes». En *Políticas de la Memoria*, N.° 6-7, Buenos Aires, pp. 124-142

2007 «La desmesura revolucionaria. Prácticas intelectuales y cultura del heroísmo en los orígenes del aprismo peruano (1923-1931)». En *Nuevo Mundo Mundos Nuevos*, mayo. Disponible en <http://nuevomundo.revues.org/5448>.

2009 «Nomadismo proselitista y revolución: notas para una caracterización del primer exilio aprista (1923-1931)». En *Estudios interdisciplinarios de América Latina y el Caribe*, vol. 20, N.° 1.

2011 «El anti-antinorteamericanismo en América Latina (1898-1930). Apuntes para una historia intelectual». En *Nueva Sociedad*, N.° 236, noviembre-diciembre.

2012a «Oriente y occidente en el pensamiento de Mariátegui». En *Políticas de la Memoria*, N.° 10-11-12, Buenos Aires, verano, pp. 249-258.

2012b «Con el ojo izquierdo. Mirando a Bolivia, de Manuel Seoane. Viaje y deriva latinoamericana en la génesis del antiimperialismo aprista». Disponible en <http://shial.colmex.mx/docs/Bergel.pdf>.

Bergel Martín y Ricardo Martínez Mazzola

2008 «América Latina como práctica. Modos de sociabilidad intelectual de los reformistas universitarios (1918-1930)». En Altamirano, Carlos, *Historia de los intelectuales en América Latina II: Los avatares de la «ciudad letrada» en el siglo XX*. Buenos Aires: Katz Editores.

Bergson, Henri

1963 *La evolución creadora*. En *Obras escogidas*. Madrid: Editorial Aguilar.

Bestard Camps, Joan
1998 *Parentesco y modernidad.* Barcelona: Editorial Paidós.

Betancourt Mendieta, Alexander
2013 «La perspectiva continental: entre la unidad nacional y la unidad de América Latina». En *Historia Crítica,* N.º 49, Bogotá, enero-abril, pp. 135-157.

Bhabha, Homi K.
1990 «Introduction: Narrating the Nation». En Homi K. Bhabha (ed.), *Nation and Narration.* Londres/Nueva York: Routledge, pp. 1-7.

Bizcarrondo, Martha
1974 *Leviatán y el socialismo de Luis Araquistáin.* Liechtenstein: Verlag.

Blanchard, Peter
1982 *The Origins of the Peruvian Labor Movement, 1883-1919.* Pittsburgh: University of Pittsburgh Press.

Blanco, Gamaniel
2012 «Canto minero: Poesía de Gamaniel Blanco». Disponible en <http://bit.ly/199dT8e>.

Bustamante y Ballivián, Enrique
2000 «De Belén a Pescadería: la prisión de Valdelomar. Un reportaje en broma». En Silva Santisteban 2000: vol. I, pp. 167-172.

Caballero, José María
1981 *Economía agraria de la sierra peruana antes de la reforma agraria de 1968.* Lima: Instituto de Estudios Peruanos.

Caballero, Manuel
1987 *La Internacional Comunista y la revolución latinoamericana, 1919-1943,* segunda edición. Caracas: Editorial Nueva Sociedad.

Cabello de Carbonera, Mercedes
[1888] 2003 *Blanca Sol, novela social.* Disponible en <http://www.biblioteca.org.ar/libros/1925.pdf>.

1948 *La novela moderna.* Lima: Ediciones Hora del Hombre.

Calisto, Marcela
1991 «Campesinos puneños y resistencia cotidiana, 1900-1930». En *Allpanchis,* N.º 37, pp. 169-202.

Calvo, Rossano (ed.)
1998 «El diario *El Comercio* del Cusco: la historia urbana y el cusqueñismo». En *Allpanchis*, N.º 51, pp. 69-90.

2002 *El Sol 100 años: Periodismo e historia local. El Diario El Sol del Cusco (1900-1950)*. Cusco: Instituto Nacional de Cultura.

Carnero Checa, Genaro
1980 *La acción escrita. José Carlos Mariátegui periodista*, segunda edición. Lima: Empresa Editora Amauta.

Carr, Barry
2010 «Radicals, Revolutionaries and Exiles: Mexico City in the 1920s». En *Berkeley Review of Latin American Studies*, otoño, pp. 26-30.

Castro, Juan E. de
2010 «¿Fue José Carlos Mariátegui racista». En *A Contracorriente: Revista de Historia Social y Literatura en América Latina*, vol. 7, N.º 2 , pp. 80-91.

Castro Pozo, Hildebrando
1924 *Nuestra comunidad indígena*. Lima: Imprenta «El Lucero».

Cerdas Cruz, Rodolfo
1986 *La hoz y el machete: la Internacional Comunista, América Latina y la revolución en Centroamérica*. San José de Costa Rica: Euned.

Chanduví Torres, Luis
1988 *El APRA por dentro: lo que hice, lo que vi, lo que es*. Lima: s/e.

Chang-Rodríguez, Eugenio.
1976 «El ensayo de Manuel González Prada». En *Revista Iberoamericana*, N.º 42, pp. 239-249.

Chocano, Magdalena
1988 *Ideas políticas de Dora Mayer*. Lima: Centro de Documentación sobre la Mujer.

Churata, Gamaliel
1927 «El gamonal». En *Amauta*, N.º 5, enero, pp. 30-33; y N.º 6, febrero, pp. 18-20.

Cornejo, Mariano H.
1928 *La filosofía de la Patria Nueva (Conferencia sustentada en el Palacio Municipal de Lima el 22 de septiembre de 1928)*. Lima: Imprenta Torres Aguirre.

Cornejo, Raúl Estuardo

1961 *López Albújar, narrador de América. Trayectoria vital.* Madrid: Ediciones Anaya.

Cosio, Félix

1922 *La misión social de la Universidad del Cusco: discurso académico.* Cusco: Imprenta H. G. Rozas.

2002 «Cuzco renovado». En Calvo 2002, pp. 43-45.

Cossío del Pomar, Felipe

s/f «Primera batalla por los obreros: la jornada de 8 horas». Disponible en <http://bit.ly/1AdxH0y>.

Cox, Carlos Manuel

1927 «Con Luis E. Valcárcel». En *Amauta*, N.º 6, sección Libros y Revistas, febrero, pp. 1-2.

Croniqueur, Juan

1916 «La fuente de Neptuno» [29 de enero de 1916]. En Silva Santisteban 2000: vol. I, 213-215.

Cuadros, Carlos Ferdinand

1990 *La vertiente cusqueña del comunismo peruano,* Lima: Editorial Horizonte.

1998 «La tesis del espacio-tiempo histórico de Haya de la Torre». En *Revista de Filosofía Aplicada.* Disponible en <http://www.oocities.org/rpfa/tesis.htm>.

2009 «José Carlos Mariátegui y la polémica del indigenismo». En *América sin nombre*, N.º 13-14, pp. 103-112.

Davies Jr., Thomas M.

1971 «The Indigenismo of the Peruvian Aprista Party: A Reinterpretation». En *Hispanic American Historical Review*, vol. 51, N.º 4, noviembre, pp. 626-645.

de la Cadena, Marisol

2004 *Indígenas mestizos: Raza y cultura en el Cusco.* Lima: Instituto de Estudios Peruanos.

Delgado, Carlos

1985 «Haya de la Torre: los escritos de 1923». En *Socialismo y Par-ticipación,* N.º 31, septiembre, pp. 25-34.

DENEGRI, Francesca
1996 *El abanico y la cigarrera. La primera generación de mujeres ilustradas en el Perú*. Lima: Instituto de Estudios Peruanos/Flora Tristán.

DEUSTUA, José y José Luis RÉNIQUE
1984 *Intelectuales, indigenismo y descentralismo en el Perú, 1897-1931*. Cusco: Centro de Estudios Regionales Andinos Bartolomé de las Casas.

DÍAZ A., Joaquín
1974 *Luchas sindicales en el valle de Chicama*, segunda edición. Lima: Librería Star.

DRINOT, Paulo
2012 «Creole Anti-Communism: Labor, the Peruvian Communist Party, and APRA, 1930-1934». En *Hispanic American Historical Review*, vol. 92, N.º 4, pp. 703-736.

DULANTO PINILLOS, Jorge
1947 *Nicolás de Piérola*. Lima: Compañía de Impresiones y Publicidad.

ENRÍQUEZ, Luis Eduardo
1951 *La estafa política más grande de América*. Lima: Ediciones del Pacífico.

ESCAJADILLO, Tomás G.
1972 *La narrativa de López Albújar*. Lima: Conup.

1999 «El relato indigenista en las páginas de *Amauta*». En *Revista de Crítica Literaria Latinoamericana*, N.º 49, pp. 177-197.

2010 «López Albújar: ¿Narrador o juez?». En *Revista de Crítica Literaria Latinoamericana*, N.º 72, segundo semestre, pp. 481-488.

ESCALANTE, José Ángel
1927 «Nosotros, los indios...». En Aquézolo 1987, pp. 39-52.

ESPINOZA SORIANO, Waldemar
2003 *Abraham Valdelomar en Cajamarca, 1918*. Lima: Universidad Ricardo Palma/Editorial Universitaria.

FERREIRA, Rocío
2005 «Clorinda Matto de Turner, novelista y los aportes de Antonio Cornejo Polar al estudio de la novela peruana del siglo XIX». Disponible en Biblioteca Virtual Miguel de Cervantes, <http://www.cervantesvirtual.com>.

2011 «La profesionalización de la periodista y escritora: Clorinda Matto de Turner obrera del pensamiento». Disponible en Biblioteca Virtual Miguel de Cervantes, <http://www.cervantesvirtual.com>.

FERRERO, Raúl

1958 *El liberalismo peruano. Contribución a una historia de las ideas*. Lima: Biblioteca de Autores Peruanos.

FLORES GALINDO, Alberto

1980 *La agonía de Mariátegui*. Lima: Desco.

1982 *Los mineros de la Cerro, 1900-1930*. Lima: Pontificia Universidad Católica del Perú.

1988 *Buscando un Inca*, tercera edición. Lima: Editorial Horizonte.

1994 «Un viejo debate: el poder». En Flores Galindo, Alberto, *Obras completas*, tomo IV. Lima: Concytec/SUR, pp. 51-89.

FRANCO, Carlos

1991 *La otra modernidad*. Lima: Cedep.

GÁLVEZ BARRENECHEA, José

1915 *Posibilidad de una genuina literatura nacional (El peruanismo literario)*. Tesis para optar el grado de doctor en la Facultad de Filosofía y Letras de la Universidad de San Marcos. Lima: Universidad Nacional Mayor de San Marcos.

GARCÍA CALDERÓN, Francisco

1949 *Recuerdos*. Lima: Imprenta Santa María.

2001a *Las democracias latinas de América*. Lima: Fondo Editorial del Congreso del Perú.

2001b *El Perú contemporáneo*. Lima: Fondo Editorial del Congreso del Perú.

GARCÍA CALDERÓN, Ventura

1908 *Frívolamente (sensaciones parisienses)*. París: Garnier Hermanos.

1910 *Del Romanticismo al Modernismo. Prosistas y poetas peruanos*. París: Librería Paul Ollendorff.

1914 *Dolorosa y desnuda realidad*. En García Calderón 2011, pp. 84-211.

1920a *Bajo el clamor de las sirenas.* París: Ediciones América Latina.

1920b *En la verbena de Madrid.* París: Ediciones América Latina.

1924 *La venganza del cóndor.* En García Calderón 2011: tomo I, pp. 480-590.

1926 *Peligro de muerte.* En García Calderón 2011: tomo I, pp. 597-714.

1936 *Nosotros.* París: Garnier Hermanos.

1941 *1911. Novela peruana.* En García Calderón 2011, pp. 229-425.

1986 «La literatura peruana (1535-1914)». En García Calderón, Ventura, *Obras escogidas.* Lima: Edubanco, pp. 1-97.

2011 *Narrativa completa.* Recopilación y edición de Ricardo Silva San-tisteban, 2 tomos. Lima: Pontificia Universidad Católica del Perú.

Germaná, César

1995 *El «socialismo indoamericano» de José Carlos Mariátegui: Proyecto de reconstitución del sentido histórico de la sociedad peruana.* Lima: Empresa Editora Amauta.

Giesecke, Albert

1913 «Censo del Cusco (Informe sobre el censo levantado en la provincia del Cusco el 10 de septiembre de 1912)». En *Boletín de la Sociedad Geográfica de Lima*, vol. 29, pp. 142-167.

Giesecke, Margarita

2010 *La Insurrección de Trujillo: Jueves 7 de julio de 1932.* Lima: Fondo Editorial del Congreso del Perú.

Gómez Acuña, Luis

2002 «Riva-Agüero, la historia y la política: acerca de dos libros reveladores». En *Sobre el Perú: Homenaje a José Agustín de la Puente Candamo.* Lima: Pontificia Universidad Católica del Perú.

Gómez Carrillo, Enrique

1920 «Ventura García Calderón, cronista». En García Calderón 1920a, pp. 1-14.

Gonzales, Osmar

1996 *Sanchos fracasados: Los arielistas y el pensamiento político peruano.* Lima: Ediciones Preal.

González Prada, Adriana de
1947 *Mi Manuel*. Lima: Editorial Cultura Antártica.

González Prada, Alfredo
1986a «Nota editorial». En *El tonel de Diógenes*, en González Prada 1986: tomo I, vol. 2, pp. 127-128.

1986b «Algo sobre el almidón». En *El tonel de Diógenes*, en González Prada 1986: tomo I, vol. 2, pp. 116-122.

1916 «Colónida: revista de Abraham Valdelomar». En Silva Santisteban 2000: vol. I, pp. 207-210.

González Prada, Manuel
1885a «Víctor Hugo». En González Prada 1987, pp. 53-59.

1885b «Grau». En González Prada 1987, pp. 155-164.

1886 «Conferencia en el Ateneo de Lima». En González Prada 1987, pp. 9-33.

1887 «Discurso en el Palacio de la Exposición». En González Prada 1987, pp. 34-36.

1888a «Discurso del Politeama». En González Prada 1987, pp. 60-66.

1888b «Discurso en el Teatro Olimpo». En González Prada 1987, pp. 37-47.

1888c «Discurso del Politeama». En González Prada 1987, pp. 60-66.

1888d «Discurso en el entierro de Luis Márquez». En González Prada 1987, pp. 48-51.

1888e «Propaganda y ataque». En González Prada 1987, pp. 137-154.

1889 «Notas acerca del idioma». En González Prada 1987, pp. 228-242.

1890a «La muerte y la vida». En González Prada 1987, pp. 251-261.

1890b «Vijil». En González Prada 1987, pp. 83-96.

1890c «15 de julio». En González Prada 1987, pp. 77-82.

1898 «Los partidos y la Unión Nacional». Conferencia dada el 21 de agosto de 1898. En González Prada 1969, pp. 9-38.

1899 «Piérola». En *Figuras y figurones.* En González Prada 1986: tomo I, vol. 2, pp. 255-400.

1901 «La fuerza». En González Prada 2010, pp. 124-128.

1902 «Nuestros liberales». En González Prada 1969, pp. 115-128.

1904 «El deber anárquico». En González Prada 2010, pp. 15-26.

1905a «El intelectual y el obrero». En González Prada 1969, pp. 51-60.

1905b «Fiesta universal». En González Prada 2010, pp. 12-14.

1905c «El comienzo». En González Prada 2010, pp. 33-34.

1905d «Los verdaderos salvajes». En *Prosa menuda*, en González Prada 1986: tomo II, vol. 4, pp. 283-285.

1906a «El primero de mayo». En González Prada 2010, pp. 54-56.

1906b «Socialismo y anarquía». En González Prada 2010, pp. 61-63.

1906c «Las huelgas». En González Prada 2010, pp. 64-66.

1908 «Nuestros indios». En González Prada 1969, pp. 219-236.

1909 «Primero de mayo, 1909». En González Prada 2010, pp. 121-123.

1915 «Impresiones de un reservista». En *El tonel de Diógenes*, en González Prada 1986: tomo I, vol. 2, pp. 37-44.

1916 «Conversación con Don Manuel González Prada» (entrevista del 2 de octubre de 1916). En Pinto Gamboa 1987.

1935 *Baladas peruanas.* En González Prada 1986: tomo III, vol. 5, pp. 387-468.

1937 «Sociales y políticos». En *Grafitos*, en González Prada 1986: tomo III, vol. 6, pp. 3-112.

1945a «En el año 2000». En *El tonel de Diógenes*, en González Prada 1986: tomo I, vol. 2, pp. 169-197.

1945b «Un historiador». En *El tonel de Diógenes*, en González Prada 1986: tomo I, vol. 2, pp. 48-53.

1945c «El Lima Antiguo». En *El tonel de Diógenes*, en González Prada 1986: tomo I, vol. 2, pp. 27-35.

1969 *Horas de lucha* [1908]. Lima: Ediciones Peisa.

1986 *Obras*. Lima: Ediciones Copé, Petroperú.

1987 *Pájinas libres* [1894]. Lima: Librería Studium

2010 *Anarquía* [1936]. Bogotá: Fundación para la Investigación de la Cultura.

GUTIÉRREZ, Julio C.
1986 *Así nació el Cuzco Rojo*. Cusco: s/e.

GUTIÉRREZ SAMANEZ, Julio Antonio
2010 «Alberto Giesecke y la edad de oro de la universidad cusqueña». Disponible en <http://bit.ly/1FGbWu2>.

HAYA DE LA TORRE, Víctor Raúl
1923a «Aspectos del problema social en el Perú». En Haya de la Torre 1984a: vol. 1, pp. 23-29.

1923b «La unidad de América Latina es un imperativo revolucionario del más puro carácter económico». En Haya de la Torre 1984a: vol. 1, pp. 11-16.

1923c «El primer mensaje del destierro a la juventud del Perú». En Haya de la Torre 1984a: vol. 1, pp. 20-22.

1924a «Emiliano Zapata, apóstol y mártir del agrarismo mexicano» (Apuntes de viaje). En Haya de la Torre 1984a: vol. 1, pp. 35-38.

1924b «El monumento a Túpac Amaru». En Haya de la Torre 1984a: vol. 1, pp. 42-45.

1924c «A los estudiantes y obreros de Panamá (Con motivo del intento de anexión por EE. UU.)». En Haya de la Torre 1984a: vol. 1, pp. 39-41.

1924d «Devoción por Lenin». En Haya de la Torre 1984a: vol. 2, pp. 436-38.

1924e «Trotsky». En Haya de la Torre 1984a: vol. 3, pp. 31-35.

1924f «El último ruso de mi viaje». En Haya de la Torre 1984a: vol. 3, pp. 65-72.

1925a «La realidad del Perú» Carta a Julio R. Barcos. En Haya de la Torre 1984a: vol. 1, pp. 59-72.

1925b «Carta a un universitario argentino (Londres, junio)». En Haya de la Torre 1984a: vol. 1, pp. 80-89.

1925c «Cada gobierno latinoamericano es un virreinato del imperio yanqui». En Haya de la Torre 1984a: vol. 1, pp. 111-114.

1925d «Para la *Revista de Oriente* de Buenos Aires». En Haya de la Torre 1984a: vol. 3, pp. 23-24.

1925e «Mis recuerdos de González Prada». En Haya de la Torre 1984a: vol. 1, pp. 219-224.

1926a «El despertar de América Latina». En Haya de la Torre 1984a: vol. 1, pp. 101-106.

1926b «¿Qué es el APRA?». En Haya de la Torre 1984a: vol. 1, pp. 129-135.

1926c «Nuestro Frente Intelectual. Mensaje para la revista *Amauta*». En Haya de la Torre 1984a: vol. 1, pp. 115-124.

1927a «El drama del Perú (Reportaje)». En Haya de la Torre 1984a: vol. 2, pp. 13-18.

1927b «Sentido de la lucha antiimperialista». En *Amauta*, vol. 8, abril, pp. 39-40.

1927c «Sobre el papel de las clases medias». En Haya de la Torre 1984a: vol. 1, pp. 170-75.

1928a «Del Cuzco salió el nuevo verbo y saldrá la nueva acción». En Haya de la Torre 1984a: vol. 2, pp. 55-59.

1928b «La sombra imperialista». En Haya de la Torre 1984a: vol. 2, pp. 329-333.

1928c «San Salvador bajo la opresión». En Haya de la Torre 1984a: vol. 2, pp. 151-157.

1928d «Autobiográfica». Carta a Joaquín García Monge, Yucatán, 20 de junio de 1928. En Haya de la Torre 1984a: vol. 2, pp. 91-99.

1928e «Nuestra América y Nicaragua». Carta abierta a Don Juan Ramón Avilés. En Haya de la Torre 1984a: vol. 2, pp. 9-12.

1928f «Carta al Presidente de Panamá». En Haya de la Torre 1984a: vol. 2, pp. 141-146.

1929a «Mensaje a las mujeres de Panamá». En Haya de la Torre 1984a: vol. 2, pp. 148-151.

1929b «Lo que nos puede dar la vieja Europa» [mayo]. En Haya de la Torre 1984a: vol. 2, pp. 228-233.

1929c «La crueldad latinoamericana». En Haya de la Torre 1984a: vol. 2, pp. 241-244.

1930a «Los técnicos en los gobiernos». En Haya de la Torre 1984a: vol. 2, pp. 191-196.

1930b «La convulsión revolucionaria en Sudamérica». En Haya de la Torre 1984a: vol. 2, pp. 204-209.

1931a «Discurso de Trujillo». En Haya de la Torre 1984a: vol. 5, pp. 331-342.

1931b «Discurso ante el Primer Congreso Nacional del Partido Aprista Peruano». En Haya de la Torre 1984a: vol. 5, pp. 35-48.

1931c «Discurso-Programa». En Haya de la Torre 1984a: 53-82.

1931d «Discurso del 8 de diciembre de 1931». En Haya de la Torre 1984a: vol. 5, pp. 87-90.

1931e «Tiranía, democracia, terrorismo». En Haya de la Torre 1984a: vol. 2, pp. 209-211.

1931f «Primorriverismo, escuela política». En Haya de la Torre 1984a: vol. 2, pp. 212-214.

1931g «Discurso ante el 1er. Congreso Nacional del Partido Aprista Peruano». En Haya de la Torre 1984a: vol. 5, pp. 35-48.

1932a «Manifiesto de febrero de 1932». En Haya de la Torre 1984a: vol. 5, pp. 91-124.

1932b «Mensaje de Navidad». En *Carta a los prisioneros apristas*, en Haya de la Torre 1984a: tomo 7, pp. 203-213.

1932c *Impresiones de la Inglaterra imperialista y la Rusia soviética.* En Haya de la Torre 1984a: tomo 2, pp. 348-446.

1932d «Algo sobre una nueva juventud». En Haya de la Torre 1984a: vol. 2, pp. 428-432.

1932e «La prensa grande y la Revolución Rusa». En Haya de la Torre 1984a: vol. 2, pp. 432-436.

1933a «Discurso del 12 de noviembre de 1933». En Haya de la Torre 1984a: vol. 5, pp. 153-160.

1933b *El proceso Haya de la Torre. Instructiva secreta.* En Haya de la Torre 1984a: vol. 5, pp.165-325.

1934 «Propaganda». En Haya de la Torre 1984a: vol. 3, pp. 25-30.

1935a «Nota preliminar a la primera edición». En Haya de la Torre 1984a: vol. 4, pp. 11-25.

1935b *El antiimperialismo y el APRA.* En Haya de la Torre 1984a: vol. 4, pp. 11-229.

1946 «Jornada de las 8 horas». En Haya de la Torre 1984a: vol. 1, pp. 228-38.

1984a *Obras completas.* Lima: Editorial Juan Mejía Baca.

1984b «Discurso de Haya de la Torre frente a la legación de Bélgica celebrando el triunfo de los aliados en la I Guerra Mundial». En Pereda Torres 1984, pp. 88-89.

Heilman, Jaymie Patricia

2006 «We Will No Longer be Servile: Aprismo in 1930s Ayacucho. Populism, Indigenous Politics». En *Journal of Latin American Studies*, vol. 38, pp. 491-518.

Hiatt, Willie

2007 «Flying "cholo": Incas, Airplanes, and the Construction of Andean Modernity in 1920s Cuzco, Peru». En *Americas*, 63(3), enero, pp. 327-358.

Hirsch, Steven J.

2010 «Peruvian Anarcho-Syndicalism: Adapting Transnational Influences and forging Counterhegemonic Practices, 1905-1930». En Hirsch, Steven y Lucien Van Der Walt (eds.), *Anarchism and Syndicalism in the Colonial and Postcolonial World, 1870-1940.* Leiden: Koninkljke Brill NV, pp. 227-272.

Ichaso, Francisco
1939 «Meditación del impedido». En *Babel: Revista de Arte y Crítica*, vol. I, N.° 8, diciembre, pp. 253-255.

Itier, César
2000 *El teatro quechua en el Cuzco: Indigenismo, lengua y literatura en el Perú moderno,* 2 volúmenes. Lima: Instituto Francés de Estudios Andinos/ Centro de Estudios Regionales Andinos Bartolomé de las Casas.

Jancsó, Katalin
2012 «Dora Mayer en Amauta». En *Revista de la Facultad de Humanidades y Lenguas Modernas de la Universidad Ricardo Palma*, N.° 15. Disponible en <http://www.urp.edu.pe/urp/imagenes/avisos/revista15_8.pdf>.

Jeifets, Lazar y Víctor Jeifets
2013 «Haya de la Torre, la Comintern y el Perú: Acercamientos y desencuentros». En *Pacarina del Sur.* Disponible en <http://www.pacarinadelsur.com/home/huellas-y-voces/764-haya-de-la-torre-la-comintern-y-el-peru-acercamientos-y-desencuentros>.

Kapsoli, Wilfredo (comp.)
1978 *Documentos para la historia del Partido Comunista del Perú.* Lima.

2002 *Unamuno y el Perú. Epistolario, 1902-1934.* Lima: Universidad Ricardo Palma.

Kerber, Linda K.
1976 «The Republican Mother: Women and the Enlightenment—An American Perspective». En *American Quarterly,* vol. 28, N.° 2, verano, pp. 187-205.

Klaiber, Jeffrey
1975 «The Popular Universities and the Origins of Aprismo, 1921-1924». En *The Hispanic American Historical Review*, vol. 55, N.° 4, noviembre, pp. 693-715.

1977 «El APRA: religión y legitimidad popular, 1923-1945». En *Apuntes*, año IV, N.° 8, pp. 49-57.

Klaren, Peter F.
1976 *Formación de las haciendas azucareras y orígenes del APRA.* Lima: Instituto de Estudios Peruanos.

2004 *Nación y sociedad en la historia del Perú.* Lima: Instituto de Estudios Peruanos.

KNIGHT, Allan
2008 «U.S. Imperialist/Hegemony and Latin American Resistance». En Fred Rosen (ed.), *Empire and Dissent. The United States and Latin America.* Durham: Duke University Press, pp. 23-52.

LADERA PRIETA, Víctor
2012 «Moisés Arroyo Posadas y la relación con Mariátegui». Disponible en <http://bit.ly/1xaR8Ga>.

LAUER, Mirko
1992 «La literatura como discurso político». En Arroyo, Carlos, *Hombres de letras: Historia y crítica literaria en el Perú.* Lima: Memoria Angosta, pp. 68-82.

LEIBNER, Gerardo
1999 *El mito del socialismo indígena en Mariátegui.* Lima: Pontificia Universidad Católica del Perú.

LEMOINE, Joaquín de
1887 *Clorinda Matto de Turner.* Lima: Imprenta y Librería de Benito Gil.

LEÓN, Ismael
1985 «Entrevista a Alfredo Tello Salavarría». [Julio 7, 1982]. En Villanueva Díaz, Guely, *Reportajes al Apra. Testimonio de 60 años de lucha*, tomo II. Chiclayo: Ediciones Acunta, pp. 885-892.

LÉVANO, César
1967 *La verdadera historia de la jornada de las ocho horas en el Perú*, segunda edición. Lima.

LÉVANO, César y Luis TEJADA (comps.)
2006 *La utopía libertaria en el Perú. Manuel Caracciolo Lévano. Obra completa.* Lima: Fondo Editorial del Congreso del Perú.

LÉVANO, Delfín
[1920] 2006 «Las mentiras actuales y el sindicalismo revolucionario». Conferencia en los jueves doctrinarios de *La Protesta.* En Lévano y Tejada 2006.

LEWIS, Jan
1987 «The Republican Wife: Virtue and Seduction in the Early Republic». En *The William and Mary Quarterly*, vol. 44, N.º 4, octubre, pp. 689-721.

LOAYZA, Luis
1990 *Sobre el novecientos.* Lima: Hueso Húmero Ediciones.

LÓPEZ ALBÚJAR, Enrique
[1920] 1995 *Cuentos andinos*. Lima: Peisa.

1926 «Sobre la psicología del indio» [*Amauta*, diciembre]. En Aquézolo 1987, pp. 15-21.

1927 «El fin de un redentor». En *Amauta*, N.º 10, diciembre, pp. 30-33.

1928a «El milagro de María Luz». En *Amauta*, abril.

1928b «Un día solemne, una fiesta brillante y una mano perdida». En *Amauta*, septiembre.

[1928] 1978 *Matalaché*. La Habana: Casa de las Américas.

1930 *Calderonadas (caprichos literarios)*. Chiclayo: Talleres El Tiempo.

[1936] 1973 *Los caballeros del delito*, segunda edición. Lima: Editorial Juan Mejía Baca.

[1937] 1963 *Nuevos cuentos andinos*. Lima: Populibros Peruanos.

[1943] 1964 *El hechizo de Tomayquichua*. Lima: Populibros Peruanos.

1963 *Memorias*. Prólogo de Ciro Alegría. Lima: P. L. Villanueva.

1966 *De mi casona (un poco de historia piurana de la biografía del autor)*. Lima: Librería Editorial Juan Mejía Baca.

1972 *La mujer de Diógenes, cuentos de arena y sol, palos al viento*. Lima: Consejo Nacional de la Universidad Peruana.

LYNCH, Nicolás
1979 «La pólemica indigenista y los orígenes del comunismo en el Cusco». En *Crítica Andina*, N.º 3, Cusco, enero-junio, pp. 5-46.

MACKAY, John A.
1923 *Los intelectuales y los nuevos tiempos*. Lima: Librería e Imprenta El Inca.

MANRIQUE, Nelson
1981 *Campesinado y Nación: Las guerrillas indígenas en la guerra con Chile*. Lima: Centro de Investigación y Capacitación.

1988 *Yawar Mayu: Sociedades terratenientes serranas, 1879-1910*. Lima: Desco.

1995 *Historia de la República*. Lima: Fondo Editorial de Cofide.

1999a *La piel y la pluma. Escritos sobre literatura, etnicidad y racismo*. Lima: SUR.

1999b «Clorinda Matto de Turner y el nacimiento del indigenismo literario (*Aves sin nido*, cien años después)». En Manrique 1999a, pp. 29-58.

2009 *«¡Usted fue aprista!» Bases para una historia crítica del APRA*. Lima: Clacso/Pontificia Universidad Católica del Perú.

Mariátegui, José Carlos

1916a «Un discurso: 3 horas, 48 páginas, 51 citas». En *La Prensa*, abril 30.

1916b «El poeta Martínez Luján. Su vida, su humorismo y sus excentricidades». En Mariátegui 1994a: vol. 3, pp. 35-40.

1916c «Glosario». En Mariátegui 1994a: vol. 3, pp. 110-113.

1917a «Julio se acaba». En Mariátegui 1994a: vol. 6, pp. 131-132.

1917b «De cara al pasado». En Mariátegui 1994a: vol. 5, pp. 259-260.

1917c «Grimas y zozobras». En Mariátegui 1994a: vol. 5, pp. 170-172.

1917d «Justa de leyenda». En Mariátegui 1994a: vol. 5, p. 187.

1917e «La cara al pasado». En Mariátegui 1994a: vol. 5, pp. 259-260.

1917f «Minuto trágico». En Mariátegui 1994a: vol. 5, pp. 269-270.

1917g «Nuevos tiros». En Mariátegui 1994a: vol. 5, pp. 308-309.

1917h «Hoy domingo veinte de mayo». En Mariátegui 1994a: vol. 6, pp. 12-15.

1917i «En el cenit». En Mariátegui 1994a: vol. 6, pp. 172-174.

1917j «La procesión tradicional». En Mariátegui 1994a: vol. 2, pp. 139-145.

1918a «Aniversario». En Mariátegui 1994a: vol. 7, pp. 206-207.

1918b «Un año y otro». En Mariátegui 1994a: vol. 7, pp. 191-192.

1918c «Exposición». En Mariátegui 1994a: vol. 3, pp. 319-320.

1918d «El señor carnaval». En Mariátegui 1994a: vol. 6, pp. 382-383.

1918e «Juventud, torbellino». En Mariátegui 1994a: vol. 7, pp. 348-349.

1918f «Malas tendencias». En Mariátegui 1994a: vol. 3, pp. 321-325.

1918g «Exposición». En Mariátegui 1994a: vol. 3, pp. 319-320.

1919a «Yo soy aquel...». En Mariátegui 1994a: vol. 8, pp. 175-176.

1919b «Hora la que empieza». En Mariátegui 1994a: vol. 3, pp. 349-350.

1919c «Palabras preliminares. Nuestra posición en la prensa». En Mariátegui 1994a: vol. 8, pp. 335-336.

1919d «Las diputaciones por Lima». En Mariátegui 1994a: vol. 8, pp. 354-361.

1919e «Democracia nueva». En Mariátegui 1994a: vol. 8, pp. 270-271.

1920a «El maximalismo cunde». En Mariátegui 1989, pp. 105-107.

1920b «De José Carlos Mariátegui a Ruth (Berta Molina)». En Mariátegui 1989, pp. 119-121.

1920c «El problema del Adriático». En Mariátegui 1994b: tomo I, pp. 735-744.

1921a «El hambre en Rusia». En Mariátegui 1994b: tomo I, pp. 800-801.

1921b «El cisma del socialismo». En Mariátegui 1994b: tomo I, pp. 773-774.

1921c «El Partido Socialista Italiano y la Tercera Internacional». En Mariátegui 1994b: tomo I, pp. 797-799.

1921d «La casa de los ciegos de guerra». En Mariátegui 1994b: tomo I, pp. 788-789.

1921e «El crepúsculo de la civilización». En Mariátegui 1994b: tomo I, pp. 597-599.

1923a «Las universidades populares». En *Bohemia Azul*, N.º 3, 27 de octubre. Reproducido en *Claridad*, N.º 4, enero 1924.

1923b «La agitación revolucionaria y socialista del mundo oriental». En Mariátegui 1994b: tomo I, pp. 899-902.

1923c «La intervención de Italia en la guerra». En Mariátegui 1994b: vol. I, pp. 855-861.

1923d «La crisis universitaria. Crisis de maestros y crisis de ideas». En Mariátegui 1994b, pp. 383-385.

1924a «Palabras de Mariátegui». En *Claridad*, N.º 6, septiembre, p. 1.

1924b «Nacionalismo e Internacionalismo». En Mariátegui 1994b, pp. 511-513.

1924c «Lo nacional y lo exótico». En Mariátegui 1994b: tomo I, pp. 289-291.

1924d «El problema primario del Perú». En Mariátegui 1994b: tomo I, pp. 291-292.

1924e «Pasadismo y futurismo». En Mariátegui 1994b: tomo I, pp. 287-289.

1924f «La imaginación y el progreso». En Mariátegui 1994b, pp. 505-506.

1924g «La urbe y el campo». En Mariátegui 1994b: tomo I, pp. 509-511.

1925a «Waldo Frank». En Mariátegui 1994b: vol. I, pp. 606-612.

1925b «Principios programáticos del Partido Socialista». En Mariátegui 1994b: vol. I, pp. 225-228.

1925c «El paisaje italiano». En Mariátegui 1994b: tomo I, pp. 518-520.

1925d «Vidas paralelas: E. D. Morel-Pedro S. Zulen». En Mariátegui 1994b: tomo I, pp. 293-295.

1925e «Un programa de estudios sociales y económicos». En Mariátegui 1994b: tomo I, pp. 300-301.

1925f «Nacionalismo y Vanguardismo». En Mariátegui 1994b: tomo I, pp. 307-308.

1925g «Dos concepciones de la vida». En Mariátegui 1994b: tomo I, pp. 494-497.

1925h «El hombre y el mito». En Mariátegui 1994b: tomo I, pp. 497-498.

1925i «La lucha final». En Mariátegui 1994b, pp. 499-501.

1925j «El rostro y el alma del Tawantinsuyu». En Mariátegui 1994b: tomo I, pp. 303-305.

1925k «¿Existe un pensamiento hispano-americano?». En Mariátegui 1994b: tomo I, pp. 417-419.

1925l «Pesimismo de la realidad y optimismo del ideal». En Mariátegui 1994b: tomo I, pp. 501-503.

1925m «Máximo Gorki y Rusia». En Mariátegui 1994b: tomo I, pp. 998-1000.

1925n «El grupo Clarté». En Mariátegui 1994b: tomo I, pp. 989-990.

1925o «¿Qué prepara usted?». En Mariátegui 1994b: tomo I, pp. 1392-1393.

1926a «Comentario a *El libro de la nave dorada* de Alcides Spelucín». En *Amauta*, N.º 1, septiembre.

1926b «Presentación». En *Amauta*, N.º 1, septiembre.

1926c «¿Cuál es en su concepto la figura literaria más grande que ha tenido el Perú?». En Mariátegui 1994b: tomo I.

1926d «Hacia el estudio de los problemas peruanos». En Mariátegui 1994b: tomo I, pp. 299-300.

1926e «Philippe Soupault». En Mariátegui 1994b: tomo I, pp. 675-678.

1926f «La realidad y la ficción». En Mariátegui 1994b: tomo I, pp. 555-556.

1926g «Arte, revolución y decadencia». En Mariátegui 1994b, pp. 553-554.

1926h «¿Cómo escribe usted?». En Mariátegui 1994b, 1392.

1927a «Prólogo». En Valcárcel 1927, pp. 7-15.

1927b «El proceso del gamonalismo». En *Boletín de Defensa Indígena*, N.º 1, enero.

1927c «Nota polémica a "el conflicto minero" por César Falcón». En *Amauta*, N.º 6, febrero, p. 29.

1927d «Intermezzo polémico». En Aquézolo 1987.

1927e «Réplica a Luis Alberto Sánchez». En Aquézolo 1987, pp. 81-85.

1927f «Respuesta al Señor Escalante». En Aquézolo 1987, pp. 85-86.

1927g «Principios de política agraria». En Mariátegui 1994b: tomo I, pp. 321-322.

1927h «Heterodoxia de la tradición». En Mariátegui 1994b: tomo I, pp. 501-503.

1927i «La nueva cruzada pro indígena». En Mariátegui 1994b: tomo I, pp. 228-229.

[1928] 1996 *7 ensayos de interpretación de la realidad peruana*, 64 edición. Lima: Biblioteca Amauta.

1929a «Veinticinco años de sucesos extranjeros». En Mariátegui 1994b, pp. 1207-1208.

1929b «El pueblo sin Dios». En Mariátegui 1994b: tomo I, pp. 336-337.

1929c «Breve epílogo». En Mariátegui 1994b: tomo I, pp. 1057-1059.

1950 «Roma y el arte gótico». En Mariátegui 1994b, pp. 523-525.

1969 «El artista Mendizábal y sus obras». En Mariátegui 1994b: tomo I, pp. 826-828.

1989 *Invitación a la vida heroica. Antología*. Lima: Instituto de Apoyo Agrario.

1994a *Escritos juveniles*. Compilación de Alberto Tauro. Lima: Biblioteca Amauta.

1994b *Mariátegui total*. Lima: Empresa Editora Amauta.

s/f «La filosofía moderna y el marxismo» En Mariátegui 1994b, pp. 1298-1301.

s/f «El determinismo marxista». En Mariátegui 1994b, pp. 1306-1308.

s/f «Sentido heroico y creador del socialismo». En Mariátegui 1994b, pp. 1308-1309.

s/f «El mito de la nueva generación». En Mariátegui 1994b, pp. 1320-1322.

s/f «El proceso a la literatura francesa contemporánea». En Mariátegui 1994b, pp. 1322-1326.

s/f «Tesis ideológicas. El problema de las razas en la América Latina». En Mariátegui 1994b, pp. 167-195.

Martínez de la Torre, Ricardo
1943 «El Perú ¿Una nación?». En Martínez de la Torre 1947: tomo II, pp. 141-211.

1947 *Apuntes para una interpretación marxista de Historia Social del Perú*, 3 volúmenes. Lima.

Martínez Riaza, Ascensión
2004 *¡Por la república! La apuesta política y cultural del peruano César Falcón en España, 1919-1939*. Lima: Instituto de Estudios Peruanos.

Marx, Karl
1972 *El 18 Brumario de Luis Bonaparte*. Buenos Aires: Ariel.

Marzal, Manuel
1981 *Historia de la Antropología Indigenista: México y Perú*. Lima: Pontificia Universidad Católica del Perú.

Matos, Genaro
1951 *Campaña contra la rebelión de Iquitos 1921-1922. Operaciones en la región selvática de la hoya amazónica: Pichis-Pachitea-Ucayali*. Lima.

1968 *Operaciones irregulares al norte de Cajamarca: Chota, Cutervo y Santa Cruz, 1924-1927*. Lima.

Matos Mar, José
2004 *Desborde popular y crisis del Estado. Veinte años después*. Lima: Fondo Editorial del Congreso del Perú.

Matto de Turner, Clorinda
1884a *Tradiciones cuzqueñas, leyendas, biografías y hojas sueltas*. Arequipa: La Bolsa.

1884b *Elementos de Literatura según el Reglamento de Instrucción Pública para uso del bello sexo*. Arequipa: La Bolsa.

[1889] 1994 *Aves sin nido*. Caracas: Fundación Biblioteca Ayacucho.

1889 «Luz entre sombras. Estudio filosófico-moral para las madres de familia», enero. En Matto de Turner 1893a, pp. 75-90.

1890 *Bocetos al lápiz de americanos célebres.* Lima: Imprenta Bacigalupi.

[1891] 1974 *Índole.* Lima: Instituto Nacional de Cultura.

1892 *Hima Sumac: drama en tres actos y en prosa.* Lima: Imprenta La Equitativa.

1893a *Leyendas y recortes.* Lima: Imprenta La Equitativa.

1893b «Costumbres peruanas». En Matto de Turner 1893a, pp. 67-73.

[1895] 1974 *Herencia.* Lima: Instituto Nacional de Cultura.

1895 «Dedicatoria al Sr. General Nicanor Bolet Peraza, director de Las Tres Américas, Nueva York». En Matto de Turner [1895] 1974.

1902a *Boreales, miniaturas y porcelanas.* Buenos Aires: Imprenta de Juan Alsina.

1902b «En el Perú: narraciones históricas». En Matto de Turner 1902a, pp. 11-64.

1902c «Las obreras del pensamiento». En Matto de Turner 1902a, pp. 245-266.

1902d «En Chile: De viaje». En Matto de Turner 1902a, pp. 65-94.

1902e «Iltmo. D. D. Antonio de la Raya». En Matto de Turner 1902a, pp. 201-205.

1902f «El periodismo». En Matto de Turner 1902a, pp. 215-219.

Mayer de Zulen, Dora
s/f *El oncenio de Leguía*, Lima.

1926 «Lo que ha significado la Pro Indígena». En *Amauta*, N.º 1, septiembre, pp. 20-23.

1927 «El proceso del gamonalismo». En *Boletín de Defensa Indígena*, N.º 1, enero.

Mayer de Zulen, Dora y Rosa E. Boccolini

1992 *Memorias.* Lima: Universidad Nacional Mayor de San Marcos, Seminario de Historia Rural Andina.

McEvoy, Carmen

1997 *La utopía republicana: Ideales y realidades en la formación de la cultura política peruana, 1871-1919.* Lima: Pontificia Universidad Católica del Perú.

1999 «Entre la nostalgia y el escándalo: Abraham Valdelomar y la construcción de una sensibilidad moderna en las postrimerías de la República Aristocrática». En McEvoy, Carmen, *Forjando la Nación. Ensayos de historia republicana.* Lima: Pontificia Universidad Católica del Perú, pp. 247-314.

2007 *Homo politicus. Manuel Pardo, la política peruana y sus dilemas, 1871-1878.* Lima: Instituto de Estudios Peruanos.

Melgar Bao, Ricardo

1995 *Mariátegui, Indoamérica y las crisis civilizatorias de Occidente.* Lima: Empresa Editora Amauta.

2002 «Redes del exilio aprista en México (1923-1924): una aproximación». En Yankelevich, Pablo (coord.), *México, país refugio. La experiencia de los exilios en el siglo XX.* México D. F.: INAH/Plaza y Valdés.

2003a «El joven Haya de la Torre y sus muchos mundos». En *Revista de la Universidad de México*, N.° 622, abril, pp. 41-47.

2003b *Redes e imaginario del exilio en México y América Latina: 1934-1940.* LibrosEnRed.

2008a «The Anti-Imperialist League of the Americas between the East and Latin America». En *Latin American Perspectives*, vol. 35, N.° 2, pp. 9-24.

2008b «Huellas, redes y prácticas del exilio intelectual aprista en Chile». En Altamirano, Carlos, *Historia de los intelectuales en América Latina II: Los avatares de la «ciudad letrada» en el siglo XX.* Buenos Aires: Katz Editores.

2011 «El anarquismo y la cultura de las clases y minorías subalternas en el Perú». Trabajo presentado en el encuentro «Cultura y práctica del Anarquismo, desde sus orígenes hasta la Primera Guerra Mundial». El Colegio de México, 23-24 de marzo.

Melgar Bao, Ricardo y Teresa Gutiérrez Santayana

2007 «Amauta: política cultural y redes artísticas e intelectuales». En *Agua*, N.º 3, pp. 215-250.

Mella, Julio Antonio

[1923] 1990 «Víctor Raúl Haya de la Torre». En Alva Castro, Luis, *Haya de la Torre. Peregrino de la unidad continental.* Lima: Fondo Editorial Víctor Raúl Haya de la Torre.

1928 «La lucha revolucionaria contra el imperialismo: ¿Qué es el ARPA?». México D. F.

Meza, Ladislao

1924 «Prólogo». En Castro Pozo 1924, pp. 1-14.

Miguel de Priego, Manuel

2000 *Valdelomar, el conde plebeyo.* Lima: Fondo Editorial del Congreso del Perú.

2001 «El sanmarquino Abraham Valdelomar». En *Boletín Cultural de la Sociedad Peruana de Cardiología*, marzo-abril. Disponible en <http://sisbib.unmsm.edu.pe/bvrevistas/cardiologia/v02_n2/ Valdelomar.htm>.

Miller, Rory

1976 «The Making of the Grace Contract: British Bondholders and the Peruvian. Government, 1885-1890». En *Journal of Latin American Studies*, vol. 8, N.º 1, pp. 73-100.

Millones Maríñez, Iván

2004 «Los caceristas de la Republica Aristocrática: composición social, intereses y principios del Partido Constitucional (1895-1919)». En *Histórica*, vol. 28, N.º 2.

Miró Quesada, Carlos

1961 *Autopsia de los partidos políticos.* Lima.

Molinari Morales, Tirso

2006 *El fascismo en el Perú. La Unión Revolucionaria 1931-1936.* Lima: Universidad Nacional Mayor de San Marcos, Facultad de Ciencias Sociales.

More, Federico

[1916] 1981 «La hora undécima del Sr. Ventura García Calderón». En *Colónida*, N.º 2, pp. 33-39; N.º 3, pp. 22-25, edición facsimilar. Lima: Ediciones Copé.

MOREANO, Cecilia
2006 «El pesado casco de Minerva: influencia de Palma y González Prada en la obra de Clorinda Matto de Turner». En Tauzin, Isabelle (ed.), *Manuel González Prada; escritor de dos mundos*. Lima: Instituto Francés de Estudios Andinos, pp. 251-278.

MORENO DE CÁCERES, Antonia
1974 *Recuerdos de la Campaña de la Breña*. Lima: Carlos Milla Batres.

MURILLO GARAYCOCHEA, Percy
1976 *Historia del APRA, 1919-1945*, segunda edición, Lima: Imprenta Editora Atlántida.

NEIRA, Hugo
1997 *Hacia la tercera mitad. Perú XVI-XX. Ensayos de lectura herética*, segunda edición. Lima: Sidea.

NUGENT, David
1997 *Modernity at the Edge of Empire: State, Individual and Nation in the Northem Peruvian Andes*. Stanford: Stanford University Press.

NÚÑEZ, Estuardo
1978 *La experiencia europea de Mariátegui*. Lima: Empresa Editora Amauta.

PACHECO VÉLEZ, César
1977 «Riva-Agüero y Unamuno: un diálogo desconocido». En *Apuntes*, N.° 7, pp. 101-165.

PALMA, Ricardo,
1948 *La bohemia de mi tiempo*. Lima: Ediciones Hora del Hombre.

1949 *Epistolario*, 2 tomos. Lima: Editorial Cultural Atlántida.

1979 *Cartas a Piérola. Sobre la ocupación chilena de Lima*. Introducción y notas Rubén Vargas Ugarte S. J. Lima: Editorial Milla Batres.

1984 *Crónicas de la Guerra con Chile, 1881-1883*. Lima: Mosca Azul Editores.

PARIS, Robert
1981 *La formación ideológica de José Carlos Mariátegui*. México D. F.: Cuadernos de Pasado y Presente.

Partido Comunista del Perú, Sección Peruana de la Internacional Comunista

1932 «Balance del mes de julio: A los Comités Regionales de Lima y Callao».

1933 «Celula de Muquiyauyo», circular N.º 1, 29 de septiembre.

1980 «¡Bajo la bandera de Lenin!». En *Socialismo y Participación,* N.º 11, septiembre, pp. 25-33.

Pastor, Francisco

1927 «El rabulismo y el indígena». En *Amauta,* N.º 8, abril, pp. 32-33.

Peluffo, Ana

2005a *Lágrimas andinas: sentimentalismo, género y virtud republicana en Clorinda Matto de Turner.* Pittsburgh: Universidad de Pittsburgh/ Instituto Internacional de Literatura Iberoamericana.

2005b «Sentimentalismo, género y virtud republicana en Clorinda Matto de Turner». Pittsburgh: Instituto Internacional de Literatura Iberoamericana, pp. 11-33. Disponible en <http://www.cervantesvirtual.com>.

Peralta, Víctor

2001 «Un científico en la política peruana. Mariano H. Cornejo, la república aristocrática y la patria nueva, 1895-1920». En *Revista Complutense de Historia de América,* N.º 27, pp. 163-189.

Pereda Torres, Rolando

1984 *Haya de la Torre y la jornada de las ocho horas.* Lima.

Pereyra Plascencia, Hugo

2006 *Andrés A. Cáceres y la Campaña de la Breña, (1882-1883),* Lima: Asamblea Nacional de Rectores

2009 *Manuel González Prada y el radicalismo peruano: una aproxi-mación a partir de fuentes periodísticas de tiempos del Segundo Militarismo (1884-1895).* Lima: Ministerio de Relaciones Exteriores, Academia Diplomática del Perú.

Perlado, José Julio

1979 «Manuel Scorza: Sobre la irrealidad total, he puesto la realidad absoluta». Entrevista inédita. Disponible en <http://pendientedemigracion.ucm.es/info/especulo/numero7/scorza.htm>.

Pike, Frederick
1967 *The Modern History of Peru*. Nueva York: Praeger Publishers.

1986 *The Politics of the Miraculous in Peru. Haya de la Torre and the Spiritualist Tradition*. Lincoln/Londres: University of Nebraska Press.

Pinilla, Carmen María (ed.)
2003 *Primera mesa redonda sobre literatura peruana y sociología del 26 de mayo de 1965*. Lima: Instituto de Estudios Peruanos.

Pinto, Ismael
2013 «Valdelomar viajero». Disponible en <http://www.casadelaliteratura.gob.pe/wp-content/uploads/2013/09/ponencia10.pdf>.

Pinto Gamboa, Willy
1981 *Lo huachafo: trama y perfil (Jorge Miota, vida y obra)*. Lima.

1987 *Manuel González Prada. 6 entrevistas y un apunte*. Lima: Editorial Cibeles.

Pita González, Alexandra
2009 *La Unión Latino Americana y el Boletín Renovación. Redes intelectuales y revistas culturales en la década de 1920*. México D. F.: El Colegio de México/Universidad de Colima.

Planas, Pedro
1985 *Haya de la Torre (Orígenes del APRA)*. Lima: Centro de Documentación e Información Andina.

1994 *El 900: Balance y recuperación*. Lima: Citdec.

Planas, Pedro y Hugo Vallenas
2010 *Haya de la Torre en su espacio y en su tiempo*. Lima.

Podestá, Bruno
1975 *Pensamiento político de González Prada*. Lima: Instituto Nacional de Cultura.

Porras Barrenechea, Raúl
1974 «José de la Riva-Agüero y los *Paisajes peruanos*». En Riva-Agüero 1974, pp. 5-10.

PORTOCARRERO, Gonzalo
2010 «El indio como prójimo: González Prada y el nacimiento de la tradición democrática en el Perú». En Ward, Thomas (ed.), *El porvenir nos debe una victoria. La insólita modernidad de Manuel González Prada*. Lima: Red para el Desarrollo de las Ciencias en el Perú, pp. 215-228.

PORTOCARRERO, Julio
1987 *Sindicalismo peruano, 1911-1930*. Lima: s/e.

PORTOCARRERO GRADOS, Ricardo
1994 «Introducción a *Claridad*». En *Claridad*, edición facsimilar. Lima: Empresa Editora Amauta, pp. 7-18.

PRADO, Javier
1983 «Estado social del Perú». En Terán, Óscar, *América Latina: Positivismo y Nación*. México D. F., pp. 119-135.

PRADO, Jorge del
1946 *Mariátegui y su obra*. Lima: Ediciones Nuevo Horizonte.

1983 *En los años cumbres de Mariátegui*. Lima: Ediciones Unidad.

2011 *Los mineros de la Sierra Central: Testimonio sobre la masacre de Malpaso*. Lima: Fondo Editorial del Congreso del Perú.

QUIROZ, Alfonso W.
1987 *La deuda defraudada: consolidación de 1850 y dominio económico en el Perú*. Lima: Instituto Nacional de Cultura.

RAMOS, Ángela
1926 «Una encuesta a José Carlos Mariátegui». En *Amauta*, N.° 1, septiembre [*Mundial*, 23 de julio de 1926].

RAMOS RAU, Demetrio
1987 *Mensaje de Trujillo: del anarquismo al aprismo*. Trujillo: Instituto Nor-Peruano de Desarrollo Económico-Social.

RAMOS ZAMBRANO, Augusto
1994 *Ezequiel Urviola y Rivero: apóstol del indigenismo puneño*. Puno: Editorial Universitaria.

RAVINES, Eudocio
1954 *La gran estafa*, segunda edición. Santiago de Chile: Editorial del Pacífico.

REEDY, Daniel y Magda PORTAL
2000 *La Pasionaria peruana*, Lima: Ediciones Flora Tristán.

RENAN, Ernest
1990 «¿Qué es una nación? (Conferencia dictada en la Sorbona, París, 11 de marzo de 1882)». En Bhabha 1990, pp. 8-22.

RÉNIQUE, José Luis
1986 «La burguesía peruana y la penetración imperialista, 1910-1930». En *Socialismo y Participación*, N.° 33, pp. 47-64.

1990 «¡Mueran los gringos, viva la huelga! Los mineros de la Cerro de Pasco en 1930». En *Márgenes*, N.° 4, marzo, pp. 241-267

1991 *Los sueños de la sierra. Cusco en el siglo XX*. Lima: Cepes.

2002 «De *literati* a socialista: el caso de *Juan Croniqueur*». En Flores Espinoza, Javier y Rafael Varón Gabai (eds.), *El hombre y los Andes. Homenaje a Franklin Pease G. Y.* Lima: Pontificia Universidad Católica del Perú, pp. 157-178.

2004 *La batalla por Puno: conflicto agrario y nación en los Andes peruanos*. Lima: Instituto de Estudios Peruanos/Cepes/SUR.

2009 *A Revolução Peruana*. São Paulo: Usnep.

REQUEJO, Juan Vicente
1983 *El periodismo en Piura*. Lima: Colegio de Periodistas del Perú.

RINCÓN JARA, René A.
2005 *Aprismo en la provincia de Huari, un pueblo en busca de justicia*. Huari.

RIQUELME, Daniel
1981 «Una versión chilena». En López Martínez, Héctor, *Piérola y la defensa de Lima. Con testimonios sobre las jornadas del 13 y 15 de enero de 1881*. Lima, pp. 155-182.

RIVA-AGÜERO, José de la
1902 «Influencia de las instituciones incaicas en la civilización del Perú». En Riva-Agüero 1999b: tomo V, pp. 35-39.

1905 *Carácter de la literatura peruana del Perú independiente*. Tesis para el Bachillerato en Letras. Lima: Librería Francesa Científica Galland.

1906 *Examen de la primera parte de los Comentarios reales de Garcilaso Inca de la Vega. Fragmento de un ensayo sobre los historiadores peruanos.* Lima: Oficina Tipográfica de La Opinión Nacional.

1909 «La vida literaria en el Perú». En Riva-Agüero 1999a: vol. II, 450-455.

1915 «Declaración de principios del Partido Nacional Democrático». En Riva-Agüero 1999a: vol. IX, pp. 61-81.

1916 «Elogio del Inca Garcilaso». En *Revista Universitaria*, año XI, vol. I, abril, pp. 333-412.

1935 «El destino de nuestro partido». En Riva-Agüero 1999a: vol. IX, pp. 81-86.

1952 *La Historia en el Perú.* Madrid: Imprenta y Editorial Maestre.

1974 *Paisajes peruanos.* Lima: Peisa.

1996 *Epistolario: Baca-Byrne.* En Riva-Agüero 1999a: tomo XIII.

1999a *Obras Completas de José de la Riva-Agüero*, tomo XVI, vol. 1. Lima: Instituto Riva-Agüero/Pontificia Universidad Católica del Perú.

1999b *Epistolario.* En Riva-Agüero 1999a: tomo XVI, vol. 1.

1999c *Epistolario: Fabián-Guzmán.* En Riva-Agüero 1999a: tomo XVI, vol. 1.

1999d *Epistolario: Pacheco-Quiroz.* En Riva-Agüero 1999a: tomo XXI, vol. I.

Rivera, Víctor Samuel

2010 «Dios, Patria y Rey. José de la Riva-Agüero y Javier Prado (1904-1905)». En *Revista Iberoamericana de Filosofía, Política y Humanidades*, N.º 24, segundo semestre, pp. 218-238.

Rivero Ayllón, Teodoro

1997 *Itinerario de un poeta alucinado: vida y obra de Francisco Xandóval, sus relaciones con Vallejo y una cronología del Grupo «Norte».* Trujiillo: Trilce Editores.

2004 *Vallejo y ese 15 de abril...* Trujillo: Trilce Editores.

2005 *Haya de la Torre y el Grupo Norte.* Trujillo: Trilce Editores.

RODRÍGUEZ MONEGAL, Emir
1985 «América/utopía: García Calderón, el discípulo favorito de Rodó». En *Cuadernos Hispanoamericanos*, N.° 417, marzo, pp. 166-172.

ROUILLÓN, Guillermo
1975 *La creación heroica de José Carlos Mariátegui*, 2 volúmenes. Lima: Editorial Arica.

SAID, Edward W.
1994 *Representations of the Intellectual*. Nueva York: Vintage Books.

SALAZAR BONDY, Sebastián
1974 *Lima la horrible*. Lima: Peisa.

SALISBURY, Richard V.
1983 «The Middle American Exile of Víctor Raúl Haya de la Torre». En *The Americas*, vol. 40, N.° 1, julio, pp. 1-15.

SÁNCHEZ, Luis Alberto
1927a «Batiburrillo indigenista». En Aquézolo 1987, pp. 69-73.

1927b «Respuesta a José Carlos Mariátegui». En Aquézolo 1987, pp. 77-81.

1927c «Ismos contra Ismos». En Aquézolo 1987, pp. 97-100.

1927d «Punto final con José Carlos Mariátegui». En Aquézolo 1987, pp. 86-91.

1934 *Víctor Raúl Haya de la Torre o el político. Crónica de una vida sin tregua*. Santiago de Chile: Editorial Ercilla.

1953 «González Prada, olvidado precursor del modernismo». En *Cuadernos Americanos*, año 12, vol. 72, N.° 6, noviembre-diciembre, pp. 225-234.

1964 *Don Manuel*. Lima: Universidad Nacional Mayor de San Marcos.

1965-1966 *La literatura peruana. Derrotero para una historia cultural del Perú*. Lima: Ediciones de Ediventas.

1977 *Nuestras vidas son los ríos...: historia y leyenda de los González Prada*. Lima: Universidad Nacional Mayor de San Marcos, Dirección Universitaria de Biblioteca y Publicaciones.

1985 *Conservador, no; reaccionario, sí. Notas sobre la vida y proyecciones de don José de la Riva-Agüero y Osma, Marqués de Montealegre y Aulestia.* Lima: Mosca Azul Editores.

1986a «Notas a la presente edición». En González Prada 1986: tomo III, vol. 5, pp. III-XII.

1986b «Prólogo a la primera edición» de *Ortometria. Apuntes para una rítmica.* En González Prada 1986: tomo III, vol. 5, pp. 3-14.

1987a *Testimonio personal. Memorias de un peruano del siglo XX. El purgatorio 1931-1945*, 2 volúmenes. Segunda edición. Lima: Mosca Azul Editores, pp. 53-54.

1987b *Valdelomar o la Belle Époque.* Lima: Inpropesa.

SANDERS, Karen
1997 *Nación y tradición. Cinco discursos en torno a la nación peruana 1885-1930.* Lima: Pontificia Universidad Católica del Perú/Fondo de Cultura Económica.

SAONA, Margarita
2004 *Novelas familiares. Figuraciones de la nación en la novela latinoamericana contemporánea.* Rosario: Beatriz Viterbo Editores.

SEOANE, Manuel A.
1926 «Nacionalismo verdadero y nacionalismo mentiroso». En *Amauta*, N.º 4, diciembre, pp. 19-20.

SHUMWAY, Nicolás
1991 *The Invention of Argentina.* Berkeley: University of California Press.

SILVA GIL, Pedro
1981 «Parte del General Silva, Jefe de Estado Mayor Peruano, Lima enero 28 de 1881». En López Martínez, Héctor, *Piérola y la defensa de Lima.* Lima: Ausaria, pp. 143-153.

SILVA SANTISTEBAN, Ricardo, (ed.)
2000 *Valdelomar por él mismo.* Lima: Fondo Editorial del Congreso del Perú.

SOTO RIVERA, Roy
2002 *Víctor Raúl. El hombre del siglo XX.* Lima: Instituto Víctor Raúl Haya de la Torre.

STEIN, Steve

1980 *Populism in Peru: the Emergence of the Masses and the Politics of Social Control*. Madison: University of Wisconsin Press.

TAMAYO, J. F.

1926 «Comentarios sobre la obra *De la vida inkaica* por Luis E. Valcárcel». En *El Sol*, 15 de junio.

TAMAYO HERRERA, José

1981 *Historia del indigenismo cusqueño*. Lima: Editorial Universitaria.

1982 *Historia social del indigenismo en el Altiplano*. Lima: Ediciones Treintaitrés.

TAMAYO HERRERA, José y Eduardo ZEGARRA BALCÁZAR

2008 *Las élites cusqueñas*. Lima: JATH.

TAPIA, Rafael

1993 «La fiesta de la planta de Vitarte». En *Pretextos*, N.° 2, pp. 187-205.

1995 «Mariátegui: desarraigo y peregrinaje, en pos del Perú andino mestizo». En Adrianzén, Alberto y otros, *La aventura de Mariátegui: nuevas perspectivas*. Lima: Desco, pp. 515-524. .

TARACENA ARRIOLA, Arturo

1989 «La Asociación General de Estudiantes Latinoamericanos de París (1925-1933)». En *Anuario de Estudios Centroamericanos*, vol. 15, N.° 2.

TAUZIN CASTELLANOS, Isabelle

1999 *Las Tradiciones Peruanas de Ricardo Palma. Claves de una coherencia*. Lima: Universidad Ricardo Palma.

TAYLOR, Lewis

2000 «Los orígenes del Partido Aprista Peruano en Cajamarca, 1928-1935». En *Debate Agrario*, vol. 31, agosto, pp. 39-62.

TEJADA, Luis

1985 «La influencia anarquista en el APRA». En *Socialismo y Participación*, N.° 29, marzo, pp. 97-110.

2004 «El americanismo. Consideraciones sobre el nacionalismo continental latinoamericano». En *Investigaciones Sociales*, N.° 12, pp. 167-200.

Terán, Óscar
1985 *Discutir Mariátegui*. Puebla: Editorial Universidad Autónoma de Puebla.

2010 «Vanguardia y revolución». En Altamirano, Carlos, *Historia de los intelectuales en América Latina*, vol. II. Buenos Aires: Katz Editores, pp. 169-191.

Torrejón Muñoz, Luis Alberto
2010 *Rebeldes republicanos: la turba urbana de 1912*. Lima: Pontificia Universidad Católica del Perú/Universidad del Pacífico/Instituto de Estudios Peruanos.

Ugarte, César Antonio
1917 «Las universidades menores». En *Revista Universitaria*, N.º 19, Cusco, marzo, pp. 3-34; N.º 20, junio, pp. 34-49; N.º 21, septiembre, pp. 3-22; N.º 23, marzo [1918], pp. 3-39.

Ugarte Chamorro, Guillermo
1956 «Hima Sumac, drama de Clorinda Matto de Turner». En *Estudios de Arte Dramático*, serie VI, N.º 35, Escuela de Arte Escénico, Servicio de Difusión.

Ulloa, Alberto
1930 «José Carlos Mariátegui». En *Nueva Revista Peruana*, vol. 2, N.º 6, junio, pp. 261-279.

1949 *Don Nicolás de Piérola. Una época de la historia del Perú*. Lima: Imprenta Santa María.

1981 «Lo que yo vi. Apuntes de un reservista sobre las jornadas de enero de 1881». En López Martínez, Héctor, *Piérola y la defensa de Lima*. pp. 87-114.

Valcárcel, Luis E.
1912 *Kon, Pachácamac, Uiracocha, contribución al estudio de las religiones del Antiguo Perú*. Tesis para optar el grado de Bachiller en Letras en la Universidad de San Antonio Abad. Cusco: Imprenta El Trabajo.

1914 *La cuestión agraria en el Cuzco*. Tesis para optar el grado de Bachiller en Ciencias Políticas y Administrativas en la Universidad de San Antonio Abad. Cusco: Imprenta El Trabajo.

1925a *De la vida inkaica (algunas captaciones del espiritu que la animó)*. Lima: Editorial Garcilaso.

1925b «A ti, Kosko». En Valcárcel 1925a, pp. 7-13.

1925c «Los hombres de piedra». En Valcárcel 1925a, pp. 17-33.

1925d «Kusipuma (Escenas de la vida imperial del Cuzco)». En Valcárcel 1925a, pp. 37-67.

1925e «Glosario». En Valcárcel 1925a, pp. 87-111.

1927 *Tempestad en los Andes*. Lima: Editorial Minerva.

1928 «Génesis y proyecciones de *Tempestad en los Andes*». En *Amauta*, año II, N.º 2, enero, pp. 21-22.

1929a «Sobre peruanidad». En *Amauta*, N.º 28, septiembre-octubre, pp. 100-101.

1929b «Hay varias Américas». En *Amauta*, N.º 20, enero.

1929c «Glosa de Ortega y Gasset, autor de "Las Atlántidas"». En *Amauta*, N.º 21, febrero-marzo.

1929d «Arqueología e Historia. *Antiguo Perú* de Julio C. Tello. *La iniciación de la República* por Jorge Basadre». En *Revista Universitaria*, Órgano de la Universidad del Cusco, N.º 58, pp. 396-398.

1929e «Un libro de Mariátegui». En *Amauta*, N.º 23, pp. 83-86.

1981 *Memorias*. Lima: Instituto de Estudios Peruanos.

VALDELOMAR, Abraham

1911a *La ciudad muerta*. Lima. Disponible en <http://es.scribd.com/doc/14852610/Abraham-Valdelomar-La-Ciudad-Muerta>.

1911b *La ciudad de los tísicos*. Lima. Disponible en <http://es.scribd.com/doc/14187446/Abraham-Valdelomar-La-Ciudad-de-Los-Tisicos>.

1914 *La Mariscala: Doña Francisca Zubiaga y Bernales de Gamarra*. Lima.

1915 «La psicología de las tortugas». En Valdelomar 1988a: vol. II (9 de octubre), pp. 85-88.

1916a «Para darse cuenta de la sociología del Perú». En Valdelomar 1988a (3 de octubre).

1916b «Nos hemos instalado definitivamente». En Valdelomar 1988a (5 de octubre).

1916c «Ayer la sesión fue breve». En Valdelomar 1988a (17 de octubre).

1916d «Horas de misticismo, etc.». En Valdelomar 1988a (18 de octubre).

1916e «La caricatura». En Valdelomar 1988a (14 de junio), pp. 638-639.

1916f «Psicología del cerdo agonizante». En Valdelomar 1988a: vol. II (7 de agosto), pp. 96-101.

1916g «El estómago de la Ciudad de los Reyes». En Valdelomar 1988a (16 de julio), pp. 88-96.

1916h «De natura rerum». En Silva Santisteban 2000: vol. II (26 de marzo), pp. 270-275.

1917a «Ensayo sobre la psicología del gallinazo». En Valdelomar 1988a: vol. II (12 de abril), pp. 71-77.

1917b «Confesiones». Parte final de la conferencia «Brillantes interconexiones estéticas», Centro Universitario, 17 de mayo. En Silva Santisteban 2000, pp. 278-281.

1917 [2011] «Norka Rouskaya en el Municipal» [27 de octubre]. En *Boletín José Carlos Mariátegui*, Casa-Museo José Carlos Mariátegui, pp. 3-5. Disponible en <http://bit.ly/1C29cbe>.

1918 *El caballero Carmelo*. Ciudad de los Reyes del Perú: Talleres de la Penitenciaría de Lima.

1981 *Colónida*. Edición facsimilar con prólogo de Luis Alberto Sánchez. Lima: Ediciones Copé.

1988a *Obras*, 3 volúmenes. Lima: Fundación del Banco Continental para el Fomento de la Educación y la Cultura.

1988b «Apagados ya los foquitos eléctricos...». En Valdelomar 1988a: vol. II, pp. 239-240.

2012a *Cuentos escogidos*. Disponible en <http://bit.ly/1NFbl1p>.

2012b *Obra poética completa*. Disponible en <http://bit.ly/199kYpf>.

2013 *Cuentos completos*. Disponible en <https://www.scribd.com/doc/17231551/Abraham-Valdelomar-Cuentos-Completos>.

s/f «Reportaje al Señor de los Milagros». En Valdelomar 1988a, pp. 411-417.

s/f «El verdadero Valdelomar». Fragmento de una lectura pública. En Silva Santisteban 2000: vol. I

VALDERRAMA, Mariano
1980 «La evolución ideológica del APRA, 1924-1962». En Valderrama, Mariano y otros, *El APRA: un camino de esperanzas y frustraciones*. Lima: Ediciones El Gallo Rojo.

VALDIVIA, Manuel Rafael
1884 «Apreciaciones íntimas». En Clorinda Matto de Turner 1884a, pp. 221-222.

VALLE, Félix del
1917 «Nuestros grandes prestigios». En Pinto Gamboa 1987, pp. 15-47.

VALLEJO, César
1918 «Desde Lima: con el Conde de Lemos». En Silva Santisteban 2000: vol. II (18 de enero), pp. 325-327.

VALLENAS, Hugo
1992 «Haya de la Torre: político de realidades». Disponible en <http://bit.ly/1ERTXlY>.

VANDERCAMMEN, Edmond
1957 *La obra romanesca de Ventura García Calderón*. París: Éditions garnier Freres.

VARGAS VEGA, Raúl (ed.)
1999 *La pluma en la Belle Époque*. Lima: Universidad de San Martín de Porres.

VÁSQUEZ, Nelson
2010 «Haya, Mariátegui y el APRA». Lima: Taller Orrego.

VELAZCO ARAGÓN, Luis y otros
1924 *Manuel González Prada por los más notables escritores del Perú y América*. Cusco: Librería Imprenta H. G. Rozas.

VELÁZQUEZ CASTRO, Marcel
2010 «Los orígenes de la novela en el Perú: paratextos y recepción crítica (1828-1879)». En *Revista Iberoamericana*, N.° 37, marzo, pp. 75-101.

VERA TORRES, Jorge
2007 «Antonio Lorena Rozas (1849-1932)». En *Acta Médica Peruana*, vol. 24, N.° 3, pp. 237-241.

VERES, Luis
2001 *La narrativa del indio en la revista Amauta*. Valencia: Universidad de Valencia.

VICH, Víctor
2000 «Vicisitudes trágicas: territorio, identidad y nación en los *Paisajes peruanos* de José de la Riva-Agüero». En *Revista Andina*, N.° 34, pp. 123-134.

VILLANUEVA, Guely (comp.)
2009 *Haya por Haya. Apuntes para sus memorias*. Lima: Fondo Editorial del Congreso del Perú, pp. 1-17.

VILLARÁN, Aureliano
1879 *Cuartos de hora*. Lima: s/e.

VIÑAS, David
2002 «The Foundation of the National State». En Nouzeilles, Gabriela y Graciela Montaldo, *The Argentina Reader: History, Culture, Politics*. Durham: Duke University Press, pp. 161-169.

WARD, Thomas
2002 «La ideología nacional de Clorinda Matto de Turner». En *Neophilologus*, vol. 86, N.° 3, julio, pp. 401-415.

WISE, David
1983 «La consagración de González Prada: Maestro y epígonos, 1918-1931». En *Cuadernos Americanos*, vol. 5, pp. 136-172.

WU BRADING, Celia
1986 *Testimonios de la ocupación chilena de Lima*. Lima: Editorial Milla Batres.

YABAR ACUÑA, Francisco
2009 *La Campaña de la Resistencia en los Andes, 1881-1883*, 3 volúmenes. Lima: Editorial Yabar.

YANKELEVICH, Pablo
1996 «Las redes intelectuales de la solidaridad latinoamericana: José Ingenieros y Alfredo Palacios». En *Revista Mexicana de Sociología*, vol. 58, N.° 4, diciembre, pp. 127-149.

YÉPEZ MIRANDA, Alfredo
1948 «Clorinda Matto de Turner». Texto presentado como parte del homenaje de la Universidad Nacional del Cusco al II Congreso Indigenista Interamericano. Disponible en <http://bit.ly/1Go70Ks>.

ZEGARRA, Margarita
2009 «Dora Mayer, los indígenas y la nación peruana a inicios del siglo XX». En *Anuario de Estudios Americanos*, vol. 66, N.° 1, enero-junio, pp. 251-288.

ZEVALLOS, Noé
1957 «Palma y su generación». En *Mercurio Peruano*, octubre-noviembre, pp. 520-532.

Made in United States
North Haven, CT
10 November 2026

22091517R00235